政府投资工程管理实务丛书
高俊合　主编

法律法规汇编

许　斌　主编

中国建筑工业出版社

图书在版编目（CIP）数据

法律法规汇编 / 许斌主编 . —北京：中国建筑工业出版社，2020.11

（政府投资工程管理实务丛书 / 高俊合主编）

ISBN 978-7-112-25606-8

Ⅰ.①法… Ⅱ.①许… Ⅲ.①政府投资–经济法–汇编–广东 Ⅳ.① D927.650.229.9

中国版本图书馆 CIP 数据核字（2020）第 231796 号

责任编辑：徐晓飞　张　明
责任校对：焦　乐

政府投资工程管理实务丛书

高俊合　主编

法律法规汇编

许　斌　主编

*

中国建筑工业出版社出版、发行（北京海淀三里河路 9 号）
各地新华书店、建筑书店经销
北京建筑工业印刷厂制版
北京中科印刷有限公司印刷

*

开本：880 毫米 ×1230 毫米　1/16　印张：25¾　字数：670 千字
2021 年 3 月第一版　　2021 年 3 月第一次印刷
定价：**108.00 元**
ISBN 978-7-112-25606-8
（36597）

版权所有　翻印必究

如有印装质量问题，可寄本社图书出版中心退换

（邮政编码 100037）

《政府投资工程管理实务丛书》

主　　编：高俊合

《法律法规汇编》编委会成员

主　　编：许　斌

副 主 编：高俊合　孙琳琳

序

  政府投资工程多是基础设施和民生工程，对国家经济社会发展至关重要。虽然我国经过改革开放四十年的高速发展，城市基础设施和民生工程日趋完善，但即便是北、上、广、深等一线城市，政府投资工程还是量大、面广、工期紧，从业人员工作非常繁忙，尤其是区（县）基层建设单位和监管部门的工作人员，每天总有干不完的活。

  由于管理体制原因，一个政府投资工程从立项到竣工验收、移交使用，除了建设单位和承包商外，还有多个政府部门参与。尤其是前期工作，多达十几个部门参与审批或监督，如发改、财政、规划、土地、环保、林业、水务、建设、人防、消防等，建设单位填报的表格多达几十种。尽管国家和地方政府，已在工程建设领域进行"放、管、服"改革，有的地方力度还较大，但政府投资工程建设管理仍然是一件复杂的系统工作，这不仅要求管理人员要具备相应的业务知识，还需要及时掌握国家及地方政策法规。毫无疑问，尚要求建设（监管）单位具有完善的内部管理制度，以及作业指导书（《项目管理手册》《项目监督手册》等），这些对高效、高质量地实现各个项目管理目标非常重要。但据本人了解，实际书籍市场上缺少这方面的资料。

  高俊合博士及其团队成员，长期在深圳从事政府投资工程建设和监管工作，具有较丰富的管理经验。他们经过多年的工程管理实践和探索，结合深圳大鹏新区的实际，形成了一套行之有效的政府投资工程建设管理体系和管理方法，并编制成了本套丛书。丛书共四册，包括《法律法规汇编》《内控制度手册》《项目管理手册》和《项目监督手册》。手册以图表为主，系统地介绍了项目管理和监督中常见业务的流程图和相应申报、审批、监督等表格，实用性很强。相信此套丛书的面世为政府投资工程建设和监管单位相关人员带来很好的指导和便利的使用效果。本人非常高兴为此套丛书作序。

同济大学教授 丁士昭

2019 年 11 月 9 日于上海

丛书自序

政府投资工程不仅包括市政道路、桥梁、给排水、燃气、园林绿化、环卫等市政基础设施，还包括学校、医院、保障房、行政服务设施等，多是民生工程，对城市经济社会发展至关重要。同时，由于政府投资工程涉及规划、土地、环保、水务、交通、消防、人防、绿色建筑、招投标、廉政建设等众多环节，工期紧、任务重，对技术、质量、安全、文明施工及生态环境保护要求高。每一个政府投资工程都是一项复杂的系统工程，尤其是在区（县）级，因人力资源有限，如何高效、规范地完成建设任务是政府投资工程管理机构和管理人员面临的一项重要课题。

笔者所在的项目建设和监管团队，主要来自深圳市大鹏新区住房和建设局、原建设管理服务中心（建筑工务局），经过多年的实践，在借鉴国内外有关城市及深圳市、"兄弟"区相关建设主管及工务部门的经验基础上，探索形成了一套行之有效的政府投资工程建设管理体系和管理方法，主要包括四个层级：一是国家及地方层面的法律法规执行，二是建设单位内部制度管控，三是建设单位层面的项目管理，四是政府监督部门层面的监管。笔者编制了这套丛书，主要目的是供内部培训使用，同时为方便与同行交流，在中国建筑工业出版社的支持下予以出版。

本套丛书共包括四册：第一册为《法律法规汇编》，第二册为《内控制度手册》，第三册为《项目管理手册》，第四册为《项目监督手册》。在编制时，第二册以第一册为基础，第三册以前两册为基础，第四册以第一册和第二册部分内容（监督制度）为基础，所以在具体使用时应注意四册之间的相互关联性。

因时间及水平所限，丛书不可避免存在很多不足甚至错漏之处，恳请广大同行批评指正。

衷心感谢同济大学丁士昭教授在本套丛书的编写过程中给予我们多次指导和鼓励，并在百忙之中作序。

高俊合

前　言

《法律法规汇编》收编了国家、广东省、深圳市及深圳大鹏新区常用法律法规262部（件），覆盖政府投资工程建设管理各个环节，内容包括正文和附录两部分。其中正文主要为深圳市现行常用法规，共七篇：第一篇为综合类，收编法规4部（件）；第二篇为工程前期类，收编法规16部（件）；第三篇为政府采购和工程招标投标类，收编法规17部（件）；第四篇为质量管理和安全文明施工类，收编法规12部（件）；第五篇为工程报建和档案管理类，收编法规6部（件）；第六篇为财政管理和土地管理类，收编法规10部（件）；第七篇为深圳市大鹏新区规范性文件，收编法规6部（件）。附录主要为国家、广东省现行常用法规以及其他深圳市适用法规，按正文章节划分为六个部分，共191部（件），其中综合类4部（件）、工程前期类78部（件）、政府采购和工程招标投标类44部（件）、质量管理和安全文明施工类20部（件）、工程报建和档案管理类11部（件）、财政管理和土地管理类34部（件）。正文为法规全文（部分附件除外）编入，附录法规按正文类别将文件名称及文号编入以便读者查阅。在今后工作中如遇法律法规新颁、修改、废止等，均执行新规定。

参与本书编写的人员主要有：深圳市大鹏新区坝光开发署许斌为主编、深圳市大鹏新区住房和建设局高俊合、孙琳琳为副主编，本书由孙琳琳校核。

本书编委会

目　　录

序 IV

丛书自序 V

前言 VI

第一篇　综合类 001

1.1 中华人民共和国刑法（节选）

（2017年11月4日第十二届中华人民共和国主席令第80号公布，1979年7月1日第五届全国人民代表大会第二次会议通过，2020年12月26日第十三届全国人民代表大会常务委员会第二十四次会议通过《中华人民共和国刑法修正案（十一）》） 003

1.2 中华人民共和国建筑法（2019年修正）

（1997年11月1日第八届全国人民代表大会常务委员会第二十八次会议通过，根据2011年4月22日第十一届全国人民代表大会常务委员会第二十次会议《关于修改〈中华人民共和国建筑法〉的决定》第一次修正，根据2019年4月23日第十三届全国人民代表大会常务委员会第十次会议《关于修改〈中华人民共和国建筑法〉等八部法律的决定》第二次修正） 009

1.3 深圳经济特区政府投资项目管理条例

（2014年8月28日深圳市第五届人民代表大会常务委员会公告第164号公布，根据2018年1月12日深圳市第六届人民代表大会常务委员会第二十二次会议《关于修改〈深圳市经济特区政府投资项目管理条例〉的决定》第一次修正，根据2019年8月29日深圳市第六届人民代表大会常务委员会第三十五次会议《关于修改〈深圳经济特区人才工作条例〉等二十九项法规的决定》第二次修正） 017

1.4 深圳市政府投资项目后评价管理办法

（深发改规〔2018〕2号） 024

第二篇　工程前期类 027

2.1 中华人民共和国城乡规划法（节选）

（2007年10月28日第十届中华人民共和国主席令第74号公布，根据2019年4月23日第十三届全国人民代表大会常务委员会第十次会议《关于修改〈中华人民共和国建筑法〉等八部法律的决定》第二次修正）……029

2.2 建设项目用地预审管理办法

（2001年7月25日中华人民共和国国土资源部令第7号发布，根据2016年11月25日《国土资源部关于修改〈建设项目用地预审管理办法〉的决定》第二次修正）……035

2.3 深圳市城市规划条例

（1998年5月15日深圳市第二届人民代表大会常务委员会第二十二次会议通过，根据2001年3月22日深圳市第三届人民代表大会常务委员会第六次会议《关于修改〈深圳市城市规划条例〉的决定》第一次修正，根据2019年10月31日深圳市第六届人民代表大会常务委员会第三十六次会议《关于修改〈深圳经济特区人体器官捐献移植条例〉等四十五项法规的决定》第二次修正）……037

2.4 深圳经济特区城市园林条例

（1995年12月26日深圳市第二届人民代表大会常务委员会第五次会议通过，根据2004年6月25日深圳市第三届人民代表大会常务委员会第三十二次会议《关于修改〈深圳经济特区城市园林条例〉的决定》第一次修正，根据2018年6月27日深圳市第六届人民代表大会常务委员会第二十六次会议《关于修改〈深圳经济特区城市园林条例〉的决定》第二次修正，根据2019年8月29日深圳市第六届人民代表大会常务委员会第三十五次会议《关于修改〈深圳经济特区人才工作条例〉第二十九项法规的决定》第三次修正）……046

2.5 深圳经济特区建筑节能条例

（2006年7月26日深圳市第四届人民代表大会常务委员会第七次会议通过，根据2017年4月27日深圳市第六届人民代表大会常务委员会第十六次会议《关于修改〈深圳经济特区建筑节能条例〉的决定》第一次修正，根据2018年12月27日深圳市第六届人民代表大会常务委员会第二十九次会议《关于修改〈深圳经济特区环境保护条例〉等十二项法规的决定》第二次修正）…051

2.6 深圳市政府投资项目策划生成管理办法

（深府规〔2020〕6号）……056

2.7 深圳市绿色建筑促进办法

（2013年7月19日深圳市人民政府令第253号发布，2017年2月8日深圳市人民政府令第293号修正，2020年3月7日深圳市人民政府令第326号修正）……060

2.8 深圳市建设工程造价管理规定

（2012年5月28日深圳市人民政府令第240号发布）……065

2.9 深圳市临时用地和临时建筑管理规定

（2006年4月4日深圳市人民政府令第149号发布）……071

2.10 深圳市人民政府关于深化规划国土体制机制改革的决定

（2017年8月12日深圳市人民政府令第298号发布）……075

2.11 深圳市基本生态控制线管理规定

（2005年10月17日深圳市人民政府令第145号发布）··········076
2.12　深圳市海绵城市建设管理暂行办法
　　　（深府办规〔2018〕12号）··········079
2.13　深圳市住房和建设局 深圳市规划和国土资源委员会关于做好装配式建筑项目实施有关工作的通知
　　　（深建规〔2018〕13号）··········084
2.14　深圳市住房和建设局关于装配式建筑项目设计阶段技术认定工作的通知
　　　（深建规〔2017〕3号）··········086
2.15　深圳市住房和建设局关于明确在建项目安全文明施工措施费调整事项的通知
　　　（深建质安〔2018〕281号）··········088
2.16　深圳市生产建设项目水土保持方案备案指引（试行）
　　　（深水保〔2019〕525号）··········089

第三篇　政府采购和工程招标投标··········093

3.1　政府采购质疑和投诉办法
　　（中华人民共和国财政部令第94号）··········095
3.2　深圳经济特区政府采购条例
　　（1998年10月27日深圳市第二届人民代表大会常务委员会第二十七次会议通过，2011年12月27日深圳市人民代表大会常务委员会第十二次会议修订，根据2019年4月24日深圳市第六届人民代表大会常务委员会第三十三次会议《关于修改〈深圳经济特区医疗条例〉等二十七项法规的决定》修正）··········101
3.3　深圳市政府采购评标定标分离管理办法
　　（深财规〔2020〕1号）··········112
3.4　深圳市政府采购代理机构管理实施办法
　　（深财规〔2019〕4号）··········116
3.5　关于建设工程招标投标改革的若干规定
　　（深府〔2015〕73号）··········120
3.6　深圳市特殊工程认定和发包办法
　　（深府〔2012〕46号）··········131
3.7　关于进一步完善建设工程招标投标制度的若干措施
　　（深建规〔2020〕1号）··········135
3.8　深圳市住房和建设局关于明确建设工程招标相关事宜的通知
　　（深建规〔2018〕3号）··········142
3.9　深圳市工程建设项目招标投标活动异议和投诉处理办法
　　（深建规〔2020〕16号）··········144
3.10　深圳市住房和建设局关于建设工程服务类招标项目投标资格条件设置有关事宜的通知
　　　（深建市场〔2018〕29号）··········151

3.11 提升建设工程招标质量和效率工作指引
（深建市场〔2018〕8号〕······152

3.12 深圳市住房和建设局关于城市园林绿化企业资质取消后招投标有关工作的通知
（深建市场〔2017〕27号）······155

3.13 深圳市住房和建设局关于加强安全生产与建设工程施工招标联动的通知
（深建市场〔2017〕13号）······156

3.14 建设工程定性评审评标工作指引
（深建市场〔2016〕40号）······157

3.15 EPC工程总承包招标工作指导规则（试行）
（深建市场〔2016〕16号）······159

3.16 建筑工程施工发包与承包违法行为认定查处管理办法
（建市规〔2019〕1号）······161

3.17 深圳市建筑市场主体信用管理办法
（深建规〔2020〕3号）······165

第四篇 质量管理和安全文明施工······173

4.1 深圳市建设工程质量管理条例（2004年修正本）
（1994年8月4日深圳市第一届人民代表大会常务委员会第二十四次会议通过，1997年12月17日深圳市第二届人民代表大会常务委员会第十九次会议第一次修正，2003年2月21日深圳市第三届人民代表大会常务委员会第二十二次会议修订，2003年5月28日广东省第十届人民代表大会常务委员会第三次会议批准，2004年6月25日深圳市第三届人民代表大会常务委员会第三十二次会议第二次修正，2004年7月29日广东省第十届人民代表大会常务委员会第十二次会议批准）······175

4.2 深圳市地下管线管理暂行办法
（2014年4月16日深圳市人民政府令第265号发布）······183

4.3 深圳经济特区建设工程施工安全条例
（1998年2月13日深圳市第二届人民代表大会常务委员会第二十次会议通过，根据2004年6月25日深圳市第三届人民代表大会常务委员会第三十二次会议《关于修改〈深圳经济特区建设工程施工安全条例〉的决定》第一次修正，根据2019年10月31日深圳市第六届人民代表大会常务委员会第三十六次会议《关于修改〈深圳经济特区人体器官捐献移植条例〉等四十五项法规的决定》第二次修正）······193

4.4 深圳市燃气管道安全保护办法
（2015年9月2日深圳市人民政府令第280号公布）······198

4.5 深圳市小散工程和零星作业安全生产纳管暂行办法
（深府办规〔2018〕10号）······206

4.6 关于严厉惩处建设工程安全生产违法违规行为的若干措施（试行）的实施细则
（深建规〔2019〕2号）······214

4.7 深圳经济特区建设项目环境保护条例

（根据2018年12月27日深圳市第六届人民代表大会常务委员会第二十九次会议《关于修改〈深圳经济特区环境保护条例〉等十二项法规的决定》第三次修正）·········218

4.8 深圳市建筑废弃物管理办法

（2020年4月29日深圳市人民政府令第330号发布）·········223

4.9 关于加强建设工程安全文明施工标准化管理的若干规定

（深建规〔2018〕5号）·········235

4.10 深圳市建设工程扬尘污染防治专项方案

（深建质安〔2018〕70号）·········241

4.11 深圳市政府投资项目验收管理暂行办法

（深府办规〔2018〕2号）·········244

4.12 深圳市建设工程竣工联合（现场）验收管理办法

（深建规〔2020〕12号）·········247

第五篇 工程报建和档案管理·········253

5.1 深圳市政府投资建设项目施工许可管理规定

（2020年4月28日深圳市人民政府令第328号公布）·········255

5.2 深圳市建设用地开工竣工管理办法（试行）

（深规土规〔2018〕11号）·········263

5.3 深圳市建设工程项目人员实名制管理办法

（深建规〔2018〕7号）·········266

5.4 深圳市住房和建设局关于进一步规范项目经理、项目总监任职锁定和解锁程序的补充通知

（深建规〔2015〕7号）·········270

5.5 深圳市住房和建设局关于明确招标工程项目负责人更换事项的通知

（深建标〔2017〕11号）·········272

5.6 深圳市房屋拆除工程管理办法

（深建规〔2017〕8号）·········274

第六篇 财政管理和土地管理·········279

6.1 深圳经济特区政府投资项目审计监督条例

（2004年6月25日深圳市第三届人民代表大会常务委员会第三十二次会议通过，根据2012年6月28日深圳市第五届人民代表大会常务委员会第十六次会议《关于修改〈深圳经济特区政府投资项目审计监督条例〉的决定》第一次修正，根据2018年1月12日深圳市第六届人民代表大会常务委员会第二十二次会议《关于修改〈深圳经济特区政府投资项目审计监督条例〉的决定》第二次修正）·····281

6.2 深圳市市级财政专项资金管理办法

　　　　　（深府规〔2018〕12号） ································· 287

6.3 **深圳市财政性基本建设资金直接支付暂行办法**
　　　　　（深府规〔2018〕2号） ·································· 294

6.4 **深圳市发展和改革委员会专项资金管理办法**
　　　　　（深发改规〔2019〕2号） ································ 297

6.5 **深圳市发展和改革委员会专项资金失信行为认定惩戒管理暂行规定**
　　　　　（深发改规〔2020〕5号） ································ 304

6.6 **深圳经济特区规划土地监察条例**
　　　　　（1995年11月3日深圳市第二届人民代表大会常务委员会第四次会议通过，根据
　　　　　2001年7月27日深圳市第三届人民代表大会常务委员会第八次会议《关于修改
　　　　　〈深圳经济特区规划土地监察条例〉的决定》第一次修正，根据2005年2月25日
　　　　　深圳市第三届人民代表大会常务委员会第三十六次会议《关于修改〈深圳经济
　　　　　特区规划土地监察条例〉的决定》第二次修正，2013年12月25日深圳市第五届
　　　　　人民代表大会常务委员会第二十六次会议修订，根据2017年4月27日深圳市
　　　　　第六届人民代表大会常务委员会第十六次会议《关于修改〈深圳经济特区
　　　　　规划土地监察条例〉的决定》第三次修正，根据2019年10月31日深圳市
　　　　　第六届人民代表大会常务委员会第三十六次会议《关于修改〈深圳经济
　　　　　特区人体器官捐献移植条例〉等四十五项法规的决定》第四次修正） ········ 309

6.7 **关于规范已出让未建用地土地用途变更和容积率调整的处置办法**
　　　　　（深府办规〔2019〕3号） ································ 318

6.8 **深圳市房屋征收与补偿实施办法（试行）**
　　　　　（2013年3月18日深圳市人民政府令第248号发布，根据2016年12月23日深圳市
　　　　　人民政府令第292号《深圳市人民政府关于修改〈深圳市房屋征收与补偿实施
　　　　　办法（试行）〉的决定》修改） ······························ 322

6.9 **深圳市人民政府关于农村城市化历史遗留产业类和公共配套类违法建筑的处理办法**
　　　　　（2018年9月4日深圳市人民政府令第312号发布） ················· 339

6.10 **关于做好没收违法建筑执行和处置工作的指导意见**
　　　　　（深规土规〔2018〕10号） ······························· 349

第七篇　深圳市大鹏新区规范性文件 ······························· 353

7.1 **大鹏新区小散工程安全生产纳管实施细则**
　　　　　（深鹏办规〔2019〕2号） ································ 355

7.2 **大鹏新区应急工程管理办法**
　　　　　（深鹏办规〔2020〕6号） ································ 362

7.3 **大鹏新区抢险救灾工程管理办法**
　　　　　（深鹏住建规〔2019〕1号） ······························· 366

7.4 **大鹏新区建设工程主要管理人员履职考勤管理制度** ··················· 375

7.5 大鹏新区泥头车安全管理专项整治领导小组联席会议议事规则（试运行）
（大鹏泥安管办〔2018〕26号）···377

7.6 深圳市大鹏新区临时用地和临时建筑管理实施细则（试行）
（深鹏综执规〔2018〕1号）··379

附　录 ··389

第一篇

综合类

1.1 中华人民共和国刑法(节选)

(2017年11月4日第十二届中华人民共和国主席令第80号公布,1979年7月1日第五届全国人民代表大会第二次会议通过,2020年12月26日第十三届全国人民代表大会常务委员会第二十四次会议通过《中华人民共和国刑法修正案(十一)》)

第一百一十七条 破坏轨道、桥梁、隧道、公路、机场、航道、灯塔、标志或者进行其他破坏活动,足以使火车、汽车、电车、船只、航空器发生倾覆、毁坏危险,尚未造成严重后果的,处三年以上十年以下有期徒刑。

第一百一十八条 破坏电力、燃气或者其他易燃易爆设备,危害公共安全,尚未造成严重后果的,处三年以上十年以下有期徒刑。

第一百一十九条 破坏交通工具、交通设施、电力设备、燃气设备、易燃易爆设备,造成严重后果的,处十年以上有期徒刑、无期徒刑或者死刑。

过失犯前款罪的,处三年以上七年以下有期徒刑;情节较轻的,处三年以下有期徒刑或者拘役。

第一百二十四条 破坏广播电视设施、公用电信设施,危害公共安全的,处三年以上七年以下有期徒刑;造成严重后果的,处七年以上有期徒刑。

过失犯前款罪的,处三年以上七年以下有期徒刑;情节较轻的,处三年以下有期徒刑或者拘役。

第一百三十四条 在生产、作业中违反有关安全管理的规定,因而发生重大伤亡事故或者造成其他严重后果的,处三年以下有期徒刑或者拘役;情节特别恶劣的,处三年以上七年以下有期徒刑。

强令他人违章冒险作业,或者明知存在重大事故隐患而不排除,仍冒险组织作业,因而发生重大伤亡事故或者造成其他严重后果的,处五年以下有期徒刑或者拘役;情节特别恶劣的,处五年以上有期徒刑。

第一百三十四条之一 在生产、作业中违反有关安全管理的规定,有下列情形之一,具有发生重大伤亡事故或者其他严重后果的现实危险的,处一年以下有期徒刑、拘役或者管制:

(一)关闭、破坏直接关系生产安全的监控、报警、防护、救生设备、设施,或者篡改、隐瞒、销毁其相关数据、信息的;

(二)因存在重大事故隐患被依法责令停产停业、停止施工、停止使用有关设备、设施、场所或者立即采取排除危险的整改措施,而拒不执行的;

(三)涉及安全生产的事项未经依法批准或者许可,擅自从事矿山开采、金属冶炼、建筑施工,以及危险物品生产、经营、储存等高度危险的生产作业活动的。

第一百三十五条 安全生产设施或者安全生产条件不符合国家规定,因而发生重大伤亡事故或者造成其他严重后果的,对直接负责的主管人员和其他直接责任人员,处三年以下有期徒刑或者拘役;情节特别恶劣的,处三年以上七年以下有期徒刑。

第一百三十五条之一 举办大型群众性活动违反安全管理规定,因而发生重大伤亡事故或者造成其他严重后果的，对直接负责的主管人员和其他直接责任人员，处三年以下有期徒刑或者拘役；情节特别恶劣的，处三年以上七年以下有期徒刑。

第一百三十七条 建设单位、设计单位、施工单位、工程监理单位违反国家规定，降低工程质量标准，造成重大安全事故的，对直接责任人员，处五年以下有期徒刑或者拘役，并处罚金；后果特别严重的，处五年以上十年以下有期徒刑，并处罚金。

第一百三十八条 明知校舍或者教育教学设施有危险，而不采取措施或者不及时报告，致使发生重大伤亡事故的，对直接责任人员，处三年以下有期徒刑或者拘役；后果特别严重的，处三年以上七年以下有期徒刑。

第一百三十九条 违反消防管理法规，经消防监督机构通知采取改正措施而拒绝执行，造成严重后果的，对直接责任人员，处三年以下有期徒刑或者拘役；后果特别严重的，处三年以上七年以下有期徒刑。

第一百三十九条之一 在安全事故发生后，负有报告职责的人员不报或者谎报事故情况，贻误事故抢救，情节严重的，处三年以下有期徒刑或者拘役；情节特别严重的，处三年以上七年以下有期徒刑。

第二百二十三条 投标人相互串通投标报价，损害招标人或者其他投标人利益，情节严重的，处三年以下有期徒刑或者拘役，并处或者单处罚金。

投标人与招标人串通投标，损害国家、集体、公民的合法利益的，依照前款的规定处罚。

第二百二十四条 有下列情形之一，以非法占有为目的，在签订、履行合同过程中，骗取对方当事人财物，数额较大的，处三年以下有期徒刑或者拘役，并处或者单处罚金；数额巨大或者有其他严重情节的，处三年以上十年以下有期徒刑，并处罚金；数额特别巨大或者有其他特别严重情节的，处十年以上有期徒刑或者无期徒刑，并处罚金或者没收财产：

（一）以虚构的单位或者冒用他人名义签订合同的；

（二）以伪造、变造、作废的票据或者其他虚假的产权证明作担保的；

（三）没有实际履行能力，以先履行小额合同或者部分履行合同的方法，诱骗对方当事人继续签订和履行合同的；

（四）收受对方当事人给付的货物、货款、预付款或者担保财产后逃匿的；

（五）以其他方法骗取对方当事人财物的。

第二百二十八条 以牟利为目的，违反土地管理法规，非法转让、倒卖土地使用权，情节严重的，处三年以下有期徒刑或者拘役，并处或者单处非法转让、倒卖土地使用权价额百分之五以上百分之二十以下罚金；情节特别严重的，处三年以上七年以下有期徒刑，并处非法转让、倒卖土地使用权价额百分之五以上百分之二十以下罚金。

第二百三十一条 单位犯本节第二百二十一条至第二百三十条规定之罪的，对单位判处罚金，并对其直接负责的主管人员和其他直接责任人员，依照本节各该条的规定处罚。

第三百三十八条 违反国家规定，排放、倾倒或者处置有放射性的废物、含传染病病原体的废物、有毒物质或者其他有害物质，严重污染环境的，处三年以下有期徒刑或者拘役，并处或者单处罚金；情节严重的，处三年以上七年以下有期徒刑，并处罚金；有下列情形之一的，处七年以上有期徒刑，并处罚金：

（一）在饮用水水源保护区、自然保护地核心保护区等依法确定的重点保护区域排放、倾倒、处置有放射性的废物、含传染病病原体的废物、有毒物质，情节特别严重的；

（二）向国家确定的重要江河、湖泊水域排放、倾倒、处置有放射性的废物、含传染病病原体的废物、有毒物质，情节特别严重的；

（三）致使大量永久基本农田基本功能丧失或者遭受永久性破坏的；

（四）致使多人重伤、严重疾病，或者致人严重残疾、死亡的。

有前款行为，同时构成其他犯罪的，依照处罚较重的规定定罪处罚。

第三百三十九条 违反国家规定，将境外的固体废物进境倾倒、堆放、处置的，处五年以下有期徒刑或者拘役，并处罚金；造成重大环境污染事故，致使公私财产遭受重大损失或者严重危害人体健康的，处五年以上十年以下有期徒刑，并处罚金；后果特别严重的，处十年以上有期徒刑，并处罚金。

未经国务院有关主管部门许可，擅自进口固体废物用作原料，造成重大环境污染事故，致使公私财产遭受重大损失或者严重危害人体健康的，处五年以下有期徒刑或者拘役，并处罚金；后果特别严重的，处五年以上十年以下有期徒刑，并处罚金。

以原料利用为名，进口不能用作原料的固体废物、液态废物和气态废物的，依照本法第一百五十二条第二款、第三款的规定定罪处罚。

第三百四十二条 违反土地管理法规，非法占用耕地、林地等农用地，改变被占用土地用途，数量较大，造成耕地、林地等农用地大量毁坏的，处五年以下有期徒刑或者拘役，并处或者单处罚金。

第三百四十二条之一 违反自然保护地管理法规，在国家公园、国家级自然保护区进行开垦、开发活动或者修建建筑物，造成严重后果或者有其他恶劣情节的，处五年以下有期徒刑或者拘役，并处或者单处罚金。

有前款行为，同时构成其他犯罪的，依照处罚较重的规定定罪处罚。

第三百四十四条 违反国家规定，非法采伐、毁坏珍贵树木或者国家重点保护的其他植物的，或者非法收购、运输、加工、出售珍贵树木或者国家重点保护的其他植物及其制品的，处三年以下有期徒刑、拘役或者管制，并处罚金；情节严重的，处三年以上七年以下有期徒刑，并处罚金。

第三百四十四条之一 违反国家规定，非法引进、释放或者丢弃外来入侵物种，情节严重的，处三年以下有期徒刑或者拘役，并处或者单处罚金。

第三百四十五条 盗伐森林或者其他林木，数量较大的，处三年以下有期徒刑、拘役或者管制，并处或者单处罚金；数量巨大的，处三年以上七年以下有期徒刑，并处罚金；数量特别巨大的，处七年以上有期徒刑，并处罚金。

违反森林法的规定，滥伐森林或者其他林木，数量较大的，处三年以下有期徒刑、拘役或者管制，并处或者单处罚金；数量巨大的，处三年以上七年以下有期徒刑，并处罚金。

非法收购、运输明知是盗伐、滥伐的林木，情节严重的，处三年以下有期徒刑、拘役或者管制，并处或者单处罚金；情节特别严重的，处三年以上七年以下有期徒刑，并处罚金。

盗伐、滥伐国家级自然保护区内的森林或者其他林木的，从重处罚。

第三百四十六条 单位犯本节第三百三十八条至第三百四十五条规定之罪的，对单位判处罚金，并对其直接负责的主管人员和其他直接责任人员，依照本节各该条的规定处罚。

第三百八十二条 国家工作人员利用职务上的便利，侵吞、窃取、骗取或者以其他手段非法占有公共财物的，是贪污罪。

受国家机关、国有公司、企业、事业单位、人民团体委托管理、经营国有财产的人员，利用职务上的便利，侵吞、窃取、骗取或者以其他手段非法占有国有财物的，以贪污论。

与前两款所列人员勾结，伙同贪污的，以共犯论处。

第三百八十三条 对犯贪污罪的，根据情节轻重，分别依照下列规定处罚：

（一）贪污数额较大或者有其他较重情节的，处三年以下有期徒刑或者拘役，并处罚金。

（二）贪污数额巨大或者有其他严重情节的，处三年以上十年以下有期徒刑，并处罚金或者没收财产。

（三）贪污数额特别巨大或者有其他特别严重情节的，处十年以上有期徒刑或者无期徒刑，并处罚金或者没收财产；数额特别巨大，并使国家和人民利益遭受特别重大损失的，处无期徒刑或者死刑，并处没收财产。

对多次贪污未经处理的，按照累计贪污数额处罚。

犯第一款罪，在提起公诉前如实供述自己罪行、真诚悔罪、积极退赃，避免、减少损害结果的发生，有第一项规定情形的，可以从轻、减轻或者免除处罚；有第二项、第三项规定情形的，可以从轻处罚。

犯第一款罪，有第三项规定情形被判处死刑缓期执行的，人民法院根据犯罪情节等情况可以同时决定在其死刑缓期执行二年期满依法减为无期徒刑后，终身监禁，不得减刑、假释。

第三百八十四条 国家工作人员利用职务上的便利，挪用公款归个人使用，进行非法活动的，或者挪用公款数额较大、进行营利活动的，或者挪用公款数额较大、超过三个月未还的，是挪用公款罪，处五年以下有期徒刑或者拘役；情节严重的，处五年以上有期徒刑。挪用公款数额巨大不退还的，处十年以上有期徒刑或者无期徒刑。

挪用用于救灾、抢险、防汛、优抚、扶贫、移民、救济款物归个人使用的，从重处罚。

第三百八十五条 国家工作人员利用职务上的便利，索取他人财物的，或者非法收受他人财物，为他人谋取利益的，是受贿罪。

国家工作人员在经济往来中，违反国家规定，收受各种名义的回扣、手续费，归个人所有的，以受贿论处。

第三百八十六条 对犯受贿罪的，根据受贿所得数额及情节，依照本法第三百八十三条的规定处罚。索贿的从重处罚。

第三百八十七条 国家机关、国有公司、企业、事业单位、人民团体，索取、非法收受他人财物，为他人谋取利益，情节严重的，对单位判处罚金，并对其直接负责的主管人员和其他直接责任人员，处五年以下有期徒刑或者拘役。

前款所列单位，在经济往来中，在帐外暗中收受各种名义的回扣、手续费的，以受贿论，依照前款的规定处罚。

第三百八十八条 国家工作人员利用本人职权或者地位形成的便利条件，通过其他国家工作人员职务上的行为，为请托人谋取不正当利益，索取请托人财物或者收受请托人财物的，以受贿论处。

第三百八十八条之一 国家工作人员的近亲属或者其他与该国家工作人员关系密切的人，通过该国家工作人员职务上的行为,或者利用该国家工作人员职权或者地位形成的便利条件,通过其他国家工作人员职务上的行为,为请托人谋取不正当利益,索取请托人财物或者收受请托人财物,数额较大或者有其他较重情节的,处三年以下有期徒刑或者拘役,并处罚金;数额巨大或者有其他严重情节的,处三年以上七年以下有期徒刑,并处罚金;数额特别巨大或者有其他特别严重情节的,处七年以上有期徒刑,并处罚金或者没收财产。

离职的国家工作人员或者其近亲属以及其他与其关系密切的人,利用该离职的国家工作人员原职权或者地位形成的便利条件实施前款行为的,依照前款的规定定罪处罚。

第三百八十九条 为谋取不正当利益,给予国家工作人员以财物的,是行贿罪。

在经济往来中,违反国家规定,给予国家工作人员以财物,数额较大的,或者违反国家规定,给予国家工作人员以各种名义的回扣、手续费的,以行贿论处。

因被勒索给予国家工作人员以财物,没有获得不正当利益的,不是行贿。

第三百九十条 对犯行贿罪的,处五年以下有期徒刑或者拘役,并处罚金;因行贿谋取不正当利益,情节严重的,或者使国家利益遭受重大损失的,处五年以上十年以下有期徒刑,并处罚金;情节特别严重的,或者使国家利益遭受特别重大损失的,处十年以上有期徒刑或者无期徒刑,并处罚金或者没收财产。

行贿人在被追诉前主动交待行贿行为的,可以从轻或者减轻处罚。其中,犯罪较轻的,对侦破重大案件起关键作用的,或者有重大立功表现的,可以减轻或者免除处罚。

第三百九十条之一 为谋取不正当利益,向国家工作人员的近亲属或者其他与该国家工作人员关系密切的人,或者向离职的国家工作人员或者其近亲属以及其他与其关系密切的人行贿的,处三年以下有期徒刑或者拘役,并处罚金;情节严重的,或者使国家利益遭受重大损失的,处三年以上七年以下有期徒刑,并处罚金;情节特别严重的,或者使国家利益遭受特别重大损失的,处七年以上十年以下有期徒刑,并处罚金。

单位犯前款罪的,对单位判处罚金,并对其直接负责的主管人员和其他直接责任人员,处三年以下有期徒刑或者拘役,并处罚金。

第三百九十一条 为谋取不正当利益,给予国家机关、国有公司、企业、事业单位、人民团体以财物的,或者在经济往来中,违反国家规定,给予各种名义的回扣、手续费的,处三年以下有期徒刑或者拘役,并处罚金。

单位犯前款罪的,对单位判处罚金,并对其直接负责的主管人员和其他直接责任人员,依照前款的规定处罚。

第三百九十二条 向国家工作人员介绍贿赂,情节严重的,处三年以下有期徒刑或者拘役,并处罚金。

介绍贿赂人在被追诉前主动交待介绍贿赂行为的,可以减轻处罚或者免除处罚。

第三百九十三条 单位为谋取不正当利益而行贿,或者违反国家规定,给予国家工作人员以回扣、手续费,情节严重的,对单位判处罚金,并对其直接负责的主管人员和其他直接责任人员,处五年以下有期徒刑或者拘役,并处罚金。因行贿取得的违法所得归个人所有的,依照本法第三百八十九条、第三百九十条的规定定罪处罚。

第三百九十四条 国家工作人员在国内公务活动或者对外交往中接受礼物,依照国家规定应当交公而不交公,数额较大的,依照本法第三百八十二条、第三百八十三条的规定定罪处罚。

第三百九十五条 国家工作人员的财产、支出明显超过合法收入，差额巨大的，可以责令该国家工作人员说明来源，不能说明来源的，差额部分以非法所得论，处五年以下有期徒刑或者拘役；差额特别巨大的，处五年以上十年以下有期徒刑。财产的差额部分予以追缴。

国家工作人员在境外的存款，应当依照国家规定申报。数额较大、隐瞒不报的，处二年以下有期徒刑或者拘役；情节较轻的，由其所在单位或者上级主管机关酌情给予行政处分。

第三百九十七条 国家机关工作人员滥用职权或者玩忽职守，致使公共财产、国家和人民利益遭受重大损失的，处三年以下有期徒刑或者拘役；情节特别严重的，处三年以上七年以下有期徒刑。本法另有规定的，依照规定。

国家机关工作人员徇私舞弊，犯前款罪的，处五年以下有期徒刑或者拘役；情节特别严重的，处五年以上十年以下有期徒刑。本法另有规定的，依照规定。

第四百零六条 国家机关工作人员在签订、履行合同过程中，因严重不负责任被诈骗，致使国家利益遭受重大损失的，处三年以下有期徒刑或者拘役；致使国家利益遭受特别重大损失的，处三年以上七年以下有期徒刑。

第四百零七条 林业主管部门的工作人员违反森林法的规定，超过批准的年采伐限额发放林木采伐许可证或者违反规定滥发林木采伐许可证，情节严重，致使森林遭受严重破坏的，处三年以下有期徒刑或者拘役。

第四百零八条 负有环境保护监督管理职责的国家机关工作人员严重不负责任，导致发生重大环境污染事故，致使公私财产遭受重大损失或者造成人身伤亡的严重后果的，处三年以下有期徒刑或者拘役。

第四百一十条 国家机关工作人员徇私舞弊，违反土地管理法规，滥用职权，非法批准征收、征用、占用土地，或者非法低价出让国有土地使用权，情节严重的，处三年以下有期徒刑或者拘役；致使国家或者集体利益遭受特别重大损失的，处三年以上七年以下有期徒刑。

1.2 中华人民共和国建筑法（2019年修正）

（1997年11月1日第八届全国人民代表大会常务委员会第二十八次会议通过，根据2011年4月22日第十一届全国人民代表大会常务委员会第二十次会议《关于修改〈中华人民共和国建筑法〉的决定》第一次修正，根据2019年4月23日第十三届全国人民代表大会常务委员会第十次会议《关于修改〈中华人民共和国建筑法〉等八部法律的决定》第二次修正）

第一章 总 则

第一条 为了加强对建筑活动的监督管理，维护建筑市场秩序，保证建筑工程的质量和安全，促进建筑业健康发展，制定本法。

第二条 在中华人民共和国境内从事建筑活动，实施对建筑活动的监督管理，应当遵守本法。

本法所称建筑活动，是指各类房屋建筑及其附属设施的建造和与其配套的线路、管道、设备的安装活动。

第三条 建筑活动应当确保建筑工程质量和安全，符合国家的建筑工程安全标准。

第四条 国家扶持建筑业的发展，支持建筑科学技术研究，提高房屋建筑设计水平，鼓励节约能源和保护环境，提倡采用先进技术、先进设备、先进工艺、新型建筑材料和现代管理方式。

第五条 从事建筑活动应当遵守法律、法规，不得损害社会公共利益和他人的合法权益。

任何单位和个人都不得妨碍和阻挠依法进行的建筑活动。

第六条 国务院建设行政主管部门对全国的建筑活动实施统一监督管理。

第二章 建筑许可

第一节 建筑工程施工许可

第七条 建筑工程开工前，建设单位应当按照国家有关规定向工程所在地县级以上人民政府建设行政主管部门申请领取施工许可证；但是，国务院建设行政主管部门确定的限额以下的小型工程除外。

按照国务院规定的权限和程序批准开工报告的建筑工程，不再领取施工许可证。

第八条 申请领取施工许可证，应当具备下列条件：

（一）已经办理该建筑工程用地批准手续；

（二）依法应当办理建设工程规划许可证的，已经取得建设工程规划许可证；

（三）需要拆迁的，其拆迁进度符合施工要求；

（四）已经确定建筑施工企业；

（五）有满足施工需要的资金安排、施工图纸及技术资料；

（六）有保证工程质量和安全的具体措施。

建设行政主管部门应当自收到申请之日起七日内，对符合条件的申请颁发施工许可证。

第九条 建设单位应当自领取施工许可证之日起三个月内开工。因故不能按期开工的，应当向发证机关申请延期；延期以两次为限，每次不超过三个月。既不开工又不申请延期或者超过延期时限的，施工许可证自行废止。

第十条 在建的建筑工程因故中止施工的，建设单位应当自中止施工之日起一个月内，向发证机关报告，并按照规定做好建筑工程的维护管理工作。

建筑工程恢复施工时，应当向发证机关报告；中止施工满一年的工程恢复施工前，建设单位应当报发证机关核验施工许可证。

第十一条 按照国务院有关规定批准开工报告的建筑工程，因故不能按期开工或者中止施工的，应当及时向批准机关报告情况。因故不能按期开工超过六个月的，应当重新办理开工报告的批准手续。

第二节 从业资格

第十二条 从事建筑活动的建筑施工企业、勘察单位、设计单位和工程监理单位，应当具备下列条件：

（一）有符合国家规定的注册资本；

（二）有与其从事的建筑活动相适应的具有法定执业资格的专业技术人员；

（三）有从事相关建筑活动所应有的技术装备；

（四）法律、行政法规规定的其他条件。

第十三条 从事建筑活动的建筑施工企业、勘察单位、设计单位和工程监理单位，按照其拥有的注册资本、专业技术人员、技术装备和已完成的建筑工程业绩等资质条件，划分为不同的资质等级，经资质审查合格，取得相应等级的资质证书后，方可在其资质等级许可的范围内从事建筑活动。

第十四条 从事建筑活动的专业技术人员，应当依法取得相应的执业资格证书，并在执业资格证书许可的范围内从事建筑活动。

第三章 建筑工程发包与承包

第一节 一般规定

第十五条 建筑工程的发包单位与承包单位应当依法订立书面合同，明确双方的权利和义务。

发包单位和承包单位应当全面履行合同约定的义务。不按照合同约定履行义务的，依法承担违约责任。

第十六条 建筑工程发包与承包的招标投标活动，应当遵循公开、公正、平等竞争的原则，择优选择承包单位。

建筑工程的招标投标，本法没有规定的，适用有关招标投标法律的规定。

第十七条 发包单位及其工作人员在建筑工程发包中不得收受贿赂、回扣或者索取其他好处。

承包单位及其工作人员不得利用向发包单位及其工作人员行贿、提供回扣或者给予其他好处等不正当手段承揽工程。

第十八条 建筑工程造价应当按照国家有关规定，由发包单位与承包单位在合同中约定。公开招标发包的,其造价的约定,须遵守招标投标法律的规定。

发包单位应当按照合同的约定,及时拨付工程款项。

第二节 发 包

第十九条 建筑工程依法实行招标发包,对不适于招标发包的可以直接发包。

第二十条 建筑工程实行公开招标的,发包单位应当依照法定程序和方式,发布招标公告,提供载有招标工程的主要技术要求、主要的合同条款、评标的标准和方法以及开标、评标、定标的程序等内容的招标文件。

开标应当在招标文件规定的时间、地点公开进行。开标后应当按照招标文件规定的评标标准和程序对标书进行评价、比较,在具备相应资质条件的投标者中,择优选定中标者。

第二十一条 建筑工程招标的开标、评标、定标由建设单位依法组织实施,并接受有关行政主管部门的监督。

第二十二条 建筑工程实行招标发包的,发包单位应当将建筑工程发包给依法中标的承包单位。建筑工程实行直接发包的,发包单位应当将建筑工程发包给具有相应资质条件的承包单位。

第二十三条 政府及其所属部门不得滥用行政权力,限定发包单位将招标发包的建筑工程发包给指定的承包单位。

第二十四条 提倡对建筑工程实行总承包,禁止将建筑工程肢解发包。

建筑工程的发包单位可以将建筑工程的勘察、设计、施工、设备采购一并发包给一个工程总承包单位,也可以将建筑工程勘察、设计、施工、设备采购的一项或者多项发包给一个工程总承包单位;但是,不得将应当由一个承包单位完成的建筑工程肢解成若干部分发包给几个承包单位。

第二十五条 按照合同约定,建筑材料、建筑构配件和设备由工程承包单位采购的,发包单位不得指定承包单位购入用于工程的建筑材料、建筑构配件和设备或者指定生产厂、供应商。

第三节 承 包

第二十六条 承包建筑工程的单位应当持有依法取得的资质证书,并在其资质等级许可的业务范围内承揽工程。

禁止建筑施工企业超越本企业资质等级许可的业务范围或者以任何形式用其他建筑施工企业的名义承揽工程。禁止建筑施工企业以任何形式允许其他单位或者个人使用本企业的资质证书、营业执照,以本企业的名义承揽工程。

第二十七条 大型建筑工程或者结构复杂的建筑工程,可以由两个以上的承包单位联合共同承包。共同承包的各方对承包合同的履行承担连带责任。

两个以上不同资质等级的单位实行联合共同承包的,应当按照资质等级低的单位的业务许可范围承揽工程。

第二十八条 禁止承包单位将其承包的全部建筑工程转包给他人,禁止承包单位将其承包的全部建筑工程肢解以后以分包的名义分别转包给他人。

第二十九条 建筑工程总承包单位可以将承包工程中的部分工程发包给具有相应资质条件的分包单位;但是,除总承包合同中约定的分包外,必须经建设单位认可。施工总承包的,建筑工程主体结构的施工必须由总承包单位自行完成。

建筑工程总承包单位按照总承包合同的约定对建设单位负责；分包单位按照分包合同的约定对总承包单位负责。总承包单位和分包单位就分包工程对建设单位承担连带责任。

禁止总承包单位将工程分包给不具备相应资质条件的单位。禁止分包单位将其承包的工程再分包。

第四章　建筑工程监理

第三十条　国家推行建筑工程监理制度。

国务院可以规定实行强制监理的建筑工程的范围。

第三十一条　实行监理的建筑工程，由建设单位委托具有相应资质条件的工程监理单位监理。建设单位与其委托的工程监理单位应当订立书面委托监理合同。

第三十二条　建筑工程监理应当依照法律、行政法规及有关的技术标准、设计文件和建筑工程承包合同，对承包单位在施工质量、建设工期和建设资金使用等方面，代表建设单位实施监督。

工程监理人员认为工程施工不符合工程设计要求、施工技术标准和合同约定的，有权要求建筑施工企业改正。

工程监理人员发现工程设计不符合建筑工程质量标准或者合同约定的质量要求的，应当报告建设单位要求设计单位改正。

第三十三条　实施建筑工程监理前，建设单位应当将委托的工程监理单位、监理的内容及监理权限，书面通知被监理的建筑施工企业。

第三十四条　工程监理单位应当在其资质等级许可的监理范围内，承担工程监理业务。

工程监理单位应当根据建设单位的委托，客观、公正地执行监理任务。

工程监理单位与被监理工程的承包单位以及建筑材料、建筑构配件和设备供应单位不得有隶属关系或者其他利害关系。

工程监理单位不得转让工程监理业务。

第三十五条　工程监理单位不按照委托监理合同的约定履行监理义务，对应当监督检查的项目不检查或者不按照规定检查，给建设单位造成损失的，应当承担相应的赔偿责任。

工程监理单位与承包单位串通，为承包单位谋取非法利益，给建设单位造成损失的，应当与承包单位承担连带赔偿责任。

第五章　建筑安全生产管理

第三十六条　建筑工程安全生产管理必须坚持安全第一、预防为主的方针，建立健全安全生产的责任制度和群防群治制度。

第三十七条　建筑工程设计应当符合按照国家规定制定的建筑安全规程和技术规范，保证工程的安全性能。

第三十八条　建筑施工企业在编制施工组织设计时，应当根据建筑工程的特点制定相应的安全技术措施；对专业性较强的工程项目，应当编制专项安全施工组织设计，并采取安全技术措施。

第三十九条　建筑施工企业应当在施工现场采取维护安全、防范危险、预防火灾等措施；有条件的，应当对施工现场实行封闭管理。

施工现场对毗邻的建筑物、构筑物和特殊作业环境可能造成损害的，建筑施工企业应当采取安全防护措施。

第四十条 建设单位应当向建筑施工企业提供与施工现场相关的地下管线资料，建筑施工企业应当采取措施加以保护。

第四十一条 建筑施工企业应当遵守有关环境保护和安全生产的法律、法规的规定，采取控制和处理施工现场的各种粉尘、废气、废水、固体废物以及噪声、振动对环境的污染和危害的措施。

第四十二条 有下列情形之一的，建设单位应当按照国家有关规定办理申请批准手续：

（一）需要临时占用规划批准范围以外场地的；

（二）可能损坏道路、管线、电力、邮电通讯等公共设施的；

（三）需要临时停水、停电、中断道路交通的；

（四）需要进行爆破作业的；

（五）法律、法规规定需要办理报批手续的其他情形。

第四十三条 建设行政主管部门负责建筑安全生产的管理，并依法接受劳动行政主管部门对建筑安全生产的指导和监督。

第四十四条 建筑施工企业必须依法加强对建筑安全生产的管理，执行安全生产责任制度，采取有效措施，防止伤亡和其他安全生产事故的发生。

建筑施工企业的法定代表人对本企业的安全生产负责。

第四十五条 施工现场安全由建筑施工企业负责。实行施工总承包的，由总承包单位负责。分包单位向总承包单位负责，服从总承包单位对施工现场的安全生产管理。

第四十六条 建筑施工企业应当建立健全劳动安全生产教育培训制度，加强对职工安全生产的教育培训；未经安全生产教育培训的人员，不得上岗作业。

第四十七条 建筑施工企业和作业人员在施工过程中，应当遵守有关安全生产的法律、法规和建筑行业安全规章、规程，不得违章指挥或者违章作业。作业人员有权对影响人身健康的作业程序和作业条件提出改进意见，有权获得安全生产所需的防护用品。作业人员对危及生命安全和人身健康的行为有权提出批评、检举和控告。

第四十八条 建筑施工企业应当依法为职工参加工伤保险缴纳工伤保险费。鼓励企业为从事危险作业的职工办理意外伤害保险，支付保险费。

第四十九条 涉及建筑主体和承重结构变动的装修工程，建设单位应当在施工前委托原设计单位或者具有相应资质条件的设计单位提出设计方案；没有设计方案的，不得施工。

第五十条 房屋拆除应当由具备保证安全条件的建筑施工单位承担，由建筑施工单位负责人对安全负责。

第五十一条 施工中发生事故时，建筑施工企业应当采取紧急措施减少人员伤亡和事故损失，并按照国家有关规定及时向有关部门报告。

第六章 建筑工程质量管理

第五十二条 建筑工程勘察、设计、施工的质量必须符合国家有关建筑工程安全标准的要求，具体管理办法由国务院规定。

有关建筑工程安全的国家标准不能适应确保建筑安全的要求时，应当及时修订。

第五十三条 国家对从事建筑活动的单位推行质量体系认证制度。从事建筑活动的单位根据自愿原则可以向国务院产品质量监督管理部门或者国务院产品质量监督管理部门授权的部门认可的认证机构申请质量体系认证。经认证合格的，由认证机构颁发质量体系认证证书。

第五十四条 建设单位不得以任何理由，要求建筑设计单位或者建筑施工企业在工程设计或者施工作业中，违反法律、行政法规和建筑工程质量、安全标准，降低工程质量。

建筑设计单位和建筑施工企业对建设单位违反前款规定提出的降低工程质量的要求，应当予以拒绝。

第五十五条 建筑工程实行总承包的，工程质量由工程总承包单位负责，总承包单位将建筑工程分包给其他单位的，应当对分包工程的质量与分包单位承担连带责任。分包单位应当接受总承包单位的质量管理。

第五十六条 建筑工程的勘察、设计单位必须对其勘察、设计的质量负责。勘察、设计文件应当符合有关法律、行政法规的规定和建筑工程质量、安全标准、建筑工程勘察、设计技术规范以及合同的约定。设计文件选用的建筑材料、建筑构配件和设备，应当注明其规格、型号、性能等技术指标，其质量要求必须符合国家规定的标准。

第五十七条 建筑设计单位对设计文件选用的建筑材料、建筑构配件和设备，不得指定生产厂、供应商。

第五十八条 建筑施工企业对工程的施工质量负责。

建筑施工企业必须按照工程设计图纸和施工技术标准施工，不得偷工减料。工程设计的修改由原设计单位负责，建筑施工企业不得擅自修改工程设计。

第五十九条 建筑施工企业必须按照工程设计要求、施工技术标准和合同的约定，对建筑材料、建筑构配件和设备进行检验，不合格的不得使用。

第六十条 建筑物在合理使用寿命内，必须确保地基基础工程和主体结构的质量。

建筑工程竣工时，屋顶、墙面不得留有渗漏、开裂等质量缺陷；对已发现的质量缺陷，建筑施工企业应当修复。

第六十一条 交付竣工验收的建筑工程，必须符合规定的建筑工程质量标准，有完整的工程技术经济资料和经签署的工程保修书，并具备国家规定的其他竣工条件。

建筑工程竣工经验收合格后，方可交付使用；未经验收或者验收不合格的，不得交付使用。

第六十二条 建筑工程实行质量保修制度。

建筑工程的保修范围应当包括地基基础工程、主体结构工程、屋面防水工程和其他土建工程，以及电气管线、上下水管线的安装工程，供热、供冷系统工程等项目；保修的期限应当按照保证建筑物合理寿命年限内正常使用，维护使用者合法权益的原则确定。具体的保修范围和最低保修期限由国务院规定。

第六十三条 任何单位和个人对建筑工程的质量事故、质量缺陷都有权向建设行政主管部门或者其他有关部门进行检举、控告、投诉。

第七章 法律责任

第六十四条 违反本法规定，未取得施工许可证或者开工报告未经批准擅自施工的，责令改正，对不符合开工条件的责令停止施工，可以处以罚款。

第六十五条 发包单位将工程发包给不具有相应资质条件的承包单位的，或者违反本法规定将建筑工程肢解发包的，责令改正，处以罚款。

超越本单位资质等级承揽工程的，责令停止违法行为，处以罚款，可以责令停业整顿，降低资质等级；情节严重的，吊销资质证书；有违法所得的，予以没收。

未取得资质证书承揽工程的，予以取缔，并处罚款；有违法所得的，予以没收。

以欺骗手段取得资质证书的，吊销资质证书，处以罚款；构成犯罪的，依法追究刑事责任。

第六十六条 建筑施工企业转让、出借资质证书或者以其他方式允许他人以本企业的名义承揽工程的，责令改正，没收违法所得，并处罚款，可以责令停业整顿，降低资质等级；情节严重的，吊销资质证书。对因该项承揽工程不符合规定的质量标准造成的损失，建筑施工企业与使用本企业名义的单位或者个人承担连带赔偿责任。

第六十七条 承包单位将承包的工程转包的，或者违反本法规定进行分包的，责令改正，没收违法所得，并处罚款，可以责令停业整顿，降低资质等级；情节严重的，吊销资质证书。

承包单位有前款规定的违法行为的，对因转包工程或者违法分包的工程不符合规定的质量标准造成的损失，与接受转包或者分包的单位承担连带赔偿责任。

第六十八条 在工程发包与承包中索贿、受贿、行贿，构成犯罪的，依法追究刑事责任；不构成犯罪的，分别处以罚款，没收贿赂的财物，对直接负责的主管人员和其他直接责任人员给予处分。

对在工程承包中行贿的承包单位，除依照前款规定处罚外，可以责令停业整顿，降低资质等级或者吊销资质证书。

第六十九条 工程监理单位与建设单位或者建筑施工企业串通，弄虚作假、降低工程质量的，责令改正，处以罚款，降低资质等级或者吊销资质证书；有违法所得的，予以没收；造成损失的，承担连带赔偿责任；构成犯罪的，依法追究刑事责任。

工程监理单位转让监理业务的，责令改正，没收违法所得，可以责令停业整顿，降低资质等级；情节严重的，吊销资质证书。

第七十条 违反本法规定，涉及建筑主体或者承重结构变动的装修工程擅自施工的，责令改正，处以罚款；造成损失的，承担赔偿责任；构成犯罪的，依法追究刑事责任。

第七十一条 建筑施工企业违反本法规定，对建筑安全事故隐患不采取措施予以消除的，责令改正，可以处以罚款；情节严重的，责令停业整顿，降低资质等级或者吊销资质证书；构成犯罪的，依法追究刑事责任。

建筑施工企业的管理人员违章指挥、强令职工冒险作业，因而发生重大伤亡事故或者造成其他严重后果的，依法追究刑事责任。

第七十二条 建设单位违反本法规定，要求建筑设计单位或者建筑施工企业违反建筑工程质量、安全标准，降低工程质量的，责令改正，可以处以罚款；构成犯罪的，依法追究刑事责任。

第七十三条 建筑设计单位不按照建筑工程质量、安全标准进行设计的，责令改正，处以罚款；造成工程质量事故的，责令停业整顿，降低资质等级或者吊销资质证书，没收违法所得，并处罚款；造成损失的，承担赔偿责任；构成犯罪的，依法追究刑事责任。

第七十四条 建筑施工企业在施工中偷工减料的，使用不合格的建筑材料、建筑构配件和设备的，或者有其他不按照工程设计图纸或者施工技术标准施工的行为的，责令改正，处以罚款；情节严重的，责令停业整顿，降低资质等级或者吊销资质证书；造成建筑工程质量不符合规定的质量标准的，负责返工、修理，并赔偿因此造成的损失；构成犯罪的，依法追究刑事责任。

  第七十五条 建筑施工企业违反本法规定，不履行保修义务或者拖延履行保修义务的，责令改正，可以处以罚款，并对在保修期内因屋顶、墙面渗漏、开裂等质量缺陷造成的损失，承担赔偿责任。

  第七十六条 本法规定的责令停业整顿、降低资质等级和吊销资质证书的行政处罚，由颁发资质证书的机关决定；其他行政处罚，由建设行政主管部门或者有关部门依照法律和国务院规定的职权范围决定。

  依照本法规定被吊销资质证书的，由工商行政管理部门吊销其营业执照。

  第七十七条 违反本法规定，对不具备相应资质等级条件的单位颁发该等级资质证书的，由其上级机关责令收回所发的资质证书，对直接负责的主管人员和其他直接责任人员给予行政处分；构成犯罪的，依法追究刑事责任。

  第七十八条 政府及其所属部门的工作人员违反本法规定，限定发包单位将招标发包的工程发包给指定的承包单位的，由上级机关责令改正；构成犯罪的，依法追究刑事责任。

  第七十九条 负责颁发建筑工程施工许可证的部门及其工作人员对不符合施工条件的建筑工程颁发施工许可证的，负责工程质量监督检查或者竣工验收的部门及其工作人员对不合格的建筑工程出具质量合格文件或者按合格工程验收的，由上级机关责令改正，对责任人员给予行政处分；构成犯罪的，依法追究刑事责任；造成损失的，由该部门承担相应的赔偿责任。

  第八十条 在建筑物的合理使用寿命内，因建筑工程质量不合格受到损害的，有权向责任者要求赔偿。

第八章 附 则

  第八十一条 本法关于施工许可、建筑施工企业资质审查和建筑工程发包、承包、禁止转包，以及建筑工程监理、建筑工程安全和质量管理的规定，适用于其他专业建筑工程的建筑活动，具体办法由国务院规定。

  第八十二条 建设行政主管部门和其他有关部门在对建筑活动实施监督管理中，除按照国务院有关规定收取费用外，不得收取其他费用。

  第八十三条 省、自治区、直辖市人民政府确定的小型房屋建筑工程的建筑活动，参照本法执行。

  依法核定作为文物保护的纪念建筑物和古建筑等的修缮，依照文物保护的有关法律规定执行。

  抢险救灾及其他临时性房屋建筑和农民自建低层住宅的建筑活动，不适用本法。

  第八十四条 军用房屋建筑工程建筑活动的具体管理办法，由国务院、中央军事委员会依据本法制定。

  第八十五条 本法自1998年3月1日起施行。

1.3 深圳经济特区政府投资项目管理条例

（2014年8月28日深圳市第五届人民代表大会常务委员会公告第164号公布，根据2018年1月12日深圳市第六届人民代表大会常务委员会第二十二次会议《关于修改〈深圳市经济特区政府投资项目管理条例〉的决定》第一次修正，根据2019年8月29日深圳市第六届人民代表大会常务委员会第三十五次会议《关于修改〈深圳经济特区人才工作条例〉等二十九项法规的决定》第二次修正）

第一章 总 则

第一条 为了规范深圳市本级政府投资项目管理，建立健全科学、高效的政府投资项目决策程序和实施程序，提高投资效益，根据有关法律、法规的基本原则，结合深圳经济特区实际，制定本条例。

第二条 深圳市本级政府投资项目管理适用本条例。

本条例所称深圳市本级政府投资项目，是指利用市本级财政性资金在深圳市行政区域内进行的固定资产投资建设项目。

深圳市本级政府投资（以下简称"政府投资"）可以采用直接投资、资本金注入、投资补助、贴息等方式。

第三条 政府投资应当遵循科学、规范、效率、公开的原则，量入为出、综合平衡。

第四条 政府投资应当重点用于加强公益性和公共基础设施建设，保护和改善生态环境，促进区域协调发展，推进科技进步和高新技术产业化。

第五条 深圳市人民政府（以下简称"市政府"）应当依法完善政府投资项目审批机制，规范审批程序、优化审批环节。

第六条 市发展改革部门是市本级政府投资主管部门，负责市本级政府投资项目年度计划的编制和组织实施。

市财政、规划和自然资源、生态环境、住房建设、审计以及其他有关部门在各自职责范围内依法对政府投资项目进行管理和监督。

第七条 市人民政府应当建立政府投资项目信息共享机制。

市发展改革部门应当会同市财政、规划和自然资源、生态环境、住房建设、审计以及其他有关部门建立政府投资项目管理协作机制。

第八条 政府投资项目建设应当与经济和社会发展水平相适应，优先采用能源、资源节约技术和产品。

第二章 政府投资项目审批管理

第九条 采用直接投资、资本金注入方式的政府投资项目，应当依次审批项目建议书、可行性研究报告、初步设计和项目总概算。但是，本条例第十一条、第十二条规定的情形除外。

采用投资补助、贴息方式的政府投资项目，应当审批资金申请报告。

第十条 项目建议书、可行性研究报告、项目总概算和资金申请报告由市发展改革部门负责审批；初步设计由市政府规定的部门负责审批。

对经济、社会和环境具有重大影响的政府投资项目，其项目建议书经市发展改革部门审核后报市政府批准。

第十一条 列入深圳市国民经济和社会发展五年规划纲要的政府投资项目，或者市政府常务会议根据经济和社会发展实际需要决定开展前期工作的政府投资项目，项目单位可以向市发展改革部门直接申报可行性研究报告，并在可行性研究报告中增加对项目必要性论证的内容。

已批复项目建议书且总投资在三千万元以下的政府投资项目，经市发展改革部门批准，项目单位可以直接申报初步设计和项目总概算，并在项目总概算中增加项目可行性研究的内容。

应急工程、抢险救灾工程或者符合本条第一款规定且项目总投资在三千万元以下的政府投资项目，项目单位可以直接申报初步设计和项目总概算，并在项目总概算中增加项目必要性论证和项目可行性研究的内容。

前款所称应急工程、抢险救灾工程的认定具体办法由市政府制定。

本条例所称项目单位，是指项目建议书、可行性研究报告、初步设计、项目总概算或者资金申请报告的组织编制和申报单位。

第十二条 单纯设备购置类的政府投资项目，项目单位可以按照规定编制资金申请报告报市发展改革部门批准。

第十三条 项目单位应当委托具有相应资质的工程咨询机构编制项目建议书。

项目建议书应当对项目建设的必要性和依据、拟建地点、拟建规模、投资匡算、资金筹措以及经济效益和社会效益进行初步分析。

除涉及国家安全和国家秘密的项目外，市发展改革部门应当在项目建议书批准后进行公示，公示期不少于二十日。公示期间征集到的主要意见和建议，作为编制和审批项目可行性研究报告的重要参考。

第十四条 项目单位应当依法委托具有相应资质的工程咨询机构，按照经批准的项目建议书要求进行项目可行性研究和编制可行性研究报告。

可行性研究报告应当对建设项目在技术、工程、安全和经济上是否合理可行及其环境影响进行全面分析论证，并达到国家规定的深度。

除涉及国家安全和国家秘密的项目外，可行性研究报告经批准后应当向社会公开。

第十五条 项目单位应当依法委托具有相应资质的设计单位，按照经批准的可行性研究报告要求进行初步设计和编制项目总概算。

初步设计应当明确项目的建设内容、建设规模、建设标准、用地规模、主要材料、设备规格和技术参数，并达到国家规定的深度。

项目总概算应当包括项目建设所需的一切费用。

第十六条 项目单位应当依法委托具有相应资质的工程咨询机构编制资金申请报告。

资金申请报告应当包括项目的必要性和主要内容、申请资金的主要原因以及法律、法规规定应当载明的其他情况，并达到可行性研究报告的深度。

第十七条 项目建议书、可行性研究报告、项目总概算和资金申请报告应当由市发展改革部门组织有关评审机构进行评估审核。未经评估审核的，市发展改革部门不得批准。

评估审核的具体办法，由市政府另行制定。

第十八条 按照国家规定应当由上级人民政府审批的政府投资项目，其申报工作由市发展改革部门统一办理。

第十九条 市发展改革部门应当建立政府投资项目储备制度。

市政府有关部门应当根据深圳市国民经济和社会发展五年规划纲要或者经批准的专项规划，提出一定时期内需要建设的政府投资项目，并开展项目前期研究工作，待项目建议书批准后，由市发展改革部门列入政府投资项目储备库。深圳市国民经济和社会发展五年规划纲要已经列明的项目，可以直接列入政府投资项目储备库。

政府投资项目储备库实施分类动态管理，具体办法由市发展改革部门制定并报市政府批准。

第三章 政府投资项目计划管理

第二十条 市发展改革部门根据国家有关法律、法规、政策和深圳市经济社会发展目标以及实际需要编制政府投资项目年度计划草案。

第二十一条 政府投资项目年度计划草案应当包括下列内容：

（一）年度政府投资总额；

（二）续建项目名称、年度投资额和建设内容；

（三）新开工项目名称、建设规模、项目总投资、建设周期、年度投资额和建设内容；

（四）待安排项目以及预留资金；

（五）拟安排的项目前期费用等相关经费；

（六）其他应当明确的事项。

第二十二条 续建项目可以直接申报列入政府投资项目年度计划草案。

新开工项目应当从政府投资项目储备库中选取，其项目总概算或者资金申请报告经批准后，方可列入政府投资项目年度计划草案。列入政府投资项目年度计划草案的新开工项目总投资，应当以市发展改革部门批准的项目总概算或者资金申请报告为依据。

需要列入当年政府投资项目年度计划草案，但是不符合前款规定条件的项目，可以作为待安排项目，在政府投资项目年度计划草案中预留相应资金。

第二十三条 市发展改革部门根据项目建设实际情况和工作需要，可以安排适当经费用于编制项目建议书、可行性研究报告、初步设计、项目总概算、资金申请报告和开展环境影响评估、工程勘察、评估审核、项目验收、项目后评价、项目稽查等相关工作。

第二十四条 政府投资项目年度计划草案经市政府通过后，提请市人民代表大会审查批准。

第二十五条 政府投资项目年度计划草案经市人民代表大会批准后，市发展改革部门应当及时向社会公开，并下达政府投资项目年度计划，通知相关行业主管部门。

市发展改革部门应当于政府投资项目年度计划下达后的一个月内，将下达的计划报送市人民代表大会常务委员会。

政府投资项目年度计划应当严格执行，未经法定程序，任何单位和个人不得变更。

第二十六条 政府投资项目年度计划执行过程中，确需调整年度政府投资总额或者增减新开工项目的，市发展改革部门应当编制调整方案，经市政府通过后，提请市人民代表大会常务委员会审查批准。

第四章　政府投资项目建设管理

第二十七条 政府投资项目建设应当坚持概算控制预算、预算控制决算的原则，建立健全项目责任制，严格执行基本建设程序，禁止边勘察、边设计、边施工。

政府投资项目建设工期应当遵守工期定额的有关规定，不得随意压缩。

政府投资项目的工程安全设施和污染防治设施应当与主体工程同时设计、同时施工、同时投入使用。

本章规定适用于采用直接投资、资本金注入方式的政府投资项目建设管理。

第二十八条 建设单位应当按照政府投资项目年度计划、经批准的初步设计和项目总概算，依法委托具有相应资质的设计单位进行施工图设计和编制项目预算。

项目预算包括施工图预算和项目建设所需的其他费用。

本条例所称建设单位，包括政府投资工程项目统一建设管理单位、项目自建单位、代理建设单位、项目法人单位。

第二十九条 项目预算不得超过已批准的项目总概算。但是，因不可抗力等因素导致项目预算超过项目总概算的，项目单位可以提出调整方案，报市发展改革部门审批。

项目预算调整金额超过项目总概算五百万元以上且达到项目总概算百分之十以上的，由市发展改革部门报市政府批准。

前款规定的项目预算调整结果，应当报送市人民代表大会常务委员会。

第三十条 政府投资项目实行统一建设管理的，由市政府指定的政府投资工程项目统一建设管理单位负责建设。

政府投资项目实行代理建设的，由通过招标等方式确定的代理建设单位负责建设。

政府投资项目按照国家有关规定实行项目法人责任制的，政府投资项目年度计划下达后，应当依法组建项目法人，负责项目的建设、管理和运营。行政事业单位领导不得兼任项目法人的法定代表人。

第三十一条 政府投资项目建设工程所含的重要设备、材料，按照建设工程招标的规定采购；属于单纯设备购置类项目的设备，按照《深圳经济特区政府采购条例》的规定采购。

第三十二条 政府投资项目建设工程发生设计变更的，建设单位应当切实履行主体责任，会同项目单位、设计单位、监理单位、施工单位共同确认，市审计部门、财政部门依法进行有效监督。

第三十三条 政府投资项目实行无现场签证管理。

因不可抗力影响造成政府投资项目工程内容以及工程量增加，确需现场签证的，应当由施工单位提出并提供相关资料，在签证工程内容和工程量发生时由建设单位、设计单位、监理单位共同确认，不得事后补签。

第三十四条 市财政部门应当根据政府投资项目年度计划、项目总概算，按照项目建设管理程序和进度分期拨付项目资金。

政府投资项目资金专款专用，市财政部门对政府投资项目的财务活动实施管理和监督。

第三十五条 政府投资项目资金实行直接支付制度。

项目单位或者建设单位凭下达的政府投资项目年度计划和咨询、勘察、设计、施工、监理合同到市财政部门申请办理付款手续。市财政部门按照项目建设进度，直接向咨询、勘察、设计、施工、监理单位支付政府投资项目资金。依法成立项目法人的，市财政部门按照项目建设进度，直接向项目法人拨付政府投资项目资金。

直接支付具体办法由市政府制定。

第三十六条 政府投资项目可以约定工程质量保证金。工程质量保证金的支付比例和支付条件，由政府投资项目资金直接支付具体办法规定。

第三十七条 按照国家有关规定，政府投资项目具备验收条件的，应当及时组织工程验收。

政府投资项目未经工程验收或者验收不合格的，建设单位不得交付使用，使用单位不得接收。

通过工程验收的项目，应当在三个月内完成工程结算报告的编制，并按照规定交送列入市预选中介机构库的社会中介机构审核。社会中介机构的管理办法由市审计部门会同市财政、发展改革、住房和建设部门另行制定。

本条例所称工程验收，包括政府投资项目工程竣工验收以及消防、环保、特种设备等有关工程专项验收。

第三十八条 项目单位和建设单位应当在列入市预选中介机构库的社会中介机构出具政府投资项目全部工程结算报告审核意见后三个月内，完成竣工决算报告的编制，并按照规定交送列入市预选中介机构库的社会中介机构审核。

第三十九条 项目单位和建设单位应当在列入市预选中介机构库的社会中介机构出具政府投资项目竣工决算报告审核意见后三十个工作日内，向市发展改革部门申请项目验收。有特殊情况的，经市发展改革部门批准，可以适当延期。

政府投资项目按照规定进行规划、档案等验收的，应当在项目验收之前完成。

除涉及国家安全和国家秘密的项目外，项目验收结果应当向社会公开。

项目验收具体办法由市政府另行制定。

本条例所称项目验收，是指市发展改革部门对政府投资项目可行性研究报告、初步设计、概算执行、工程验收和整改、工程结算、竣工决算以及项目试运营等情况的全面检查验收。

第四十条 项目单位和建设单位应当在列入市预选中介机构库的社会中介机构出具政府投资项目竣工决算报告审核意见后三十个工作日内，向市财政部门申请办理竣工财务决算批复。

建设资金有结余的，项目单位和建设单位应当于竣工财务决算批复后三十个工作日内，按照有关规定办理结余资金相关手续。

第四十一条 项目验收后，建设单位应当按照国家或者本市有关规定与项目单位办理资产移交手续。

第四十二条 政府投资项目竣工后形成固定资产的，项目单位应当在竣工财务决算批复后三十个工作日内，向市财政部门申请办理资产备案手续，并依法办理产权登记。

政府投资项目竣工后不形成固定资产的，项目单位应当在竣工财务决算批复后三十个工作日内，按照财务管理制度做好相关后续处理工作。

第四十三条 政府投资项目档案管理应当纳入建设管理程序，与项目建设实行同步管理。

项目单位和建设单位应当建立政府投资项目档案工作领导责任制和相关人员岗位责任制，并依法及时向市档案管理机构移交项目档案。

第四十四条 建设单位应当按照统计部门要求，依法报送统计报表以及相关资料。

第五章　政府投资项目监督

第四十五条　市人民代表大会常务委员会通过听取和审议政府专项报告、开展询问或者质询、组织特定问题调查等方式，对政府投资项目年度计划的执行情况依法进行监督。

第四十六条　市政府应当在年初将上一年度政府投资项目计划的执行情况，纳入本年度政府投资项目计划草案，向市人民代表大会报告；在年中将本年度上半年政府投资项目计划的执行情况，向市人民代表大会常务委员会报告。

第四十七条　市发展改革部门负责监督检查政府投资项目年度计划的执行情况，并向市政府报告。

第四十八条　市审计部门根据《深圳经济特区政府投资项目审计监督条例》的有关规定，负责政府投资项目相关事项的审计监督。

第四十九条　市发展改革部门应当参照国家有关规定，选择有代表性的已通过项目验收并投入使用或者运营的政府投资项目，组织开展项目后评价，并将项目后评价结果报送市人民代表大会常务委员会。

项目后评价应当对项目建成后的实际效果与项目可行性研究报告及其批复文件进行对比分析，对投资决策、建设管理、项目效益等方面进行全面评价，并提出相应的对策建议。

项目后评价结果应当作为有关发展规划和政府投资项目审批与建设管理的重要参考。

项目后评价的具体办法，由市政府另行制定。

第五十条　市政府投资项目稽查机构负责对政府投资项目的建设和管理活动程序、工程质量、投资效益和资金安全等方面进行稽查。具体办法由市政府另行制定。

稽查机构应当与监察、审计等其他项目监督部门建立检查成果共享机制以及联合稽查等协作机制。

第五十一条　政府投资项目建设、勘察、设计、施工、监理单位的名称及其责任人姓名应当在政府投资项目施工现场和建成后的建筑物或者构筑物上标明。

第五十二条　市政府应当建立、完善政府投资项目公众参与制度和管理责任追究制度。任何组织和个人有权举报政府投资项目审批和建设中的违法行为。

第六章　法　律　责　任

第五十三条　项目单位违反本条例规定，有下列情形之一的，由市发展改革部门予以通报批评，责令限期改正；情节严重的，暂停或者停止项目进行：

（一）政府投资项目申报资料弄虚作假的；

（二）委托没有相应资质的工程咨询机构编制政府投资项目的项目建议书、可行性研究报告、初步设计、项目总概算或者资金申请报告的；

（三）擅自变更政府投资项目已批复文件内容的。

有前款所列情形之一的，对直接负责的主管人员和其他直接责任人员依法给予处分；构成犯罪的，依法追究刑事责任。

第五十四条　政府投资工程项目统一建设管理单位、项目自建单位以及项目法人单位违反本条例规定，有下列情形之一的，由市政府予以通报批评，责令限期改正；情节严重的，可以暂停项目进行：

（一）未经批准擅自开工的；

（二）按照与经批准的初步设计主要内容不符的施工图设计文件组织施工的；

（三）违反工期定额管理规定压缩建设工期的；

（四）玩忽职守造成政府投资项目资金严重浪费或者工程进度严重拖延的；

（五）侵占或者挪用政府投资项目资金的；

（六）未依照本条例规定办理政府投资项目工程结算、竣工决算、工程验收、项目验收、资产备案、资产移交或者产权登记手续的。

有前款所列情形之一的，对直接负责的主管人员和其他直接责任人员依法给予处分；构成犯罪的，依法追究刑事责任。

第五十五条 代理建设单位有本条例第五十四条所列情形之一的，由市发展改革部门责令限期改正；情节严重的，可以暂停项目进行；拒不改正的，三年内禁止其从事政府投资项目代理建设工作，并纳入不良信用记录；造成损失的，依法承担赔偿责任。

第五十六条 工程咨询机构、设计单位或者评审机构在编制、评估审核政府投资项目建议书、可行性研究报告、初步设计、项目总概算或者资金申请报告时，有弄虚作假或者重大疏忽情形的，三年内禁止其从事政府投资项目相关工作，并纳入不良信用记录；情节严重的，提请有关部门依法吊销其相关资格或者资质；造成损失的，依法承担赔偿责任；构成犯罪的，依法追究刑事责任。

第五十七条 市发展改革部门及其工作人员违反本条例规定，有下列情形之一的，对直接负责的主管人员和其他直接责任人员依法给予处分；构成犯罪的，依法追究刑事责任：

（一）未按照规定履行审批职责的；

（二）未按照规定公示项目建议书或者公开可行性研究报告的；

（三）未按照规定程序调整年度政府投资总额或者增减新开工政府投资项目的；

（四）未按照规定程序调整已批准的项目年度投资的；

（五）未按照规定程序调整项目总概算的；

（六）未按照规定组织项目验收或者公开项目验收结果的；

（七）有其他玩忽职守、滥用职权或者徇私舞弊行为的。

第五十八条 市财政部门、审计部门、初步设计审批部门和稽查机构及其工作人员在政府投资项目审批管理、建设管理和监督工作中，玩忽职守、滥用职权或者徇私舞弊的，对直接负责的主管人员和其他直接责任人员依法给予处分；构成犯罪的，依法追究刑事责任。

第五十九条 项目单位、建设单位以及工程咨询机构、设计单位或者评审机构违反本条例规定，依照其他有关法律、法规应当承担法律责任的，除按照本章规定予以处理外，适用其他有关法律、法规的规定。

第七章 附 则

第六十条 本条例规定政府投资项目信息公示、公开的，应当在政府门户网站发布。

第六十一条 各区政府（含新区管理机构）可以参照本条例，结合各区实际情况制定政府投资项目管理的具体办法。

第六十二条 前海深港现代服务业合作区的政府投资项目管理办法由市政府另行制定。

第六十三条 本条例规定由市政府或者市发展改革部门制定具体办法的，应当自本条例施行之日起十二个月内制定。

第六十四条 本条例自2015年1月1日起施行。《深圳市政府投资项目管理条例》同时废止。

1.4 深圳市政府投资项目后评价管理办法

(深发改规〔2018〕2号)

第一章 总 则

第一条 为进一步加强市政府投资项目事后监管,提高政府投资决策和建设管理水平,提升政府投资效益,建立政府投资项目后评价制度,规范项目后评价工作,根据《深圳经济特区政府投资项目管理条例》有关要求,制定本办法。

第二条 深圳市政府投资项目后评价工作适用于本办法。

本办法所称市政府投资项目,是指利用市本级财政性资金在深圳市行政区域内进行的固定资产投资建设项目。

本办法所称项目后评价,是指选择已通过项目验收并投入使用或运营一定时间的政府投资项目,对其投资决策、建设管理、项目效益等方面的实际效果进行评价,提出相应意见和建议。

根据实际需要,可以针对项目建设或运行的某类问题、某一阶段进行专项评价,也可以对同类型或相互关联的多个项目进行综合评价。

本办法所称项目单位,是指项目建议书、可行性研究报告、初步设计、项目总概算或者资金申请报告的组织编制和申报单位。

本办法所称建设单位,包括政府投资工程项目统一建设管理单位、项目自建单位、代理建设单位、项目法人单位。

本办法所称项目验收,是指对政府投资项目可行性研究报告、初步设计以及概算执行情况、工程验收执行和整改情况,工程结算、竣工决算情况,以及项目试运营情况等方面进行的全面检查验收。

第三条 项目后评价工作应当遵循独立、客观、公正、科学的原则。

第四条 市发展改革部门为项目后评价工作的统筹管理部门,负责项目后评价年度计划的编制和组织实施工作。

市有关行业主管部门负责在各自职责范围内协调配合开展项目后评价工作。

第二章 项目后评价内容

第五条 项目投资决策评价主要是对照项目建议书、可行性研究报告、初步设计概算及其他已批复的文件,重点对规划衔接、项目布局、建设方案、建设规模与标准、资金安排等有关决策事项与项目实际情况进行对比分析与评价,提出相应对策建议。

第六条 项目建设管理评价主要是对建设计划实施,组织管理,合同执行,投资、质量和进度控制,项目结(决)算,安全生产,竣工验收,档案管理等事项,与国内外同行业项目建设管理水平进行对比分析和评价,提出意见和建议。

第七条 项目效益评价主要是对项目实际运行过程中产生的经济社会效益、生态环境及资源利用等与项目预期目标及项目可持续运行能力进行分析评价,提出建议,促进提高项目综合效益。

第三章 工作程序和要求

第八条 市发展改革部门应根据项目选择条件，商有关行业主管部门确定需要开展后评价工作的项目名单，制定项目后评价年度工作计划。

列入后评价年度工作计划的项目主要从以下领域中选择：

（一）对行业和区域发展、产业结构调整有重大影响的项目；

（二）对节约资源、保护环境、优化资源配置有重要借鉴作用的项目；

（三）采用新型投融资和建设运营模式，以及其他具有示范意义的项目；

（四）投资大，工期长，建设过程中设计方案、投资概算等发生重大调整的项目；

（五）重大社会民生项目；

（六）社会舆论普遍关注的项目；

（七）使用市级政府资金额度在 5000 万元及以上，且占项目总投资的比例在 50% 及以上的项目；

（八）市政府要求进行后评价的项目。

第九条 市发展改革部门在组织开展项目后评价工作时，应当依法委托工程咨询或专业研究机构承担项目后评价任务。

参加过项目前期工作或建设实施工作的工程咨询或专业研究机构，不得承担同一项目的后评价工作。

根据项目后评价工作需要，市发展改革部门应建立项目后评价工程咨询、专业研究机构库和专家库，实施动态更新，并与各市直单位、各区政府（新区管理委员会）共享相关信息。

第十条 项目后评价承担机构接受委托后，应组建满足专业评价要求的项目组，根据后评价项目特点编制项目后评价工作大纲。

项目后评价工作大纲应包含项目概况、评价目的及意义、评价思路及主要内容、评价方法及指标体系、工作进度安排等内容。

第十一条 项目后评价承担机构应按照市发展改革部门的委托要求，独立开展项目后评价工作，按时保质地完成项目后评价任务，提交项目后评价报告。

第十二条 项目单位、建设单位、使用或运营单位及相关职能部门应按照项目后评价工作大纲的要求，提供开展项目后评价工作所需的项目审批、实施、验收等方面资料，以及项目建设运营总结报告等材料，并配合项目后评价承担机构开展项目后评价工作。

第十三条 项目后评价应采用定性和定量相结合的方法，主要包括：逻辑框架法、调查法、对比法、专家打分法、综合指标体系评价法、项目成功度评价法，以及国际通行的其他方法等。

具体项目的后评价方法应根据项目特点和后评价的要求，选择一种或多种方法对项目进行综合评价。

第十四条 市发展改革部门及项目后评价承担机构应按照适用性、可操作性、定性和定量相结合原则，结合项目类型、评价重点等要求，制定规范、科学、系统的评价指标。

第十五条 项目后评价承担机构在开展项目后评价的过程中，应当采用适当方式听取社会公众和专家学者的意见，并在项目后评价报告中予以客观反映。

项目后评价承担机构在提交正式项目后评价报告前，应以书面或会商形式征求被评价单位及其他有关单位意见。

第十六条 项目后评价工作结束后，项目后评价承担机构应将项目后评价工作大纲、调查问卷、评价过程档案及项目后评价报告等材料整理后，统一送市发展改革部门归档。

市发展改革部门应建立项目后评价信息管理系统，对项目后评价全过程信息、数据及项目后评价承担机构的实施情况进行采集、汇总和分析，提高项目后评价工作信息化管理水平。

第十七条 项目后评价工作所需经费列入部门预算，由同级财政予以保障。项目后评价取费标准根据项目复杂程度和后评价任务要求，参照有关工程咨询取费标准确定。

项目后评价承担机构及其人员，不得收取项目单位、建设单位、使用或运营单位的任何费用。

第四章 成果应用

第十八条 市发展改革部门应在项目后评价报告的基础上研究形成项目后评价成果。项目后评价成果是指有关项目投资决策、建设与运营管理、项目效益等方面的经验教训及相关建议等。

项目后评价成果应当作为有关发展规划和政府投资项目审批与建设管理的重要参考。

项目后评价成果经市政府审定后由市发展改革部门报送市人民代表大会常务委员会，同时印送有关行业主管部门及项目相关单位，并按信息公开有关要求对社会公众进行公开。

第十九条 项目后评价结论较好的项目，由市政府或市发展改革部门进行典型案例示范推广。

第二十条 有关行业主管部门和项目单位、建设单位、使用或运营单位对项目后评价中发现的问题，应认真分析原因，提出改进意见，落实整改措施，并报市发展改革部门备案。项目后评价中发现的违法违规问题，由市发展改革部门按有关规定移送相关部门，依法追究有关单位和人员的责任。

第五章 监督管理

第二十一条 市发展改革部门和市有关行业主管部门，在项目后评价过程中有玩忽职守、滥用职权、徇私舞弊行为的，依据《深圳经济特区政府投资项目管理条例》有关规定予以处理。

第二十二条 项目单位、建设单位、使用或运营单位在项目后评价过程中，隐匿、虚报、瞒报有关情况和数据资料，或者拒不提交资料、阻挠项目后评价等行为的，由市发展改革部门依据《深圳经济特区政府投资项目管理条例》有关规定予以处理。

第二十三条 项目后评价承担机构应对项目后评价报告质量及相关结论负责，并对后评价项目涉及的国家秘密、商业秘密等承担保密责任。

项目后评价承担机构在项目后评价工作中，有弄虚作假或项目后评价结论严重失实的，由市发展改革部门将其纳入不良信用记录，属于严重失信情形的，依据国家和广东省、深圳市有关规定实施失信联合惩戒。涉及泄露国家秘密或商业秘密的，依法追究相关单位和人员的法律责任。

第六章 附则

第二十四条 利用市本级财政性资金在深圳市行政区域外进行建设的固定资产投资项目后评价工作，以及利用区级财政性资金进行建设的固定资产投资项目后评价工作，可参照本办法执行。

第二十五条 本办法由深圳市发展和改革委员会负责解释。

第二十六条 本办法自发布之日后10日起施行，有效期五年。

第二篇
工程前期类

2.1 中华人民共和国城乡规划法(节选)

(2007年10月28日第十届中华人民共和国主席令第74号公布,根据2019年4月23日第十三届全国人民代表大会常务委员会第十次会议《关于修改〈中华人民共和国建筑法〉等八部法律的决定》第二次修正)

第二条 制定和实施城乡规划,在规划区内进行建设活动,必须遵守本法。

本法所称城乡规划,包括城镇体系规划、城市规划、镇规划、乡规划和村庄规划。城市规划、镇规划分为总体规划和详细规划。详细规划分为控制性详细规划和修建性详细规划。

本法所称规划区,是指城市、镇和村庄的建成区以及因城乡建设和发展需要,必须实行规划控制的区域。规划区的具体范围由有关人民政府在组织编制的城市总体规划、镇总体规划、乡规划和村庄规划中,根据城乡经济社会发展水平和统筹城乡发展的需要划定。

第六条 各级人民政府应当将城乡规划的编制和管理经费纳入本级财政预算。

第七条 经依法批准的城乡规划,是城乡建设和规划管理的依据,未经法定程序不得修改。

第九条 任何单位和个人都应当遵守经依法批准并公布的城乡规划,服从规划管理,并有权就涉及其利害关系的建设活动是否符合规划的要求向城乡规划主管部门查询。

任何单位和个人都有权向城乡规划主管部门或者其他有关部门举报或者控告违反城乡规划的行为。城乡规划主管部门或者其他有关部门对举报或者控告,应当及时受理并组织核查、处理。

第十四条 城市人民政府组织编制城市总体规划。

直辖市的城市总体规划由直辖市人民政府报国务院审批。省、自治区人民政府所在地的城市以及国务院确定的城市的总体规划,由省、自治区人民政府审查同意后,报国务院审批。其他城市的总体规划,由城市人民政府报省、自治区人民政府审批。

第十七条 城市总体规划、镇总体规划的内容应当包括:城市、镇的发展布局,功能分区,用地布局,综合交通体系,禁止、限制和适宜建设的地域范围,各类专项规划等。

规划区范围、规划区内建设用地规模、基础设施和公共服务设施用地、水源地和水系、基本农田和绿化用地、环境保护、自然与历史文化遗产保护以及防灾减灾等内容,应当作为城市总体规划、镇总体规划的强制性内容。

城市总体规划、镇总体规划的规划期限一般为二十年。城市总体规划还应当对城市更长远的发展作出预测性安排。

第二十一条 城市、县人民政府城乡规划主管部门和镇人民政府可以组织编制重要地块的修建性详细规划。修建性详细规划应当符合控制性详细规划。

第二十四条 城乡规划组织编制机关应当委托具有相应资质等级的单位承担城乡规划的具体编制工作。

从事城乡规划编制工作应当具备下列条件,并经国务院城乡规划主管部门或者省、自治区、直辖市人民政府城乡规划主管部门依法审查合格,取得相应等级的资质证书后,方可在资质等级许可的范围内从事城乡规划编制工作:

(一)有法人资格;

（二）有规定数量的经相关行业协会注册的规划师；

（三）有规定数量的相关专业技术人员；

（四）有相应的技术装备；

（五）有健全的技术、质量、财务管理制度。

编制城乡规划必须遵守国家有关标准。

第二十六条 城乡规划报送审批前，组织编制机关应当依法将城乡规划草案予以公告，并采取论证会、听证会或者其他方式征求专家和公众的意见。公告的时间不得少于三十日。

组织编制机关应当充分考虑专家和公众的意见，并在报送审批的材料中附具意见采纳情况及理由。

第二十七条 省域城镇体系规划、城市总体规划、镇总体规划批准前，审批机关应当组织专家和有关部门进行审查。

第三十条 城市新区的开发和建设，应当合理确定建设规模和时序，充分利用现有市政基础设施和公共服务设施，严格保护自然资源和生态环境，体现地方特色。

在城市总体规划、镇总体规划确定的建设用地范围以外，不得设立各类开发区和城市新区。

第三十一条 旧城区的改建，应当保护历史文化遗产和传统风貌，合理确定拆迁和建设规模，有计划地对危房集中、基础设施落后等地段进行改建。

历史文化名城、名镇、名村的保护以及受保护建筑物的维护和使用，应当遵守有关法律、行政法规和国务院的规定。

第三十三条 城市地下空间的开发和利用，应当与经济和技术发展水平相适应，遵循统筹安排、综合开发、合理利用的原则，充分考虑防灾减灾、人民防空和通信等需要，并符合城市规划，履行规划审批手续。

第三十五条 城乡规划确定的铁路、公路、港口、机场、道路、绿地、输配电设施及输电线路走廊、通信设施、广播电视设施、管道设施、河道、水库、水源地、自然保护区、防汛通道、消防通道、核电站、垃圾填埋场及焚烧厂、污水处理厂和公共服务设施的用地以及其他需要依法保护的用地，禁止擅自改变用途。

第三十六条 按照国家规定需要有关部门批准或者核准的建设项目，以划拨方式提供国有土地使用权的，建设单位在报送有关部门批准或者核准前，应当向城乡规划主管部门申请核发选址意见书。

前款规定以外的建设项目不需要申请选址意见书。

第三十七条 在城市、镇规划区内以划拨方式提供国有土地使用权的建设项目，经有关部门批准、核准、备案后，建设单位应当向城市、县人民政府城乡规划主管部门提出建设用地规划许可申请，由城市、县人民政府城乡规划主管部门依据控制性详细规划核定建设用地的位置、面积、允许建设的范围，核发建设用地规划许可证。

建设单位在取得建设用地规划许可证后，方可向县级以上地方人民政府土地主管部门申请用地，经县级以上人民政府审批后，由土地主管部门划拨土地。

第三十八条 在城市、镇规划区内以出让方式提供国有土地使用权的，在国有土地使用权出让前，城市、县人民政府城乡规划主管部门应当依据控制性详细规划，提出出让地块的位置、使用性质、开发强度等规划条件，作为国有土地使用权出让合同的组成部分。未确定规划条件的地块,不得出让国有土地使用权。

以出让方式取得国有土地使用权的建设项目,建设单位在取得建设项目的批准、核准、备案文件和签订国有土地使用权出让合同后,向城市、县人民政府城乡规划主管部门领取建设用地规划许可证。

城市、县人民政府城乡规划主管部门不得在建设用地规划许可证中,擅自改变作为国有土地使用权出让合同组成部分的规划条件。

第三十九条 规划条件未纳入国有土地使用权出让合同的,该国有土地使用权出让合同无效;对未取得建设用地规划许可证的建设单位批准用地的,由县级以上人民政府撤销有关批准文件;占用土地的,应当及时退回;给当事人造成损失的,应当依法给予赔偿。

第四十条 在城市、镇规划区内进行建筑物、构筑物、道路、管线和其他工程建设的,建设单位或者个人应当向城市、县人民政府城乡规划主管部门或者省、自治区、直辖市人民政府确定的镇人民政府申请办理建设工程规划许可证。

申请办理建设工程规划许可证,应当提交使用土地的有关证明文件、建设工程设计方案等材料。需要建设单位编制修建性详细规划的建设项目,还应当提交修建性详细规划。对符合控制性详细规划和规划条件的,由城市、县人民政府城乡规划主管部门或者省、自治区、直辖市人民政府确定的镇人民政府核发建设工程规划许可证。

城市、县人民政府城乡规划主管部门或者省、自治区、直辖市人民政府确定的镇人民政府应当依法将经审定的修建性详细规划、建设工程设计方案的总平面图予以公布。

第四十二条 城乡规划主管部门不得在城乡规划确定的建设用地范围以外作出规划许可。

第四十三条 建设单位应当按照规划条件进行建设;确需变更的,必须向城市、县人民政府城乡规划主管部门提出申请。变更内容不符合控制性详细规划的,城乡规划主管部门不得批准。城市、县人民政府城乡规划主管部门应当及时将依法变更后的规划条件通报同级土地主管部门并公示。

建设单位应当及时将依法变更后的规划条件报有关人民政府土地主管部门备案。

第四十四条 在城市、镇规划区内进行临时建设的,应当经城市、县人民政府城乡规划主管部门批准。临时建设影响近期建设规划或者控制性详细规划的实施以及交通、市容、安全等的,不得批准。

临时建设应当在批准的使用期限内自行拆除。

临时建设和临时用地规划管理的具体办法,由省、自治区、直辖市人民政府制定。

第四十五条 县级以上地方人民政府城乡规划主管部门按照国务院规定对建设工程是否符合规划条件予以核实。未经核实或者经核实不符合规划条件的,建设单位不得组织竣工验收。

建设单位应当在竣工验收后六个月内向城乡规划主管部门报送有关竣工验收资料。

第四十七条 有下列情形之一的,组织编制机关方可按照规定的权限和程序修改省域城镇体系规划、城市总体规划、镇总体规划:

(一)上级人民政府制定的城乡规划发生变更,提出修改规划要求的;

(二)行政区划调整确需修改规划的;

(三)因国务院批准重大建设工程确需修改规划的;

(四)经评估确需修改规划的;

（五）城乡规划的审批机关认为应当修改规划的其他情形。

修改省域城镇体系规划、城市总体规划、镇总体规划前，组织编制机关应当对原规划的实施情况进行总结，并向原审批机关报告；修改涉及城市总体规划、镇总体规划强制性内容的，应当先向原审批机关提出专题报告，经同意后，方可编制修改方案。

修改后的省域城镇体系规划、城市总体规划、镇总体规划，应当依照本法第十三条、第十四条、第十五条和第十六条规定的审批程序报批。

第四十八条 修改控制性详细规划的，组织编制机关应当对修改的必要性进行论证，征求规划地段内利害关系人的意见，并向原审批机关提出专题报告，经原审批机关同意后，方可编制修改方案。修改后的控制性详细规划，应当依照本法第十九条、第二十条规定的审批程序报批。控制性详细规划修改涉及城市总体规划、镇总体规划的强制性内容的，应当先修改总体规划。

修改乡规划、村庄规划的，应当依照本法第二十二条规定的审批程序报批。

第五十条 在选址意见书、建设用地规划许可证、建设工程规划许可证或者乡村建设规划许可证发放后，因依法修改城乡规划给被许可人合法权益造成损失的，应当依法给予补偿。

经依法审定的修建性详细规划、建设工程设计方案的总平面图不得随意修改；确需修改的，城乡规划主管部门应当采取听证会等形式，听取利害关系人的意见；因修改给利害关系人合法权益造成损失的，应当依法给予补偿。

第五十一条 县级以上人民政府及其城乡规划主管部门应当加强对城乡规划编制、审批、实施、修改的监督检查。

第五十三条 县级以上人民政府城乡规划主管部门对城乡规划的实施情况进行监督检查，有权采取以下措施：

（一）要求有关单位和人员提供与监督事项有关的文件、资料，并进行复制；

（二）要求有关单位和人员就监督事项涉及的问题作出解释和说明，并根据需要进入现场进行勘测；

（三）责令有关单位和人员停止违反有关城乡规划的法律、法规的行为。

城乡规划主管部门的工作人员履行前款规定的监督检查职责，应当出示执法证件。被监督检查的单位和人员应当予以配合，不得妨碍和阻挠依法进行的监督检查活动。

第五十四条 监督检查情况和处理结果应当依法公开，供公众查阅和监督。

第五十五条 城乡规划主管部门在查处违反本法规定的行为时，发现国家机关工作人员依法应当给予行政处分的，应当向其任免机关或者监察机关提出处分建议。

第五十六条 依照本法规定应当给予行政处罚，而有关城乡规划主管部门不给予行政处罚的，上级人民政府城乡规划主管部门有权责令其作出行政处罚决定或者建议有关人民政府责令其给予行政处罚。

第五十七条 城乡规划主管部门违反本法规定作出行政许可的，上级人民政府城乡规划主管部门有权责令其撤销或者直接撤销该行政许可。因撤销行政许可给当事人合法权益造成损失的，应当依法给予赔偿。

第五十九条 城乡规划组织编制机关委托不具有相应资质等级的单位编制城乡规划的，由上级人民政府责令改正，通报批评；对有关人民政府负责人和其他直接责任人依法给予处分。

第六十条 镇人民政府或者县级以上人民政府城乡规划主管部门有下列行为之一的，由本级人民政府、上级人民政府城乡规划主管部门或者监察机关依据职权责令改正，通报批评；对直接负责的主管人员和其他直接责任人员依法给予处分：

（一）未依法组织编制城市的控制性详细规划、县人民政府所在地镇的控制性详细规划的；

（二）超越职权或者对不符合法定条件的申请人核发选址意见书、建设用地规划许可证、建设工程规划许可证、乡村建设规划许可证的；

（三）对符合法定条件的申请人未在法定期限内核发选址意见书、建设用地规划许可证、建设工程规划许可证、乡村建设规划许可证的；

（四）未依法对经审定的修建性详细规划、建设工程设计方案的总平面图予以公布的；

（五）同意修改修建性详细规划、建设工程设计方案的总平面图前未采取听证会等形式听取利害关系人的意见的；

（六）发现未依法取得规划许可或者违反规划许可的规定在规划区内进行建设的行为，而不予查处或者接到举报后不依法处理的。

第六十一条 县级以上人民政府有关部门有下列行为之一的，由本级人民政府或者上级人民政府有关部门责令改正，通报批评；对直接负责的主管人员和其他直接责任人员依法给予处分：

（一）对未依法取得选址意见书的建设项目核发建设项目批准文件的；

（二）未依法在国有土地使用权出让合同中确定规划条件或者改变国有土地使用权出让合同中依法确定的规划条件的；

（三）对未依法取得建设用地规划许可证的建设单位划拨国有土地使用权的。

第六十二条 城乡规划编制单位有下列行为之一的，由所在地城市、县人民政府城乡规划主管部门责令限期改正，处合同约定的规划编制费一倍以上二倍以下的罚款；情节严重的，责令停业整顿，由原发证机关降低资质等级或者吊销资质证书；造成损失的，依法承担赔偿责任：

（一）超越资质等级许可的范围承揽城乡规划编制工作的；

（二）违反国家有关标准编制城乡规划的。

未依法取得资质证书承揽城乡规划编制工作的，由县级以上地方人民政府城乡规划主管部门责令停止违法行为，依照前款规定处以罚款；造成损失的，依法承担赔偿责任。

以欺骗手段取得资质证书承揽城乡规划编制工作的，由原发证机关吊销资质证书，依照本条第一款规定处以罚款；造成损失的，依法承担赔偿责任。

第六十三条 城乡规划编制单位取得资质证书后，不再符合相应的资质条件的，由原发证机关责令限期改正；逾期不改正的，降低资质等级或者吊销资质证书。

第六十四条 未取得建设工程规划许可证或者未按照建设工程规划许可证的规定进行建设的，由县级以上地方人民政府城乡规划主管部门责令停止建设；尚可采取改正措施消除对规划实施的影响的，限期改正，处建设工程造价百分之五以上百分之十以下的罚款；无法采取改正措施消除影响的，限期拆除，不能拆除的，没收实物或者违法收入，可以并处建设工程造价百分之十以下的罚款。

第六十六条 建设单位或者个人有下列行为之一的，由所在地城市、县人民政府城乡规划主管部门责令限期拆除，可以并处临时建设工程造价一倍以下的罚款：

（一）未经批准进行临时建设的；

（二）未按照批准内容进行临时建设的；

（三）临时建筑物、构筑物超过批准期限不拆除的。

第六十七条 建设单位未在建设工程竣工验收后六个月内向城乡规划主管部门报送有关竣工验收资料的，由所在地城市、县人民政府城乡规划主管部门责令限期补报；逾期不补报的，处一万元以上五万元以下的罚款。

第六十八条 城乡规划主管部门作出责令停止建设或者限期拆除的决定后，当事人不停止建设或者逾期不拆除的，建设工程所在地县级以上地方人民政府可以责成有关部门采取查封施工现场、强制拆除等措施。

第六十九条 违反本法规定，构成犯罪的，依法追究刑事责任。

2.2 建设项目用地预审管理办法

(2001年7月25日中华人民共和国国土资源部令第7号发布,根据2016年11月25日《国土资源部关于修改〈建设项目用地预审管理办法〉的决定》第二次修正)

第一条 为保证土地利用总体规划的实施,充分发挥土地供应的宏观调控作用,控制建设用地总量,根据《中华人民共和国土地管理法》、《中华人民共和国土地管理法实施条例》和《国务院关于深化改革严格土地管理的决定》,制定本办法。

第二条 本办法所称建设项目用地预审,是指国土资源主管部门在建设项目审批、核准、备案阶段,依法对建设项目涉及的土地利用事项进行的审查。

第三条 预审应当遵循下列原则:

(一)符合土地利用总体规划;

(二)保护耕地,特别是基本农田;

(三)合理和集约节约利用土地;

(四)符合国家供地政策。

第四条 建设项目用地实行分级预审。

需人民政府或有批准权的人民政府发展和改革等部门审批的建设项目,由该人民政府的国土资源主管部门预审。

需核准和备案的建设项目,由与核准、备案机关同级的国土资源主管部门预审。

第五条 需审批的建设项目在可行性研究阶段,由建设用地单位提出预审申请。

需核准的建设项目在项目申请报告核准前,由建设单位提出用地预审申请。

需备案的建设项目在办理备案手续后,由建设单位提出用地预审申请。

第六条 依照本办法第四条规定应当由国土资源部预审的建设项目,国土资源部委托项目所在地的省级国土资源主管部门受理,但建设项目占用规划确定的城市建设用地范围内土地的,委托市级国土资源主管部门受理。受理后,提出初审意见,转报国土资源部。

涉密军事项目和国务院批准的特殊建设项目用地,建设用地单位可直接向国土资源部提出预审申请。

应当由国土资源部负责预审的输电线塔基、钻探井位、通讯基站等小面积零星分散建设项目用地,由省级国土资源主管部门预审,并报国土资源部备案。

第七条 申请用地预审的项目建设单位,应当提交下列材料:

(一)建设项目用地预审申请表;

(二)建设项目用地预审申请报告,内容包括拟建项目的基本情况、拟选址占地情况、拟用地是否符合土地利用总体规划、拟用地面积是否符合土地使用标准、拟用地是否符合供地政策等;

(三)审批项目建议书的建设项目提供项目建议书批复文件,直接审批可行性研究报告或者需核准的建设项目提供建设项目列入相关规划或者产业政策的文件。

前款规定的用地预审申请表样式由国土资源部制定。

第八条　建设单位应当对单独选址建设项目是否位于地质灾害易发区、是否压覆重要矿产资源进行查询核实；位于地质灾害易发区或者压覆重要矿产资源的，应当依据相关法律法规的规定，在办理用地预审手续后，完成地质灾害危险性评估、压覆矿产资源登记等。

第九条　负责初审的国土资源主管部门在转报用地预审申请时，应当提供下列材料：

（一）依据本办法第十一条有关规定，对申报材料作出的初步审查意见；

（二）标注项目用地范围的土地利用总体规划图、土地利用现状图及其他相关图件；

（三）属于《土地管理法》第二十六条规定情形，建设项目用地需修改土地利用总体规划的，应当出具规划修改方案。

第十条　符合本办法第七条规定的预审申请和第九条规定的初审转报件，国土资源主管部门应当受理和接收。不符合的，应当场或在五日内书面通知申请人和转报人，逾期不通知的，视为受理和接收。

受国土资源部委托负责初审的国土资源主管部门应当自受理之日起二十日内完成初审工作，并转报国土资源部。

第十一条　预审应当审查以下内容：

（一）建设项目用地是否符合国家供地政策和土地管理法律、法规规定的条件；

（二）建设项目选址是否符合土地利用总体规划，属《土地管理法》第二十六条规定情形，建设项目用地需修改土地利用总体规划的，规划修改方案是否符合法律、法规的规定；

（三）建设项目用地规模是否符合有关土地使用标准的规定；对国家和地方尚未颁布土地使用标准和建设标准的建设项目，以及确需突破土地使用标准确定的规模和功能分区的建设项目，是否已组织建设项目节地评价并出具评审论证意见。

占用基本农田或者其他耕地规模较大的建设项目，还应当审查是否已经组织踏勘论证。

第十二条　国土资源主管部门应当自受理预审申请或者收到转报材料之日起二十日内，完成审查工作，并出具预审意见。二十日内不能出具预审意见的，经负责预审的国土资源主管部门负责人批准，可以延长十日。

第十三条　预审意见应当包括对本办法第十一条规定内容的结论性意见和对建设用地单位的具体要求。

第十四条　预审意见是有关部门审批项目可行性研究报告、核准项目申请报告的必备文件。

第十五条　建设项目用地预审文件有效期为三年，自批准之日起计算。已经预审的项目，如需对土地用途、建设项目选址等进行重大调整的，应当重新申请预审。

未经预审或者预审未通过的，不得批复可行性研究报告、核准项目申请报告；不得批准农用地转用、土地征收，不得办理供地手续。预审审查的相关内容在建设用地报批时，未发生重大变化的，不再重复审查。

第十六条　本办法自 2009 年 1 月 1 日起施行。

2.3 深圳市城市规划条例

（1998年5月15日深圳市第二届人民代表大会常务委员会第二十二次会议通过，根据2001年3月22日深圳市第三届人民代表大会常务委员会第六次会议《关于修改〈深圳市城市规划条例〉的决定》第一次修正，根据2019年10月31日深圳市第六届人民代表大会常务委员会第三十六次会议《关于修改〈深圳经济特区人体器官捐献移植条例〉等四十五项法规的决定》第二次修正）

第一章 总 则

第一条 为了科学地制定城市规划，合理地进行城市建设，加强城市规划管理和环境的保护，保障城市规划的实施，根据《中华人民共和国城乡规划法》以及其他有关法律、行政法规的基本原则，结合深圳市实际，制定本条例。

第二条 深圳市行政区为深圳市城市规划区。

在本市行政区内制定和实施城市规划，应当遵守本条例。

第三条 城市规划应当依法制定，未经法定程序不得更改或者废止。

土地利用和各项建设应当符合城市规划管理。

城市规划确定的基础设施项目，应当纳入深圳市国民经济和社会发展计划。

第四条 城市规划和建设应当遵循可持续发展原则，促进经济、社会和环境的协调发展。

城市规划和建设应当保障社会公众利益，体现社会公平原则。

城市规划和建设应当遵循节约用地、合理用地的原则。

第五条 市规划和自然资源部门是城市规划的主管部门（以下简称"市规划主管部门"），负责城市规划的实施和管理。

市规划主管部门的派出机构（以下简称"派出机构"）依照本条例及有关规定负责本辖区内城市规划的实施和管理。

第二章 城市规划委员会

第六条 市人民政府设立深圳市城市规划委员会（以下简称"市规划委员会"），其主要职责是：

（一）对城市总体规划、次区域规划、分区规划草案进行审议；

（二）对城市规划未确定和待确定的重大项目的选址进行审议；

（三）下达年度法定图则编制任务；

（四）审批法定图则并监督实施；

（五）审批专项规划；

（六）市人民政府授予的其他职责。

第七条 市规划委员会由二十九名委员组成，委员包括公务人员、有关专家及社会人士，其中，公务人员不超过十四名。

市规划委员会设主任委员一名，由市长担任，设副主任委员二名。副主任委员和其他委员由市政府聘任，每届任期三年。

第八条　市规划委员会可设发展策略、法定图则和建筑与环境艺术等专业委员会。

市规划主管部门负责处理市规划委员会的日常事务。

经市规划委员会授权，法定图则委员会可以行使法定图则审批权。

第九条　市规划委员会会议每季度至少召开一次，由主任或副主任召集。参加每次会议的人数不少于十五名，其中非公务人员不得少于八名。

第十条　市规划委员会会议作出的决议，必须获得参加会议人数的三分之二以上多数通过。

第三章　城市规划编制与审批

第十一条　城市规划编制分为全市总体规划、次区域规划、分区规划、法定图则、详细蓝图五个阶段。

第十二条　市人民政府制定深圳市城市规划标准与准则，作为城市规划编制和规划管理的主要技术依据。

第十三条　市人民政府应当组织制定全市发展策略，指导全市总体规划的编制。

第十四条　全市总体规划应当根据全市发展策略确定的城市性质、发展目标和发展规模，对城市规划区内的城市发展形态、次区域及组团结构划分、城市建设用地布局、交通运输系统及全市性基础设施的布局、农业及环境保护、风景旅游资源的开发利用等进行总体部署，并确定各专项规划的基本框架。

全市总体规划由市人民政府组织编制，市规划委员会在审议全市总体规划草案前，应当将规划草案内容公开展示三十日，征集社会各界和公众的意见。市规划委员会应当对意见进行全面收集与审议，吸收科学合理的意见。

全市总体规划草案由市人民政府提请市人民代表大会或者其常务委员会审查同意，并经广东省人民政府审查同意后，报国务院审批。

全市总体规划经国务院批准后，市人民政府应当于三十日内在本市主要新闻媒体上公布其摘要。

第十五条　市人民政府根据全市经济和社会发展需要对全市总体规划进行局部调整，应当报市人民代表大会或者其常务委员会和广东省人民政府备案并公布；对全市总体规划在城市性质、规模、发展方向和总体布局上作重大变更，应当按照本条例第十四条规定进行。

第十六条　单独编制的各专项规划应当与全市总体规划相协调，并服从全市总体规划。由有关专业主管部门编制的各专项规划，应当经市规划主管部门综合协调后报市规划委员会审批。

第十七条　次区域规划应当根据全市总体规划制定，指导次区域内土地利用和各项城市建设。

次区域的范围由市人民政府依据全市总体规划确定。

次区域规划由市规划主管部门组织编制，应当征求区人民政府和市有关部门的意见，经市规划委员会审议后报市人民政府审查同意，提请市人民代表大会常务委员会审批。

第十八条　分区规划应当根据次区域规划的要求制定。分区的范围由市规划主管部门根据次区域规划的城市组团结构布局，参照河流、山脉、道路等地形地物的分界并结合行政区划确定。

分区规划由市规划主管部门或者其派出机构组织编制，应当征求区人民政府和市有关部门的意见，由市规划委员会审议后，报市人民政府审批。对分区规划作重大调整，应当报经原审批机关审批。

第十九条 法定图则应当根据分区规划制定，对分区内各片区土地利用性质、开发强度、配套设施等作进一步明确规定。

法定图则的编制、审批以及修改依照本条例第四章的规定办理。

第二十条 详细蓝图应当根据法定图则所确定的各项控制要求制定，详细确定片区或者小区内的土地用途及各市政工程管线等项目的布置。

详细蓝图由市规划主管部门或者其派出机构编制、审批。

法定图则未能覆盖的地块，应当在现状调查研究的基础上，根据分区规划确定的各项要求编制详细蓝图。

第四章 法定图则

第二十一条 法定图则由市规划主管部门根据全市总体规划、次区域规划和分区规划的要求组织编制。法定图则草案由市规划委员会公开展示征询公众意见后审批。

第二十二条 市规划主管部门每年应当制定法定图则的编制计划，报市规划委员会审批。

第二十三条 法定图则包括图表及文本两部分。

法定图则编制的技术要求由市人民政府另行规定。

第二十四条 市规划主管部门在编制法定图则草案过程中应当征询有关部门的意见。

第二十五条 法定图则草案经市规划委员会初审同意后，应当公开展示三十日，展示的时间和地点应当在本市主要新闻媒体上公布。

第二十六条 法定图则草案在公开展示查询期间，任何组织和个人都可以书面形式向市规划委员会提出对法定图则草案的意见或者建议。

第二十七条 市规划委员会应当对收集的公众意见进行审议，经审议决定予以采纳的，市规划主管部门应当对法定图则草案进行修改。

市规划委员会在审议公众意见时，如认为必要，可以通知提议人或者其代理人出席。

市规划委员会对公众意见进行审议后，应当将审议结果书面通知提议人。

经市规划委员会审批通过的法定图则应当予以公布。

第二十八条 出现下列情况之一时，应当修改法定图则：

（一）城市总体规划发生变化，对分区的功能与布局发生较大影响的；

（二）重大项目的设立，对分区的功能与布局发生较大影响的；

（三）对法定图则实施的定期检讨过程中，市规划委员会认为有必要修改的；

（四）公众人士对法定图则实施的修改意见，获得市规划委员会接纳的。

修改法定图则按照制定法定图则的程序进行。

第五章 城市设计

第二十九条 城市设计分为整体城市设计和局部城市设计。城市设计应当贯穿于城市规划各阶段。

第三十条 整体城市设计结合城市总体规划、次区域规划和分区规划进行，并作为各规划的组成部分。

局部城市设计应当结合法定图则、详细蓝图的编制进行，是详细蓝图的重要组成部分。

城市重点地段应当在编制法定图则时单独进行局部城市设计。其他地段在编制法定图则时，应当进行局部城市设计。

第三十一条 以下地段应当单独进行城市设计：

（一）市中心、各区中心、各街道商业文化中心；

（二）主要生活性干道；

（三）口岸及客运交通枢纽；

（四）广场及步行街；

（五）生活性海岸线；

（六）重点旅游区。

第三十二条 整体城市设计的主要成果是城市设计导则，对城市设计各方面提出原则性意见和指导性建议，指导下一层次的城市设计。

第三十三条 包含在城市规划各阶段中的城市设计成果，随规划一并上报审批。

单独编制的重点地段城市设计，由市规划主管部门审查后报市规划委员会审批。

第六章　建设用地规划管理

第三十四条 城市建设用地和各项建设应当符合城市规划和城市规划管理的有关规定。

第三十五条 新区开发建设应当成组成片进行，市政公用设施应当同步建设。

第三十六条 禁止在城市规划建设区外或者城市基本配套设施不能满足需要，又无有效措施的地段安排建设项目。但是下列项目除外：

（一）原地扩建的配套工程和技改工程，保密科研工程及其他特殊工程项目；

（二）配套建设的公共设施和市政工程、防灾排险工程、环保工程、绿化工程；

（三）河流水系、山体滑坡的整治工程；

（四）易燃易爆、有污染性等不利于集中布局的建设项目。

第三十七条 下列土地应当加以妥善保护，不得侵占、改变用途：

（一）城市建设用地：绿化用地；文化教育用地、体育用地、医疗卫生用地；社会福利用地；市政公用设施用地、市政走廊；

（二）非城市建设用地：农业保护用地；自然植被保护区；水源保护区用地；组团隔离带用地；

（三）其他城市用地：海岸线；旅游用地；城市发展备用地。

第三十八条 新建、改建和扩建各类建设项目时，应当同时配套建设市政基础设施。有下列情形之一者，建设单位还应当同时建设部分市政公用设施及为社会提供服务的公共设施：

（一）在各种配套设施不足的旧城区或者建成区进行建设的；

（二）在各种配套设施尚未完整建成的新开发区进行建设的；

（三）在现有各种配套设施不足负担因建设单位开发而产生压力的地段进行建设的。

建设单位需要承担建设为公众服务的各种配套设施的项目和数量，由规划主管部门依据新区建设和旧区改造规划确定。

第三十九条 旧区改建应当以完善市政、公用设施为主要目标，优先安排该区域内需配套的建设项目，提高居民生活质量，美化市容市貌。

旧区改建应当严格按照批准的规划进行，禁止零星插建。

旧区改建应当按照规划有步骤地疏散工业企业。对污染环境和影响居住安全的工业企业，应当及时调整规划，并限期搬迁。

第四十条 下列建设项目，建设单位应当持市规划主管部门发放的《建设项目选址意见书》申请计划立项：

（一）大型或者有污染的建设项目；

（二）危险品库场；

（三）其他指定建设项目。

第四十一条 发放《建设项目选址意见书》的程序为：

（一）建设单位填报《建设项目选址申请表》，按照规定附送可行性研究报告、环境影响评价报告及有关文件、图纸等资料。

（二）市规划主管部门受理申请后，按照城市规划的要求进行审议，在四十日内予以答复。审核同意的，核发《建设项目选址意见书》；不同意的，予以书面答复。

对城市规划未确定区域的重大项目的规划选址申请，由市规划主管部门提请市规划委员会审议。市规划委员会审议通过的，市规划主管部门核发《建设项目选址意见书》；市规划委员会审议未通过的，市规划主管部门予以书面答复。

第四十二条 建设单位在取得《建设项目选址意见书》一年内，未申请建设用地规划许可证的，该《建设项目选址意见书》自行失效。

第四十三条 以招标拍卖方式获得国有土地使用权的，建设单位凭土地使用权出让合同书领取《建设用地规划许可证》。

对以协议方式出让国有土地使用权的，建设单位应当在签订土地使用权出让合同书之前，向市规划主管部门或者其派出机构领取《建设用地规划许可证》。市规划主管部门或派出机构按照相应地区的城市规划，审定建设用地的相关规划设计指标，提出城市规划设计要求，核发《建设用地规划许可证》。

第四十四条 建设单位在取得《建设用地规划许可证》后一年内，未能签订土地使用权出让合同书又未申请延期的，《建设用地规划许可证》自行失效。

第四十五条 建设单位取得《建设用地规划许可证》后两年内不得申请变更规划内容；两年后申请变更的，市规划主管部门或其派出机构对申请进行初审后，按法定程序审批。

获得批准的，市规划主管部门或者其派出机构向申请单位重新核发《建设用地规划许可证》，收回原《建设用地规划许可证》，并办理相应的用地手续；不批准的，由市规划主管部门或者其派出机构书面答复申请单位。

第四十六条 除因建设工程施工需要及急需的公共服务配套设施外，严格控制城市临时建设用地。

第四十七条 禁止在城市近期建设用地、绿地和规划作为公共服务设施及市政公用设施的用地内安排临时建设用地。

第四十八条 临时用地的建设单位应当与市规划和自然资源部门签订《临时土地使用合同》，

并严格按照批准的用途使用。

第四十九条 临时建设用地使用期限为两年,期满确需延期的可以申请延期一次,但是延长期限不得超过一年。使用期满,用地者负责拆除一切临时建筑物、构筑物。

使用期内因城市建设需要,用地者应当服从并按照规定时间自行拆除一切临时建筑物、构筑物。用地者有权获得不高于其所交土地使用费百分之五十的补偿。

临时建设用地只能修建不超过两层的简易建筑物、构筑物。

第七章 建设工程规划管理

第五十条 本条例所称建设工程包括建筑工程和市政工程。

建筑工程包括除市政工程以外的建筑物与构筑物。

市政工程包括城市规划区内的道路、桥梁、隧道、轨道、交通设施,城市供水、排水、防洪排涝、电力、照明、邮电通讯、有线电视、油气、热力管线及设施,环境、卫生设施及其他公用设施工程。

在城市规划区内新建、扩建、改建建筑工程和市政工程,应当向市规划主管部门或者其派出机构领取《建设工程规划许可证》后,方可办理开工手续。

《建设工程规划许可证》的附图和附件是该证的配套文件,具有同等法律效力。

第五十一条 办理《建设工程规划许可证》的程序:

(一)申请者持申请书、当年建设工程投资计划批文、土地使用权出让合同书或者用地方案图、《建设用地规划许可证》、有关专业主管部门的设计方案审查意见,向市规划主管部门或者其派出机构报送设计方案。设计方案经审批同意后,方可进行扩初设计。

(二)申请者持申请书、设计文件、有关专业主管部门对方案设计审查意见书向市规划主管部门或者其派出机构申请扩初设计审批。经审批同意后,方可进行施工图设计。

(三)申请者持申请书、土地使用权出让合同书、设计文件、有关专业主管部门对施工图的审查意见书,向市规划主管部门或者其派出机构申请施工图设计审查。经审查同意后,核发《建设工程规划许可证》。

市政工程《建设工程规划许可证》的办理程序,参照前款规定执行。

多层居住建筑按照本条第一款第一项、第三项的程序办理。

成片开发的项目可以分期分批办理《建设工程规划许可证》,申报时除应当具备上述条件外,还应当有已批准的详细蓝图。

第五十二条 下列情况不予核发《建设工程规划许可证》:

(一)不符合城市规划要求或者未按照主管部门对各阶段审查意见作出设计修改的;

(二)设计单位资质与资格不符合有关行业管理规定的;

(三)设计文件不符合国家、省、市有关专业技术规范和规程的。

第五十三条 取得《建设工程规划许可证》后过一年未开工的,《建设工程规划许可证》自行失效。

第五十四条 大、中型项目,因工期紧迫,需在全套施工图完成前进行基础部分施工的,在扩初设计审批完成后,建设单位可以持提前开工申请书、总平面图、基础部分施工图、土地使用权出让合同书,向市规划主管部门申请,经审查同意后,发给建筑工程基础提前开工证明文件。

第五十五条 建设单位或者个人在领取《建设工程规划许可证》或者取得建设工程基础提前开工证明文件并办理开工手续后方可进行施工准备和现场放线。建设工程现场放线后，应当向规划主管部门或者其派出机构申请复验，复验无误后方可施工。

第五十六条 领取《建设工程规划许可证》后，有关工程设计因以下情况确需修改的，应当重新办理《建设工程规划许可证》：

（一）涉及建筑物位置、立面、层数、平面、使用功能、建筑结构的；

（二）市政工程中涉及规模、等级、走向、工艺设计、立面、平面、结构、功能及设备的容量、造型有较大变化的。

其他不涉及前款规定的局部设计修改，可以在报送竣工图时一并备案。

第五十七条 已建成的建筑确需改变使用性质的，应当经市规划主管部门批准，签订土地使用权出让合同书补充协议、付清地价款后，持设计文件等，向市规划主管部门申请核发《建设工程规划许可证》或者建筑工程装饰、装修许可文件。涉及有关专业管理部门审批的，还应当取得有关部门的审核意见。

第五十八条 非国家机关、部队驻地、学校建筑物周围不得建围墙。确有特殊需要的，应当向市规划主管部门或者其派出机构申请。围墙不得超出建筑红线，其形式应当通透、美观。

第五十九条 在城市规划区内兴建临时建筑应当向市规划主管部门或者其派出机构申请，取得《临时建设工程规划许可证》。临时建筑物、构筑物的使用期限不得超过两年并不得超过临时建设用地的期限。临时建筑不得改变使用性质。临时占用道路的施工材料堆放场和工棚，应当在兴建的建筑物裙房或者第三层完成后十五日内拆除、清场。

第六十条 在建成区内、城市主干道两侧不得兴建非施工使用的临时建筑物。

禁止在车行道、人行道和绿化带上修建临时建筑。确因施工需要修建临时建筑，应当向市规划主管部门提出申请，市规划主管部门在征得有关职能部门同意后，方可作出批准决定。

第六十一条 建设工程竣工后，建设单位或者个人持建筑工程竣工测绘报告向原审批部门申请规划验收。未经验收或者验收不合格的，不予发放《规划验收合格证》，不予房地产权登记，不得投入使用。

第六十二条 有下列情形之一者，不予进行规划验收：

（一）擅自变更建筑设计（包括变更建筑物位置、立面、层数、平面、使用功能、建筑结构、设备的容量）；

（二）未拆除原《建设工程规划许可证》标明应当拆除的建筑物或者构筑物；

（三）未拆除用地范围内的临时设施，未完成其配套工程的；

（四）其他不符合《建设工程规划许可证》要求的。

第六十三条 成片开发的住宅区、工业区在进行单体建筑工程的规划验收后，还应当进行小区规划验收。小区建设分期分批进行时，其配套工程应当按照计划同步完成。未完成时，同期的其他项目不予规划验收。

第六十四条 建设工程竣工验收后，建设单位或者个人应当按照有关规定报送建设工程竣工图，但是道路工程应当在竣工验收后两个月内报送。

第六十五条 建筑物、构筑物确需拆除的，应当向市规划主管部门或者其派出机构申请，同意后方可拆除。

建筑物或者构筑物的拆除，应当制定拆除方案，以确保周围建筑物、构筑物、道路、管线及拆除工作的安全。

第六十六条 各项市政工程及其他建设工程，设计前应当查明该项工程地段内现有市政设施情况，设计图纸应当有明确反映其设计与现状的关系、管线路径坐标，切实解决好新老管线之间的相互关系，确保工程安全。

第六十七条 新建、改建城市道路应当同时按照规划埋设地下管线或者预埋套管等设施。

道路红线宽度在二十五米以上的新建道路，在竣工后三年内不得开挖。如遇特殊情况，确需开挖的，双向六车道以上（含双向六车道）的，报市人民政府批准；双向四车道以下的，报市规划主管部门批准后方可进行。

第六十八条 在市政道路上开设道路进（出）口或者市政管线的接口，架（敷）设临时市政管线，并设临时路口及施工通道时均需向市规划主管部门办理有关手续。

任何组织和个人不得占用道路、广场、绿地、市政走廊和压占地下管线进行建设。

在城市危险品场站和压力管道附近施工时，施工单位应当征得有关管理和使用单位同意，并经双方商定，采取相应的安全保护措施后方可施工。

第六十九条 市政工程除现场放线后需申请复验外，隐蔽工程复土前，建设单位或者个人需向市规划主管部门或者其派出机构申请复验，复验无误后方可进行复土。

涉及易燃、易爆、有毒、腐蚀性强等隐蔽工程的，还需获公安、消防、劳动安全等主管部门的许可，方可复土。

第七十条 临时市政管线、临时路口及施工通道的使用期限一般不得超过两年，如建设需要延长时，需向原审批机关申请延期。

因城市建设需要或者使用期限到期时，临时市政设施的使用单位应当无偿自行拆除该设施，并恢复原状。

第七十一条 城市道路设计应当同时进行无障碍设计。在道路红线范围内，除按照规划架（敷）设各种管线或者建造人行天桥（廊）、地下通道、公共交通候车廊、电话亭、交通标志、消防水栓、路灯、箱式变电站、电话交接箱、有线电视端子箱以及其他按照规划需在路侧设置的公用设施外，不得设置任何建筑物和构筑物。

不得在河道、沟渠上部及其控制地带兴建建筑物。

架空的高压电力线、路灯线、电讯电缆应当逐步改为地下敷设。

第八章 法律责任

第七十二条 未取得建设用地规划许可证或者建筑工程规划许可证进行建设的，市规划主管部门可以依照《深圳经济特区规划土地监察条例》采取查封、扣押等行政强制措施。

第七十三条 因违法建设而严重影响城市规划或者影响城市规划又不能采取改正措施的，应当责令其停止建设，限期拆除违法建筑物、构筑物，造成公用设施和市政设施损坏的，当事人应当负修复及赔偿责任。

因违法建设影响城市规划尚可采取改正措施的，应当责令停止建设、限期改正，补办手续，并处单项工程违法部分土建总造价百分之四十至百分之六十罚款，并处没收违法所得。

违法建设不影响城市规划的，应当责令停止建设，限期补办手续，并处单项工程土建总造价百分之四十至百分之六十罚款，并处没收违法所得。

第七十四条 对违法临时建筑，应当按照下列规定处理：

（一）影响城市规划的，限期拆除；

（二）擅自改变原申请用途的，限期改正，逾期不改正的，限期拆除；

（三）不影响城市规划的，责令补办手续，限期使用，并处罚款。如属商业用途，按照建筑面积每平方米三千元以上五千元以下的标准处以罚款；如属非商业用途，按照建筑面积每平方米一千元以上二千元以下的标准处以罚款。

第七十五条 违反本条例第六十四条规定的，应当责令限期报送建设工程竣工图，并处三万元以上五万元以下罚款。

第七十六条 违反本条例第六十五条规定的，由市规划主管部门或者其派出机构对产权人处二万元以上五万元以下罚款。

第七十七条 违反本条例第六十八条第一款规定影响规划的，责令限期恢复原状，并处八万元以上十万元以下罚款。不影响规划的，应当责令限期补办手续，并处八万元以上十万元以下罚款。

第七十八条 对违法建设的投资单位、施工单位及进行违法设计的单位的主要负责人和直接责任人员，应当追究其行政责任，处一万元以上二万元以下罚款，并没收违法设计和施工单位的违法所得。

第七十九条 违反法定图则的审批一律无效，占用的土地一律限期退回，建成的建筑物、构筑物一律拆除。

除前款规定的情形外，市规划主管部门或者其派出机构无权审批、越权审批及其他违反本条例有关规定而违法审批的，按照本条例第七十三条的规定对违法审批的建设用地或者建设工程进行处理。

对违法审批的直接责任人给予处分；构成犯罪的，依法追究刑事责任。

审批机关违法审批的，应当对建设单位造成的损失负责赔偿。

第八十条 规划主管部门的工作人员滥用职权、玩忽职守、徇私舞弊的，由其所在单位或者其上级主管部门或者有关主管机关给予处分；构成犯罪的，依法追究刑事责任。

第九章　附　　则

第八十一条 市人民政府可以依据本条例制定实施细则。

第八十二条 本条例自 1998 年 7 月 1 日起施行。

本条例施行前在本市实施的有关规定与本条例不一致的，以本条例为准。

2.4　深圳经济特区城市园林条例

（1995年12月26日深圳市第二届人民代表大会常务委员会第五次会议通过，根据2004年6月25日深圳市第三届人民代表大会常务委员会第三十二次会议《关于修改〈深圳经济特区城市园林条例〉的决定》第一次修正，根据2018年6月27日深圳市第六届人民代表大会常务委员会第二十六次会议《关于修改〈深圳经济特区城市园林条例〉的决定》第二次修正，根据2019年8月29日深圳市第六届人民代表大会常务委员会第三十五次会议《关于修改〈深圳经济特区人才工作条例〉第二十九项法规的决定》第三次修正）

第一章　总　则

第一条　为促进深圳经济特区（以下简称"特区"）城市园林的建设和发展，加强园林管理，改善城市生态，美化环境，增进人民身心健康，制定本条例。

第二条　特区城市园林的规划、建设、保护和管理，适用本条例。

第三条　市城管和综合执法部门是市城市园林主管部门（以下简称"市园林主管部门"），负责所管辖城市园林的管理工作，并负责特区城市园林统筹协调和监督管理工作。

区城管和综合执法部门是区城市园林主管部门（以下简称"区园林主管部门"），负责本区域内所管辖城市园林的管理工作。

发展改革、公安、财政、规划和自然资源、生态环境、住房建设、水务、市场监管等部门按照各自职责做好城市园林管理相关工作。

第四条　本条例所称城市园林，是指按市政府规划并经园林主管部门确认的各类公园、动物园、植物园、风景区、公共海滩、专类园、街头游园、花园、庭园以及其他供游人游览、休闲的场所。城市园林包括市政园林、经营性园林和单位附属园林。

市政园林是指由市、区人民政府投资建设并对公众开放的公益性城市园林。

经营性园林是指由社会投资建设、对公众开放并实行企业化管理的城市园林。

单位附属园林是指由经济开发区、工业区、住宅区及其他物业业主在其物业范围内投资建设，主要供在该区域范围内工作、居住人员使用的城市园林。

第五条　城市园林应当依本条例规定实行专业化管理。

第六条　市、区人民政府应当将城市园林建设纳入本级国民经济和社会发展计划或者建设计划，保障市政园林建设和管理所必需的经费。

市、区人民政府应当鼓励和支持城市园林的科学研究，推广先进技术，提高城市园林的管理、科学技术和艺术水平。

第二章　规划和建设

第七条　城市总体规划应当包括城市绿地系统规划。

城市绿地系统规划由市规划和自然资源部门会同园林主管部门编制，经依法批准后组织实施。

编制绿地系统规划应当根据城市人口、服务半径对城市园林合理布局。

第八条 市园林主管部门应当根据城市总体规划和城市绿地系统规划，编制城市园林发展规划和建设计划，经市政府批准后组织实施。

第九条 已规划的城市园林用地，任何单位和个人不得侵占、出租或者以其他方式改变用地性质。

因市政建设确需改变用地性质的，市规划和自然资源部门应当征得园林主管部门同意，并会同园林主管部门制定就近不少于原面积的园林用地补偿方案，报原批准机关批准。

第十条 对已规划的城市园林用地，市规划和自然资源部门应当划定红线。

在建设开始前或者建设过程中，园林主管部门对已规划的城市园林用地应当根据具体情况组织绿化，并实施保护性管理。

第十一条 政府投资的市政园林，由园林主管部门负责组织建设。

经营性园林和单位附属园林由建设单位按本条例及建设管理规定组织建设，园林主管部门负责指导和监督。

第十二条 新建的城市园林总体规划，应当根据城市园林发展规划和建设计划编制，其各项用地比例应当符合国家有关规定。

第十三条 城市园林的规划设计，应当利用原有地形、地貌、水系和植被，符合国家有关技术标准和规范的要求，设置必要的安全和服务设施及残疾人专用通道。

第十四条 动物园和植物园的规划设计，应当创造适宜动植物生息和生长的环境，并按动物或者植物的生态特性适当分区，提供优美、安全的游览条件和开展科研、科普工作的条件，以满足观赏、游览、科普教育、生物多样性保护、珍稀及濒危物种保存、繁殖和应用等多种功能的需要。

第十五条 市政园林内不得建设宾馆、酒楼、住宅、招待所、写字楼、商品市场、经营性游乐项目以及其他与市政园林功能无关的项目和设施。但为游人提供服务和园林管理所必需的项目和设施除外。

经营性园林内不得建设与其功能无关并破坏园林景观的项目和设施。

第十六条 城市园林的设计和施工，建设单位必须委托具有相应资格的园林绿化专业设计、施工单位承担。

第十七条 城市园林工程建设过程中，园林主管部门应当对建设单位执行本条例的情况进行监督检查。

第十八条 城市园林中的绿化种植工程完成后，施工单位应当根据植物生长特点负责养护三个月至六个月。在养护期内，种植的植物未成活的，施工单位应当负责补种或者予以赔偿。

第三章 管理和保护

第十九条 城市园林实行登记制度。

城市园林应当按其性质、种类，由园林主管部门分别登记。

登记事项及具体办法由市园林主管部门制定。

第二十条 政府投资建设的市政园林由园林主管部门管理。市政园林管理部门可以根据需要设立管理机构，具体负责市政园林的监督管理工作。

经营性园林由经营单位负责管理。

单位附属园林由业主负责管理。

第二十一条 市政园林的管理部门应当将市政园林的养护管理以及其他专业工作，委托城市园林绿化企业或者其他专业企业承担。

市政园林管理部门应当与被委托企业，订立委托管理合同。

市政园林管理部门应当对被委托企业所承担的养护管理及其他专业工作，进行经常性的监督、检查。

第二十二条 承担市政园林养护管理的企业应当具有园林绿化企业资质。

园林绿化企业资质的取得及管理，按照国家有关规定执行。

第二十三条 具有相应专业资格并承担市政园林养护管理或者其他专业工作的企业，不得将其承担的工作分包给无相应专业资格的企业承担。

第二十四条 城市园林的管理部门或者管理单位应当加强对园内植物的养护和动物的保护，保持建筑、游乐、服务等设施完好，维护园内环境卫生，保证游人安全。具体管理办法由市园林主管部门制定。

园林主管部门应当对城市园林的环境卫生、安全保障和植物、动物、园林设施管理定期进行监督、检查。

第二十五条 各类公园、动物园、植物园、风景区应当有完善的游览指导说明、标志、疏导和安全设施，并保持游览路线和出入口的畅通，不得超容量接纳游人。

第二十六条 城市园林应当全年开放。

市政园林中的公园、植物园、风景区每日开放时间由园林主管部门确定，但不得少于12小时。

经营性园林每日开放时间不得少于9小时，单位附属园林中的公园每日开放时间不得少于12小时。

各类公园、动物园、植物园、风景区的开放时间应当在园林的显著位置明示。

第二十七条 各类公园、动物园、植物园、风景区因维修或者其他特殊情况需关闭6小时以上的，应当于关闭日前公告。但因情况紧急来不及公告的除外。

第二十八条 市政园林和单位附属园林中的公园不得向游人收取门票费。但带旅游性质的市政园林除外。

市政园林和单位附属园林中的公园内原有的经营性游乐项目可以收取入场费。

经营性园林可以向游人收取基本门票费和主体游览设施以外的单项游乐项目入场费。

单位附属园林中的游园、花园和庭园以及市政园林中的街头游园不得向游人收取任何费用。

本条所列各项费用的收费标准由市物价主管部门审查批准。

第二十九条 依前条规定，可以收费的城市园林或者游乐项目，应当对下列游人减免收费：

（一）身高1.4米以下的儿童；

（二）年龄65周岁以上的老人；

（三）残疾人士。

前款第（一）项规定不适用专为儿童所设立的游乐项目。

第三十条 市政园林和经营性园林内的商业服务必须在固定的网点进行。商业网点的布局应当严格按规划执行，不得破坏园林景观，不得妨碍游览秩序。

市政园林的管理部门不得在其管理的园林内从事商业活动。

第三十一条 各类公园、动物园、植物园和风景区应当制定游园守则。游园守则应当报园林主管部门审查批准。

第三十二条 游人应当文明游园，遵守社会公德和游园守则。

城市园林内禁止实施下列行为：

（一）损害园林设施及花草树木，破坏园林环境卫生；

（二）捕猎鸟类及其他受保护的野生动物，伤害园内观赏动物；

（三）赌博、斗殴、乞讨，进行封建迷信和色情活动；

（四）法律、法规和规章禁止的其他行为。

第三十三条 在市政园林和经营性园林内举办科学、文化集会、集体游乐等大型活动时，举办单位应当向园林主管部门申请并提交组织方案，经批准或者转报有关主管部门批准后，方可举行。

第三十四条 城市市政公共设施主干管道、线路、电力高压走廊等应当避免穿越市政园林和经营性园林。确需穿越的，应当征得园林主管部门同意并经市规划和自然资源部门批准。批准后，建设单位应当与市政园林的管理部门或者经营性园林的经营单位，协商制订安全保护措施和损失补偿方案。

第三十五条 禁止将不符合园林水体标准的废水排入城市园林水体。

禁止在城市园林内倾倒垃圾、杂物。

第三十六条 市规划和自然资源部门应当对城市园林周围的建设项目加以控制，保持城市园林周围的建设项目与城市园林景观和功能相协调。

第四章 法 律 责 任

第三十七条 市政府有关部门违反本条例第九条第二款、第十条第二款、第十二条、第十五条、第三十四条、第三十六条规定的，依法追究主要负责人和直接责任人员的行政责任。

第三十八条 市政园林管理部门违反本条例第十六条、

第二十一条、第二十五条、第二十六条、第二十七条、第二十八条、第二十九条、第三十条规定的，依法追究主要负责人和直接责任人员的行政责任；造成他人损失的，市政园林管理部门应当承担赔偿责任；构成犯罪的，依法追究刑事责任。

第三十九条 违反本条例第九条第一款规定的，由园林主管部门责令恢复原状，没收违法所得，并按所侵占或者出租面积处以每平方米五百元罚款。

第四十条 经营性园林或者单位附属园林的建设单位或者施工单位，违反本条例第十六条规定的，由园林主管部门责令改正；拒不改正的，由建设行政主管部门责令停止施工，并依建设管理的有关规定进行处罚。

第四十一条 承担市政园林养护管理或者其他专业工作的企业未履行委托管理合同或者履行合同义务不符合约定条件的，应当承担违约责任；造成损失的，应当承担赔偿责任。

第四十二条 承担市政园林养护管理或者其他专业工作的企业违反本条例第二十三条规定的，由园林管理部门依法解除委托管理合同；造成损失的，应当承担赔偿责任；园林主管部门可责令其一年内不得承担市政园林的专业工作。

第四十三条 经营性园林或者单位附属园林的管理单位，违反本条例第二十四条第一款规定的，由园林主管部门责令限期改正；逾期仍未改正的，园林主管部门可以将该园林内的有关专业工作委托具有本条例规定资格的企业承担，所需费用由该园林的管理单位承担。

第四十四条 经营性园林或者单位附属园林的管理单位违反本条例第二十五条、第二十六条、第二十七条、第二十八条、第二十九条、第三十条第一款规定的，由园林主管部门责令改正，并可以处五千元以上一万元以下罚款；造成他人损失的，应当承担赔偿责任；有违法所得的，依法没收违法所得。

第四十五条 违反本条例第三十二条第一款规定的，由城市园林管理单位教育制止，责令改正；造成损失的，应当承担赔偿责任。

违反本条例第三十二条第二款规定的，由园林主管部门责令其改正；造成损失的，应当承担赔偿责任，并可处赔偿额一至二倍的罚款；违反《中华人民共和国治安管理处罚法》的，由公安部门给予处罚；构成犯罪的，依法追究刑事责任。

第四十六条 违反本条例第三十五条规定的，由园林主管部门责令改正，并处以二千元以上五千元以下罚款；造成损失的，应当承担赔偿责任；造成环境污染的，由环境保护部门依法处理。

第四十七条 园林主管部门的工作人员玩忽职守、滥用职权、徇私舞弊的，依法追究其行政责任；造成他人损失的，园林主管部门应当承担赔偿责任；构成犯罪的，依法追究刑事责任。

第五章 附 则

第四十八条 本条例施行前已建成的市政园林，应当于1998年3月1日前依照本条例规定逐步实行专业化管理。

第四十九条 市政府可以根据本条例制定实施细则。

第五十条 本条例自1996年3月1日起施行。

2.5 深圳经济特区建筑节能条例

（2006年7月26日深圳市第四届人民代表大会常务委员会第七次会议通过，根据2017年4月27日深圳市第六届人民代表大会常务委员会第十六次会议《关于修改〈深圳经济特区建筑节能条例〉的决定》第一次修正，根据2018年12月27日深圳市第六届人民代表大会常务委员会第二十九次会议《关于修改〈深圳经济特区环境保护条例〉等十二项法规的决定》第二次修正）

第一章 总 则

第一条 为了加强深圳经济特区（以下简称"特区"）建筑节能管理，提高能源利用效率，促进循环经济发展与节约型社会建设，根据有关法律、行政法规的基本原则，结合特区实际，制定本条例。

第二条 特区民用建筑节能及其相关管理活动适用本条例。

本条例所称建筑节能，是指在民用建筑的建设、改造、使用过程中，按照有关法律、法规、标准和技术规范的要求，在保证建筑物使用功能和室内环境质量的前提下，采取有效措施，降低能源消耗，提高能源利用效率的活动。

第三条 建筑节能应当遵循节约资源、因地制宜、技术先进、经济合理、安全可靠和保护环境的原则。

第四条 鼓励建筑节能技术研究和产品开发，推广应用节能型建筑结构、材料、用能系统、施工工艺和管理技术，促进可再生能源开发利用，发展绿色建筑。

政府投资的建设项目应当发挥节能示范作用。

第五条 市、区人民政府应当加强建筑节能宣传教育，增强市民建筑节能意识，并对在建筑节能工作中作出突出贡献的组织和个人予以表彰和奖励。

第六条 鼓励相关行业协会、中介服务机构开展建筑节能咨询、检测、评估等专业服务；支持建筑节能公共技术平台建设。

第七条 市住房建设主管部门（以下简称"市主管部门"）负责建筑节能统一监督管理工作。

各区住房建设主管部门（以下简称"区主管部门"）按照职责分工，负责本辖区内建筑节能监督管理工作。

市、区人民政府其他有关部门在各自的职责范围内，依法负责有关的建筑节能管理工作。

第二章 一般规定

第八条 市主管部门应当根据本市循环经济发展中长期规划组织编制建筑节能规划，经市人民政府批准后实施。

建筑节能规划应当对新建建筑的节能要求、既有建筑的节能改造、可再生能源在建筑中的开发利用、建筑物用能系统的运行管理等提出工作目标、具体安排和保障措施。

第九条 市主管部门应当加强建筑节能标准化工作，促进建筑节能标准的实施。已有国家或者行业标准的，可以编制严于国家或者行业标准的技术规范；无上述标准的，可以编制技术规范。

市主管部门编制建筑节能技术规范时，应当通过多种形式充分听取相关企业、行业协会、中介服务机构、科研机构和公众的意见。

市主管部门编制的建筑节能技术规范，应当依照有关规定，送市标准化主管部门发布实施。

第十条 市规划和自然资源部门编制城市规划详细蓝图，确定建筑物布局、形状和朝向时，应当充分考虑建筑节能的要求。

第十一条 市主管部门应当根据建筑节能需要发布推广、限制或者禁止使用的技术、工艺、设备、材料和产品目录。

建设、设计、施工单位不得采用列入禁止目录的技术、工艺、设备、材料和产品。

政府投资的建设项目在遵循经济合理原则的前提下，应当优先选用建筑节能推广目录中的技术、工艺、设备、材料和产品。

第十二条 建筑物围护结构和用能系统中使用的技术、工艺、设备、材料和产品应当符合建筑节能强制性标准和技术规范。

第十三条 鼓励实施建筑物屋顶绿化。具体办法由市人民政府另行制定。

第十四条 实行建筑物能效测评和标识制度。能效测评机构根据建设单位或者建筑物所有人的申请，对建筑物的能源利用效率进行测评及等级评定。具体办法由市主管部门另行制定。

第十五条 市人民政府设立建筑节能发展专项资金，用于支持建筑节能活动。

第十六条 建筑节能发展专项资金主要来源如下：

（一）财政拨款；

（二）新型墙体材料专项基金；

（三）本条例第三十条规定的建筑物用电超额附加费；

（四）社会捐助等其他来源。

专项资金的管理、使用办法由市人民政府另行制定。

第三章 建设与改造

第十七条 建设项目可行性研究报告或者设计任务书，应当载明有关建筑节能的要求。

政府投资的建设项目，其可行性研究报告不符合建筑节能要求的，有关部门不得批准。

第十八条 建设项目的设计招标文件或者委托设计合同，应当载明建筑节能的要求和相关标准、技术规范的名称。

建设单位委托工程监理单位实施工程监理时，应当将建筑节能有关要求纳入监理合同。

建设单位不得要求设计、施工、监理、检测等单位违反建筑节能强制性标准和技术规范。

第十九条 设计单位应当按照有关建筑节能的法律、法规、强制性标准和技术规范进行节能设计。方案设计应当有建筑节能设计专项说明，初步设计及施工图设计文件应当包含建筑节能设计内容。

第二十条 施工图设计文件审查机构应当对施工图设计文件中建筑节能设计内容进行审查；未经审查或者经审查不符合建筑节能强制性标准和技术规范的，不得出具施工图设计文件审查合格证明。

第二十一条 施工单位应当按照施工图中的建筑节能设计要求和建筑节能强制性标准和施工规范进行施工。

第二十二条 监理单位履行监理合同时，应当依据有关建筑节能的法律、法规、标准、技术规范和设计文件对建筑节能建设实施监理，并承担相应的监理责任。

对采用列入禁止目录的技术、工艺、设备、材料和产品的行为，监理单位应当采取措施予以制止；制止无效的，应当及时报告工程质量监督机构或者主管部门。

第二十三条 建筑工程竣工后，建设单位应当在组织竣工验收五日前，向主管部门申请建筑节能专项验收；建筑节能专项验收应当与建设单位组织的竣工验收同步进行。

建筑节能专项验收合格的，由主管部门颁发建筑节能专项验收合格证明文件；验收不合格的，主管部门不得办理竣工验收备案手续。

第二十四条 房地产开发单位在销售房屋时，应当向买受人明示所售房屋建筑节能设计及保护要求，并在使用说明书中予以载明。

第二十五条 市主管部门应当会同有关部门对既有建筑的能源消耗情况等进行调查统计和分析评价，并根据建筑节能规划，制定既有建筑节能改造计划，经市人民政府批准后实施。

第二十六条 既有建筑节能改造应当以公共建筑改造为重点，实行强制性改造与市场引导相结合。

第二十七条 鼓励相关行业协会利用市场机制，推动多渠道投资既有建筑节能改造。从事建筑节能改造的企业可以通过协议方式分享节能改造产生的收益。

相关行业协会可以组织进行建筑节能改造企业能力评价，促进建筑节能改造规范化。

第二十八条 既有建筑未达到现行建筑节能强制性标准和技术规范的，在进行围护结构和用能系统改造时，应当同步进行节能改造。

第二十九条 市主管部门应当会同市能源主管部门制定建筑物能源消耗统计办法，按照建筑物的类别、使用功能和规模等，对建筑物能源消耗实行分类统计。

建筑物所有人或者物业管理单位应当如实提供建筑物能源消耗数据。

第三十条 市主管部门应当会同市能源主管部门根据建筑物的类别、使用功能和规模等，制定民用建筑用电定额标准。

用电超过定额标准的，征收用电超额附加费。具体办法由市人民政府另行制定。

第三十一条 公共建筑用电超出定额标准百分之五十的，市能源主管部门应当责令建筑物所有人限期治理；逾期不治理或者治理达不到要求的，应当实施强制性节能改造。

第三十二条 新建公共建筑和经过节能改造的既有公共建筑，采用集中供冷方式的，应当安设分户用冷计量装置和室内温度调控装置，按照分户实际用冷量收费。

第四章 太阳能及其他可再生能源应用

第三十三条 采用集中空调系统，有稳定热水需求，建筑面积在一万平方米以上的新建、改建、扩建公共建筑，应当安装空调废热回收装置；未安装的，不得通过建筑节能专项验收。

第三十四条 具备太阳能集热条件的新建十二层以下住宅以及采用集中热水管理的酒店、宿舍、医院建筑，应当配置太阳能热水系统或者结合项目实际情况采用其他太阳能应用形式。具体办法由市主管部门另行制定。

第三十五条 鼓励新建公共建筑和十二层以上住宅建筑配置太阳能热水系统；鼓励其他可再生能源在建筑中应用的技术研究和示范工程建设。具体办法由市人民政府另行制定。

第三十六条 建设单位应当根据有关技术规范，在建筑物的设计和施工中为太阳能利用提供必要条件。

既有建筑住户可以在不影响建筑质量与安全的前提下，安装符合产品标准和技术规范的太阳能利用系统，当事人另有约定的除外。

第三十七条 政府投资的建设项目在条件具备的情况下，应当优先运用太阳能和其他可再生能源。

第三十八条 主管部门应当开展太阳能及其他可再生能源应用的宣传培训，促进太阳能及其他可再生能源的推广应用。

第五章 法律责任

第三十九条 建设单位违反本条例第十一条第二款、第十八条第三款规定，采用列入禁止目录的技术、工艺、设备、材料和产品或者要求设计、施工、监理、检测等单位违反建筑节能强制性标准和技术规范的，由主管部门责令限期改正，并处二十万元以上五十万元以下罚款。

第四十条 建设单位违反本条例第二十三条第一款规定，未经建筑节能专项验收或者验收不合格，将建筑物交付使用的，由主管部门责令限期改正，并处建筑项目合同价款百分之二以上百分之四以下罚款。

第四十一条 设计单位违反本条例第十一条第二款、第十九条规定，在设计中采用列入禁止目录的技术、工艺、设备、材料和产品或者未按照有关建筑节能的法律、法规、强制性标准和技术性规范进行节能设计的，由主管部门责令限期改正，并处十万元以上三十万元以下罚款；情节严重的，由颁发资质证书的部门责令停业整顿，降低资质等级或者吊销资质证书。

第四十二条 施工图设计文件审查机构违反本条例第二十条规定，对施工图设计文件中的节能内容不符合建筑节能强制性标准和技术规范，出具施工图设计文件审查合格证明的，由主管部门责令限期改正，并处一万元以上十万元以下罚款。

第四十三条 施工单位违反本条例第十一条第二款、第二十一条规定，采用列入禁止目录的技术、工艺、设备、材料和产品或者未按照建筑节能设计要求和建筑节能施工规范进行施工的，由主管部门责令限期改正，并处十万元以上二十万元以下罚款；情节严重的，由颁发资质证书的部门责令停业整顿，降低资质等级或者吊销资质证书。

施工单位未按照民用建筑节能强制性标准进行施工的，由主管部门责令限期改正，处建筑项目合同价款百分之二以上百分之四以下罚款；情节严重的，由颁发资质证书的部门责令停业整顿，降低资质等级或者吊销资质证书。

第四十四条 监理单位违反本条例第二十二条规定，未履行监理职责的，由主管部门责令限期改正；逾期未改正的，并处五千元以上五万元以下罚款。

监理单位未按照民用建筑节能强制性标准或者在墙体、屋面的保温工程施工时，未采取旁站、巡视和平行检验等形式实施监理的，由主管部门责令限期改正；逾期未改正的，处十万元以上三十万元以下罚款；情节严重的，由颁发资质证书的部门责令停业整顿，降低资质等级或者吊销资质证书。

第四十五条 房地产开发单位违反本条例第二十四条规定，在销售房屋时未明示或者未如实明示建筑节能相关信息的，由主管部门责令限期改正；逾期未改正的，处交付使用的房屋销售总额百分之一以上百分之二以下罚款。

第四十六条 建筑物所有人或者物业管理单位违反本条例第二十九条第二款规定，未如实提供建筑物能源消耗数据的，由主管部门责令限期改正；拒不改正的，处二千元以上二万元以下罚款。

第四十七条 建筑物所有人或者物业管理单位违反本条例第三十二条规定，对采用集中供冷方式的新建建筑或者经过节能改造的既有建筑未实行分户用冷计量收费的，由主管部门责令限期改正，并处一万元以上五万元以下罚款。

第四十八条 建设、设计、施工、监理和施工图审查等单位违反本条例规定的，有关主管部门可以将其违法行为作为不良记录予以公示。

第四十九条 依照本条例规定给予单位罚款处罚的，对单位直接负责的主管人员和其他直接责任人员，分别按照单位罚款数额百分之十的标准处以罚款。

第六章 附 则

第五十条 本条例下列用语的含义是：

（一）民用建筑，包括居住建筑和公共建筑，其范围按照国家标准执行；

（二）既有建筑，是指本条例实施之前已经通过竣工验收的建筑物。

第五十一条 对本条例规定的罚款处罚，市人民政府有关部门应当制定具体实施标准。该具体实施标准与本条例同时施行；需要修订时，制定机关应当及时进行修订。

第五十二条 本条例实施后通过竣工验收的建筑物，因使用年限、功能变化等因素，其能源消耗超过规定标准需要进行节能改造的，适用本条例既有建筑节能改造有关规定。

第五十三条 采用集中空调系统的工业建筑的建筑节能，参照本条例有关规定执行。

第五十四条 本条例自 2006 年 11 月 1 日起施行。

2.6 深圳市政府投资项目策划生成管理办法

(深府规〔2020〕6号)

第一条 为加强深圳市政府投资项目（以下简称"项目"）储备，理顺项目前期论证时序，加快推进"多规合一"业务协同，提高项目转化率，根据《政府投资条例》《深圳经济特区政府投资项目管理条例》《深圳市政府投资建设项目施工许可管理规定》（深圳市人民政府令第328号）等法规、规章规定，结合我市实际制定本办法。

第二条 本办法所称的项目策划生成是指项目单位提出建设意向、开展前期研究论证，初步落实建设条件并明确项目主要技术经济指标的过程。

本办法所称项目单位，是指项目建议书、可行性研究报告的组织编制和申报单位。

第三条 本办法适用于涉及新增建设用地的新建、改建、扩建类市政府投资项目以及建设规模或功能调整的改建、扩建类市政府投资项目的策划生成阶段管理。国家审批用海（含围填海）项目以及涉及国家秘密的项目不适用本办法。

第四条 项目单位应当提前谋划，并根据国民经济和社会发展五年规划纲要或者经批准的专项规划，提出一定时期内需要建设的政府投资项目，组织开展前期研究工作并按照相关规定的内容和深度编制前期工作成果文件，按程序申报项目策划生成论证。

第五条 市发展改革部门统筹管理项目策划生成，会同相关部门加强项目储备和动态管理，建立和完善项目协调机制，建设和维护项目登记平台，依托项目登记平台受理项目策划生成论证申报并开展项目策划生成论证。

市规划和自然资源部门牵头负责项目空间协调，依托"多规合一"信息平台（以下简称"多规平台"）提供项目空间信息查询、空间论证、空间规划协调等支撑服务，负责多规平台的建设维护、运行管理和监督。

生态环境、水务、交通、住建等相关部门负责本部门空间性规划及相关信息的及时共享和更新，保证相关数据的准确性、真实性和合法性，并按相关法律、法规和本办法要求开展项目空间论证等工作。

第六条 项目登记平台是投资项目在线审批监管平台（以下简称"在线平台"）的子平台。多规平台与在线平台及子平台实现互联互通和信息共享。

第七条 政府投资项目的策划生成论证一般包括项目建议书论证（含空间初步论证）和可行性研究论证（含空间详细论证）。对拟列入五年规划纲要或专项规划的涉及建设用地的项目，行业主管部门应当在规划编制阶段充分利用多规平台进行空间信息查询、开展空间初步论证，明确项目是否具备落地条件。

第八条 项目单位应当通过项目登记平台登记项目信息并获取项目代码。项目策划生成阶段的论证信息及项目审批、投资计划、资金下达、公共资源交易、招标投标、监督检查、后评价、行政处理、行政处罚、信息公开等阶段的相关信息通过项目代码统一归集，并利用在线平台实现信息共享。

第九条 项目登记信息包括项目名称、主要功能、意向用地范围、建设规模、建设内容、总投资及相关支撑材料等。项目单位在项目登记前可以通过多规平台开展空间信息查询，提高项目前期工作效率。

第十条 项目单位应当根据相关规划、政策和建设需求等组织编制项目建议书，阐明项目提出的背景、建设必要性、意向用地范围、功能定位、建设规模、建设内容、总投资等，并通过项目登记平台申报项目建议书论证（含空间初步论证）。项目登记平台将受理的申报材料同步推送多规平台。市发展改革部门委托市政府投资项目评审机构（以下简称评审机构）对项目建议书进行初步技术论证。

第十一条 市规划和自然资源部门根据多规平台收到的项目申报信息，组织开展生态保护红线、永久基本农田、城镇开发边界等城市规划建设强制性内容、重点领域空间性规划管控条件以及土地权属情况的空间初步论证，并根据实际情况征求交通运输、环境保护、水务、气象、文物、产业、通信、海绵城市等空间性规划管控部门意见。

市规划和自然资源部门应当在多规平台收到项目申报信息后的10个工作日内，结合征求意见情况统筹出具"支持""有条件支持""不支持"三种空间初步论证结果并推送至项目登记平台。其中，除意向用地范围违反城市规划建设核心强制性内容且无法协调解决的情形外，空间初步论证意见原则上应出具"支持"或"有条件支持"意见；出具"有条件支持"论证意见或"不支持"论证意见的应说明详细依据并提出相关建议。

第十二条 市交通运输、环境保护、水务、气象、文物、产业、通信、海绵城市等领域空间性规划管控部门收到市规划和自然资源部门征求意见信息后，依职责进行空间初步论证并在7个工作日内通过多规平台反馈正式意见。

第十三条 市发展改革部门根据有关政策、项目建议书初步技术论证意见和项目空间初步论证意见，在收到项目建议书论证申报后的28个工作日内作出是否批复项目建议书的决定。

经论证项目建设必要性不成立或空间初步论证意见明确"不支持"的建设项目，市发展改革部门不予批复项目建议书，并将理由和依据告知项目单位。

第十四条 市发展改革部门将批复项目建议书的项目列入政府投资项目储备库并通过在线平台共享项目信息，根据储备项目推进情况和财政资金供给能力统筹安排项目前期工作经费。

第十五条 需要开展规划调整的，相关部门原则上应当在项目建议书批复后主动开展规划调整。根据相关法律法规规定，确需依申请开展的规划调整事项，由项目单位在项目建议书批复后20个工作日内申请启动规划调整等相关工作。

第十六条 项目单位根据项目建议书批复，结合空间初步论证意见开展项目功能定位、建设规模、建设内容、工艺技术方案、投融资方案、经济社会效益、建设管理模式、运营管理模式研究，进行勘察、方案设计、专项论证等相关工作，形成可行性研究报告等相关工作成果文件，文件应当达到规定深度。

本办法所称建设管理模式研究是指项目单位根据自身的技术和管理力量等因素对项目建设实施阶段采用自行建设、政府统一建设（市属企事业单位代建）、市场化代建等模式进行研究并形成推荐方案。

第十七条 项目单位应当自项目建议书批复之日起6个月内通过项目登记平台申报项目可行性研究报告论证（含空间详细论证）。项目登记平台将受理的申报材料同步推送多规平台，可行性研究报告论证和空间详细论证同步办理。

第十八条 市规划和自然资源部门根据多规平台接收的申报材料核实空间初步论证提出相关要求的落实情况，对建设方案开展各领域空间性规划管控条件、土地权属情况的空间详细论证，并根据需要通过多规平台征求生态环境、水务、应急管理、国家安全、交通运输、城管、文物、民航以及机场、轨道、燃气、电力、通信、综合管廊、油气管线等相关主管部门和运营机构意见。

市规划和自然资源部门结合空间规划调整、相关主管部门和运营机构意见，在收到空间详细论证申报信息后的15个工作日内出具"空间论证可行"或"空间论证不可行"意见并推送至项目登记平台。其中，建设项目符合法律法规要求，具备建设条件，基本满足核发用地预审和选址意见书、规划设计要点要求的，应当出具"空间论证可行"意见；建设项目存在违反法律法规等强制性规定的，出具"空间论证不可行"意见并说明理由和依据；初步论证意见出具"支持"意见且用地范围未进行重大调整的，原则上不得出具"空间论证不可行"意见。

第十九条 生态环境、水务、应急管理、国家安全、交通运输、城管、文物、民航以及机场、轨道、燃气、电力、通信、综合管廊、油气管线等相关主管部门和运营机构收到市规划和自然资源部门征求意见信息后，依职责进行空间详细论证并在10个工作日内通过多规平台反馈正式意见。

第二十条 市发展改革部门委托评审机构对可行性研究报告进行综合技术论证，并在收到空间详细论证意见后的5个工作日内形成可行性研究报告论证意见。

可行性研究报告论证和空间详细论证中，对项目建设规模、建设内容等提出较大调整意见的单位应当通过项目登记平台和多规平台及时通报情况并共享有关信息。

第二十一条 市发展改革部门牵头建立政府投资项目协调机制，在项目建议书批复后会同相关部门对项目前期策划生成论证过程中存在的问题进行统筹协调，推动项目尽早具备建设条件。

项目单位应当主动对接相关部门落实各领域空间性规划管控条件。空间论证过程中提出"建设方案不可行"或"空间论证不可行"等否定性意见的，应当由否定性意见的提出部门指导项目单位调整意向用地范围、建设条件或建设方案。多个部门空间论证过程中存在意见分歧的，市规划和自然资源部门牵头协调或提请分管市领导协调。

第二十二条 市发展改革部门根据可行性报告论证意见和空间详细论证意见，将具备可行性的建设项目推送至在线平台。

经论证不具备可行性的建设项目，市发展改革部门将理由和依据告知项目单位，并将其清理出政府投资项目储备库。

第二十三条 具备可行性的建设项目推送至在线平台后，项目单位应当在2个工作日内按要求完善相关材料并确认相关事项申报信息。在线平台根据确认后的事项申报信息，同步受理用地预审和选址意见书、可行性研究报告、建设用地规划（或规划设计要点）申报，并按照《深圳市政府投资建设项目施工许可管理规定》启动后续审批程序。

第二十四条 单纯装修装饰、设备购置及信息化等类型项目免于空间初步论证和空间详细论证。根据国家、省、市有关规定可以简化报批文件和审批程序的其他政府投资项目按照以下规定简化策划生成有关手续。

对于列入五年规划纲要或者市委常委会议、市政府常务会议审定项目，项目单位应通过项目登记平台填报项目信息并提交规划文件、会议纪要及意向用地范围等有关文件资料后获取项目代码；市发展改革部门将其列入政府投资项目储备库；市规划和自然资源部门根据相关文件要求开展项目空间协调服务，需要调整规划的依项目单位申请启动规划调整程序。

对于总投资5000万元以下的项目，项目单位应在项目建议书阶段深化研究并达到可行性研究报告深度要求，市规划和自然资源部门直接开展空间详细论证。项目建议书批复后，市发展改革部门将有关文件推送至在线平台。项目单位按要求完善相关材料并确认相关事项申报信息后，相关部门按照《深圳市政府投资建设项目施工许可管理规定》启动后续审批程序。

对于应急工程，相关部门按照《深圳市政府投资建设项目施工许可管理规定》直接启动后续程序。

第二十五条 市发展改革部门定期对政府投资项目进行清理，对项目经市政府审定之日或项目建议书批复之日起6个月内未按规定要求申请可行性研究报告论证（含空间详细论证）且未申请延期，以及申请延期后仍未在规定时间内申请可行性研究报告论证（含空间详细论证）的项目进行通报。

第二十六条 按照第二十五条规定通报的项目，项目单位应当自通报后3个月内向市政府报告项目前期工作进展情况及进展滞后原因并提出是否需要再次延期的建议。对于未向市政府报告或者未获得市政府同意继续延期的项目，市发展改革部门将项目清理出政府投资项目储备库，同时通知项目单位和行业主管部门。

第二十七条 按照本办法规定征求意见的，各部门应当在规定时限范围内反馈正式意见并作为后续审批依据。除审批条件发生变化外，行政审批时原则上不得提出不同意见。

第二十八条 对经济、社会和环境具有重要影响的项目，市发展改革部门、市规划和自然资源部门可根据实际情况适当延长项目建议书、可行性研究报告论证以及空间初步论证、空间详细论证时限。延长论证时限不得超过两次，每次延长不超过15个工作日。

因客观原因或者不可抗力因素确实无法在项目建议书批复之日起6个月内申报可行性研究报告论证（含空间详细论证）的项目，项目单位可向市发展改革部门申请延期，延期不得超过两次，每次延期不超过2个月。

第二十九条 对拟列入五年规划纲要或专项规划的涉及建设用地的企业投资项目及参照企业投资项目管理的其他项目（以下统称为"非政府投资项目"），行业主管部门应当在规划编制阶段充分利用多规平台进行空间信息查询、开展空间初步论证，明确项目是否具备落地条件。

第三十条 非政府投资项目通过登记平台获取项目代码，对于需要办理核准许可的，应当在向市发展改革部门提交办理核准申请前取得空间论证的支持性意见，空间论证程序参照政府投资项目的空间论证程序办理。

第三十一条 各区政府、大鹏新区管委会、深汕特别合作区管委会投资项目参照执行。

第三十二条 本办法由市发展改革委会同市规划和自然资源局负责解释。

第三十三条 本办法自2020年7月1日起施行，有效期3年。

2.7 深圳市绿色建筑促进办法

（2013年7月19日深圳市人民政府令第253号发布，2017年2月8日深圳市人民政府令第293号修正，2020年3月7日深圳市人民政府令第326号修正）

第一章 总 则

第一条 为全面促进绿色建筑发展，推动城市建设转型升级，根据《深圳经济特区建筑节能条例》《深圳市建筑废弃物减排与利用条例》《深圳经济特区加快经济发展方式转变促进条例》等法规和国家有关政策，结合本市实际，制定本办法。

第二条 本办法适用于本市行政区域内绿色建筑的规划、建设、运营、改造、评价标识以及监督管理。

本办法所称绿色建筑，是指在建筑的全寿命周期内，最大限度节能、节地、节水、节材、保护环境和减少污染的建筑。

第三条 促进绿色建筑发展应当遵循以下原则：

（一）因地制宜、经济适用的原则；

（二）整体推进、分类指导的原则；

（三）政府引导、市场推动的原则。

第四条 市人民政府建立推行建筑节能和发展绿色建筑联席会议制度，统筹协调绿色建筑发展的重大问题，监督考核各相关部门的贯彻落实情况。

市建设行政主管部门（以下简称"市主管部门"），负责制订全市绿色建筑发展规划和年度实施计划，明确绿色建筑等级比例要求；组织编制绿色建筑技术规范；发布绿色建筑造价标准和相关价格信息；负责对全市绿色建筑实施全过程监督管理。

发展改革、规划和自然资源、财政、科技创新、人居环境、城管、水务等部门，在各自职责范围内做好绿色建筑的相关管理工作。

第五条 各区人民政府（含新区管理机构，下同）按照市人民政府提出的绿色建筑发展任务和要求，制定本辖区年度实施计划，并组织实施。

区建设行政主管部门（以下简称"区主管部门"），根据建设项目管理权限，负责辖区范围内绿色建筑的监督管理工作。

第六条 本市行政区域内新建民用建筑，应当依照本办法规定进行规划、建设和运营，遵守国家和我市绿色建筑的技术标准和技术规范，至少达到绿色建筑评价标识国家一星级或者深圳市铜级的要求。

鼓励大型公共建筑和标志性建筑按照绿色建筑评价标识国家二星级以上或者深圳市金级以上标准进行规划、建设和运营。

鼓励其他建筑按照绿色建筑标准进行规划、建设和运营。

第七条 市人民政府将促进绿色建筑发展情况列为综合考核评价指标，纳入节能目标责任评价考核体系和绩效评估与管理指标体系，按年度对相关部门和各区人民政府进行考核与评估。

第二章 立项、规划和建设

第八条 财政性资金投资建设项目的可行性研究报告应当编制绿色建筑专篇，对拟采用的绿色建筑技术、投入和节能减排效果等进行分析，并报发展改革部门审核。

第九条 市规划和自然资源部门应当将生态环保、公共交通、可再生能源利用、土地集约利用、再生水利用、废弃物回收利用、用电标准等绿色建筑相关指标要求纳入《深圳市城市规划标准与准则》，在总体规划、控制性详细规划、专项规划编制及建设项目规划管理中予以落实。

规划和自然资源部门在办理土地出让或者划拨时，应当在出让用地的规划条件或者建设用地规划许可证中，根据用地功能和全市绿色建筑年度实施计划，明确该用地上建筑物的绿色建筑等级和相关指标要求。

第十条 市主管部门和市规划和自然资源部门共同制定绿色建筑设计方案审查要点，作为规划和自然资源部门进行建设工程方案设计核查、主管部门对建筑设计文件进行监督检查的依据。建设单位、设计单位、施工图审查机构应当遵守设计方案审查要点的要求。

第十一条 建设单位在进行建设项目设计招标或者委托时，应当明确绿色建筑等级以及绿色建筑相关指标要求。

建筑设计的各个阶段应当编制相应深度的绿色建筑专篇。

第十二条 规划和自然资源部门在对工程规划进行核查时，应当对建设项目是否符合绿色建筑标准进行核查。不符合绿色建筑标准的，不予办理建设工程规划许可证。

规划和自然资源部门应当将方案设计以及核查意见抄送主管部门。

第十三条 施工图审查机构应当对施工图设计文件是否符合绿色建筑标准进行审查，未经审查或者经审查不符合要求的，不予出具施工图设计文件审查合格意见。

第十四条 施工单位应当根据绿色建筑标准、施工图设计文件编制绿色施工方案，并组织实施。

监理单位应当根据绿色建筑标准、施工图设计文件，结合绿色施工方案，编制绿色建筑监理方案，对施工过程进行监督和评价。

第十五条 建设工程质量安全监督机构应当对工程建设各方责任主体执行绿色建筑标准、施工图设计文件和绿色施工方案的情况进行监督检查。

第十六条 主管部门进行建筑节能专项验收时，对未按照施工图设计文件和绿色施工方案进行建设的项目，不予通过建筑节能专项验收，不予办理竣工验收备案手续。

第三章 运营和改造

第十七条 市主管部门应当建立建筑能耗统计、能源审计、能耗公示和建筑碳排放核查制度，为建筑用能管理、节能改造和建筑碳排放权交易提供依据。

建筑物所有权人、使用人和物业服务企业应当为建筑能耗统计、能源审计和建筑碳排放量核查工作提供便利条件。

第十八条 大型公共建筑和机关事业单位办公建筑应当安装用电等能耗分项计量装置和建筑能耗实时监测设备，并将监测数据实时传输至深圳市建筑能耗数据中心。

大型公共建筑和机关事业单位办公建筑的所有权人和使用人应当加强用能管理，执行大型公共建筑空调温度控制标准。

第十九条 用能水平在市主管部门发布能耗限额标准以上的既有大型公共建筑和机关事业单位办公建筑，应当进行节能改造。鼓励优先采用合同能源管理方式进行节能改造。

鼓励对既有建筑物进行节能改造的同时进行绿色改造。

第二十条 新建民用建筑建成后应当实行绿色物业管理。

鼓励既有建筑实行绿色物业管理，通过科学管理和技术改造，降低运行能耗，最大限度节约资源和保护环境。

第二十一条 市主管部门应当会同有关部门以及各区人民政府制定并实施旧住宅区的绿色改造计划。

鼓励对旧城区进行综合整治的同时进行绿色改造。

第四章 技 术 措 施

第二十二条 绿色建筑应当选用适宜于本市的绿色建筑技术和产品，包括利用自然通风、自然采光、外遮阳、太阳能、雨水渗透与收集、中水处理回用及规模化利用、透水地面、建筑工业化、建筑废弃物资源化利用、隔音、智能控制等技术，选用本土植物、普及高能效设备及节水型产品。

第二十三条 鼓励具备太阳能系统安装和使用条件的新建民用建筑，按照技术经济合理原则安装太阳能光伏系统。

鼓励公共区域采用光伏发电和风力发电。

鼓励在既有建筑的外立面和屋面安装太阳能光热系统或者光伏系统。

第二十四条 绿色建筑应当使用预拌混凝土、预拌砂浆和新型墙材，推广使用高强钢筋、高性能混凝土，鼓励开发利用本地建材资源。

建筑物的基础垫层、围墙、管井、管沟、挡土坡以及市政道路的路基垫层等指定工程部位，应当使用绿色再生建材。新建道路的非机动车道、地面停车场等应当铺设透水性绿色再生建材。

第二十五条 鼓励绿色建筑按照建筑工业化模式建设，推广适合工业化生产的预制装配式混凝土、钢结构等建筑体系，推广土建与装修工程一体化设计施工。

新建保障性住房应当一次性装修，鼓励新建住宅一次性装修或者菜单式装修。

第二十六条 绿色建筑应当选用节水型器具，采用雨污分流技术。

绿色建筑应当综合利用各种水资源，景观用水、绿化用水、道路冲洗应当采用雨水、中水、市政再生水等非传统水源。使用非传统水源应当采取用水安全保障措施。

第二十七条 鼓励在绿色建筑的外立面、结构层、屋面和地下空间进行多层次、多功能的绿化和美化，改善局部气候和生态服务功能。

鼓励建筑物设置架空层，拓展公共开放空间。

第二十八条 绿色建筑的居住和办公空间应当符合采光、通风、隔音降噪、隔热保温及污染防治的要求。

绿色建筑竣工后，建设单位应当委托有资质的检测机构按照相关标准对室内环境污染物浓度进行检测，并将检测结果在房屋买卖合同、房屋质量保证书和使用说明书中载明。

第二十九条 鼓励采用绿色建筑创新技术，鼓励采用信息化手段预测绿色建筑节能效益和节水效益。

鼓励绿色建筑设计采用建筑信息模型技术，数字化模拟施工全过程，建立全过程可追溯的信息记录。

第五章　技术规范和评价标识

第三十条　市主管部门应当组织编制并发布以下符合深圳地区特点的绿色建筑技术规范：
（一）勘察、设计、施工、监理、验收和物业管理等各个环节的技术规范；
（二）建筑废弃物资源化利用、建筑工业化、智慧建筑等各专项领域的技术规范；
（三）绿色建筑经济社会及环境效益测算评价规范。

第三十一条　市主管部门应当制定并发布绿色建筑工程定额和造价标准，发布绿色建材价格信息。

第三十二条　实行绿色建筑评价标识制度。申请人可以向第三方评价机构申请绿色建筑标识的评价认定。第三方评价机构应当按照绿色建筑标识评价工作要求和绿色建筑评价标准，对项目作出评价。第三方评价机构应当及时将绿色建筑标识项目的受理情况、评价情况和评价结果向建设行政主管部门报告。具体办法由建设行政主管部门另行制定。

第三十三条　市主管部门组织编制绿色园区、绿色建材、绿色施工、绿色装修、绿色物业管理、建筑工业化和智慧建筑等专项评价标识的评价规范。

鼓励相关行业协会和社会组织依照专项评价规范，自主开展上述专项评价标识的评价活动。

第三十四条　绿色建筑应当进行全寿命周期碳排放量计算与评估。

市发展改革部门应当将建筑碳排放纳入全市碳排放权交易体系。

第六章　激励措施

第三十五条　市财政部门每年从市建筑节能发展资金中安排相应资金用于支持绿色建筑的发展，对绿色建筑发展的支持措施依照本市建筑节能发展资金管理规定执行。

第三十六条　申请国家绿色建筑评价标识并获得三星级的绿色建筑，其按规定支出的评价标识费用从市建筑节能发展资金中予以全额资助；申请并获得其他绿色建筑评价标识的绿色建筑，按照本市建筑节能发展资金管理的有关规定给予相应资助。

第三十七条　通过评价标识的绿色建筑，依照国家和本市的相关规定，可以获得国家和本市的财政补贴。同时通过国家二星级以上、深圳市金级以上评价标识的绿色建筑，可以同时申请国家和本市的财政补贴。

第三十八条　市规划和自然资源部门应当探索制订高星级绿色建筑在土地供应、容积率奖励方面的政策，报市人民政府批准后实施。

第三十九条　对绿色改造成效显著的旧住宅区予以适当补贴，补贴经费从市建筑节能发展资金中列支。

具体实施办法由市主管部门会同市财政部门制定。

第四十条　节能服务企业采用合同能源管理方式为本市建筑物提供节能改造的，可以按照相关规定向市发展改革部门、财政部门申请合同能源管理财政奖励资金支持。

第四十一条　市主管部门应当定期发布与绿色建筑相关的技术和产品目录。

政府采购管理部门应当将上述目录中的绿色技术和绿色产品纳入政府优先采购推荐目录。

第四十二条　市科技创新部门应当设立绿色建筑科技发展专项，促进绿色建筑共性、关键和重点技术的开发，支持绿色建筑技术平台建设，开展绿色建筑技术的集成示范。

已申请并列入绿色建筑科技发展专项的建设项目，不得在市建筑节能专项资金中重复申请。

第四十三条 设立深圳市绿色建筑和建设科技创新奖,支持本市绿色建筑发展和绿色建筑科技创新。

市主管部门每三年组织评选一次深圳市绿色建筑和建设科技创新奖,奖金从市建筑节能发展资金中列支。

第七章 法 律 责 任

第四十四条 相关行政机关及其工作人员在绿色建筑促进工作中有下列情形之一的,依法追究行政责任;涉嫌犯罪的,依法移送司法机关处理:

(一)违法进行行政审批或者行政处罚的;

(二)不依法编制绿色建筑技术规范的;

(三)其他玩忽职守、滥用职权、徇私舞弊的。

第四十五条 违反本办法规定,建设工程未能达到绿色建筑相应标准和等级要求,属于建设单位责任的,由主管部门责令建设单位限期改正;逾期不改正的,处30万元罚款。

第四十六条 违反本办法规定,建设工程竣工后未对室内污染物浓度进行检测,或者未将检测结果在相关文书中载明的,由主管部门责令建设单位限期改正;逾期不改正的,处2万元罚款。

第四十七条 违反本办法规定,相关单位未履行绿色建筑促进责任的,由主管部门责令限期改正;逾期不改正的,依照下列规定予以处罚:

(一)设计单位未按照有关绿色建筑的法律法规、技术标准和技术规范要求进行设计的,处20万元罚款;

(二)施工图审查机构未对建设项目有关绿色建筑部分进行审查,或者经审查不符合绿色建筑技术标准和技术规范要求,仍出具施工图设计文件审查合格意见的,处10万元罚款;

(三)施工单位未按照绿色建筑标准、施工图设计文件和绿色施工方案要求施工的,处20万元罚款;

(四)监理单位未根据绿色建筑标准、施工图设计文件对施工过程进行监督和评价的,处5万元罚款。

第四十八条 违反本办法规定,建筑物所有权人、使用人和物业服务企业无正当理由拒绝为建筑能耗统计、能效审计和建筑碳排放核查工作提供条件,或者未执行大型公共建筑空调温度控制标准的,由主管部门责令限期改正;逾期不改正的,处3万元罚款。

第四十九条 依照本办法规定给予单位罚款处罚的,对单位直接负责的主管人员或者其他直接责任人员,处以单位罚款额10%的罚款。

第五十条 依照本办法规定受到处罚的单位和个人,主管部门应当将其处罚情况作为不良行为予以记录,并向社会公示。

第八章 附 则

第五十一条 本办法所称民用建筑,是指居住建筑、国家机关办公建筑和商业、服务业、教育、文化、体育、卫生、旅游等公共建筑。

本办法所称新建民用建筑,是指本办法施行后新办理建设工程规划许可证的民用建筑。

第五十二条 本办法所称"以上",包含本级在内。

第五十三条 本办法自2013年8月20日起施行。

2.8 深圳市建设工程造价管理规定

(2012年5月28日深圳市人民政府令第240号发布)

第一章 总 则

第一条 为规范建设工程造价活动，合理确定和有效控制工程造价，提高投资效益，维护工程建设各方的合法权益，根据有关法律、法规的规定，结合本市实际，制定本规定。

第二条 本规定适用于本市行政区域内建设工程造价活动的监督管理。

本规定所称建设工程造价活动，包括建设工程造价的确定与控制，以及与之相关的合同管理、工期管理、造价咨询等活动。

第三条 国有资金和集体所有资金投资建设工程的造价确定与控制适用本规定，其他资金投资建设工程的造价确定与控制可以参照执行。

本规定所称国有资金投资工程，是指利用市本级预算内资金和其他财政性资金以及利用公共资源融资所进行的固定资产投资建设工程（以下简称"政府投资工程"），以及国有企业自筹资金控股或者占主导地位投资建设工程（以下简称"非财政性国有资金投资工程"）。

第四条 市建设行政主管部门负责对全市建设工程造价活动进行监督管理。市建设行政主管部门所属的市建设工程造价管理机构（以下简称"市造价管理机构"）具体实施建设工程造价活动的监管工作。

区政府（含新区管理机构）建设行政主管部门及其所属的造价管理机构（以下简称"区造价管理机构"）按照市政府规定的项目管理权限对建设工程造价活动进行监督管理。

发改、财政、交通、水务、审计、监察等部门按照职责分工对建设工程造价活动进行管理和监督。

第五条 当事人或者其他利害关系人认为建设工程造价活动违反本规定的，有权依法向建设行政主管部门或者造价管理机构投诉。

建设行政主管部门和造价管理机构应当按照有关规定及时处理各项投诉。

第二章 计价标准与价格信息

第六条 市建设行政主管部门应当遵循技术先进、经济合理、安全适用、节能环保的原则，运用调查统计、分析测算等方法编制和发布计价标准，并根据国家规定、施工技术发展和市场变化情况适时进行调整补充。

鼓励建设工程施工企业编制企业定额，市建设行政主管部门应当给予技术支持。

第七条 建设工程计价标准主要包括：

（一）计价规程，包括估算、概算、预算、结算、决算编制规程等；

（二）工程量清单计价规范以及其他专业规范、补充规范；

（三）消耗量定额；

（四）工期定额；

（五）造价指标。

第八条 建设工程造价活动各参与主体应当将计价标准作为合理确定和有效控制建设工程造价的依据。

第九条 市建设行政主管部门应当建立计价标准数据库，制定有关数据交换规范。

软件开发企业开发的工程计价、评标软件应当符合计价标准数据库数据交换规范要求。

第十条 市建设行政主管部门应当采用专门刊物按月发布与本部门公开网站适时发布相结合的方式，及时、准确发布以下价格信息：

（一）人工、材料、机械台班价格信息；

（二）价格指数；

（三）招标工程中标价相对招标控制价平均下浮率；

（四）典型工程量清单项目综合单价。

对于价格波动频繁的主要建材价格信息，市建设行政主管部门应当根据市场情况每半个月或者每周发布一次。

第十一条 价格信息是编制造价成果文件和确定招标控制价的依据，并作为人工、材料价格调差的参考。

价格信息未包括且未经公开招标的材料、设备的价格，应当采用公开透明、充分竞争的询价方式确定，具体办法由市建设行政主管部门另行制定。

第十二条 市建设行政主管部门可以根据编制计价标准以及发布价格信息的需要，采集施工消耗量数据、造价成果文件、市场交易价格以及其他工程技术经济资料，有关单位应当予以配合。市建设行政主管部门应当为提供资料的单位和个人保守秘密。

第三章 工程造价的确定与控制

第十三条 建设工程造价确定与控制应当遵循以下原则：

（一）概算控制预算、竣工结（决）算的原则；

（二）决策、设计、建造全过程造价控制的原则；

（三）决策、设计、建造、使用、维修、拆除等全生命周期成本最优原则。

第十四条 建设单位对建设项目全过程造价确定与控制负责。

设计、监理、造价咨询等单位对其受委托的造价确定与控制工作承担相应的执业责任。

第十五条 鼓励建设单位委托同一家造价咨询单位提供全过程的造价咨询服务。

造价成果文件应当有编制人、复核人和批准人的签名，加盖编制人和复核人的注册造价工程师执业专用章和所在单位公章方可对外提交。

第十六条 编制造价成果文件应当符合下列规定：

（一）投资估算：根据建设规模、建设标准、建设工期、计价标准、价格信息等编制；

（二）设计概算：根据初步设计文件、投资估算、计价标准、价格信息等编制；

（三）施工图预算：根据施工图设计文件、设计概算、施工现场条件、施工工艺、计价标准、价格信息等编制；

（四）工程量清单：根据施工图设计文件、招标文件、计价标准等编制；

（五）招标控制价：根据施工图预算或者设计概算、招标文件、计划工期、工程实际、计价标准、价格信息等编制；

（六）投标报价：根据招标文件要求以及招标人提供的工程量清单，结合施工现场条件、企业的经营管理水平等编制；

（七）工程变更价款：根据工程变更指令、设计变更以及合同约定的变更价款确定方法、程序和时限等编制；

（八）竣工结算：根据施工合同、设计文件、工程变更资料、索赔报告等编制。

造价成果文件的编制不得违反工程造价强制性标准。

第十七条 建设单位应当对设计阶段工程造价进行重点控制，避免设计浪费。

设计单位应当在工程设计各个阶段进行经济性分析，在满足功能需要的前提下，充分考虑节能减排、生态环保、项目投入使用后的运营维修成本等因素，运用限额设计、价值工程等方法进行设计比选，实现建设项目全生命周期成本最优。

第十八条 施工图设计审查机构应当对施工图设计是否达到限额设计指标、节能减排指标以及施工图预算是否超设计概算等进行评审。

第十九条 采用工程量清单方式招标的，工程量清单应当作为招标文件的组成部分，其准确性和完整性由招标人负责。

第二十条 建设单位应当结合工程实际，按照工期定额确定合理工期。确需压缩合理工期的，应当经过充分论证，并采取相应措施确保工程质量和安全。

市建设行政主管部门应当制定建设工程工期管理办法。

第二十一条 在合同履行过程中，用于工程的人工、主要材料市场价格上涨或者下跌超过5%时，发承包双方应当按照风险合理分担的原则对合同价款进行调整。合同中另有约定的，从其约定。

第二十二条 建筑物的维修、拆除方案，应当在保证建筑物质量和安全的前提下，按照全生命周期成本最优和节能减排、生态环保、循环利用的原则进行制定，降低维修、拆除成本，合理延长建筑物使用寿命。

第二十三条 建设项目投入使用 5 年内，有关行政主管部门可以根据需要委托专业机构，对重大建设项目实施全生命周期成本控制的效果进行评估，并提出改进意见和建议。

第四章 工程造价监管

第二十四条 市、区造价管理机构履行有关造价监管职责时，应当按照标准化要求，执行全市统一的审核项目、审核方法和审核时限。

第二十五条 政府投资工程造价成果文件的审查，按照相关法律、法规规定执行。

造价管理机构和审计机构、政府投资评审机构应当建立造价成果文件审核、审查结果信息共享制度。

第二十六条 非财政性国有资金和集体所有资金投资工程，合同造价超过 30 万元的，建设单位应当将下列造价成果文件报送造价管理机构审核：

（一）采用抽签定标法招标工程的招标控制价；

（二）直接发包工程的施工图预算；

（三）发承包双方确认的竣工结算（含中途结算）。

前款规定的招标控制价、施工图预算，经审核后方可作为确定合同价款的依据；竣工结算或者中途结算经审核后方可作为工程价款支付以及产权登记的依据。

第二十七条 造价管理机构应当对送审造价成果文件的真实性、准确性和完整性进行审核。

造价管理机构根据工作需要，可以按照有关规定聘请专业机构协助造价审核工作，但不得因此向被审核单位收取费用。

造价咨询单位不得同时接受同一工程项目的造价咨询与协助审核业务。

第二十八条 造价管理机构应当自送审单位交齐资料之日起，在下列时限内出具审核结论性文书：

（一）审核招标控制价和施工图预算，时限为7个工作日；

（二）审核竣工结算，造价在5000万元以下的，时限为45日；造价在5000万元以上的，时限为60日。

造价管理机构作出的审核结论性文书，应当载明审核认定的事实、理由、依据等事项。

第二十九条 造价管理机构应当将建设单位报送的竣工结算以及审核结果在市建设行政主管部门公开网站予以公示，依法不予公开的除外。

第三十条 国有和集体所有资金投资建设工程的建设单位，应当参照市建设行政主管部门或者其他主管部门编制的合同示范文本订立合同。

发包人应当在建设工程合同签订之日起15个工作日内将建设工程合同报送造价管理机构备案。

第三十一条 非财政性国有和集体所有资金投资建设工程单项变更引起合同价款调整超过50万元的，建设单位应当在工程变更通知发出后10个工作日内将工程变更报送造价管理机构备案。

造价管理机构根据需要可以对工程变更进行现场抽查，有关单位应当予以配合。

第三十二条 国有和集体资金投资建设工程的建设单位应当将经公示的招标控制价以及经审计的竣工结算结果报送造价管理机构备案。

第三十三条 建设行政主管部门应当对各类造价成果文件、建设工程合同进行定期检查和随机抽查，实行动态监管，依法查处违法、违规行为。有关单位和个人应当予以配合。

审计、交通、水务等部门以及政府投资工程的建设单位，发现工程造价活动中存在违法行为的，应当移送建设行政主管部门依法处理，并提供相关证据材料。

第五章 从业管理

第三十四条 从事建设工程造价咨询活动的单位应当依法取得建设行政主管部门颁发的资质证书，并在资质证书核定的范围内从业。执业人员应当依法取得相应资格证书并注册，在注册范围内执业。

第三十五条 在本市范围内从业的造价咨询单位应当到市建设行政主管部门办理备案手续。

市建设行政主管部门应当对造价咨询单位及其执业人员的资质与资格条件以及执行法律、法规和本规定情况等进行定期检查与随机抽查，依法查处违法、违规行为，并按规定记录和公示不良行为。

第三十六条 禁止造价成果文件编制单位从事下列行为：

（一）涂改、倒卖、出租、出借或者以其他形式非法转让资质证书；

（二）超越资质证书核定的业务范围承接业务；

（三）同时接受招标人和投标人或者两个以上投标人对同一工程项目的咨询业务；

（四）转包所承接的咨询业务；

（五）故意压低或者抬高工程造价；

（六）出具虚假的造价成果文件；

（七）以给予回扣、恶意压低收费等方式进行不正当竞争；

（八）法律、法规禁止的其他行为。

第三十七条 禁止造价执业人员从事下列行为：

（一）涂改、倒卖、出租、出借或者以其他形式非法转让注册证书或者执业印章；

（二）超越资格类别的执业许可范围从业；

（三）同时在两个或者两个以上法人单位注册；

（四）故意压低或者抬高工程造价；

（五）签署虚假的造价成果文件；

（六）在执业过程中实施商业贿赂，谋取不正当利益；

（七）法律、法规禁止的其他行为。

第三十八条 造价咨询行业协会应当根据法律、法规、规章和章程规定，制定行业行为准则和服务规范，建立行业自律机制，维护会员合法权益，规范造价咨询单位经营行为，促进行业健康发展。

第六章 法 律 责 任

第三十九条 建设行政主管部门、造价管理机构以及其他依法行使建设工程造价监管职能的部门有下列行为之一的，对主要负责人和其他直接责任人员，由所在单位、上级行政主管部门或者监察机关依法予以处理；涉嫌犯罪的，依法移送司法机关处理：

（一）未在规定时间内出具审核结论性文书或者出具的审核结论性文书不符合要求的；

（二）未将建设单位报送的竣工结算以及审核结果予以公示的；

（三）违法审批、违法处罚或者违法采取行政强制措施的；

（四）未依法编制计价标准、发布价格信息的；

（五）滥用职权、玩忽职守、徇私舞弊的；

（六）其他不履行或者不正确履行法定职责的。

第四十条 违反本规定第十二条规定，有关单位拒绝提供相关资料或者提供虚假资料的，由市建设行政主管部门责令改正；拒不改正的，处3000元罚款。

第四十一条 违反本规定第十九条规定，由于工程量清单误差导致招标控制价偏差超过5%的，按照下列标准由建设行政主管部门对招标人进行处罚，对直接责任人员处以单位罚款额10%的罚款：

（一）偏差在5%以上10%以下的，处3万元罚款；

（二）偏差在10%以上15%以下的，处5万元罚款；

（三）偏差在15%以上的，处8万元罚款。

第四十二条 违反本规定第二十六条第一款、第三十条第二款、第三十一条第一款、第三十二条规定，未将相关造价成果文件、建设工程合同等报送造价管理机构审核或者备案的，由建设行政主管部门责令改正；拒不改正的，处3万元罚款。

第四十三条 违反本规定第三十三条第一款规定，有关单位不配合检查的，由建设行政主管部门责令改正；拒不改正的，处1万元罚款。

第四十四条 违反本规定第三十六条第（五）项、第三十七条第（四）项规定，经审核发现造价成果文件有故意压低或者抬高造价情况的，由建设行政主管部门责令改正，并根据压低或者抬高造价（按压低或者抬高造价的绝对值累计计算）占审核造价的比例，按照下列标准对造价成果文件编制单位进行处罚，并对造价执业人员处以单位罚款额10%的罚款；涉嫌犯罪的，依法移送司法机关处理：

（一）比例在5%以上10%以下的，处5万元罚款；

（二）比例在10%以上15%以下的，处8万元罚款；

（三）比例在15%以上的，处10万元罚款。

建设单位指使造价成果文件编制单位或者造价执业人员压低或者抬高造价的，对建设单位按前款标准3倍处以罚款。

第四十五条 违反本规定第三十六条第（六）项、第三十七条第（五）项规定，经审核发现有关单位和个人采用虚增工程量、虚设工程项目、阴阳合同等方式出具或者签署虚假造价成果文件的，由建设行政主管部门责令改正，并根据虚假部分造价占审核造价的比例，按照下列标准对造价成果文件编制单位进行处罚，并对造价执业人员处以单位罚款额10%的罚款；涉嫌犯罪的，依法移送司法机关处理：

（一）比例在15%以下的，处10万元罚款；

（二）比例在15%以上30%以下的，处20万元罚款；

（三）比例在30%以上的，处30万元罚款。

建设单位指使造价成果文件编制单位或者造价执业人员出具或者签署虚假造价成果文件的，对建设单位按前款标准3倍处以罚款。

第四十六条 违反法律、法规和本规定，除依法进行处罚以外，市建设行政主管部门应当记录和公示其不良行为。

依法应当责令停业整顿、降低资质等级、撤销资质证书、注销执业资格的，市建设行政主管部门应当移送资质证书颁发机关或者执业资格注册机构进行处理。

第七章 附 则

第四十七条 本规定所称"以下"含本数，"以上"不含本数。

第四十八条 本规定自2012年7月1日起施行。

2.9 深圳市临时用地和临时建筑管理规定

(2006年4月4日深圳市人民政府令第149号发布)

第一章 总 则

第一条 为巩固深圳市(以下简称"市")市容环境综合整治梳理行动成果,加强临时用地和临时建筑管理,进一步规范临时用地和临时建筑行为,保护有关当事人的合法权益,根据有关法律、法规,结合本市实际情况,制定本规定。

第二条 本规定所称临时用地是指因建设项目施工、地质勘查以及急需的公共服务配套设施需要,按照临时使用土地合同约定使用的国有土地。

本规定所称临时建筑是指单位和个人因生产、生活需要搭建的结构简易并在规定期限内必须拆除的建筑物、构筑物或其他设施。

因工商业经营以及其他需要短期使用国有土地进行临时建设的,按照国有土地租赁的有关规定办理;在本市国有土地租赁的有关具体管理规定施行前可以参照本规定办理。

第三条 政府有关部门按照规划控制、节约土地、功能管制和保护生态的原则管理临时用地和临时建筑。

第四条 已出让土地上进行临时建设的,由各区政府根据严控、严管、严惩的原则负责审批、管理,市规划主管部门负责检查监督。

未出让土地上进行临时建设的,由市规划主管部门和市土地主管部门按照各自权限依法管理。

第二章 临 时 用 地

第五条 临时用地必须符合下列条件:

(一)未列入城市近期建设规划;

(二)不影响各层次城市规划及建设项目计划的实施;

(三)不影响近期建设规划年度实施计划及土地利用年度计划的实施;

(四)不会造成生态环境破坏和水土流失。

第六条 临时用地应依法向市规划主管部门申领临时建设用地规划许可证,并与市土地主管部门签订临时使用土地合同。

核发临时用地规划许可证,应对其使用性质、位置、面积、期限等作出明确规定。

临时使用土地合同应当载明地块的座落、四至范围、面积、土地用途、临时用地规划许可证要求、使用期限、临时用地使用费、当事人的权利义务、临时建设的开工和完成期限、合同终止地上建筑物的处理方式、违约责任以及其他事项。

第七条 临时用地的期限按照《深圳市城市规划条例》有关规定执行。

临时用地期满,市土地主管部门应及时收回土地,纳入土地储备。

第八条 临时用地上临时建筑的期限与临时用地的期限相同,期满必须自行拆除,费用由使用者承担。

第九条 在临时用地使用期限内发生下列情形之一的，市土地主管部门可决定将临时用地提前收回：

（一）用地单位或个人违法使用该临时用地的；

（二）因实施城市规划的需要；

（三）因执行土地利用年度计划的需要；

（四）因抢险救灾的需要；

（五）法律、法规规定的其他情况。

前款第（一）项情形提前收回临时用地的，不予以补偿。其他情形按照有关法律、法规的规定办理。

第三章 临时建筑

第十条 除建设项目施工、地质勘查以及急需的公共服务配套设施需要外，有下列情形之一的，不得建设或批准建设临时建筑：

（一）已列入城市近期建设用地、绿地、广场、城中村（旧村）整体拆建改造范围及近期需要埋设市政管线的路段；

（二）公共服务设施和市政公用设施用地范围内；

（三）影响防洪、泄洪的；

（四）压占城市给水排水、电力、电信、燃气等地下管线的；

（五）地质灾害危险区内的；

（六）市中心区、宝安中心区和龙岗中心城范围内；

（七）不符合土地利用总体规划确定用途的；

（八）法律、法规和规章规定的其他情形。

前款第（六）项市中心区指北至莲花路，南至滨河路，东至彩田路，西至新洲路所围合的区域；宝安中心区指位于宝安区宝城片区，东北临宝安大道，西北临新安六路，东南隔特区二线与南山区相邻，西南面海；龙岗中心城指龙盛大道以南，龙城大道以西，机荷高速公路以北，深圳与东莞交界线以东的区域。

第十一条 已出让土地上进行临时建设，除建设工程红线范围内施工用房外，应向各区政府申请办理临时建设工程规划许可手续。

住宅区内需增建临时建筑的，在许可前应进行公示或组织听证，并根据居民意见决定是否予以许可。

第十二条 临时用地或已出让土地上的临时建筑，在办理临时建设工程规划许可手续前，应通过临时建设工程项目消防设计审核。

第十三条 市规划主管部门依法核发未出让土地上临时建设工程规划许可证，区政府依法核发已出让土地上临时建设工程规划许可证。临时建设工程规划许可文件应对临时建筑的使用性质、位置、建筑面积、平面、立面、高度、色彩、结构形式、期限等作出明确规定。

临时建筑不得擅自改变使用性质。

第十四条 临时建筑的设计、施工、招投标活动应遵守相关法律、法规、规章及技术标准的规定。具体管理办法由相关职能部门另行制定。

临时建筑不得采用现浇钢筋混凝土等永久性结构形式。

第十五条 进行临时建设，应当正确处理截水、排水、排污、通行、通风、采光等方面的相邻关系。给相邻方造成妨碍或者损失的，应当停止侵害，排除妨碍，赔偿损失。

第十六条 用于工商业经营的临时建筑，由批准建设的单位进行规划验收。验收合格的，发给临时建筑规划验收合格证。

临时建筑规划验收合格证应列明该临时建筑的使用性质和使用期限。

第四章 监督管理

第十七条 市土地主管部门、市规划主管部门以及各区政府按照各自管理权限建立临时用地和临时建筑台账，实行动态跟踪管理。

第十八条 城市管理综合执法部门对临时用地活动和临时建筑活动进行监督检查，市规划主管部门、市土地主管部门应监督指导。

市规划主管部门、市土地主管部门和各区政府应建立临时用地和临时建筑行政许可相互告知机制。

第十九条 临时用地、临时建筑不得办理房地产权登记。

临时用地、临时建筑不得买卖、抵押、交换、赠与。

第二十条 利用依法建设的临时建筑从事工商业经营活动的，单位或个人向工商行政管理部门申请办理营业执照时，必须出示临时建筑规划验收合格证和消防验收合格文件。

第二十一条 临时建筑应在其显著位置悬挂标志牌。

标志牌应包含以下内容：建设单位及其法定代表人；临时建设用地规划许可文件、临时建设工程规划许可文件的名称和编号；用地面积和建筑面积；使用性质和使用期限。

标志牌由城市管理综合执法部门监制，并在规划验收前悬挂。

任何单位和个人不得毁坏或擅自改变标志牌。

第二十二条 临时施工用房和为商品房展销服务的样板房、售楼处，必须在建设工程规划验收前自行拆除。

第二十三条 已出让土地上的临时建筑必须在批准的使用期满前自行拆除。期满不自行拆除的，由城市管理综合执法部门依法予以强制拆除或依法申请人民法院强制执行。

第五章 法律责任

第二十四条 违反本规定第十三条第二款的，由城市管理综合执法部门依法责令改正，并处单项工程土建总造价 10% 以上 15% 以下罚款。逾期不改正的，依法强制拆除。

第二十五条 违反本规定第二十一条的，由城市管理综合执法部门依法责令改正，并处 1000 元以上 3000 元以下罚款。

第二十六条 违法临时用地和违法临时建筑，由城市管理综合执法部门按照相关法律、法规、规章的规定予以查处。

第二十七条 当事人对行政管理部门的具体行政行为不服的，可以依法申请行政复议或者提起行政诉讼。

第二十八条 市规划主管部门、市土地主管部门、各区政府、城市管理综合执法部门及其工作人员在执行本规定中有违法行为的，任何单位和个人都可检举、控告，由有关机关依法查处。

第六章 附 则

第二十九条 土地使用权划拨、出租、作价出资或者入股的国有土地上的临时建筑，由市土地主管部门、市规划主管部门参照本规定管理。

第三十条 以下临时建筑不适用本规定，由相关部门根据有关法律、法规、规章的规定进行管理：

（一）用于抢险救灾的临时建筑物、构筑物；

（二）不改变地形、地貌，不破坏植被，使用期限不超过一个月的构筑物；

（三）法律、法规、规章规定的其他情形。

第三十一条 本规定自2006年5月1日起实施。

2.10 深圳市人民政府关于深化规划国土体制机制改革的决定

（2017年8月12日深圳市人民政府令第298号发布）

为了依法依规推进我市规划国土体制机制改革，经研究，市政府决定：

一、原由市政府行使的以下职权调整至区政府（含新区管理机构，下同）行使：

（一）土地招拍挂供应方案及其农用地转用实施方案审批，但商品住宅（含安居型商品房）用地及市政府另有规定的除外；

（二）以划拨或者协议方式供应的建设用地（含城市更新项目）及其农用地转用实施方案审批，但在国有储备土地上安排的留用土地、征地返还用地、搬迁安置用地，市政府未交由区政府审批的市投市建项目用地，以及市政府另有规定的除外。

市规划国土委每半年将各区政府上述审批情况汇总后报告市政府。上述建设用地的批后监管（含闲置土地处置）由区政府负责。

二、原由市规划国土委及其派出机构行使的以下职权调整至区政府及其职能部门行使：

（一）土地整备项目在国有储备土地外安排且尚未落实的留用土地、征地返还用地、搬迁安置用地，涉及未制定法定图则地区或者需要对法定图则强制性内容进行调整的规划报审；

（二）临时用地和临时建筑的审批（含临时用地规划许可证办理、临时使用土地合同签订、土地复垦管理和临时建设工程规划许可证办理等）；

（三）探矿权人与采矿权人之间勘查作业区范围和矿区范围争议的裁决。

三、区政府及其职能部门具体办理承接职权的行政复议、诉讼、信访维稳及信息公开等事宜。

四、市规划国土委派出机构依法负责辖区内城市规划、土地、房地产、测绘、地矿及地名的行政管理，依法负责辖区内房地产、测绘、地矿及地名的行政执法。

本决定自发布之日起施行。规划国土体制机制改革其他未尽事宜按照市政府相关规定执行。

2.11 深圳市基本生态控制线管理规定

（2005年10月17日深圳市人民政府令第145号发布）

第一章 总 则

第一条 为加强深圳市（以下简称"市"）生态保护，防止城市建设无序蔓延危及城市生态系统安全，促进城市建设可持续发展，根据有关法律、法规，结合本市实际，制定本规定。

第二条 本规定所称基本生态控制线是指深圳市人民政府（以下简称"市政府"）批准公布的生态保护范围界线。

第三条 基本生态控制线划定、调整以及基本生态控制线范围内各项土地利用、建设活动，适用本规定。

第四条 市规划主管部门负责编制基本生态控制线的划定、调整方案。

规划、土地、环保、发展改革、水务、农林渔业、城管综合执法等行政主管部门和各区人民政府（以下简称"区政府"）按照有关法律、法规和规章规定，在各自职责范围内，共同做好基本生态控制线监督管理工作。

第五条 单位和个人有权检举、控告违反本规定的行为。

市政府鼓励公民、法人或其他组织从事生态保护活动，对做出突出贡献的给予奖励。

第二章 划定和调整

第六条 基本生态控制线的划定应包括下列范围：

（一）一级水源保护区、风景名胜区、自然保护区、集中成片的基本农田保护区、森林及郊野公园；

（二）坡度大于25%的山地、林地以及特区内海拔超过50米、特区外海拔超过80米的高地；

（三）主干河流、水库及湿地；

（四）维护生态系统完整性的生态廊道和绿地；

（五）岛屿和具有生态保护价值的海滨陆域；

（六）其他需要进行基本生态控制的区域。

第七条 基本生态控制线按以下程序划定和公布：

（一）市规划主管部门编制基本生态控制线划定方案；

（二）划定方案批准前应征求市政府相关职能部门和区政府意见；

（三）划定方案根据有关意见论证修改后，由市规划主管部门报市政府批准；

（四）基本生态控制线应自批准之日起30日内，在市主要新闻媒体和政府网站上公布。

公布的基本生态控制线必须控制范围清晰，附有明确地理坐标及相应界址地形图。

第八条 因国家、省、市重大建设项目，需要对基本生态控制线进行局部调整的，按照下列程序进行：

（一）市规划主管部门依据国家、省、市重大建设项目相关批准文件，依法组织环境影响评价，编制基本生态控制线调整方案；

（二）调整方案应征求市政府相关职能部门和区政府意见；

（三）市规划主管部门应将调整方案公示，公示时间不少于30日，并通过召开论证会、听证会等形式广泛征求意见；

（四）调整方案根据有关意见论证修改后，报市城市规划委员会审议；

（五）调整方案审议通过后，报市政府批准。

调整方案应自批准之日起15日内，在市主要新闻媒体和政府网站上公布。

第九条 市政府统一设立基本生态控制线保护标志。

任何单位和个人不得毁坏或擅自改变基本生态控制线保护标志。

第三章 监督和管理

第十条 除下列情形外，禁止在基本生态控制线范围内进行建设：

（一）重大道路交通设施；

（二）市政公用设施；

（三）旅游设施；

（四）公园。

前款所列建设项目应作为环境影响重大项目依法进行可行性研究、环境影响评价及规划选址论证。

上述建设项目在规划选址批准之前，应在市主要新闻媒体和政府网站公示，公示时间不少于30日。

已批建设项目，要优先考虑环境保护，加强各项配套环保及绿化工程建设，严格控制开发强度。

第十一条 在本规定实施前已签订土地使用权出让合同但尚未开工的建设项目，应由市规划主管部门审核。准许建设的项目应严格控制开发强度与用地功能；对生态环境影响较大的建设项目由市土地主管部门依法收回用地并给予补偿。

第十二条 基本生态控制线内已建合法建筑物、构筑物，不得擅自改建和扩建。

基本生态控制线范围内的原农村居民点应依据有关规划制定搬迁方案，逐步实施。确需在原址改造的，应制定改造专项规划，经市规划主管部门会同有关部门审核公示后，报市政府批准。

第十三条 违反本规定在基本生态控制线内进行建设的，属于严重影响城市规划行为。

市规划主管部门、城管综合执法部门和政府相关职能部门应依照各自职权，加强基本生态控制线巡查工作。被检查的单位和个人应如实提供有关资料，不得以任何理由拒绝。

第四章 法律责任

第十四条 违反本规定擅自调整基本生态控制线的，对主管领导和直接责任人员依法予以行政处分。

第十五条 在基本生态控制线范围内擅自审批建设项目或批准建设的，对主管领导和直接责任人员依法予以行政处分；构成犯罪的，依法追究刑事责任。

第十六条 政府有关主管部门的工作人员玩忽职守、滥用职权、徇私舞弊的，由监察部门依法予以行政处分；构成犯罪的，依法追究刑事责任。

第十七条 毁坏或擅自改变基本生态控制线保护标志的，由城管综合执法部门责令恢复原状，并处 1000 元以下罚款。

第十八条 在基本生态控制线内进行各类违法活动的，由相关行政主管部门依法处罚；构成犯罪的，依法追究刑事责任。

第五章 附 则

第十九条 依本规定划定的基本生态控制线及其范围图为本规定组成部分，具同等法律效力。

第二十条 本规定自 2005 年 11 月 1 日起施行。

2.12 深圳市海绵城市建设管理暂行办法

(深府办规〔2018〕12号)

第一章 总 则

第一条 为全面贯彻落实习近平生态文明思想及习近平总书记视察广东重要讲话精神，加快推进海绵城市建设，修复城市水生态、涵养水资源，增强城市防涝能力，提高城市发展质量，朝着建设中国特色社会主义先行示范区的方向前行，努力创建社会主义现代化强国的城市范例，结合工作实际，特制定本办法。

第二条 海绵城市是指通过加强城市规划建设管理，充分发挥建筑、道路和绿地、水系等生态系统对雨水的吸纳、蓄渗和缓释作用，有效控制雨水径流，实现自然积存、自然渗透、自然净化的城市发展方式。

海绵城市建设应遵循"生态优先、因地制宜、协调统筹、经济适用、安全美观"原则，源头减排、过程控制、系统治理相协调，降低与修复城市开发建设对自然水循环的不利影响，有效改善城市生态环境、提升城市防灾减灾能力。

第三条 本办法适用于深圳市行政区域（含深汕特别合作区）内各类建设项目的海绵城市规划、设计、建设、运行维护及管理活动，包括新、改、扩建建设项目，旧城改造、园区改造、环境提升等改造类建设项目。列入豁免清单的建设项目除外。

列入豁免清单的建设项目，在建设项目许可环节对其海绵城市建设管控指标不作要求，由建设单位根据建设项目特点因地制宜建设海绵设施。豁免清单由各行业主管部门根据实际需要制定，按有关规定程序发布实施。

第四条 市政府相关部门及各区政府（含新区管理机构，下同）切实加强对海绵城市建设工作的组织实施，动员全社会共同推动海绵城市建设。

各区政府成立海绵城市建设工作领导机构（下称区级海绵城市工作机构），在市级海绵城市工作机构的统一协调下，开展海绵城市建设统筹协调、技术指导、监督考核等工作。

市前海深港现代服务业合作区管理局、深汕特别合作区管委会在市政府授权的职责范围内做好海绵城市规划、设计、建设、运行维护及管理等相关工作。

第五条 按照审批制度改革的要求，不新增审批事项和审批环节，通过细化管控要求、引导与激励并重等多种方式，建立政府职能清晰、主体责任明确、事中事后监管到位的海绵城市建设管理长效机制。

第六条 市发展改革、财政、规划国土、人居环境、交通运输、住房建设、水务、城市管理、建筑工务等部门及各区政府等海绵城市建设参与单位在各自职权范围内，依据本办法规定，结合行业、地区特点制定有关工作要求，建立内部工作协调和信息共享机制，共同推进海绵城市建设工作。

第二章 规 划 管 理

第七条 市规划国土部门负责组织编制或修编市级海绵城市专项规划，在建立"多规合一"信息平台时，应整合海绵城市相关规划信息，纳入全市空间规划一张蓝图。各区政府根据市级海绵城市专项规划，结合辖区内重点区域建设及本地区实际情况，组织编制区、片区级海绵城市专项规划（详细规划），并滚动编制建设计划。

第八条 市规划国土部门编制或修编城市总体规划、国土空间规划时，应当按照批准的海绵城市专项规划，纳入主要的海绵城市建设目标指标，并提出与该目标指标相匹配的建设、管理措施，全面贯彻海绵城市理念，保护自然生态空间格局，构建现代化市政设施体系。

编制或修编法定图则时，应当依据海绵城市专项规划和详细规划的分区目标，根据实际情况，确定法定图则范围内建设用地的年径流总量控制率等海绵城市建设管控指标。

编制详细蓝图、更新单元规划等详细规划时，应当编制海绵城市专题（专项）。海绵城市专题（专项）内容包括但不限于明确区域开展海绵设施建设的条件与要求，明确区域内生态控制线、蓝线等相关范围，并根据管控指标布局地块海绵设施等。

编制或修编各层次城市竖向、道路、绿地、水系统、排水防涝等专项规划时应当与各层级海绵城市专项规划充分衔接。

第九条 市规划国土部门编制或修编《深圳市城市规划标准与准则》等各类城市规划技术规定时，应当纳入海绵城市的技术要求。

第十条 海绵城市专项规划（详细规划）的组织编制单位在编制工作中应广泛听取有关部门、专家和社会公众的意见。

第三章 建 设 管 理

第十一条 城市建设各参与单位应在各自职责范围内，按照国家、省、市有关规定、标准及要求，全面落实海绵城市理念。

第十二条 建设单位应按海绵设施与主体工程同步规划、同步设计、同步施工、同步使用的要求组织实施，将海绵城市建设要求贯穿于建设项目规划、设计、建设、运行维护等各个阶段，科学实现海绵城市建设目标。

建设单位不得明示或暗示设计单位、施工单位、施工图审查单位违反本办法进行设计、建设或审查。

本办法所称建设单位是指建设项目的投资人、投资人代表或者由投资人设立的建设项目法人。

第十三条 相关部门应在立项或土地出让及用地规划许可、建设工程规划许可、施工许可、竣工验收等阶段，将海绵城市管控要求细化纳入建设项目报建审批流程。

第十四条 政府投资建设项目可行性研究应当就海绵城市建设适宜性进行论证，对海绵城市建设的技术思路、建设目标、具体技术措施、技术和经济可行性进行全面分析，明确建设规模、内容及投资估算。

发展改革部门在政府投资建设项目的可行性研究报告评审中，应当强化对海绵设施技术合理性、投资合理性的审查，并在批复中予以载明。

在审核政府投资建设项目总概算时，应当按相关标准与规范，充分保障建设项目海绵设施的规划、设计、建设、监理等资金需求。

第十五条 依据海绵城市建设豁免清单，市规划国土部门及其派出机构在建设项目选址意见书、土地划拨决定书或土地使用权出让合同中，应当将建设项目是否开展海绵设施建设作为基本内容予以载明。各区城市更新机构在城市更新建设项目土地使用权出让合同中，应当将建设项目是否开展海绵设施建设作为基本内容予以载明。

立项或土地出让阶段明确开展海绵设施建设的项目，依据相关规划，市规划国土部门及其派出机构、各区城市更新机构在《建设用地规划许可证》中应当列明年径流总量控制率等海绵城市建设管控指标。

不需办理选址、土地划拨或土地出让的项目，由区级海绵城市工作机构在项目立项环节征求部门意见阶段明确海绵城市建设管控指标。

第十六条 建设项目方案设计阶段，建设单位应当按照《深圳市海绵城市规划要点与审查细则》的要求，编制海绵城市方案设计专篇，填写自评价表连同承诺书一并提交方案设计审查部门。

市政类线性项目方案设计海绵城市专篇应随方案设计在用地规划许可前完成。市规划国土部门及其派出机构对海绵城市方案设计专篇进行形式审查。市级海绵城市工作机构联合市规划国土等行业主管部门加强事中、事后监管，以政府购买服务的方式委托第三方技术服务机构对海绵城市方案设计专篇进行监督抽查，相关费用由财政保障。第三方技术服务机构名录应按要求确定并向社会公布。

第十七条 交通运输、水务等需编制初步设计文件的建设项目应当按《建设用地规划许可证》的管控指标要求，编制海绵城市设计专篇。在组织审查时，应对该部分内容进行审查，并将结论纳入审查意见。

第十八条 施工图设计阶段，建设单位应当组织设计单位按照国家和地方相关设计标准、规范和规定进行海绵设施施工图设计文件编制，设计文件质量应满足相应阶段深度要求。

施工图设计文件审查机构应当按照国家、地方相关规范及标准对施工图中海绵城市内容进行审查，建设单位应组织设计单位对施工图审查机构提出的不符合规范及标准要求的内容进行修改。

住房建设等行业主管部门应整合施工图审查力量，将海绵城市内容纳入统一审查。

第十九条 市规划国土部门及其派出机构、各区城市更新机构应当根据方案设计自评价、抽查意见，或对施工图审查意见在建设工程规划许可中作形式审查，列明有关海绵城市管控指标落实情况。

第二十条 海绵设施应当按照批准的图纸进行建设，按照现场施工条件科学合理统筹施工。建设单位、设计单位、施工单位、监理单位等应当按照职责参与施工过程管理并保存相关材料。

未列入豁免清单的项目，不得取消、减少海绵设施内容或降低建设标准，设计单位不得出具降低海绵设施建设标准的变更通知。

第二十一条 施工单位应当严格按照设计图纸要求进行施工。对工程使用的主要材料、构配件、设备，施工单位应当送至具有相应资质的检测单位检验、测试，检测合格后方可使用，严禁使用不合格的原材料、成品、半成品。施工过程应当形成一整套完整的施工技术资料，建设项目完工应编制提交海绵设施专项竣工资料。

第二十二条 监理单位应当严格按照国家法律法规规定履行工程监理职责，对建设项目配套的海绵设施建设加大监理力度，增加巡查、平行检查、旁站频率，确保工程施工完全按设计图纸实施。应当加强原材料见证取样检测，切实保证进场原材料先检后用，检测不合格材料必须进行退场处理，杜绝工程使用不合格材料。

第二十三条 质量监督管理部门应加强对项目建设各方主体行为的监督管理，在工程原材料、工艺、施工质量检查监督、工程验收等环节加强对海绵设施建设的监督检查。

第二十四条 建设单位提交的建设项目竣工文件中应完整编制海绵设施的相关竣工资料。

建设项目竣工验收组织方应当在竣工验收时对海绵设施的建设情况进行专项验收，并将验收情况写入验收结论。推行采用联合验收，住房建设、交通运输、水务等行业主管部门牵头实行联合验收或部分联合验收，统一验收竣工图纸、统一验收标准、统一出具验收意见。

市级海绵城市工作机构应协调相关行业主管部门加强有关验收管理，组织制定海绵设施验收标准及要求。

第二十五条 海绵设施竣工验收合格后，应随主体工程同步移交。

第四章 运行维护

第二十六条 海绵设施移交后应及时确定运行维护单位。政府投资建设项目的海绵设施应当由相关职能部门按照职责分工进行监管，并委托管养单位运行维护。社会投资建设项目的海绵设施应当由该设施的所有者或委托方负责运行维护。若无明确监管责任主体，遵循"谁投资，谁管理"的原则进行运行维护。

第二十七条 海绵设施运行维护单位应当按相关规定建立健全海绵设施的运行维护制度和操作规程，加强设施的运行维护，确保设施正常运行。

第二十八条 市级海绵城市工作机构负责组织制定我市海绵设施运行维护相关技术标准。

各行业主管部门按职责分工对所属行业海绵设施的运行维护效果进行监督，制定服务标准，按效付费，充分调动运行维护单位积极性。

第五章 能力建设

第二十九条 市政府对社会资本参与海绵城市规划、设计、建设、施工、运行维护、标准制定、产品研发等工作给予激励。具体激励政策由市级海绵城市工作机构会同市相关部门另行制定。

第三十条 市政府对市相关部门和各区政府海绵城市建设情况进行年度实绩考评，并将考评结果纳入政府绩效考核体系、生态文明考核体系。海绵城市建设年度实绩考评由市级海绵城市工作机构负责组织实施，具体考评细则由市级海绵城市工作机构制定，经批准后执行。

第三十一条 市政府鼓励创新建设运营机制，积极支持相关单位自主创新，开展海绵城市新产品、新材料研发，带动我市绿色建筑、建材产业发展。

第三十二条 市、区两级海绵城市工作机构及市、区相关部门应当加强对从事海绵设施规划、设计、建设、运行维护活动人员的培训，积极开展海绵城市建设宣传引导活动。

第六章 法 律 责 任

第三十三条 对政府部门工作人员违反本办法规定，不履行或不正确履行所应担负职责的，依法依纪追究责任。

第三十四条 建设、规划、设计、施工、监理、运行维护、第三方技术服务机构等有关单位违反本办法规定的，相关主管部门可视情节轻重，将违规行为纳入不良行为记录、将违规单位纳入失信名单或依法追究责任。

第三十五条 任何单位和个人有权对海绵城市建设活动进行监督，发现违反本办法规定的行为，可向海绵城市工作机构、规划建设行政主管部门、纪检监察机关举报。

第七章 附 则

第三十六条 本办法自印发之日起施行，有效期3年。有效期满前6个月，市级海绵城市工作机构应当组织开展本办法的完善和修订工作。

2.13 深圳市住房和建设局 深圳市规划和国土资源委员会关于做好装配式建筑项目实施有关工作的通知

（深建规〔2018〕13号）

各有关单位：

为贯彻落实《国务院办公厅关于大力发展装配式建筑的指导意见》、《广东省人民政府办公厅关于大力发展装配式建筑的实施意见》和《深圳市装配式建筑发展专项规划（2018-2020）》（以下简称《专项规划》）等相关文件要求，切实推进装配式建筑项目实施，促进我市装配式建筑技术创新发展，现就做好有关工作通知如下：

一、对于《专项规划》中要求实施装配式建筑的项目，规划国土部门、城市更新部门应当在项目的规划设计要点和供地方案中备注："项目应当按照《专项规划》的要求实施装配式建筑，满足《深圳市装配式建筑评分规则》（以下简称《评分规则》）"，并落实到土地出让合同或者土地批准文件。规划国土部门、城市更新部门在用地规划许可、方案核查、工程规划许可的办事指南中予以告知。

本通知实施之日前已签订土地出让合同或者土地划拨决定，尚未办理用地规划许可证的项目，规划国土部门、城市更新部门应当从用地规划许可环节开始执行上述规定，并在方案核查或者工程规划许可环节作相关要求。

《专项规划》中所称的新建建筑，是指《专项规划》发布实施后各年度按要求实施装配式建筑的新办理用地规划许可证的建筑；《专项规划》中所称的建筑面积，是指用地规划许可证的计容建筑面积。

二、实施装配式建筑的项目，建设单位应当要求设计单位按照《评分规则》进行装配式建筑设计，在设计文件中对装配式建筑技术评分进行专篇说明，并落实到各专业施工图中。对于政府投资的装配式建筑项目，建设单位应当按规定采用工程总承包建设模式，并全过程应用建筑信息模型（BIM）技术。

在项目初步设计完成后，建设单位应当按照《评分规则》进行装配式建筑设计阶段评分，编制装配式建筑项目实施方案，并从市装配式建筑专家库中抽取不少于5名专家（至少涵盖设计、施工、生产）对项目进行评审，评审通过后才能进行施工图设计。对于低层和多层居住建筑、特殊公共建筑等确因技术条件限制，无法满足《评分规则》最低技术评分要求的，建设单位应当在项目初步设计完成后向市建设科技促进中心提出申请，由市建设科技促进中心组织市装配式建筑专家库中的专家对项目进行技术论证，如专家意见认为项目确实无法满足技术评分要求的，可以适当降低技术评分要求，并将技术论证结果抄送规划国土部门、城市更新部门。

在项目施工图设计完成后，建设单位应当将施工图设计文件、装配式建筑设计阶段评分表、装配式建筑项目实施方案、专家评审意见、装配式建筑设计阶段评分审查表等相关材料提交至施工图审查机构。施工图审查机构应当按照设计阶段评分审查要求进行审查，经审查合格才能出具施工图设计文件审查合格书，并在施工图设计文件审查合格书中注明"本工程施工图设计文件满足《评分规则》"。施工图设计文件涉及装配式建筑技术项调整的，建设单位应当重新组织专家评审，评审通过后才能报施工图设计文件审查。

在项目施工阶段，建设各方责任主体应当严格按照通过审查的施工图设计文件和装配式建筑项目实施方案实施，确保满足《评分规则》最低技术评分要求；施工图设计文件变更涉及装配式建筑技术项调整的，建设单位应当重新组织专家评审，并报原施工图审查机构审查。

在项目竣工验收阶段，建设单位应当按照竣工验收资料重新复核技术评分，在工程竣工验收报告中对装配式建筑技术评分进行专篇说明，作为竣工验收备案的材料之一，项目交付使用后完成装配式建筑竣工阶段评分。

三、住房建设部门应当在施工许可、质量监管、竣工验收等环节，加强对项目施工图设计文件和装配式建筑项目实施方案落实情况的监督和抽查。

四、本通知实施之日前，已明确要求实施装配式建筑且已取得用地规划许可证的项目，可以按《深圳市住房和建设局关于装配式建筑项目设计阶段技术认定工作的通知》（深建规〔2017〕3号文）要求执行，也可以按本通知要求执行。

本通知实施之日后取得用地规划许可证的项目，按本通知执行。

五、本通知自2018年12月1日起实施，有效期5年。

附件：深圳市装配式建筑评分规则（详见深圳市住房和建设局官网）

深圳市住房和建设局　深圳市规划和国土资源委员会
2018年11月1日

2.14 深圳市住房和建设局关于装配式建筑项目设计阶段技术认定工作的通知

（深建规〔2017〕3号）

市建筑工务署，各区住房和建设局、各新区城建局，各有关单位：

为保障我市装配式建筑项目的技术认定工作规范有序，根据《关于加快推进深圳住宅产业化的指导意见》（深建字〔2014〕193号）、《关于加快推进装配式建筑的通知》（深建规〔2017〕1号）、《深圳市装配式建筑住宅项目建筑面积奖励实施细则》（深建规〔2017〕2号）等文件的要求，现就有关事项通知如下：

一、本通知所称装配式建筑项目设计阶段技术认定，是指为鼓励装配式建筑的实施和推广，市、区建设主管部门（以下简称"主管部门"）组织有关专家依照装配式建筑的相关要求对装配式建筑项目设计阶段的有关资料进行技术评审，并出具技术认定意见书的活动。

二、下列装配式建筑项目应当按要求进行技术认定：

（一）土地出让文件、城市更新单元规划批复、人才住房和保障性住房建设标准和建设管理任务书等政府文件规定按我市装配式建筑预制率和装配率要求实施的项目。

（二）建设单位在自有土地上实施装配式建筑，并申请建筑面积奖励的项目。

（三）申请市建筑节能发展资金资助的装配式建筑示范项目。

三、部门职责分工：

（一）第二条第（一）项所规定的项目，由市、区主管部门按照项目管理权限分别组织技术认定。

（二）第二条第（二）、（三）项所规定的项目，包括市管和区管项目，由市主管部门负责组织技术认定。

（三）市建筑工务署负责管理的装配式建筑项目，由其自行组织技术认定。

四、装配式建筑项目设计的有关要求：

（一）在方案设计阶段，设计单位应当按照我市装配式建筑技术要求进行设计。方案设计文件应当对实施装配式建筑的建筑面积、结构类型、预制率和装配率等内容进行专篇说明。申请建筑面积奖励的装配式建筑项目，还应当按照《深圳市装配式建筑住宅项目建筑面积奖励实施细则》的要求，对申请奖励的住宅面积和比例等内容予以说明。

（二）在初步设计阶段，建设单位应当编制装配式建筑项目预制率和装配率计算书及实施方案。依法应当进行超限高层建筑工程抗震设防专项审查的项目，应当先完成专项审查。设计文件应当对实施装配式建筑的建筑面积、结构类型、预制构件种类、装配式施工技术、预制率和装配率等内容进行专篇说明。

（三）在施工图设计阶段，各专业设计说明和设计图纸中应有装配式建筑专项内容。设计图纸需用不同图例注明预制构件的种类，标示预制构件的位置，列明所用预制构件的清单表。

（四）建设单位委托施工图审查机构审查时，应当明确将预制率和装配率作为审查内容。施工图审查机构应当根据《深圳市装配式建筑项目预制率和装配率计算书审查要点》对预制率和装配率进行审查，并出具意见书。

五、装配式建筑项目设计阶段技术认定流程：

（一）项目初步设计完成后，建设单位向主管部门提出申请，并提供以下材料：

1.《深圳市装配式建筑项目设计阶段技术认定申请表》；

2.《深圳市装配式建筑项目预制率和装配率计算书》；

3.《深圳市装配式建筑项目预制率和装配率审查意见书》；

4.《深圳市装配式建筑项目实施方案》；

5.《深圳市建筑工程方案设计核查意见书》；

6. 项目设计文件。

（二）收到前项所述材料后，主管部门须在 20 个工作日内组织装配式建筑设计、生产、施工等相关专家按照装配式建筑的审查要点对上述材料进行技术评审，并出具设计阶段技术认定意见书。

六、装配式建筑项目设计阶段技术认定的后续要求：

（一）在项目施工图设计完成后，建设单位应当将施工图设计文件以及主管部门出具的技术认定意见书、装配式建筑项目设计阶段技术认定申请表、装配式建筑项目预制率和装配率计算书、装配式建筑项目实施方案等相关材料提交至施工图审查机构审查。

施工图审查机构应当对项目预制率和装配率等装配式建筑相关要求进行审查，经审查合格的，才能出具施工图设计文件审查合格书，并在施工图设计文件审查合格书和审查报告中注明"本工程施工图设计文件符合预制率和装配率等装配式建筑相关要求"的字样。

（二）在项目实施阶段，建设单位应当建立首批预制构件样板和首个装配式标准层结构联合验收制度。施工单位应当根据施工图设计文件编制装配式建筑专项施工方案，并组织实施。监理单位应当根据施工图设计文件，结合装配式建筑专项施工方案，编制装配式建筑监理实施细则，并加强对预制构件生产和安装的检查。工程质量安全监督机构应当对工程建设各责任主体是否遵循施工图设计文件进行监督检查。施工图设计文件涉及预制率、装配率等重要变更的，建设单位应当报原施工图审查机构重新审查。

（三）在项目竣工阶段，建设单位应当在工程竣工验收报告中对实施装配式建筑的单体建筑位置和面积、结构类型、预制构件种类、装配式施工技术、预制率和装配率等内容进行专篇说明，并注明各指标是否符合施工图设计文件和装配式建筑的相关要求。竣工验收报告须经工程建设各责任主体签字确认。工程质量安全监督机构负责对竣工验收活动进行监督。

七、本通知自印发之日起实施，市建筑工务署的技术认定程序和要求参照本通知执行。

附件：1.《深圳市装配式建筑项目设计阶段技术认定申请表》（参考格式）

2.《深圳市装配式建筑项目预制率和装配率计算书》（参考格式）

3.《深圳市装配式建筑项目实施方案》（参考格式）

4.《深圳市装配式建筑项目预制率和装配率审查意见书》（参考格式）

5. 深圳市装配式建筑项目预制率和装配率计算书审查要点

6. 深圳市装配式建筑项目实施方案审查要点

7.《深圳市装配式建筑项目设计阶段技术认定意见书》（参考格式）

（附件详见深圳市住房和建设局官网）

深圳市住房和建设局

2017 年 1 月 22 日

2.15 深圳市住房和建设局关于明确在建项目安全文明施工措施费调整事项的通知

(深建质安〔2018〕281号)

各有关单位：

为进一步提升我市建设工程安全文明施工标准，深圳市住房和建设局、深圳市交通运输委员会、深圳市水务局联合发布了《关于印发〈关于加强建设工程安全文明施工标准化管理的若干规定〉的通知》(深建规〔2018〕5号)，并由深圳市建设工程造价管理站相应发布了《深圳市建设工程计价费率标准（2018）》(以下简称《费率标准（2018）》)。为确保《费率标准（2018）》发布实施前已签订施工合同的在建项目安全文明施工措施费的落实，现就有关调整事项明确如下：

1. 合同中已预留安全文明施工政策调整风险费用的，按合同约定执行。
2. 合同中未预留安全文明施工政策调整风险费用的，建议甲乙双方根据安全文明施工措施实际投入，结合不同时期费率标准，另行约定予以调整。

各单位应按照《深圳市建设工程安全文明施工标准》要求，落实安全文明施工措施并确保相关费用投入。执行过程中遇有关问题可咨询0755-83788646。

深圳市住房和建设局
2018年10月18日

2.16 深圳市生产建设项目水土保持方案备案指引（试行）

（深水保〔2019〕525号）

第一章 总 则

第一条 为规范生产建设项目水土保持方案备案工作，加强备案管理，根据《中华人民共和国水土保持法》《广东省水土保持条例》《深圳经济特区水土保持条例》《深圳市政府投资建设项目施工许可管理规定》（深圳市人民政府令第310号）和《深圳市社会投资建设项目报建登记实施办法》（深圳市人民政府令第311号）等相关法律法规、规章，结合本市实际，制定本指引。

第二条 本指引适用于按照《深圳经济特区水土保持条例》规定的开办经济（技术）开发区或旅游开发区，修建铁路、公路、港口码头、电力工程、水工程、市政工程及其他基础设施，开采石（矿）等土木工程可能造成水土流失的生产建设项目。对所有社会投资项目及征占地不涉及深圳市基本生态控制线的政府投资项目均实施水土保持方案备案管理。

第三条 以下情形可免予办理水土保持方案备案：

（一）挖填土石方总量不足一万立方米且征占地面积不足一公顷的；

（二）在五度以上、不足二十五度的坡地上开垦种植农作物，开垦面积一公顷以下的；

（三）无新增建设用地的公路路面改造、养护等情形的；

（四）滩涂开发、围海造地和码头建设未占用陆地且不在陆地上取土的；

（五）进行地质灾害防治、土地复垦、矿山地质环境恢复治理和水土保持生态建设的；

（六）在水土保持方案已经批准并依法落实水土保持措施的开发区、工业园区内，开办生产建设项目的；

（七）其他依法免予办理水土保持方案审批手续的。

第四条 市水务行政主管部门统筹指导全市生产建设项目水土保持方案备案工作，并承担深圳市行政区域内跨区的生产建设项目水土保持方案备案工作。

区水务行政主管部门承担本辖区内的生产建设项目水土保持方案备案工作。

第五条 政府投资项目的水土保持方案在项目可行性研究或初步设计阶段办理水土保持方案备案手续；社会投资项目的水土保持方案在项目开工前办理水土保持方案备案手续。

第六条 市、区水务行政主管部门按照"谁备案、谁监管"与属地管理相结合的原则对所受理水土保持方案备案的生产建设项目开展水土保持监督管理。

第二章 备案程序

第七条 生产建设项目水土保持方案备案采用网上备案方式办理。生产建设单位可自行登陆"深圳市投资项目在线审批监管平台"（http://wsbs.sz.gov.cn/investment/index）在线办理。

对国家规定需要保密的生产建设项目，应采用纸质备案方式。

第八条 申请水土保持方案备案的项目，生产建设单位应当提交以下材料：

（一）生产建设项目水土保持方案备案申请表（附件1）；

（二）生产建设项目水土保持方案备案承诺书（附件2）；

（三）生产建设项目水土保持方案报告书或报告表；

（四）政府投资类项目：项目首次前期经费下达文件或资金申请报告批复；社会投资类项目：深圳市社会投资项目备案证或核准证。

第九条 水土保持方案应当在实地勘察的基础上，按照国家规定、水土保持技术规范和标准以及《深圳市生产建设项目水土保持方案编制指南》编制。水土保持方案编制单位或个人应当对数据的真实性负责，不得伪造数据、资料或提供虚假报告。

水土保持方案应进行技术审查。技术审查由建设单位自主或委托第三方机构依据规范设计论证，自主把关，并承担相应的技术责任。水务行政主管部门只进行程序性审查，不承担实质性审查责任。

第十条 生产建设单位填报水土保持方案备案表时，应当同时就其填报内容的真实性、准确性、完整性做出承诺，并在水土保持方案备案表及承诺书的相应位置加盖公章。因弄虚作假、隐瞒欺骗等情况导致不利后果的由生产建设单位承担相应法律责任。

第十一条 生产建设单位完成水土保持方案备案申报程序且申报成功后即可自行打印《生产建设项目水土保持方案备案回执》（附件3）及《实施生产建设项目水土保持方案告知书》（附件4）。

生产建设项目水土保持方案备案回执是水务行政主管部门确认收到生产建设单位水土保持方案备案材料的证明。

第十二条 水土保持方案备案情况应在深圳市投资项目在线审批监管平台或水务行政主管部门门户网站公开。

第十三条 取得水土保持方案备案回执的项目，如建设地点、规模发生重大变化，或者建设过程中水土保持措施发生重大变更等情形的，应当按照《中华人民共和国水土保持法》、《水利部生产建设项目水土保持方案变更管理规定（试行）》等相关规定补充或者修改水土保持方案，并报原备案部门备案。

第十四条 生产建设项目开工建设后十五个工作日内，生产建设单位应当向水土保持方案备案机关书面报告开工信息。

第三章 抽查管理

第十五条 市、区水务行政主管部门应组织对生产建设项目备案内容进行抽查，落实检查管理职责。

第十六条 生产建设单位对水土保持方案备案抽查工作予以配合、协助，不得无故阻碍、拒绝抽查工作。

第十七条 按照"双随机、一公开"、科学、公平、效率的原则开展水土保持方案备案抽查工作，抽查周期原则最长不能超过一年，抽查比例原则上不得少于12%。

未抽中项目因水土保持方案备案资料及内容问题而导致的一切后果和全部责任由生产建设单位承担。存在水土保持方案不符合相关法律法规及技术性规范文件要求的情形，水土保持方案编制单位或个人以及水土保持技术审查单位应承担相应技术责任。

第十八条 经抽查存在下列情形的，市、区水务行政主管部门应当责令整改，并可依据《广东省水土保持条例》第三十九条进行处罚，同时将其纳入双随机抽查范围进行复查。

（一）未根据实地勘察成果文件进行编制的；

（二）未按照强制性标准进行编制的；

（三）伪造数据、资料或者提供虚假报告的；

第十九条 承担水土保持方案备案抽查的工作人员滥用职权、徇私舞弊、利用职务之便谋取利益的，依法追究行政责任；构成犯罪的，依法追究刑事责任。

第四章 附 则

第二十条 本指引所指"生产建设单位"包括立项批复的建设单位、土地使用权人、城市更新实施主体、代建单位。

第二十一条 本指引所指"第三方机构"是指具有独立承担民事责任能力且具有相应水土保持技术条件的企事业单位或其他组织。

第二十二条 本指引所指"基本生态控制线"是指深圳市人民政府批准公布的生态保护范围界线。包括一级水源保护区、风景名胜区、自然保护区、集中成片的基本农田保护区、森林及郊野公园；坡度大于25%的山地、林地以及特区内海拔超过50米、特区外海拔超过80米的高地；主干河流、水库及湿地；维护生态系统完整性的生态廊道和绿地；岛屿和具有生态保护价值的海滨陆域；其他需要进行基本生态控制的区域。

第三篇
政府采购和工程招标投标

3.1 政府采购质疑和投诉办法

(中华人民共和国财政部令第94号)

第一章 总 则

第一条 为了规范政府采购质疑和投诉行为，保护参加政府采购活动当事人的合法权益，根据《中华人民共和国政府采购法》《中华人民共和国政府采购法实施条例》和其他有关法律法规规定，制定本办法。

第二条 本办法适用于政府采购质疑的提出和答复、投诉的提起和处理。

第三条 政府采购供应商（以下简称供应商）提出质疑和投诉应当坚持依法依规、诚实信用原则。

第四条 政府采购质疑答复和投诉处理应当坚持依法依规、权责对等、公平公正、简便高效原则。

第五条 采购人负责供应商质疑答复。采购人委托采购代理机构采购的，采购代理机构在委托授权范围内作出答复。

县级以上各级人民政府财政部门（以下简称财政部门）负责依法处理供应商投诉。

第六条 供应商投诉按照采购人所属预算级次，由本级财政部门处理。

跨区域联合采购项目的投诉，采购人所属预算级次相同的，由采购文件事先约定的财政部门负责处理，事先未约定的，由最先收到投诉的财政部门负责处理；采购人所属预算级次不同的，由预算级次最高的财政部门负责处理。

第七条 采购人、采购代理机构应当在采购文件中载明接收质疑函的方式、联系部门、联系电话和通讯地址等信息。

县级以上财政部门应当在省级以上财政部门指定的政府采购信息发布媒体公布受理投诉的方式、联系部门、联系电话和通讯地址等信息。

第八条 供应商可以委托代理人进行质疑和投诉。其授权委托书应当载明代理人的姓名或者名称、代理事项、具体权限、期限和相关事项。供应商为自然人的，应当由本人签字；供应商为法人或者其他组织的，应当由法定代表人、主要负责人签字或者盖章，并加盖公章。

代理人提出质疑和投诉，应当提交供应商签署的授权委托书。

第九条 以联合体形式参加政府采购活动的，其投诉应当由组成联合体的所有供应商共同提出。

第二章 质疑提出与答复

第十条 供应商认为采购文件、采购过程、中标或者成交结果使自己的权益受到损害的，可以在知道或者应知其权益受到损害之日起7个工作日内，以书面形式向采购人、采购代理机构提出质疑。

采购文件可以要求供应商在法定质疑期内一次性提出针对同一采购程序环节的质疑。

第十一条 提出质疑的供应商(以下简称质疑供应商)应当是参与所质疑项目采购活动的供应商。

潜在供应商已依法获取其可质疑的采购文件的,可以对该文件提出质疑。对采购文件提出质疑的,应当在获取采购文件或者采购文件公告期限届满之日起7个工作日内提出。

第十二条 供应商提出质疑应当提交质疑函和必要的证明材料。质疑函应当包括下列内容:

(一)供应商的姓名或者名称、地址、邮编、联系人及联系电话;

(二)质疑项目的名称、编号;

(三)具体、明确的质疑事项和与质疑事项相关的请求;

(四)事实依据;

(五)必要的法律依据;

(六)提出质疑的日期。

供应商为自然人的,应当由本人签字;供应商为法人或者其他组织的,应当由法定代表人、主要负责人,或者其授权代表签字或者盖章,并加盖公章。

第十三条 采购人、采购代理机构不得拒收质疑供应商在法定质疑期内发出的质疑函,应当在收到质疑函后7个工作日内作出答复,并以书面形式通知质疑供应商和其他有关供应商。

第十四条 供应商对评审过程、中标或者成交结果提出质疑的,采购人、采购代理机构可以组织原评标委员会、竞争性谈判小组、询价小组或者竞争性磋商小组协助答复质疑。

第十五条 质疑答复应当包括下列内容:

(一)质疑供应商的姓名或者名称;

(二)收到质疑函的日期、质疑项目名称及编号;

(三)质疑事项、质疑答复的具体内容、事实依据和法律依据;

(四)告知质疑供应商依法投诉的权利;

(五)质疑答复人名称;

(六)答复质疑的日期。

质疑答复的内容不得涉及商业秘密。

第十六条 采购人、采购代理机构认为供应商质疑不成立,或者成立但未对中标、成交结果构成影响的,继续开展采购活动;认为供应商质疑成立且影响或者可能影响中标、成交结果的,按照下列情况处理:

(一)对采购文件提出的质疑,依法通过澄清或者修改可以继续开展采购活动的,澄清或者修改采购文件后继续开展采购活动;否则应当修改采购文件后重新开展采购活动。

(二)对采购过程、中标或者成交结果提出的质疑,合格供应商符合法定数量时,可以从合格的中标或者成交候选人中另行确定中标、成交供应商的,应当依法另行确定中标、成交供应商;否则应当重新开展采购活动。

质疑答复导致中标、成交结果改变的,采购人或者采购代理机构应当将有关情况书面报告本级财政部门。

第三章 投诉提起

第十七条 质疑供应商对采购人、采购代理机构的答复不满意,或者采购人、采购代理机构未在规定时间内作出答复的，可以在答复期满后 15 个工作日内向本办法第六条规定的财政部门提起投诉。

第十八条 投诉人投诉时，应当提交投诉书和必要的证明材料，并按照被投诉采购人、采购代理机构（以下简称被投诉人）和与投诉事项有关的供应商数量提供投诉书的副本。投诉书应当包括下列内容：

（一）投诉人和被投诉人的姓名或者名称、通讯地址、邮编、联系人及联系电话；

（二）质疑和质疑答复情况说明及相关证明材料；

（三）具体、明确的投诉事项和与投诉事项相关的投诉请求；

（四）事实依据；

（五）法律依据；

（六）提起投诉的日期。

投诉人为自然人的，应当由本人签字；投诉人为法人或者其他组织的，应当由法定代表人、主要负责人，或者其授权代表签字或者盖章，并加盖公章。

第十九条 投诉人应当根据本办法第七条第二款规定的信息内容，并按照其规定的方式提起投诉。

投诉人提起投诉应当符合下列条件：

（一）提起投诉前已依法进行质疑；

（二）投诉书内容符合本办法的规定；

（三）在投诉有效期限内提起投诉；

（四）同一投诉事项未经财政部门投诉处理；

（五）财政部规定的其他条件。

第二十条 供应商投诉的事项不得超出已质疑事项的范围，但基于质疑答复内容提出的投诉事项除外。

第四章 投 诉 处 理

第二十一条 财政部门收到投诉书后，应当在 5 个工作日内进行审查，审查后按照下列情况处理：

（一）投诉书内容不符合本办法第十八条规定的，应当在收到投诉书 5 个工作日内一次性书面通知投诉人补正。补正通知应当载明需要补正的事项和合理的补正期限。未按照补正期限进行补正或者补正后仍不符合规定的，不予受理。

（二）投诉不符合本办法第十九条规定条件的，应当在 3 个工作日内书面告知投诉人不予受理，并说明理由。

（三）投诉不属于本部门管辖的，应当在 3 个工作日内书面告知投诉人向有管辖权的部门提起投诉。

（四）投诉符合本办法第十八条、第十九条规定的，自收到投诉书之日起即为受理，并在收到投诉后 8 个工作日内向被投诉人和其他与投诉事项有关的当事人发出投诉答复通知书及投诉书副本。

第二十二条 被投诉人和其他与投诉事项有关的当事人应当在收到投诉答复通知书及投诉书

副本之日起5个工作日内，以书面形式向财政部门作出说明，并提交相关证据、依据和其他有关材料。

第二十三条　财政部门处理投诉事项原则上采用书面审查的方式。财政部门认为有必要时，可以进行调查取证或者组织质证。

财政部门可以根据法律、法规规定或者职责权限，委托相关单位或者第三方开展调查取证、检验、检测、鉴定。

质证应当通知相关当事人到场，并制作质证笔录。质证笔录应当由当事人签字确认。

第二十四条　财政部门依法进行调查取证时，投诉人、被投诉人以及与投诉事项有关的单位及人员应当如实反映情况，并提供财政部门所需要的相关材料。

第二十五条　应当由投诉人承担举证责任的投诉事项，投诉人未提供相关证据、依据和其他有关材料的，视为该投诉事项不成立；被投诉人未按照投诉答复通知书要求提交相关证据、依据和其他有关材料的，视同其放弃说明权利，依法承担不利后果。

第二十六条　财政部门应当自收到投诉之日起30个工作日内，对投诉事项作出处理决定。

第二十七条　财政部门处理投诉事项，需要检验、检测、鉴定、专家评审以及需要投诉人补正材料的，所需时间不计算在投诉处理期限内。

前款所称所需时间，是指财政部门向相关单位、第三方、投诉人发出相关文书、补正通知之日至收到相关反馈文书或材料之日。

财政部门向相关单位、第三方开展检验、检测、鉴定、专家评审的，应当将所需时间告知投诉人。

第二十八条　财政部门在处理投诉事项期间，可以视具体情况书面通知采购人和采购代理机构暂停采购活动，暂停采购活动时间最长不得超过30日。

采购人和采购代理机构收到暂停采购活动通知后应当立即中止采购活动，在法定的暂停期限结束前或者财政部门发出恢复采购活动通知前，不得进行该项采购活动。

第二十九条　投诉处理过程中，有下列情形之一的，财政部门应当驳回投诉：

（一）受理后发现投诉不符合法定受理条件；

（二）投诉事项缺乏事实依据，投诉事项不成立；

（三）投诉人捏造事实或者提供虚假材料；

（四）投诉人以非法手段取得证明材料。证据来源的合法性存在明显疑问，投诉人无法证明其取得方式合法的，视为以非法手段取得证明材料。

第三十条　财政部门受理投诉后，投诉人书面申请撤回投诉的，财政部门应当终止投诉处理程序，并书面告知相关当事人。

第三十一条　投诉人对采购文件提起的投诉事项，财政部门经查证属实的，应当认定投诉事项成立。经认定成立的投诉事项不影响采购结果的，继续开展采购活动；影响或者可能影响采购结果的，财政部门按照下列情况处理：

（一）未确定中标或者成交供应商的，责令重新开展采购活动。

（二）已确定中标或者成交供应商但尚未签订政府采购合同的，认定中标或者成交结果无效，责令重新开展采购活动。

（三）政府采购合同已经签订但尚未履行的，撤销合同，责令重新开展采购活动。

（四）政府采购合同已经履行，给他人造成损失的，相关当事人可依法提起诉讼，由责任人承担赔偿责任。

第三十二条 投诉人对采购过程或者采购结果提起的投诉事项，财政部门经查证属实的，应当认定投诉事项成立。经认定成立的投诉事项不影响采购结果的，继续开展采购活动；影响或者可能影响采购结果的，财政部门按照下列情况处理：

（一）未确定中标或者成交供应商的，责令重新开展采购活动。

（二）已确定中标或者成交供应商但尚未签订政府采购合同的，认定中标或者成交结果无效。合格供应商符合法定数量时，可以从合格的中标或者成交候选人中另行确定中标或者成交供应商的，应当要求采购人依法另行确定中标、成交供应商；否则责令重新开展采购活动。

（三）政府采购合同已经签订但尚未履行的，撤销合同。合格供应商符合法定数量时，可以从合格的中标或者成交候选人中另行确定中标或者成交供应商的，应当要求采购人依法另行确定中标、成交供应商；否则责令重新开展采购活动。

（四）政府采购合同已经履行，给他人造成损失的，相关当事人可依法提起诉讼，由责任人承担赔偿责任。

投诉人对废标行为提起的投诉事项成立的，财政部门应当认定废标行为无效。

第三十三条 财政部门作出处理决定，应当制作投诉处理决定书，并加盖公章。投诉处理决定书应当包括下列内容：

（一）投诉人和被投诉人的姓名或者名称、通讯地址等；

（二）处理决定查明的事实和相关依据，具体处理决定和法律依据；

（三）告知相关当事人申请行政复议的权利、行政复议机关和行政复议申请期限，以及提起行政诉讼的权利和起诉期限；

（四）作出处理决定的日期。

第三十四条 财政部门应当将投诉处理决定书送达投诉人和与投诉事项有关的当事人，并及时将投诉处理结果在省级以上财政部门指定的政府采购信息发布媒体上公告。

投诉处理决定书的送达，参照《中华人民共和国民事诉讼法》关于送达的规定执行。

第三十五条 财政部门应当建立投诉处理档案管理制度，并配合有关部门依法进行的监督检查。

第五章 法 律 责 任

第三十六条 采购人、采购代理机构有下列情形之一的，由财政部门责令限期改正；情节严重的，给予警告，对直接负责的主管人员和其他直接责任人员，由其行政主管部门或者有关机关给予处分，并予通报：

（一）拒收质疑供应商在法定质疑期内发出的质疑函；

（二）对质疑不予答复或者答复与事实明显不符，并不能作出合理说明；

（三）拒绝配合财政部门处理投诉事宜。

第三十七条 投诉人在全国范围12个月内三次以上投诉查无实据的，由财政部门列入不良行为记录名单。

投诉人有下列行为之一的，属于虚假、恶意投诉，由财政部门列入不良行为记录名单，禁止其1至3年内参加政府采购活动：

（一）捏造事实；

（二）提供虚假材料；

（三）以非法手段取得证明材料。证据来源的合法性存在明显疑问，投诉人无法证明其取得方式合法的，视为以非法手段取得证明材料。

第三十八条 财政部门及其工作人员在履行投诉处理职责中违反本办法规定及存在其他滥用职权、玩忽职守、徇私舞弊等违法违纪行为的，依照《中华人民共和国政府采购法》《中华人民共和国公务员法》《中华人民共和国行政监察法》《中华人民共和国政府采购法实施条例》等国家有关规定追究相应责任；涉嫌犯罪的，依法移送司法机关处理。

第六章 附 则

第三十九条 质疑函和投诉书应当使用中文。质疑函和投诉书的范本，由财政部制定。

第四十条 相关当事人提供外文书证或者外国语视听资料的，应当附有中文译本，由翻译机构盖章或者翻译人员签名。

相关当事人向财政部门提供的在中华人民共和国领域外形成的证据，应当说明来源，经所在国公证机关证明，并经中华人民共和国驻该国使领馆认证，或者履行中华人民共和国与证据所在国订立的有关条约中规定的证明手续。

相关当事人提供的在香港特别行政区、澳门特别行政区和台湾地区内形成的证据，应当履行相关的证明手续。

第四十一条 财政部门处理投诉不得向投诉人和被投诉人收取任何费用。但因处理投诉发生的第三方检验、检测、鉴定等费用，由提出申请的供应商先行垫付。投诉处理决定明确双方责任后，按照"谁过错谁负担"的原则由承担责任的一方负担；双方都有责任的，由双方合理分担。

第四十二条 本办法规定的期间开始之日，不计算在期间内。期间届满的最后一日是节假日的，以节假日后的第一日为期间届满的日期。期间不包括在途时间，质疑和投诉文书在期满前交邮的，不算过期。

本办法规定的"以上""以下"均含本数。

第四十三条 对在质疑答复和投诉处理过程中知悉的国家秘密、商业秘密、个人隐私和依法不予公开的信息，财政部门、采购人、采购代理机构等相关知情人应当保密。

第四十四条 省级财政部门可以根据本办法制定具体实施办法。

第四十五条 本办法自2018年3月1日起施行。财政部2004年8月11日发布的《政府采购供应商投诉处理办法》(财政部令第20号)同时废止。

3.2 深圳经济特区政府采购条例

（1998年10月27日深圳市第二届人民代表大会常务委员会第二十七次会议通过，2011年12月27日深圳市人民代表大会常务委员会第十二次会议修订，根据2019年4月24日深圳市第六届人民代表大会常务委员会第三十三次会议《关于修改〈深圳经济特区医疗条例〉等二十七项法规的决定》修正）

第一章 总 则

第一条 为了规范政府采购行为，提高政府采购的效率和效益，促进公平交易，推进廉政建设，保护政府采购参加人的合法权益，根据有关法律、行政法规的基本原则，制定本条例。

第二条 国家机关、事业单位、团体组织使用财政性资金采购货物、工程或者服务的，适用本条例。企业使用财政性资金进行采购的，依照其他相关法律、法规执行。

纳入建设工程招标投标管理范围的工程项目，其招标投标按照有关法律、法规的规定执行；法律、法规没有规定的，适用本条例。

第三条 政府采购应当遵循公开公正、公平竞争、节俭高效、诚实信用、物有所值的原则。

第四条 市、区财政部门是政府采购主管部门（以下简称"主管部门"），负责政府采购活动的监督和管理。

监察、审计、市场监管以及其他有关部门依其职责对政府采购进行监督和管理。

市、区人民政府的政府集中采购机构负责组织实施集中采购事务和其他相关工作。

第五条 市、区人民政府应当探索政府采购体制创新，发挥政府集中采购机构的作用，支持社会采购代理机构的发展。

第六条 政府采购实行计划管理。采购人不得在政府采购计划以外实施采购，政府集中采购机构或者社会采购代理机构不得受理政府采购计划以外的政府采购。

市主管部门应当会同相关部门制定政府采购标准，经市人民政府批准后公布执行。政府采购不得超标准进行采购。

第七条 政府采购以集中采购为主，自行采购为辅。实行集中采购的，应当进入政府集中采购平台。

本条例所称集中采购，是指对集中采购目录以内以及集中采购目录以外、集中采购限额标准以上的项目实施的采购。

集中采购目录以内的项目，应当由政府集中采购机构负责组织实施。

集中采购目录以外、集中采购限额标准以上的项目，由采购人按照规定委托社会采购代理机构实施采购，但是其中保密、应急以及重大采购项目应当由政府集中采购机构实施。经市主管部门认定有组织采购能力的采购人，可以通过政府集中采购平台自行组织采购。

集中采购目录以外、集中采购限额标准以下的政府采购项目，由采购人参照本条例规定自行采购。

市主管部门应当根据采购预算、规模等因素每年制定市集中采购目录和集中采购限额标准，经市人民政府批准后公布执行。各区主管部门根据本条例规定制定本区集中采购目录和集中采购限额标准，经区人民政府批准后公布执行。

第八条 市主管部门应当根据国家和本市经济、社会发展目标，会同相关部门制定优先采购或者强制采购的措施，支持环境保护、节能减排、低碳经济以及循环经济产品，促进经济结构转型升级和中小企业发展。

前款所称的强制采购，是指采购人、政府集中采购机构和社会采购代理机构应当在政府规定的条件和范围内采购货物或者服务。

采购人、政府集中采购机构和社会采购代理机构应当严格执行优先采购措施或者强制采购措施。

第九条 政府采购应当采用互联网信息技术，建立和完善全市统一的电子化政府采购管理交易平台，推广电子化政府采购。

第十条 推行政府采购从业人员专业化和职业化管理制度。市主管部门应当按照国家规定的政府采购执业资格的标准对政府采购从业人员进行培训、考核。

第二章 政府采购参加人

第十一条 政府采购参加人是指在政府采购活动中享有权利和承担义务的各类主体，包括采购人、政府集中采购机构、社会采购代理机构、供应商和评审专家等。

第十二条 采购人履行下列职责：

（一）实行行政首长或者法定代表人负责制，建立健全本单位政府采购管理制度和工作流程；

（二）根据预算编制本单位的政府采购计划并实施；

（三）提出政府采购需求并确认采购文件；

（四）按照规定程序确定中标或者成交供应商；

（五）签订政府采购合同并履行验收、结算、付款以及合同约定的其他义务；

（六）负责本单位政府采购信息统计和档案管理；

（七）负责对本单位政府采购项目的询问与质疑的答复，协助主管部门进行投诉处理工作；

（八）法律、法规以及市人民政府规定的其他职责。

第十三条 市政府集中采购机构履行下列职责：

（一）执行政府采购法律、法规以及有关规定，参与政府采购相关规定的制定，建立健全集中采购操作规程；

（二）按照规定组织实施集中采购目录内项目的采购并参与验收；

（三）按照规定组织实施保密、应急以及重大采购项目并参与验收；

（四）为政府集中采购平台提供场所、网络、信息和咨询服务；

（五）对进入政府集中采购平台的采购项目实施效益评估；

（六）对评审专家的评审过程和评审质量进行跟踪管理；

（七）负责受理并协调对政府采购项目的询问与质疑的答复，协助主管部门进行投诉处理工作；

（八）建立政府采购数据信息库，进行市场调查和价格分析；

（九）法律、法规以及市人民政府规定的其他职责。

受主管部门委托，市政府集中采购机构建立和管理全市统一的政府集中采购平台，对政府采购项目进行合同备案，建立和管理供应商库并对供应商的履约情况进行管理。

本条例所称市政府集中采购机构，是指市人民政府设立的，对纳入集中采购目录内的采购项目组织实施采购，并对政府采购活动提供服务的专门机构。

区政府集中采购机构的职责由本条例实施细则另行规定。

第十四条 社会采购代理机构履行下列职责：

（一）按照本条例的有关规定和委托代理合同的约定进行采购；

（二）对评审专家的评审质量进行评价；

（三）向政府集中采购机构报送政府采购项目相关资料；

（四）对政府采购项目的询问与质疑进行答复，协助主管部门进行投诉处理工作；

（五）法律、法规规定的其他职责。

前款所称社会采购代理机构，是指集中采购机构以外，受采购人委托从事政府采购代理业务的社会中介机构。

第十五条 供应商参与政府采购的，享有下列权利：

（一）获得政府采购信息；

（二）公平参与政府采购竞争；

（三）提出询问、质疑和投诉；

（四）法律、法规规定的其他权利。

第十六条 供应商参与政府采购的，应当履行下列义务：

（一）如实提供采购相关资料；

（二）按照规定签订采购合同并严格履行；

（三）配合采购项目验收；

（四）接受有关质疑、投诉的调查取证；

（五）履行社会责任，接受有关部门的监督与管理；

（六）法律、法规规定的其他义务。

第十七条 评审专家参与政府采购的，履行下列职责：

（一）遵守评审工作纪律，提供独立、客观、公正的评审意见；

（二）发现违规行为的，应当及时报告；

（三）解答有关评审工作的询问或者质疑；

（四）法律、法规规定的其他职责。

第十八条 在政府采购活动中，采购参加人及其相关人员与采购项目有利害关系，可能影响政府采购公平、公正的，应当回避。认为其他采购参加人与供应商有利害关系的，可以向主管部门申请其回避。

第三章 政府采购方式

第十九条 政府采购采用公开招标、竞争性谈判、单一来源采购、竞价、跟标采购以及法律、法规规定的其他采购方式。

公开招标应当作为政府采购的主要采购方式，其具体标准由市主管部门制定报市人民政府批准后执行。应该公开招标的项目，以非公开招标方式采购的，应当经同级主管部门批准。按照本条例第二十条第一款第三项和第二十一条第一款第三、四项规定适用非公开招标方式采购的，应当经公示且无异议后方可批准。

非公开招标方式采购的申报程序和具体办法由本条例实施细则另行规定。

第二十条 符合下列情形之一的政府采购项目，可以适用竞争性谈判方式采购：

（一）经政府确定的应急项目或者抢险救灾项目，只能向特定范围内有限供应商采购的；

（二）经保密机关认定的涉密项目，只能向特定范围内有限供应商采购的；

（三）其他具有复杂性、专门性、特殊性的项目，只能向特定范围内有限供应商采购的。

前款所称竞争性谈判采购，是指采购人和评审专家依法组成谈判小组，从符合相应资格条件的供应商名单中选择两家以上的供应商，以谈判方式确定成交供应商的采购方式。

第二十一条 符合下列情形之一的政府采购项目，可以适用单一来源方式采购：

（一）经政府确定的应急项目或者抢险救灾项目，且只有唯一供应商的；

（二）经保密机关认定的涉密项目，且只有唯一供应商的；

（三）为了保证与原有政府采购项目的一致性或者服务配套的要求，需要向原供应商添购的；

（四）其他具有复杂性、专门性、特殊性的项目，且只有唯一供应商的。

前款所称单一来源采购，是指采购人、政府集中采购机构或者社会采购代理机构依法组成谈判小组，与唯一供应商通过谈判确定成交供应商的采购方式。

第二十二条 符合下列情形之一的政府采购项目，不得适用竞争性谈判或者单一来源方式采购：

（一）市场货源充足，竞争充分的；

（二）公开招标的采购项目，因采购人过错造成延误的；

（三）适用竞争性谈判或者单一来源采购方式的采购项目，经公示有异议且异议成立的；

（四）法律、法规规定的其他情形。

第二十三条 符合下列条件的政府采购项目，可以适用竞价方式采购：

（一）属于通用类项目，标准统一；

（二）市场货源充足，竞争充分；

（三）采用最低价评审方法。

前款所称竞价方式采购，是指公开发布信息，由供应商竞价，按照最低价中标原则确定成交供应商的采购方式。

第二十四条 符合下列条件的政府采购项目，可以适用跟标采购方式采购：

（一）情况紧急；

（二）采购需求与被跟标项目一致；

（三）被跟标项目签订合同日期在跟标采购公告发布之日前一年内，且市场价格波动不大；

（四）公开招标成本较高。

前款所称跟标采购，是指采购人为满足紧急需要，以市政府集中采购机构建立并管理的跟标信息库为依据，确定成交供应商的采购方式。

第二十五条 符合下列要求并已依法完成公开招标的政府采购项目，可以纳入跟标信息库：

（一）采购活动由国家、广东省或者本市政府集中采购机构组织实施；

（二）采购标的的市场价格相对稳定，且中标价格不高于市场平均价格；

（三）采购项目符合国家安全、质量、节能环保要求和标准；

（四）货物类项目技术参数配置详细，或者服务类项目内容清晰。

采购人应当从跟标信息库中选择被跟标项目。

跟标信息库由市政府集中采购机构负责建设、维护和管理，并向采购人、主管部门公开。

第四章　政府采购程序

第二十六条　采购人应当根据政府采购计划和本条例相关规定，向政府集中采购机构或者社会采购代理机构（以下简称"招标机构"）提出采购申报并明确采购需求。采购需求应当符合国家、省、市强制性标准和政府采购技术规范且不超过配置标准。

采购申报的具体程序和内容由本条例实施细则另行规定。

招标机构应当自收到政府采购项目申报材料之日起三个工作日内进行审核，并作出是否受理的书面决定。

对受理的政府采购项目，招标机构不得转委托，并应当根据采购项目的特点和采购需求，在十个工作日内完成采购文件的编制。

采购人应当在三个工作日内对采购文件予以确认或者提出异议；逾期不确认也不提出异议的，视为确认。提出异议的，由主管部门在五个工作日内予以处理。

采购文件确认后，采购人不得提出修改。

第二十七条　公开招标的政府采购项目，招标机构应当自采购文件确认之日起二十五日内，向中标供应商发出中标通知书；非公开招标的政府采购项目，招标机构应当自采购文件确认之日起二十日内，向成交供应商发出成交通知书。特殊情况需要延长的，经招标机构主要负责人批准，可以延长十日。

重新公开招标或者变更采购方式采购的，采购期间重新计算。

第二十八条　适用公开招标方式采购的，应当遵循下列规定：

（一）招标机构应当在投标截止日十日前公布招标公告和招标文件；

（二）供应商在投标截止日五日前有权要求采购人对招标文件作出澄清；

（三）对招标文件进行澄清或者修改的，招标机构应当在投标截止日三日前通知所有已收受招标文件或者已响应招标的供应商，并可以延长投标截止时间；

（四）供应商应当按照招标文件要求提交投标文件，招标机构应当对投标人的资格条件进行核查；

（五）招标机构应当在投标截止日前组成评审委员会；

（六）评审委员会对投标文件进行评审并出具书面评审报告或者根据采购人的授权确定中标供应商；

（七）采购人根据评标定标分离的原则在评审委员会推荐的候选中标供应商范围内确定中标供应商或者对评审委员会根据授权确定的中标供应商予以确认；

（八）招标机构应当将中标结果公示。公示时间不少于三日。

因作出有效投标的供应商不足三家而公开招标失败的，应当重新组织公开招标，或者经主管部门批准转为非公开招标方式采购，但是终止采购的除外。

第二十九条 适用竞争性谈判方式采购的,应当遵循下列规定:

(一)依照本条例规定确定谈判供应商;

(二)招标机构在谈判开始日五日前向谈判供应商发出谈判文件,谈判供应商应当在谈判文件规定的谈判开始日前提交应答文件;

(三)招标机构应当组织采购人和评审专家组成谈判小组,且不少于三人;

(四)谈判小组应当出具谈判报告或者根据采购人的授权确定成交供应商;

(五)采购人根据谈判小组对谈判供应商的评审意见确定成交供应商,或者对谈判小组根据采购人授权确定的成交供应商予以确认;

(六)招标机构应当将成交结果公示。公示时间不少于三日。

第三十条 适用单一来源方式采购的,应当按照本条例第二十九条规定的程序进行。

第三十一条 适用竞价方式采购的,应当遵循下列规定:

(一)招标机构在竞价开始日三日前公布采购文件,并明确竞价规则;

(二)符合竞价条件的供应商根据竞价文件要求进行报价;

(三)竞价采购应当以竞价有效期内最低报价的供应商为成交供应商。

第三十二条 适用跟标采购方式采购的,应当遵循下列规定:

(一)政府集中采购机构发布跟标采购公告和被跟标项目招标文件,公告期不得少于五个工作日;

(二)公告无异议的,采购人可以直接与被跟标项目供应商按照被跟标项目采购合同的实质性条款签订政府采购合同;

(三)公告有异议且异议成立的,政府集中采购机构应当书面通知采购人按照本条例规定的其他采购方式进行采购。

第三十三条 政府采购推行预选采购制度。预选采购的管理办法由本条例实施细则另行规定。

政府集中采购机构应当按照创新、节俭、高效、透明的原则,通过公开招标等方式确定战略合作伙伴、协议供应商、供货商场、网上电子商场等预选供应商,采购人按照规定在预选供应商中确定成交供应商。

第三十四条 政府采购应当鼓励探索和推行公务采购卡制度,在政府采购中逐步扩大公务采购卡结算的使用范围。具体办法由本条例实施细则另行规定。

第三十五条 有下列情形之一的,招标机构可以中止政府采购项目:

(一)采购活动存在违法行为,需经整改后方可进行的;

(二)因出现不可抗力情形,导致采购活动暂时无法进行的;

(三)法律、法规规定的其他情形。

招标机构应当在作出中止采购决定当日发布公告并书面通知采购人和参加采购的供应商。

按照前款规定中止采购的,中止采购情形消除后,应当恢复采购程序。

中止采购时间不得超过十日,有特殊情况需要延长的,经主管部门同意可以延长十日。中止采购期间不计入采购期间。

第三十六条 有下列情形之一的,经主管部门同意,招标机构应当终止政府采购:

(一)采购价高于市场价,且明显不合理的;

（二）采购活动继续进行将给国家、社会或者政府采购参加人利益造成重大损害或者导致采购无效的；

（三）因出现不可抗力情形，导致采购任务无法实现的；

（四）法律、法规规定的其他情形。

招标机构应当在作出终止采购决定当日发布公告并书面通知采购人和参加采购的供应商。

终止的政府采购项目应当予以撤销。

第五章　政府采购合同

第三十七条　采购人与供应商应当自中标或者成交通知书发出之日起十个工作日内按照采购文件确定的事项签订政府采购合同。采购合同的实质性内容应当符合采购文件的规定。

政府采购合同未约定或者约定不明的事项，采购人可以与供应商协商签订补充协议。补充协议不得变更采购合同的实质性内容。

采购人应当自政府采购合同签订之日起十日内，将采购合同副本抄送政府集中采购机构备案。

第三十八条　长期货物政府采购合同履行期限最长不得超过二十四个月，长期服务政府采购合同履行期限最长不得超过三十六个月；特殊情况需要延长的，经主管部门批准可以适当延长，但是延长期限最长不得超过六个月。

对优质长期服务政府采购合同供应商实行合同续期奖励机制。合同续期的提请、期限及评定的具体办法由本条例实施细则另行规定。

第三十九条　采购人应当按照采购文件和政府采购合同规定的标准和方法，及时组织验收。

采购人和供应商应当在采购合同履行完毕三十日之内将政府采购合同履行情况和相关政府采购建议等反馈至政府集中采购机构。

第四十条　政府采购合同履行中，采购人增加采购与合同标的相同的货物、工程或者服务的，经主管部门批准，可以与供应商协商签订补充采购合同，补充采购合同的金额不得超过原合同金额的百分之十，且合同总金额不得超过原计划数额。

第六章　质疑和投诉

第四十一条　参与政府采购活动的供应商认为自己的权益在采购活动中受到损害的，应当自知道或者应当知道其权益受到损害之日起七个工作日内向采购人、政府集中采购机构或者社会采购代理机构（以下简称"被质疑人"）以书面形式提出质疑。

被质疑人应当自收到书面质疑材料之日起七个工作日内就质疑事项书面答复质疑供应商。

第四十二条　对被质疑人的答复不满意或者被质疑人未在规定时间内答复的，提出质疑的供应商可以在答复期满后十五个工作日内向主管部门投诉。

供应商投诉的事项应当是经过质疑的事项。

第四十三条　主管部门收到供应商投诉后，应当在五个工作日内进行审查。

第四十四条　主管部门应当自受理投诉后三十个工作日内作出书面处理决定并告知投诉供应商。

主管部门在处理投诉事项期间，可以视具体情况书面通知采购人暂停采购活动，但是暂停时间最长不得超过三十日。

第四十五条 供应商以外的其他政府采购参加人认为政府采购活动损害自己权益的，可以向主管部门投诉。主管部门应当依法处理，对不属于本部门职责范围的，应当及时移送有关部门。

第七章 监督管理

第四十六条 主管部门履行下列职责：

（一）执行政府采购法律、法规及有关规定，制定政府采购政策和政府采购标准，建立健全政府采购管理制度；

（二）编制本级政府采购计划并监督实施；

（三）依据本条例规定办理政府采购审批事项；

（四）组织相关部门召开政府采购联席会议，建立协作机制，监督检查政府采购活动，处理投诉和举报；

（五）组织开展政府采购信息化建设和信息统计工作；

（六）组织建立全市统一的评审专家库，并对评审专家进行管理；

（七）组织对政府采购人员、政府集中采购机构以及社会采购代理机构的培训和考核；

（八）指导和监督政府采购行业自律性组织；

（九）法律、法规以及市人民政府规定的其他职责。

第四十七条 主管部门应当建立和完善专项检查、重点检查等监督检查制度，对政府采购活动进行监督管理。

主管部门应当会同监察、审计、市场监管以及其他有关部门建立部门协作机制和信息交换、共享平台。

政府采购参加人及其相关人员应当配合主管部门的监督检查，不得阻碍、抗拒检查。

第四十八条 下列政府采购事项应当经主管部门批准：

（一）应当公开招标的采购项目以非公开招标方式采购的；

（二）应当集中采购的采购项目实行自行采购的；

（三）采购进口货物、工程或者服务的；

（四）延长长期采购合同期限的；

（五）在采购合同履行中，增加采购合同标的的；

（六）延长采购中止时间的；

（七）终止采购的；

（八）法律、法规规定的其他事项。

第四十九条 政府采购活动出现异常情况时，主管部门应当对采购人、政府集中采购机构或者社会采购代理机构进行警示。

第五十条 市主管部门应当会同市政府集中采购机构通过建立诚信档案、制定行为准则等方式建立健全对社会采购代理机构、评审专家和供应商的管理考核机制。

在政府采购活动中，因违反法律、法规和规章的规定受到处罚的社会采购代理机构、评审专家和供应商，应当纳入其诚信档案并向社会公布。

对诚信守法的社会采购代理机构、评审专家和供应商，应当予以表彰。

第五十一条 政府采购信息以及政府采购执行情况应当在市主管部门指定网站或者其他媒体及时、全面、真实、准确地发布，但是涉及国家秘密或者商业秘密的除外。

第五十二条 政府采购应当接受社会监督。任何组织和个人有权对政府采购中的违法违规行为进行检举和控告，有关部门应当及时处理；对检举和控告的事项经查实且重大的，主管部门或者有关部门应当给予奖励。

市主管部门应当建立政府采购监督员制度，对政府采购活动进行监督。

第五十三条 市人民政府应当每年向市人大常委会报告上一年度政府采购实施情况。

第八章　法　律　责　任

第五十四条 采购人及其工作人员在政府采购中，有下列行为之一的，对单位负责人、直接负责的主管人员和其他直接责任人员，由主管部门或者有关机关依法处分并予以通报；给他人造成损失的，依法承担赔偿责任；构成犯罪的，依法追究刑事责任：

（一）规避集中采购或者公开招标的；

（二）超标准采购或者在政府采购计划以外实施采购的；

（三）未经批准采购进口货物、工程或者服务的；

（四）在采购活动中应当回避而未回避的；

（五）未按本条例规定确定、确认中标或者成交供应商的；

（六）在履行政府采购合同时未经批准增加采购合同标的的；

（七）与其他采购参加人串通，内定中标或者成交供应商的；

（八）未按本条例规定组织采购项目验收、签订或者履行采购合同的；

（九）索取、收受贿赂或者其他不正当利益的；

（十）阻碍、抗拒主管部门监督检查的；

（十一）其他违反本条例规定的行为。

有前款第六项行为的，增加部分的采购无效。

第五十五条 政府集中采购机构及其工作人员在政府采购中有下列行为之一的，对直接负责的主管人员和其他直接责任人员，由主管部门或者有关机关依法处分并予以通报；给他人造成损失的，依法承担赔偿责任；构成犯罪的，依法追究刑事责任：

（一）不履行本条例规定职责造成严重后果的；

（二）在采购活动中应当回避而未回避的；

（三）将采购项目转委托的；

（四）未经批准采购进口货物、工程或者服务的；

（五）超标准采购或者在政府采购计划以外实施采购的；

（六）未按照本条例规定程序组织实施采购的；

（七）与其他采购参加人串通，内定中标或者成交供应商的；

（八）索取、收受贿赂或者其他不正当利益的；

（九）阻碍、抗拒主管部门监督检查的；

（十）其他违反本条例规定的行为。

第五十六条 社会采购代理机构在政府采购中有下列行为之一的，由主管部门对社会采购代理机构及其负责人、直接负责的主管人员和其他直接责任人员通报批评，记入社会采购代理机构诚信档案，并处一万元以上十万元以下罚款；情节严重的，取消其参与本市政府采购代理资格，记入社会采购代理机构诚信档案，并处十万元以上二十万元以下罚款；给他人造成损失的，依法承担赔偿责任；构成犯罪的，依法追究刑事责任：

（一）规避集中采购或者公开招标的；

（二）超标准采购或者在政府采购计划以外实施采购的；

（三）未经批准采购进口货物、工程或者服务的；

（四）在采购活动中应当回避而未回避的；

（五）将采购项目转委托的；

（六）与其他采购参加人串通，内定中标或者成交供应商的；

（七）未按照本条例规定程序组织实施采购的；

（八）索取、收受贿赂或其他不正当利益的；

（九）阻碍、抗拒主管部门监督检查的；

（十）其他违反本条例规定的行为。

第五十七条 供应商在政府采购中，有下列行为之一的，一至三年内禁止其参与本市政府采购，并由主管部门记入供应商诚信档案，处采购金额千分之十以上千分之二十以下罚款；情节严重的，取消其参与本市政府采购资格，处采购金额千分之二十以上千分之三十以下罚款，并由市场监管部门依法吊销其营业执照；给他人造成损失的，依法承担赔偿责任；构成犯罪的，依法追究刑事责任：

（一）在采购活动中应当回避而未回避的；

（二）未按照本条例规定签订、履行采购合同，造成严重后果的；

（三）隐瞒真实情况，提供虚假资料的；

（四）以非法手段排斥其他供应商参与竞争的；

（五）与其他采购参加人串通投标的；

（六）恶意投诉的；

（七）向采购项目相关人行贿或者提供其他不当利益的；

（八）阻碍、抗拒主管部门监督检查的；

（九）其他违反本条例规定的行为。

第五十八条 评审专家在政府采购中有下列行为之一的，由主管部门通报批评，取消其政府采购评审专家资格，并记入评审专家诚信档案；给他人造成损失的，依法承担赔偿责任；构成犯罪的，依法追究刑事责任：

（一）擅自委托他人代替参与评审的；

（二）违反采购保密规定泄露采购信息的；

（三）在采购活动中应当回避而未回避的；

（四）不按照法律、法规规定的评审办法和评审标准进行评审的；

（五）与其他采购参加人串通，内定中标或者成交供应商的；

（六）索取、收受贿赂或者获取其他不正当利益的；

（七）阻碍、抗拒主管部门监督检查的；

（八）其他违反本条例规定的行为。

第五十九条 主管部门及其工作人员有下列行为之一的，对直接负责的主管人员和其他直接责任人员，由主管部门或者有关机关依法给予处分并予以通报；给他人造成损失的，依法承担赔偿责任；构成犯罪的，依法追究刑事责任：

（一）在采购活动中应当回避而未回避的；

（二）擅自增设政府采购项目批准或者增加批准程序、条件的；

（三）与采购参加人串通，内定中标或者成交供应商的；

（四）索取、收受贿赂或者获取其他不正当利益的；

（五）滥用职权、玩忽职守的；

（六）其他违反本条例规定的行为。

第六十条 有下列情形之一，影响中标、成交结果的，中标、成交无效：

（一）规避集中采购或者公开招标的；

（二）超标准采购或者在政府采购计划以外实施采购的；

（三）未经批准采购进口货物、工程或者服务的；

（四）与其他采购参加人串通投标，内定中标或者成交供应商的；

（五）以非法手段排斥其他供应商参与竞争的；

（六）隐瞒真实情况，提供虚假资料的；

（七）将采购项目转委托的；

（八）未按照本条例规定确定、确认中标或者成交供应商的；

（九）擅自委托他人代替参与评审的；

（十）违反采购保密规定泄露采购信息的；

（十一）在采购活动中应当回避而未回避的；

（十二）行贿、索贿、收受贿赂或者获取其他不正当利益的。

按照本条例规定中标、成交无效的，作如下处理：

（一）尚未签订采购合同的，不得签订采购合同，并撤销中标或者成交通知书；

（二）已签订采购合同尚未履行或者正在履行的，不得履行或者终止履行；

（三）采购合同履行完毕或者无法终止的，依法承担相应民事责任。

第九章 附 则

第六十一条 本条例规定的书面答复、通知，包括电子邮件或者短信息。

本条例规定的公告，可以在指定网站发布。

第六十二条 市人民政府应当根据本条例制定实施细则。

第六十三条 本条例自 2012 年 3 月 1 日起施行。

3.3 深圳市政府采购评标定标分离管理办法

(深财规〔2020〕1号)

第一章 总 则

第一条 为了建立适应高质量发展要求的现代政府采购制度，改进政府采购评审机制和交易机制，形成有效管用、简便易行、有利于实现优质优价采购结果的政府采购竞争机制，助力深圳加快建设中国特色社会主义先行示范区，根据《中华人民共和国政府采购法》《深圳经济特区政府采购条例》《深圳经济特区政府采购条例实施细则》等相关法律法规，结合我市实际情况，制定本办法。

第二条 评标定标分离（以下简称评定分离）是指在政府集中采购程序中，以公开招标方式执行采购，评审委员会负责对投标文件进行评审、推荐候选中标供应商并出具书面评审报告，由采购人根据评审委员会出具的评审报告从推荐的候选中标供应商中确定中标供应商。

第三条 深圳市行政区域内采用评定分离方式的政府采购活动及其监督管理适用本办法。

鼓励采购人在执行重大项目和特定品目项目政府采购时选择适用评定分离，其他项目不适用评定分离。单个项目需要确定多家中标供应商的，不适用评定分离。

重大项目是指单个项目预算金额或者打包采购项目预算总金额1000万元（含）以上的项目，以及预算金额未达到1000万元但涉及民生、社会影响较大的项目。特定品目项目由市财政部门发布。

第四条 组织实施适用评定分离的政府采购项目，应当遵循公开透明、优质优价、权责对等的原则，坚持质量优先、支持创新、廉洁采购、务实高效的理念。

第五条 采购人的政府采购活动实行行政首长或者法定代表人负责制，采购人的法定代表人是本单位政府采购的第一责任人，并承担廉政风险防范主体责任。采购人的采购责任机构负责人和采购经办人是本单位政府采购的直接责任人。采购人对采购结果负责。

第六条 采购人在适用评定分离的政府采购活动中履行以下职责：

（一）根据项目特点合理设计并事先确定采购需求和定标方案，严格按照定标方案讨论、确定定标结果，形成定标报告；

（二）按照法定程序和时限要求，组建定标委员会，完成采购活动，做好项目履约验收工作，对项目定标过程和定标结果负责；

（三）建立健全定标决策机制，强化责任意识，防范廉政风险，加强内控管理；

（四）配合政府集中采购机构或者社会采购代理机构（下称招标机构）做好供应商询问和质疑的答复工作，协助财政部门处理投诉。

主管预算单位应当加强对下属单位定标过程的指导监督，发挥管理职能。

第二章 评定分离政府采购程序

第七条 采购人应当根据本单位法定职责、单位运行和提供公共服务等实际需要，以及预算安排、经费或者资产配置标准等情况，制定符合法律法规和政府采购政策规定的采购需求，不得以不合理的条件对供应商实行差别待遇或者歧视待遇。对于涉及民生、社会影响较大的项目，采购人在制定采购需求时，还应当进行法律、技术咨询或者公开征求意见，确保采购需求的完整性和严谨性。

采购人在编制采购需求时，应当落实政府采购政策，自觉执行政府采购有关节约能源、保护环境、循环经济、促进中小企业发展、支持创新等政策规定。

第八条 招标机构应当自收到政府采购项目申报材料之日起 3 个工作日内进行审核，并做出是否受理的书面决定。

对受理的政府采购项目，招标机构不得转委托，并应当根据采购项目的特点和采购需求，在 10 个工作日内完成采购文件的编制。

第九条 收到招标机构编制的采购文件，采购人应当依法确认或者提出书面异议。采购人无正当理由不确认采购文件且未提出书面异议的，视为已确认。

第十条 招标机构应当在投标截止前 10 日公布招标公告和招标文件。重大项目应当在投标截止前 15 日公布招标公告和招标文件。

第十一条 招标机构应当在投标截止日前组成评审委员会。评审委员会由评审专家组成，人数为 5 人（含）以上单数，重大项目人数为 7 人（含）以上单数。

评审专家从政府采购评审专家库中随机抽取。因行业或者技能等特殊要求，专家库中没有符合条件的可选专家，采购人可以自行推荐具有项目相关专业知识或者技能的专家参与项目评审。采购人应当建立健全政府采购内控机制，按照内控程序自定评审专家。财政部门依法依规对评审专家及其评审活动进行监督管理。

具体采购项目选取的专家名单随中标结果公开，接受社会监督。

第十二条 适用评定分离的政府采购项目，采用综合评分法评标。在投标文件满足招标文件全部实质性要求的前提下，评审委员会按照招标文件中规定的评审因素量化指标进行评审。

第十三条 评审委员会完成评审后，应当出具书面评审报告，推荐 3 个合格的候选中标供应商；除招标文件明确要求排序的外，推荐候选中标供应商不标明排序。

评审报告应当包含各评审专家个人意见和评审委员会结论意见，报告内容包括但不限于对每个候选中标供应商的总体评价、供应商对招标文件的响应程度、技术（服务）方案优劣对比、报价合理性等内容。

评审专家在评审过程中，判定投标供应商的投标文件为无效的，评审专家应当详细说明投标无效的原因，列举出投标文件存在的问题并署名。

第十四条 招标机构应当自评审结束之日起 2 个工作日内将候选中标供应商名单及其投标文件、评审报告送交采购人。

第十五条 适用评定分离的政府采购项目，采用自定法定标。

第十六条 重大项目由采购人领导班子成员组成定标委员会，有半数以上班子成员到会方可在候选中标供应商中确定中标供应商。特定品目项目的定标委员会应当由 5 人或者以上单数的领导班子成员，或者单位中层以上管理人员、具有与所采购项目专业领域中级以上职称人员、采购责任机构负责人等组成。

第十七条 采购人讨论决定定标事项时应当保证与会成员有足够时间听取情况介绍、充分发表意见。在充分讨论的基础上，采取口头表决、举手表决或者无记名投票等方式进行表决。

候选中标供应商的得票数超过定标委员会成员人数半数的，方可确定为中标供应商。在表决中，各候选中标供应商得票数比较分散且没有供应商得票数超过定标委员会成员半数的，可以剔除得票数最少的供应商后再次表决，直至表决出符合得票数要求的中标供应商。

第十八条　采购人讨论决定定标事项，应当按照下列程序进行：

（一）采购人的采购责任机构负责人或者采购项目需求部门负责人，结合项目需求和评审专家的评审意见，逐个介绍候选中标供应商的情况；

（二）参加会议人员进行充分讨论；

（三）进行表决。

第十九条　采购人定标时应当坚持择优与竞价相结合，择优为主。综合考虑候选中标供应商的企业实力、企业信誉、投标文件响应情况、投标报价等多方面因素，分析采购项目实际情况，选择履约能力较强、价格合理的供应商。

第二十条　采购人应当安排专人对定标过程进行书面记录，形成定标报告，作为采购文件的组成部分存档，并及时将定标结果反馈招标机构。

第二十一条　招标机构应当在发出中标通知书之前，将中标结果通过政府采购指定网站进行公示，涉及国家秘密和商业秘密的内容除外。公示时间不少于3日，公示应当包括以下内容：

（一）投标供应商名称、资格响应文件和报价；

（二）项目评审专家名单以及候选中标供应商名单；

（三）确定的中标供应商名单；

（四）法律、法规和规章规定的其他内容。

公示期内有异议的，异议人应当在公示期满前向招标机构提出。公示期满无异议或者异议不成立的，招标机构应当发出中标通知书。

第二十二条　公示期满无异议，采购人和中标供应商应当在法定时间内按照采购文件确定的事项签订合同，并做好合同公告及备案工作。

第三章　监督管理

第二十三条　评定分离政府采购项目的质疑由招标机构统一受理，并按照以下规定书面答复质疑人：

（一）质疑涉及投标供应商资格条件设置、招标文件的评审方法、评分细则、技术方案或参数、合同条款、定标活动等内容的，招标机构在收到质疑之日起2个工作日内交由采购人解释，采购人自收到质疑答复通知之日起3个工作日内将答复意见反馈招标机构，招标机构在法定期限内答复质疑人；

（二）其他质疑事项由招标机构在法定时限内直接书面答复质疑人。

第二十四条　中标结果公布前，有效投标供应商符合法定数量，合格的候选中标供应商发生变更的，不再替补。无合格候选中标供应商或者作出有效投标的供应商不足法定数量而公开招标失败的，应当重新组织公开招标，或者经主管部门批准转为非公开招标方式采购，但终止采购的除外。

第二十五条　采购人应当认真做好评定分离政府采购项目的履约验收工作。

财政部门应当加强对评定分离项目的绩效评价管理，督促采购人完善政府采购内控机制，对采购人评定分离执行情况进行监督检查，对招标机构评定分离项目评标组织情况加强考核。

集中采购机构应当加大对评定分离项目的履约抽检评价。

第二十六条 在评定分离项目采购过程中，招标机构、评审专家以及供应商应当严格按照政府采购法律、法规和规章的规定执行，财政部门依法实施监督管理。采购人在定标过程中有违规行为的，根据相关规定进行处理；涉嫌犯罪的，依法移交司法机关处理。

第二十七条 对情况复杂、涉及面广的重大投诉、举报事项，由财政部门启动政府采购联席会议机制，会同纪检监察等相关部门或者行业主管部门进行联合调查，共同研究做出处理决定。

质疑投诉或者举报涉及采购人、招标机构、评审专家以及其他政府采购参加方在政府采购活动中存在不廉洁行为的，按照有关规定移送纪检监察机关或者相关部门予以处理；涉嫌犯罪的，依法移送司法机关处理。

第四章 附 则

第二十八条 本办法自 2020 年 4 月 1 日起施行，有效期 3 年。

3.4 深圳市政府采购代理机构管理实施办法

（深财规〔2019〕4号）

第一章 总 则

第一条 为加强政府采购代理机构监督管理，促进政府采购代理机构规范发展，依据《中华人民共和国政府采购法》《中华人民共和国政府采购法实施条例》《政府采购代理机构管理暂行办法》（财库〔2018〕2号）等法律法规及相关制度，结合本市实际，制定本办法。

第二条 本办法所称政府采购代理机构（以下简称代理机构），是指集中采购机构以外、受采购人委托在我市从事政府采购代理业务的社会中介机构。

代理机构应当主动加强业务学习，不断增强采购需求设定、采购合同拟定等专业化服务能力，从程序代理服务为主转为专业化服务为主。

第三条 代理机构的从业管理、信用评价及监督检查适用本办法。

第四条 市、区政府财政部门（以下简称财政部门）依法对代理机构从事政府采购代理业务进行监督管理，经调查发现违法违规情况的，依法对代理机构进行处理处罚。

第二章 从 业 管 理

第五条 代理机构代理我市政府采购业务应当具备以下条件：

（一）具有独立承担民事责任的能力；

（二）建立完善的政府采购内部监督管理制度；

（三）拥有不少于5名熟悉政府采购法律法规、具备编制采购文件和组织采购活动等相应能力的专职从业人员；

（四）具有代理政府采购业务必需的评审场地、电脑设备、录音录像监控设备和网络设施等，具备开展电子化招投标的条件。

第六条 代理机构应当按照财政部要求，通过工商登记注册地（以下简称注册地）的中国政府采购网省级分网填报机构信息申请进入名录。代理机构名录登记信息由注册地省级财政部门审核，名录信息全国共享并向社会公开。

第七条 市级财政部门依托深圳市政府采购监管网（www.zfcg.sz.gov.cn）建立我市代理机构从业信息。

已通过名录登记审核，且有意在我市开展政府采购代理业务的代理机构，通过深圳市政府采购监管网填报以下从业信息，并承诺对信息真实性负责：

（一）在中国政府采购网登记信息的链接地址；

（二）代理机构名称、评审场所、联系电话等机构信息；

（三）深圳业务负责人、深圳业务联系人及在深专职人员等个人信息；

（四）市级财政部门要求提供的其他材料。

代理机构填报从业信息不完整的，市级财政部门应当及时告知其完善填报信息。代理机构填报从业信息完整且具备从业条件的,由市级财政部门将其纳入我市代理机构从业名录,并在深圳市政府采购监管网公布从业信息。从业名录全市共享,财政部门、集中采购机构为已经纳入我市从业名录的代理机构开通政府采购系统相关操作权限。

第八条 代理机构应当对所填报的名录信息和从业信息的真实性负责,代理机构变更登记资料的,应当在信息变更之日起10个工作日内在中国政府采购网和深圳市政府采购监管网自行更新。

第九条 采购人应当切实履行政府采购主体责任,根据项目特点、代理机构专业领域、评审场地、专职人员配备和考核评价结果等情况,在我市代理机构从业名录中自主择优选择代理机构。

任何单位和个人不得以摇号、抽签、遴选等方式干预采购人自行选择代理机构。

第十条 代理机构受采购人委托办理采购事宜,应当与采购人签订委托代理协议,明确采购代理范围、权限、期限、档案保存、代理费用收取方式及标准、协议解除及终止、违约责任等具体事项,约定双方权利义务。

第十一条 代理机构应当严格按照委托代理协议的约定依法依规开展政府采购代理业务,相关开标及评审活动应当全程录音录像,录音录像应当清晰可辨,音像资料作为采购文件一并存档。

第十二条 代理费用可以由中标、成交供应商支付,也可由采购人支付。由中标、成交供应商支付的,供应商报价应当包含代理费用。代理费用超过政府集中采购限额标准的,原则上由中标、成交供应商支付。

代理机构应当在采购文件中明示代理费用收取方式及标准,随中标、成交结果一并公开本项目收费情况,包括具体收费标准及收费金额等,不得收取没有法律依据的费用。

第十三条 采购人和代理机构在委托代理协议中约定由代理机构负责保存采购文件的,代理机构应当妥善保存采购文件,不得伪造、变造、隐匿或者销毁采购文件。采购文件的保存期限为从采购结束之日起至少十五年。

采购文件可以采用电子档案方式保存,采用电子档案方式保存采购文件的,相关电子档案应当符合《中华人民共和国档案法》《中华人民共和国电子签名法》等法律法规的要求。

代理机构终止经营的,应当在终止经营前将采购文件、录音录像等资料及时移交给采购人妥善保存,双方做好移交资料书面确认后,及时向市级财政部门办理从业名录注销手续。

第十四条 代理机构应当将内部控制管理贯穿于政府采购代理业务的全流程、各环节,建立符合规定的政府采购内部监督管理制度,包括但不限于:不相容岗位与职责分离制度、委托代理管理制度、采购文件编制审核制度、评审现场组织管理制度、评标结果登记公示制度、政府采购质疑处理制度、政府采购档案管理制度等。

第十五条 代理机构应当明确专职从业人员,强化业务培训,并保持人员相对稳定。

代理机构项目负责人应当熟悉政府采购法律法规、具备编制采购文件和组织采购活动等相应能力。

第十六条 代理机构应当积极配合财政部门及相关部门对政府采购活动的监督检查,并如实反映情况,提供有关资料。

第三章 信用评价及监督检查

第十七条 市级财政部门负责建立我市代理机构综合信用评价机制,对代理机构的代理活动进行综合信用评价，综合信用评价结果全市共享。

第十八条 财政部门应当建立健全定向检查和不定向检查相结合的随机检查机制。对存在违法违规线索的政府采购项目开展定向检查；对日常监管事项，通过随机抽取检查对象、随机选派执法检查人员等方式开展不定向检查。

财政部门可以根据综合信用评价结果合理优化对代理机构的监督检查频次。

第十九条 财政部门应当依法加强对代理机构的监督检查，监督检查包括以下内容：

（一）代理机构登记信息的真实性；

（二）营业场所情况。包括是否具备独立办公场所、开标评标场所，是否配备开展代理业务所需的录音录像等设备设施和办公设备，是否具备电子化招投标条件，是否有政府采购资料档案室等；

（三）队伍建设情况。包括专职从业人员的数量、参加财政部门组织培训的情况，遵守职业道德和廉洁自律情况等；

（四）制度建设与执行情况。包括是否建立与开展代理业务相适应的工作纪律、业务流程、岗位职责、监督机制、收费规则、档案管理等内部管理制度，制度的合法性、科学性以及执行情况；

（五）业务操作情况。包括委托代理协议的签订和执行、进口核准、采购方式变更、采购文件编制与发售、专家抽取、采购现场组织、采购结果确定、信息公告、保证金管理、质疑答复等各环节的情况；

（六）其他政府采购从业情况。

第二十条 财政部门应当在开展检查前，拟定对代理机构监督检查的实施方案，成立检查工作组。财政部门可以委托无利害关系的第三方机构按照本办法规定和实施方案要求开展检查。

检查工作组应当在财政部门的指导下开展工作，对代理机构进行书面审查和现场检查，形成检查工作报告。被检查代理机构应当对检查工作报告进行确认，如对检查工作报告所述内容有异议，应当写明本机构的意见并提供相关证据。

第二十一条 财政部门应当通过深圳市政府采购监管网等渠道向社会公开对代理机构的监督检查结果，并将监督检查结果纳入代理机构综合信用评价体系。

第二十二条 受到财政部门禁止代理政府采购业务处罚的代理机构，应当及时停止代理业务，已经签订委托代理协议的项目，按下列情况分别处理：

（一）尚未开始执行的项目，应当及时终止委托代理协议；

（二）已经开始执行的项目，可以终止的应当及时终止，确因客观原因无法终止的应当妥善做好善后工作。

第二十三条 代理机构及其工作人员违反政府采购法律法规的行为，依照政府采购法律法规进行处理；涉嫌犯罪的，依法移送司法机关处理。

代理机构的违法行为给他人造成损失的，依法承担民事责任。

第二十四条 财政部门工作人员在代理机构管理中存在滥用职权、玩忽职守、徇私舞弊等违法违纪行为的，依照政府采购法律法规和国家有关规定追究相关责任；涉嫌犯罪的，依法移送司法机关处理。

第四章 附 则

第二十五条 本办法由深圳市财政局负责解释。

第二十六条 本办法自2019年10月1日起施行,有效期五年。原《深圳市社会采购代理机构考核管理暂行办法》(深财规〔2013〕21号)不再执行。

3.5 关于建设工程招标投标改革的若干规定

(深府〔2015〕73号)

第一章 总 则

第一条 为促进建设工程招标投标的公开、公平、公正与择优，提高招标投标效率和工程质量水平，落实"深圳质量""深圳标准"要求，根据《中华人民共和国招标投标法》等法律、法规和规章的规定，结合本市实际，制定本规定。

第二条 本规定适用于本市行政区域内建设工程的招标投标及其管理活动。

本规定所称建设工程包括：

（一）新建、改建、扩建的土木工程、建筑工程、线路管道和设备安装工程以及装修工程等。

（二）为完成工程所需的勘察、设计、施工图审查、监理、咨询、环境影响评价、检测鉴定、项目管理、项目代建等与工程建设有关的服务。

（三）构成工程不可分割的组成部分，且为实现工程基本功能所必需的设备、材料等，包括：房屋建筑工程中的电梯、中央空调、建筑智能化系统、水电气系统、消防系统、太阳能系统；市政基础设施及轨道交通工程中的各类设备设施；其他构成工程实体的原材料和半成品等。

第三条 建设工程招标投标实行招标人负责制。招标人的法定代表人是招标活动的第一责任人，对招标过程和结果的合法性负责。

建设工程招标投标实行集中交易制度。按照规定必须招标的建设工程，应当进入深圳市建设工程交易服务中心（以下简称"交易中心"）统一进行招标投标。

建设工程招标投标实行评标、定标公开制度。评标专家库、评标委员会成员名单、评标报告、定标情况应当在深圳建设工程交易服务网（http://www.szjsjy.com.cn，以下简称"交易网"）公开。

第四条 市建设部门负责依法制定全市统一的建设工程招标投标政策措施，指导全市建设工程招标投标活动。

建设部门、交通部门按照分工履行建设工程招标投标监管职责。

第五条 实行电子化招标、投标。

在本市参与建设工程投标的企业，应当在市建设部门办理企业信息登记，领取电子投标数字证书。投标企业信息登记的具体办法由市建设部门另行制定。

第六条 对于本市建设工程获得国家鲁班奖等优质工程奖项的承包单位，可以给予工程奖励或者其他奖励，具体办法由市建设部门另行制定并报市政府批准后实施。

第二章 招标范围与方式

第七条 国有（含财政性资金）或者集体资金投资的建设工程达到法律、法规和规章规定限额标准的，应当进行招标。

建设工程未达到应当招标的限额标准，但依法应当进行政府采购的，根据有关政府采购的法律、法规和规章的规定进行采购。交易中心应当定期统计财政性资金投资建设工程的招标投标数据，报送市财政部门。

不属于上述规定的建设工程是否实行招标，由建设单位自行决定。

第八条 依法必须进行招标的建设工程中，国有资金占控股或者主导地位的应当公开招标，其他可以邀请招标。

第九条 按照规定应当招标的建设工程有下列情形之一的，可以不进行招标：

（一）停建或者缓建后恢复建设的建设工程，且承包人未发生变更的。

（二）需要采用不可替代的专利或者专有技术的。

（三）招标人依法能够自行建设、生产或者提供的。

（四）招标人有控股的施工、货物或者服务企业，或者招标人被该施工、货物或者服务企业控股，且该企业的资质符合工程要求的。

（五）在建工程追加的与主体工程不可分割的附属工程（工程造价不超过原合同造价的 30%，且不超过 5000 万元）或者主体加层工程，可以由原承包人继续实施的。

（六）为满足工程建设项目的一致性或者功能配套要求需要向原中标人采购货物或者服务的，或者与在建工程密不可分需要由原中标人同步施工的。

（七）依法确定的建设—运营—移交（BOT）、建设—移交（BT）主办方为非国有资金控股或者占主导地位的企业，其所承接的项目需要另行确定工程实施企业的。

（八）法律、法规和规章规定可以不招标的其他情形。

招标人为适用上述规定，肢解工程发包或者以其他方式弄虚作假的，视为规避招标。

第十条 招标人可以根据实际情况，采用以下简化招标措施：

（一）不要求投标人编制技术标书，不进行技术标评审。主要适用于采用通用技术的简单施工招标。

（二）直接抽签定标。主要适用于单项合同价在 3000 万元以下的工程施工发包、200 万元以下的服务招标，由招标人直接确定合同价格或者结算原则，在合格投标人中抽签确定中标人。

（三）批量招标。主要适用于需求明确的同类零星项目，采用捆绑、打包等批量招标方式，一次集中招标确定 1 名或者多名中标人。

（四）预选招标。主要适用于抢险救灾工程、修缮工程以及经常发生的货物、服务招标，一次集中招标确定不少于 2 家且有效期不超过 2 年的预选企业，并按照招标文件载明的方法，从预选企业中确定后续具体项目的中标人和中标价格。

（五）其他法定的简化程序、缩短招标时限的变通措施。

第三章 招　　标

第十一条 招标人不具有自行招标能力的，应当委托招标代理机构代理招标。招标人确定招标代理机构可以不进行招标。

招标代理机构确定的项目负责人应当具备工程建设类执业资格或者招标师职业资格，具有工程类或者经济类中级以上技术职称。招标代理机构从业人员应当经培训考核合格，并持证上岗。

招标公告、资格预审文件和招标文件（不含工程量清单）应当由招标代理机构项目负责人组织编写，招标过程中的主要文件应当由项目负责人签署并加盖招标代理机构公章。

第十二条 对于已办理计划立项的项目，如满足招标的相关技术条件，招标人可以先行招标，但必须向建设部门或者交通部门提交书面承诺，自行承担因项目规划条件等发生变化而导致招标失败的风险。招标完成后，未完成其他必要审批手续的，不得开展后续活动。

第十三条 提倡大标段或者总承包招标。招标人应当根据自身项目管理能力，结合承包企业的经济、技术和管理实力，合理划分标段，明确总承包范围。

可采用建设—移交（BT）、建设—运营—移交（BOT）、设计—采购—施工（EPC）、设计施工总承包、项目代建总承包等模式确定总承包人或者项目主办方。

鼓励采用建筑工业化、建筑信息模型（BIM）等新型技术进行项目建设和管理。

第十四条 招标人应当根据建设工程实际及招标需求，参照交易网公布的范本编制招标文件，有关专业工程没有范本的，参照国家发布的招标文件范本编制。

招标人编制的招标文件与范本不一致的，应当在招标文件中做出标示和说明。

招标人应当在招标文件中将不予受理投标或者作无效标、废标等否定投标文件效力的条款单列。

第十五条 招标人应当通过交易网按照下列规定时限持续发布招标公告、资格预审公告和招标文件：

（一）采用投标报名方式招标的，招标公告自开始发布至投标报名截止不得少于5个工作日。

（二）采用资格预审方式招标的，资格预审公告自开始发布至提交资格预审申请文件截止不得少于10日。

（三）采用资格后审方式招标的，招标文件应当与招标公告同时发布，招标公告自开始发布至提交投标文件截止不得少于20日，采用直接抽签发包的不得少于5个工作日。

（四）招标文件自开始发布至提交投标文件截止不得少于20日，方案设计招标的不得少于30日。

（五）不要求投标人编制技术标书，不进行技术标评审的，招标文件自开始发布至提交投标文件截止不得少于5个工作日。

招标公告发布后，招标人不得变更投标人资格条件、评标定标方法等实质性条款。确需改变的，应当重新发布招标公告。

招标人应当在发布招标公告、资格预审公告和招标文件的同时，报建设部门或者交通部门登记备案，并对招标公告和招标文件的真实性、合法性负责。

第十六条 投标人可以在交易网不署名提出对招标事宜的质疑，招标人应当在交易网及时答复。

（一）采用投标报名的，对招标公告的质疑应当在投标报名截止3日前提出，答疑、补遗应当在投标报名截止2日前发出；采用资格预审的，对招标公告的质疑应当在提交资格预审申请文件截止5日前提出，答疑、补遗应当在提交资格预审申请文件截止3日前发出。逾期答疑、补遗的，投标报名或者提交资格预审申请文件截止时间应当相应顺延。

（二）对招标文件的质疑，应当在提交投标文件截止10日前提出，答疑、补遗应当在提交投标文件截止5日前发出；采用直接抽签发包的，应当在提交投标文件截止3日前提出，答疑、补遗应当在提交投标文件截止2日前发出。逾期答疑、补遗的，提交投标文件截止时间应当相应顺延。

采用资格后审的，招标人不组织集中答疑和现场踏勘。

第十七条 招标人应当编制招标控制价，并根据招标控制价确定最高报价限价。

建设工程施工招标控制价应当采用工程量清单方式编制。不具备编制招标控制价条件的，招标人可以根据经批准的工程概算、造价指标、市建设部门发布的上一年度同类招标工程中标价相对于招标控制价下浮率或者通过市场询价等方式设置最高报价限价。

采用直接抽签发包的建设工程，其最高报价限价即为合同价，参照市建设部门发布的上一年度同类招标工程中标价相对于招标控制价平均下浮率，结合工程实际情况确定。

第十八条 招标人不得规定最低投标限价。

招标人不得在招标文件中向潜在投标人作出承诺，保证最低报价者中标。

第十九条 招标控制价、最高报价限价最迟应当在提交投标文件截止 5 日前在交易网公布。

投标人对招标人公布的招标控制价、最高报价限价有异议的，应当在提交投标文件截止 3 日前向招标人书面提出，招标人应当立即核实。经核实确有错误的，招标人应当进行调整并重新公布，提交投标文件截止时间相应顺延。

第二十条 采用工程量清单编制招标控制价的，招标人应当按照下列规定公布招标控制价内容：

（一）直接抽签发包的施工招标，招标人公布的招标控制价应当包括工程总价、分部分项工程费（含分部分项工程量清单及其综合单价）、措施项目费（含措施项目清单及其费用）、其他项目费（含其他项目清单及其综合单价或者费用）、主要材料价格、税金、规费以及相关说明等。

（二）其他施工招标，招标人公布的招标控制价应当包括工程总价、分部分项工程量清单计价合计、措施项目清单计价合计、其他项目清单计价合计、税金和规费合计。其中安全文明措施费、暂列金额、暂估价等投标人不可竞争的固定报价另外单列。

相关专业工程计价标准、规范另有规定的，从其规定。

第二十一条 招标人在招标文件中设置材料、设备暂估价的，投标人应当按照招标人公布的金额填报，暂估价不作为结算依据。暂估价达到法定应当招标限额的，中标后由建设单位提出技术标准和最高限价，由总承包单位在交易中心进行公开招标。

属于承包人自行采购的主要材料、设备，招标人应当在招标文件中提出材料、设备的技术标准或者质量要求，或者提供不少于 3 个品牌进行选择。招标人应当在招标文件中明确选用的品牌、厂家或者质量等级。

第二十二条 采用工程量清单进行施工招标的工程，无法提供专业工程的图纸或者工程量清单的，招标人可以在招标文件中暂估该部分工程的造价，并明确暂估价部分工程的定价方法或者结算原则，但暂估部分的工程估价累计不得超过本工程按照图纸计算的建安工程造价的 15%。

投标人应当按照招标人公布的暂估价填报，不作为结算依据。该部分工程预算价超过招标文件中所列的专业工程暂估价的，招标人应当进入交易中心通过公开招标方式重新确定该部分工程的承包人，否则视为规避招标。

第四章　投　标　条　件

第二十三条 招标人应当对投标人进行资格审查，资格审查不合格的投标人不得进入后续程序。

施工、监理招标以及采用直接抽签发包的项目，一般采用资格后审，方案设计招标可以采用资格预审，货物、服务项目招标可以采取投标报名等方式进行资格审查。

招标人可以组建资格审查委员会对投标人资格进行审查。资格审查委员会成员数量为3人以上单数，招标代理人员参与资格审查的，其人员不得超过总人数的1/3。

资格审查结果应当在交易网公示不少于3个工作日。

第二十四条 工程施工和服务项目的招标人可以将投标人的企业资质、项目负责人执业资格、同类工程经验（业绩）要求等作为投标资格条件。同类工程经验（业绩）作为投标资格条件的，应当符合本规定第二十九条、第三十条的要求。

第二十五条 货物招标人可以将投标人的企业资质、项目负责人执业资格、同类工程经验（业绩）要求、国家规定的强制性认证、特种产品生产许可证、制造商授权等作为投标资格条件。

第二十六条 含安装工程的货物招标，招标人应当设定承接安装工程投标人的资格条件。投标人可以采取以下方式投标：

（一）联合体投标。

（二）与具有相应安装资格条件的企业签订委托协议的方式投标。

（三）中标后按照招标文件规定的资格条件确定安装工程承接单位。

第二十七条 招标人设置投标人资质条件应当遵守以下规定：

（一）一般不得高于该工程所需要的最低资质要求，采用直接抽签发包的，可以提高一个资质等级。

（二）招标工程要求投标人同时具备多项资质条件的，招标人应当允许投标人采用联合体投标。

（三）总承包招标不得要求投标人在具备总承包资质的同时，还必须具备该总承包资质范围内的专业承包资质，但国家另有规定的除外。

（四）不同总承包资质或者专业承包资质的承接范围存在交叉情形的，具有相应资质或者满足资质要求的企业均可参与该工程投标。

第二十八条 任职项目数量达到规定限额的项目负责人，不得违反规定作为拟派项目管理班子成员参与项目投标，否则该投标作废标处理。

第二十九条 除下列情形外，施工招标不得在投标人资格条件中设置同类工程经验（业绩）要求：

（一）建筑高度200米以上、单跨跨度48米以上或者单体建筑面积20万平方米以上的房屋建筑工程。

（二）高度150米以上的构筑物。

（三）深度或者高度15米以上的深基坑或者边坡支护。

（四）轨道交通主体工程。

（五）体育场馆、影剧院、候机楼、会展中心等大型公共建筑工程。

（六）大型桥梁、港口、水库、设计标准百年一遇水务工程、泵站、地下建筑、垃圾处理场、污水处理厂、高压或者次高压天然气场站及管线工程、液化天然气（LNG）储罐项目、长距离输水隧洞、中长距离隧道、电站及电厂（含核电、火电、水电等）等技术特别复杂、施工有特殊要求或者采用新技术的工程。

（七）医院及实验检验室中技术特别复杂、施工有特殊要求或者采用新技术的工程。

（八）采用建筑工业化、建筑信息模型（BIM）等新型技术建设和管理的房屋建筑工程。

第三十条 建设工程招标设置同类工程经验（业绩）指标的，应当符合下列规定：

（一）同类工程经验（业绩）设置数量仅限 1 个，时间范围不得少于 3 年（从招标公告发布之日起倒算）。

（二）指标应当符合建设工程的内容，且不得超过 3 项，其中规模性量化指标不得高于建设工程相应指标的 50%，技术性指标不得高于建设工程的相应指标。

招标人需要超出本规定设置其他同类工程经验（业绩）指标的，应当在评标专家库中按照专业随机抽取不少于 5 名专家并经专家论证同意。

第三十一条 有下列情形之一的，招标人应当取消同类工程经验（业绩）要求，重新发布招标公告：

（一）采用资格预审或者投标报名，确定的正式投标人数量少于 5 名的，或者提交投标文件的投标人数量少于 3 名的。

（二）采用资格后审，提交投标文件的投标人数量少于 3 名的。

（三）采用批量招标或者预选招标，提交投标文件的投标人少于拟定中标人或者预选企业数量加上 2 名的。

确因工程实际需要无法取消同类工程经验（业绩）要求的，招标人应当在评标专家库中按照专业随机抽取不少于 5 名专家并通过专家论证。

投标条件未发生变化的，招标人重新发布招标公告和招标文件的时间可以缩短，但不得少于原规定发布时间的 50%。招标公告重新发布后，投标人数量仍不足的，招标人可以进行后续招标程序，或者将上述情况在交易网公示 3 个工作日后直接发包，但采用批量招标或者预选招标的，招标人不得再采用批量或者预选招标方式。

第三十二条 招标人要求投标人提交同类工程经验（业绩）的，招标人应当在资格审查结束后，将合格投标人报送的同类工程经验（业绩）相关信息在交易网公示 3 个工作日。

第三十三条 招标人应当拒绝有下列情形之一的企业或者从业人员参与投标：

（一）近 3 年内（从招标公告发布之日起倒算）投标人或者其法定代表人有行贿犯罪记录的。

（二）近 1 年内（从截标之日起倒算）因串通投标、转包、以他人名义投标或者违法分包等违法行为受到建设、交通或者财政部门行政处罚的。

（三）因违反工程质量、安全生产管理规定等原因被建设部门给予红色警示且在警示期内的。

（四）拖欠工人工资被有关部门责令改正而未改正的。

（五）依法应当拒绝投标的其他情形。

招标人应当将前款规定纳入招标公告、资格预审公告或者招标文件中。

第三十四条 招标人可以拒绝有下列情形之一的企业或者从业人员参与投标：

（一）被建设或者交通部门信用评价为红色且正处在信用评价结果公示期内的。

（二）近 3 年内（从截标之日起倒算）曾被本项目招标人履约评价为不合格的。

（三）近 2 年内（从截标之日起倒算）曾有放弃中标资格、拒不签订合同、拒不提供履约担保情形的。

（四）因违反工程质量、安全生产管理规定，或者因串通投标、转包、以他人名义投标或者违法分包等违法行为，正在接受建设、交通或者财政部门立案调查的。

第五章　开标与评标

第三十五条　招标人应当在招标文件确定的地点开标，并做好记录。投标人自愿参加开标会，未参加开标会的，视为其认可开标程序和结果。

第三十六条　对于资格审查合格的投标人数量超过 20 名的，招标人应当采用票决法、集体议事法、价格法、抽签法等方法淘汰部分投标人，但进入后续评标程序的投标人数量应当为 15 至 20 名。具体淘汰办法应当在招标文件中明确规定。

第三十七条　需要评标的工程，招标人应当组建评标委员会，并在交易网公布评标委员会成员名单。

评标委员会的专家成员应当由招标人从评标专家库内按照专业随机抽取，但来自同一单位的评标专家不得超过 2 人。

对于技术复杂、专业性强或者有特殊要求的建设工程，因评标专家库没有相应专业库，或者评标专家库现有专家难以胜任该项评标工作的，招标人可以直接委托专家或者专业机构进行评标。

第三十八条　组建施工招标的评标委员会应当符合下列要求：

（一）采用电子评标的，技术标评标委员会成员数量为 5 人以上单数，商务标评标委员会成员数量为 3 人以上单数。

（二）采用纸质方式评标的，技术标评标委员会和商务标评标委员会成员数量均为 5 人以上单数。

招标人可以各委派一名代表作为技术标和商务标的评标委员会成员。

第三十九条　货物、服务招标的评标委员会成员数量为 5 人以上单数，招标人可以委派一名代表。

方案设计招标的评标委员会成员，由招标人从评标专家库内随机抽取，也可以由招标人直接邀请中国科学院院士、中国工程院院士、设计大师或者设计行业的资深专家参加评标。

第四十条　建设工程评标一般采用定性评审，评标委员会按照招标文件规定对各投标文件是否满足招标文件实质性要求提出意见，指出各投标文件中的优点和存在的缺陷、签订合同前应当注意和澄清的事项等，不对投标文件进行打分，不直接确定中标人。

方案设计招标的评标委员会在对投标文件进行定性评审的基础上，采用记名投票方式对评审合格的投标人进行逐轮淘汰表决，直至达到招标文件规定的中标候选人数量，但数量不超过 3 名。

第四十一条　除法律、法规、规章、规范性文件规定以及招标文件否决性条款单列的无效标或者废标情形外，评标委员会不得对投标文件作无效标或者废标处理。

评标委员会对投标文件有异议，或者依照有关规定需要作出无效标或者废标决定的，应当向当事人核实有关事项，并将核实情况记录在案。无效标或者废标应当由评标委员会集体表决后作出。

评标委员会在否决所有投标文件前，应当向招标人核实有关情况，听取招标人意见。

第四十二条　评标委员会作出无效标或者废标处理后，合格投标人数量不足 3 名的，招标人应当宣布本次招标失败，重新招标。

采用批量招标或者预选招标方式的，评标委员会作出无效标或者废标处理后，合格投标人数量不足拟定中标人数量或者预选企业数量加上 2 名的，招标人不得再采用批量招标或者预选招标方式。

重新招标的项目，评标委员会作出无效标或者废标处理后合格投标人数量仍不足 3 名的，评标委员会应当将对合格投标人的评审意见提交招标人，招标人可以按照原招标文件的定标程序和方法从合格投标人中确定中标人，或者将上述情况在交易网公示 3 个工作日后直接发包。

第四十三条 评标完成后，评标委员会应当向招标人提交书面评标报告，根据招标文件要求推荐合格投标人或者提出明确的评标结论。

招标人应当将评标报告（含合格投标人名单）在交易网公示 3 个工作日。

第六章 定标与中标

第四十四条 招标人应当按照充分竞争、合理低价的原则，采用下列方法或者下列方法的组合在评标委员会推荐的合格投标人中择优确定中标人：

（一）价格竞争定标法，按照招标文件规定的价格竞争方法确定中标人。

（二）票决定标法，由招标人组建定标委员会以直接票决或者逐轮票决等方式确定中标人。

（三）票决抽签定标法，由招标人组建定标委员会从进入票决程序的投标人中，以投票表决方式确定不少于 3 名投标人，以随机抽签方式确定中标人。

（四）集体议事法，由招标人组建定标委员会进行集体商议，定标委员会成员各自发表意见，由定标委员会组长最终确定中标人。所有参加会议的定标委员会成员的意见应当作书面记录，并由定标委员会成员签字确认。采用集体议事法定标的，定标委员会组长应当由招标人的法定代表人或者主要负责人担任。

第四十五条 货物招标可以进行二次竞价，参与二次竞价的投标人不得少于 3 名。

评标委员会推荐有排序的中标候选人的方案设计招标，招标人应当确定排名第一的中标候选人为中标人；评标委员会推荐无排序的中标候选人的方案设计招标，招标人采用票决定标法定标。

第四十六条 招标人确定的定标方法、定标规则应当在招标文件中予以明确。招标人可以在招件文件中列举多种定标方法，在定标会上通过随机抽签方式确定最终定标方法。

第四十七条 招标人采用票决定标法或者集体议事法确定正式投标人或者定标的，应当组建定标委员会。

定标委员会由招标人的法定代表人或者主要负责人组建。定标委员会成员原则上从招标人、项目业主或者使用单位的领导班子成员、经营管理人员中产生，成员数量为 7 人以上单数。确有需要的，财政性资金投资工程的招标人可以从本系统上下级主管部门或者系统外相关部门工作人员中确定成员；非财政性国有资金投资工程的招标人可以从其母公司、子公司人员中确定成员。

定标委员会成员应当由招标人从 2 倍以上符合上述条件的备选人员名单中随机抽取确定。招标人的法定代表人或者主要负责人可以从本单位直接指定部分定标委员会成员，但总数不得超过定标委员会成员总数的三分之一。

第四十八条 招标人在定标前可以对投标人及拟派项目负责人进行考察、质询，也可以自行组织或者委托专业机构对投标文件或者方案进行清标，作商务、技术的汇总分析，并出具清标报告作为定标的辅助。

清标报告中不得有明示或者暗示中标单位的内容。

第四十九条 采用价格竞争法定标的，中标结果在评标完成后即在交易网公示。

采用票决定标法、集体议事法或者票决抽签定标法的，招标人应当自评标结束后 10 个工作日内进入交易中心进行定标。方案设计招标的招标人应当在评标结束后 30 日内确定中标人。不能按时定标的，应当通过交易网公示延期原因和最终定标时间。

第五十条 定标委员会应当在定标会上推荐定标组长，招标人的法定代表人或者主要负责人参加定标委员会的，由其直接担任定标委员会组长。

招标人或者招标代理机构在定标前可以介绍项目情况、招标情况、清标及对投标人或者项目负责人的考察、质询情况；招标人可以邀请评标专家代表介绍评标情况、专家评审意见及评标结论、提醒注意事项。定标委员会成员有疑问的，可以向招标人或者招标代理机构、评标专家提问。

招标人应当组建监督小组对定标过程进行见证监督。

招标人应当对定标过程进行记录，并存档备查。

第五十一条 采用票决定标法的，定标委员会成员应当遵循择优与价格竞争的原则，依据招标文件公布的投票规则，独立行使投票权。

票决采用记名方式并注明投票理由。

第五十二条 定标委员会成员确认并签署定标结果后，招标人应当即时将中标结果和合格投标人得票情况在交易网公示 3 个工作日。

招标人在定标会召开后 5 个工作日内，应当将招标投标完成情况报建设部门或者交通部门备案，并在交易网公开。

中标结果公示期满后 30 日内，招标人应当向中标人发出中标通知书，签订中标合同。

第五十三条 定标后有下列情形之一的，招标人可以从评审合格的其他投标人中采用原招标文件规定的定标方法，由原定标委员会确定中标人。原采用票决抽签定标法的项目，票决进入抽签环节的其他投标人数量不足 3 名的，应当票决补足：

（一）中标人放弃中标资格或者拒不签订合同的。

（二）中标人不按照招标文件要求提交履约担保的。

（三）被查实存在影响中标结果违法行为的。

第五十四条 中标人应当按照投标承诺履行项目管理班子配备义务，不得擅自更换项目经理、项目总监。

项目经理、项目总监等注册执业人员有下列情形之一不能继续履行职责确需更换的，应当经招标人书面同意，并报建设部门或者交通部门备案，所更换人员必须为中标单位职工，其从业资格不得低于中标承诺条件。

（一）因重病或者重伤（持有县、区以上医院证明）导致 2 个月以上不能履行职责的。

（二）主动辞职或者调离原任职企业的。

（三）因管理原因发生重大工程质量、生产安全事故，所在单位认为其不称职需要更换的。

（四）无能力履行合同的责任和义务，造成严重后果，建设单位要求更换的。

（五）因违法被责令停止执业的。

（六）因涉嫌犯罪被羁押或者被判处刑罚的。

（七）同时参与多个项目投标且在两个以上项目中标的。

（八）死亡的。

因前款第（一）项至第（六）项原因被更换的项目经理、项目总监等注册执业人员，自备案更换之日起 6 个月内，不得参与本市其他项目投标。

第五十五条 招标人应当在项目实施过程中或者结束后，对中标人履行合同的情况开展履约评价，并将评价结果报告市建设部门。

中标人不能兑现项目管理班子、注册执业人员、机械设备等投标承诺事项，招标人可以依法追究中标人违约责任。

中标人不按照与招标人订立的合同履行义务，情节严重的，按照《中华人民共和国招标投标法》第六十条规定，取消中标人 2 至 5 年内参加依法必须进行招标项目的投标资格并予以公告，直至由工商行政管理机构吊销营业执照。

第七章 监督管理

第五十六条 建设、交通部门发现建设工程招标投标活动有下列情形之一的，应当制止或者责令整改，必要时可以暂停或者终止招标投标活动：

（一）违反招标投标法律、法规、规章和规范性文件等有关规定的。

（二）违反招标投标程序、规则的。

（三）严重违反公平、公正、公开或者诚实信用原则的其他情形的。

第五十七条 在查处招标投标违法行为过程中，建设、交通部门除自行调查取证外，也可以向财政、审计、监察、公安等部门调取其掌握的相关证据并作为查处的依据。

第五十八条 投标人或者其他利害关系人对建设工程招标投标的异议和投诉，应当在规定的时限内提出，并提供必要的证明材料。

就《中华人民共和国招标投标法实施条例》第二十二条、第四十四条、第五十四条规定事项进行的投诉，应当依法先向招标人提出异议。

投诉涉及违法行为的，由建设、交通部门组织依法查处；涉及公职人员违纪的，依法依纪予以处分；涉嫌犯罪的，依法移送司法机关处理。

建设、交通部门对投诉的处理决定可能影响中标结果的，可以暂停招标投标程序。

建设、交通部门在处理投诉过程中，有权查阅、复印相关文件、资料，调查相关情况，相关单位和人员应当予以配合。

处理招标投标异议和投诉的具体办法，由市建设部门另行制定。

第五十九条 建设、交通部门在处理投诉过程中涉及专业性或者技术性问题，可以按照以下方式处理：

（一）要求原评标委员会复核说明。

（二）组织专家或者委托专业机构评审。

（三）组织召开听证会。

专家或者专业机构出具的评审意见可以作为处理投诉的主要依据。

第六十条 建设部门应当加强对建设工程招标代理、担保活动的监督管理，对相关从业企业、人员开展考核、评估及信用管理，建立市场准入和退出机制。

第六十一条 建立建设工程招标投标情况后评估制度。建设、交通部门可以组织对招标投标情况进行评估，及时发现问题并完善相关制度。

第六十二条 建设、交通等部门及其工作人员在建设工程招标投标监督管理工作中，不履行职责或者不正确履行职责的，依法依纪予以处分，涉嫌犯罪的，依法移送司法机关处理。

对于招标人规避招标、违反规定进行招标等违法行为，建设、交通等部门应当依照《中华人民共和国招标投标法》等法律、法规和规章的规定进行查处，对责任人依法予以处罚，涉嫌犯罪的，依法移送司法机关处理。

第八章 附 则

第六十三条 本规定所称"以上"，包含本数；所称"以下"，不包含本数。

本规定所称控股是指出资额或者股权持股比例占50%以上的情形，所称占主导地位是指出资额或者股权持股比例虽未达到50%，但为所有股东中份额或者比例最大的情形。

本规定涉及名额和日期的计算，按照四舍五入原则取整。

第六十四条 本规定自2015年9月1日起施行。《深圳市人民政府印发关于加强建设工程招标投标管理的若干规定的通知》（深府〔2008〕86号）、《深圳市政府投资工程预选承包商名录管理规定（试行）》（深府〔2005〕114号）同时废止。

3.6 深圳市特殊工程认定和发包办法

(深府〔2012〕46号)

第一章 总 则

第一条 为加强特殊工程管理，强化管理部门的行政责任，减少政府的协调决策事项，提高工程建设效率，根据《中华人民共和国建筑法》《中华人民共和国招标投标法》《深圳经济特区建设工程施工招标投标条例》《印发关于加强建设工程招标投标管理若干规定的通知》(深府〔2008〕86号)、《中共深圳市委深圳市人民政府关于印发〈关于加强党政正职监督的暂行规定〉的通知》(深发〔2009〕14号)、《中共深圳市委办公厅深圳市人民政府办公厅印发〈关于深入贯彻落实加强党政正职监督暂行规定的若干实施意见〉的通知》(深办〔2010〕15号)，结合我市实际，制定本办法。

第二条 本办法适用于本市行政区域内利用国有或者集体资金投资的特殊工程认定、发包及监督管理活动。

本办法所称特殊工程是指因客观原因无法按照正常程序发包的建设工程，包括依照规定程序认定的应急工程、保密工程、抢险救灾工程及其他特殊工程。

第三条 市政府建设行政主管部门依据其职责范围对全市特殊工程的认定和发包进行监督管理和指导。

各区政府(新区管委会)建设行政主管部门按建设项目管理权限和职责范围对特殊工程的认定和发包进行监督管理。

第二章 特殊工程的认定

第四条 本办法所称应急工程是指客观上要求必须限期交付使用，但实际可利用建设工期明显短于依据相关施工标准、规范确定的工期，按正常建设程序难以按时竣工的建设工程。

应急工程应当由建设单位或者使用单位提出申请，市、区建设行政主管部门按照建设项目管理权限，在5个工作日内做出认定。

第五条 本办法所称保密工程是指涉及国家安全和国家秘密的建设工程。

保密工程由市国家安全机关、保密机关或者相应的军事机关依法认定。市国家安全机关、保密机关或者相应的军事机关自身为工程建设单位的，由其上级主管机关或者有权认定机关依法进行审查认定或者出具审查意见。

第六条 本办法所称抢险救灾工程是指为抢救施工、生产、交通等现场突发的险情，或者为抗击台风、暴雨、干旱等自然灾害，保护国家和人民财产免受损失或者减少损失而必须紧急实施的建设或者修复工程。

抢险救灾工程由市、区政府或新区管委会成立的抢险救灾指挥机构认定。

紧急情况下，抢险救灾现场的责任单位应当先行实施抢险，并在事后24小时内，将有关险情和工程情况提请抢险救灾指挥机构认定。

第七条 有权认定部门或者机构应当严格控制特殊工程的认定。

下列建设工程，除市政府另有规定或者批准同意外，不得被认定为应急、保密或者抢险救灾工程：

（一）已列入政府投资项目计划，按正常建设程序可以按时竣工的，不得被认定为应急工程；

（二）社会投资项目中，非享受政府直通车服务企业或者非高新技术、战略性新兴产业和现代服务业企业投资的建设工程，不得被认定为应急工程；

（三）房地产开发建设项目，不得被认定为应急工程；

（四）一般性商住项目和对外开放的公共设施工程，不得被认定为保密工程；

（五）为预防自然灾害或者险情发生而开展的日常性或者长远性建设、修复的工程，不得被认定为抢险救灾工程。

第八条 除应急工程、保密工程、抢险救灾工程外，确需根据本办法按照特殊工程进行发包的，由市、区建设行政主管部门根据建设项目管理权限和本办法第九条及附表的规定进行认定，作为其他特殊工程。

市建设行政主管部门可根据监督管理的实际情况，对本办法附表进行修订，报市政府批准后公布实施。

第九条 其他特殊工程按照下列程序进行认定：

（一）建设单位向市、区建设行政主管部门提出申请，详细阐述工程基本情况、申请其他特殊情形工程的理由和依据、拟采用的发包方式等内容；

（二）市、区建设行政主管部门对建设单位提交的申请材料进行审核，并对其他特殊情形工程的认定和发包方式提出审批意见。

建设行政主管部门审核时可以组织专家论证，建设行政主管部门可以参考专家论证意见作出认定。

第十条 参加专家论证会的专家应当为5人以上单数，并在市建设行政主管部门设立的相关专业资深专家库中随机抽取。资深专家库中无相关专业或者相关专业专家数量少于20名的，可以直接指定专家名单。

专家出具论证意见应当遵循"依法依规、实事求是和科学审慎"的原则。

第三章 特殊工程的发包

第十一条 应急工程应当在符合条件的政府投资工程预选承包商名录中，以随机抽签或者其他公平简易方式确定中标人。未设立预选承包商名录的，所有符合条件的承包商均可报名参与投标。

对技术复杂、有特殊施工要求的应急工程，经建设行政主管部门审查同意，建设单位可按照市建设行政主管部门发布的承包商信用评价结果排名，选取前若干名投标人（不少于7名），以随机抽签或者其他公平简易方式确定中标人。

第十二条 保密工程的建设单位应当在市保密机关认可的政府投资工程预选承包商中，采取邀请招标方式确定中标人。

第十三条 抢险救灾工程由抢险救灾指挥机构直接在政府投资工程预选承包商名录中指定符合要求的承包商承接，同时明确工程结算原则。专业工程若有其他具体管理办法的，按具体管理办法确定承包商。

第十四条 施工现场突发事件造成的抢险工程，建设单位应当在48小时内将抢险救灾指挥机构认定意见和工程发包有关情况书面报市、区建设行政主管部门备案。

第十五条 其他特殊工程的建设单位，应当在申请特殊工程认定的同时，就其拟发包方式向市、区建设行政主管部门提出申请。建设行政主管部门应当按本规定第九条的程序及时予以受理和审核，并提出审批意见。

凡批准采用邀请招标或者直接发包方式的，建设单位除按规定将拟邀请的投标人名单或者拟发包的承包商在指定公开网站进行公示外，还应当在建设单位的公开办公场所事先公示。

第十六条 抽签工程的施工合同价应参照上年度同类招标工程中标价相对审定招标控制价平均下浮率，结合工程具体情况确定。监理、勘察、设计等服务类项目的合同价应在政府公布的取费标准范围内，结合工程具体情况确定。

采用邀请招标、竞争性谈判或者直接发包确定特殊工程承包商的，合同价上限的确定应遵循以下原则，但市政府另作规定的除外：

（一）施工合同价上限不得高于按照市建设行政主管部门发布的上年度同类招标工程中标价相对审定招标控制价平均下浮率计取的价格；

（二）监理、勘察、设计等服务类项目的合同价应在政府公布的收费标准下浮10%～20%范围内。

第四章 监督管理

第十七条 各单位、各部门不得在规定的情形外，或者违反规定的程序认定和发包特殊工程及其相关的货物、服务。

各单位、各部门不得将具体建设工程的发包事项，直接提交市（区）政府常务会议或者市长（区长、主任）办公会议。

第十八条 市、区建设行政主管部门应当建立特殊工程档案，收集和保存其认定和批准发包的特殊工程的相关资料，完善特殊工程的统计工作，并按季度向监察部门提交相关统计报表。

监察部门提出整改意见或者监察建议的，市、区建设行政主管部门应当及时执行。

第十九条 建设行政主管部门、纪检监察部门、审计部门或者其他相关行政管理部门应当加强对特殊工程全过程的监督和审计。

依法依规从严查处特殊工程发包和建设中的规避招标、串通投标、弄虚作假、转包挂靠、违法分包、虚假工程变更和签证、抬高标底和结算价等违法违规行为，确保工程质量、安全、工期和投资效益。

第二十条 行政机关及其工作人员在特殊工程的认定、发包或者建设中，有下列情形之一的，依法追究行政责任：

（一）因特殊工程使用单位、建设单位或者有关部门拖延了工程建设的前期工作，人为造成应急工程的；

（二）认定为应急工程后，特殊工程使用单位或者建设单位在3个月内不开工，拖延建设工期的；

（三）特殊工程使用单位或者建设单位在特殊工程的申请材料中弄虚作假、隐瞒或者歪曲事实的；

（四）有关部门违反规定认定特殊工程，或者批准特殊工程发包方式的；

（五）有关部门、单位或者个人插手干预特殊工程的认定和发包活动，影响正常行政决策的；

（六）特殊工程认定、发包和建设工程中出现的其他违法违规违纪行为。

第五章 附 则

第二十一条 本办法自公布之日起施行。

附表：其他特殊工程的情形及发包方式

其他特殊工程的情形及发包方式　　　　　　　　　　　　　　　　　　　附表

序号	其他特殊工程情形	发包方式	备注
1	建设单位建设的房屋建筑工程，该单位的关联方企业中有施工（监理）企业，且相应施工（监理）企业的资质等级符合工程要求的。建设单位在工程建设中需要委托咨询服务，该单位的关联方企业中有资质和能力承担勘察、设计、咨询、科研等工程服务类项目的	该工程或者服务可委托关联方企业实施	所称关联方企业，是指与建设单位存在直接控股或者被直接控股关系的企业
2	必须保持工程建设项目一致性，需要同步实施的工程	可以采用邀请招标方式	
3	项目建设对施工技术、节能减排、绿色建筑、建筑工业化等有特殊要求，在全国范围内少于7家潜在投标人可供选择的	可以在潜在投标人中邀请招标，潜在投标人不足3名的可直接发包	
4	建设工程涉及管线改迁、电力设施改迁、绿化改迁、交通疏解、特殊管线保护、军事设施改迁等，必须由原产权单位实施的	可以由建设单位直接委托原产权单位实施；原产权单位不具备相应资质的，可以由原产权单位通过招标或者竞争性谈判方式选择具备相应资质的单位实施	竞争性谈判活动可以不进入建设工程交易服务中心进行。但建设单位应当在合同备案时将记录竞争性谈判过程的有关资料报建设主管部门备案
5	水务、燃气、电力等专业管线的更新改造项目	可以采用邀请招标方式	
6	建设工程中涉及燃气、水务、电力等专业工程的监理、施工图审查等工程服务，且我市具有该专业服务资质的机构不足3家的	可以通过竞争性谈判确定，仅有一家的，可以直接由该机构实施	
7	招标工程符合下列情形之一，招标人要求在施工招标中采用资格预审、委派评标代表，或者不采用预选承包商名录内企业招标的： （一）必须由特级施工总承包企业承建的建设项目； （二）央企投资项目或者市、区政府或新区管委会鼓励发展的高新技术产业、战略性新兴产业和支柱产业项目或者深圳市地标性项目，且一次发包工程造价在1亿元以上的； （三）市、区政府或新区管委会投资的年度重大建设项目，且一次发包工程造价在2亿元以上的； （四）经专家认证认为技术特别复杂、施工有特殊要求的其他工程	市、区建设行政主管部门应当按照本办法第九条规定的程序进行审核和批准	
8	市政府重大项目的施工招标，招标人要求在设置投标人条件时提高一个资质等级或者预选承包商组别（提高条件后，满足条件的潜在投标人不得少于11家）	市建设行政主管部门应当按照本办法第九条规定的程序进行审核和批准	

注：深圳市人民政府《关于加强建设工程招标投标管理的若干规定》第八条第（四）项所称的"附属小型工程"是指：造价不超过原合同造价的30%，且不超过5000万元人民币的附属工程。

3.7 关于进一步完善建设工程招标投标制度的若干措施

(深建规〔2020〕1号)

第一章 总 则

第一条 为深化建设工程招标投标改革，打造城市建设高质量发展高地，加快中国特色社会主义先行示范区建设，根据《中华人民共和国招标投标法》《中华人民共和国招标投标法实施条例》等法律法规，结合我市实际，对《关于建设工程招标投标改革的若干规定》（深府〔2015〕73号）进行补充完善，制定本措施。

第二条 本措施适用于本市行政区域内的建设工程招标投标及其管理活动。

第三条 建设工程招标投标应当坚持择优、竞价、廉洁、高效原则，在招标投标全过程中确立以下理念：

（一）质量优先，鼓励创优质精品工程；

（二）择优和竞价相结合，择优优先，追求全生命周期的性价比综合最优；

（三）鼓励创新，积极推广新建设科技应用；

（四）鼓励积极采用国际先进标准和通行商务规则，提高参与"一带一路"倡议实施和国际市场竞争的能力；

（五）廉洁从业，诚信执业，实行对不廉洁从业行为的一票否决制度。

第四条 市建设行政主管部门负责依法制定全市统一的建设工程招标投标政策措施，指导全市建设工程招标投标活动。

建设、交通行政主管部门按照分工履行建设工程招标投标监管职责。

第五条 投标人应当遵守诚实信用原则，依法依规参与投标竞争，树立契约精神，做到廉洁自律。

第六条 建设工程招标投标实行招标人负责制。招标人应当对招标过程及结果的合法性、合理性负责。

招标人的法定代表人是招标活动的第一责任人，依法承担廉政风险防范主体责任。

招标人在坚持公开、公平、公正和择优原则的基础上，以实现项目高质量建设为目的，可以结合项目特点创新招标投标模式。

第七条 市建设行政主管部门应当探索完善不同行业、不同专业的人工智能评标功能，建立具有案例分析功能的系统或数据库，为招标人清标、定标提供准确、客观、公正的参考依据，规范评标活动，提高招标效率。

第二章 招 标

第一节 一般规定

第八条 同一招标人可以将建设期相近的同资质等级范围内的同类施工项目、服务项目或与工程相关的同类设备、材料进行批量招标。

投标人参加批量招标项目投标时，应当分别组建项目管理团队进行响应，且项目经理任职项目数量应当符合相关规定。

批量招标项目确定中标人后，招标人应当按照招标项目分别办理工程建设相关手续。

第九条 下列建设工程，招标人可以按需开展预选招标：

（一）抢险救灾工程、修缮工程；

（二）单项合同金额在 1000 万元以下的施工项目；

（三）经常发生的设备、材料和服务。

预选招标应当按照拟招标项目的最低资质要求设置招标条件。预选招标文件中应当载明拟招标项目的范围、合同文本、中标价确定方式及评标、定标方式等内容。提倡采用模拟工程量清单固定单价方式招标。

第十条 鼓励和提倡大标段招标。下列情形宜实行大标段招标，工程现场或工期有特殊要求的除外：

（一）采用施工总承包、设计—施工总承包（DB）、设计—采购—施工总承包（EPC）或建设—运营—移交（BOT）等方式实施的项目；

（二）单个施工总承包标段中的同类专业工程，包括钢结构工程、建筑机电安装工程、建筑装修装饰工程、电子与智能化工程等。

第十一条 交通、水务、工务以及大型国有建设单位可以按照优质企业名录管理办法，建立不同类别、不同等级的优质企业名录，并对名录实施动态管理。

建设单位应当在其官方网站、建设工程交易服务网以及建设、交通等行政主管部门官方网站公开优质企业名录，接受社会监督。

在招标择优环节，招标人可以在同等条件下优先选择名录内企业，但不得将列入优质企业名录作为投标资格条件。

优质企业名录管理办法由市建设行政主管部门另行制定。

第十二条 本市政府投资建设工程获得中国建筑工程鲁班奖、国家优质工程奖、中国土木工程詹天佑奖、中国水利工程优质（大禹）奖、国家公路交通优质工程一等奖的施工总承包单位符合下列条件的，可以在定标前向招标人申请折价评审：

（一）获奖之日起 3 年内；

（二）投标项目与获奖项目属于同类型政府投资建设工程；

（三）投标项目的招标控制价不高于获奖项目中标价的 120%；

（四）获奖单位未因折价评审而中标的。

前款所称折价评审，是指获奖单位的投标报价在其投标报价净下浮率的基础上再下浮 3% 作为其评审报价，参与定标环节中的商务评估，获得投标报价的比较优势。

施工总承包单位以同一获奖项目申请折价评审且中标的项目仅限 1 个。

使用其他国有资金或集体资金的项目可以参照执行。

第十三条 建设单位可以将通过招标投标节约的且不超过项目总投资 3% 的资金作为提高工程质量安全水平和推动建设科技创新的措施费用。

具体措施费用使用管理办法由市建设行政主管部门会同发展改革等相关部门另行制定。

第十四条 招标人应当在项目实施过程中及结束后对中标人开展履约评价，将评价结果纳入深圳市建筑市场主体信用管理系统，实现各招标人履约评价信息共享，作为招标人择优的重要参考依据。

市建设行政主管部门应当制定承包商履约评价管理办法。评价内容主要包括人员配备、技术经济实力、质量安全、工程变更、工期与造价控制、协调配合与服务等。

招标人可以按照承包商履约评价管理办法，结合自身实际制定操作细则，量化评价指标，规范评价程序。

第十五条 招标人对中标人作出履约评价不合格的，应当报告建设行政主管部门。建设行政主管部门按照规定进行处理。

近3年内（从截标之日起倒算）曾被本项目招标人履约评价为不合格的，招标人可以根据《关于建设工程招标投标改革的若干规定》（深府〔2015〕73号）第三十四条第二项规定，拒绝投标人或其从业人员参与投标。

中标人不履行与招标人订立的合同或中标人不按照与招标人订立的合同履行义务，招标人可以依据《中华人民共和国招标投标法》第六十条规定进行处理，追究中标人的违约责任。

第二节　方案设计招标

第十六条 对采用特定的专利或专有技术、建筑艺术造型等有特殊要求的项目，经市、区政府同意，招标人应当组织专家对特定人士先行提供的概念方案进行评审，评审结果经公示无异议后，可以将方案设计任务直接委托给特定人士所在的工程设计类机构或单位实施。但同一机构或单位因同一特定人士每年直接受托的项目不超过1个。

前款所称特定人士包括：普利兹克奖、梁思成建筑奖获得者以及中国工程院院士（限工程设计类机构或单位）等国际一流、国内顶尖的行业专家。

第十七条 重点地区的重要项目，开展方案设计公开招标时，招标人可以邀请特定投标人参与竞标，但应当在公告中载明邀请对象。邀请对象应当符合项目投标资格条件，且数量不得少于3名。

第十八条 政府投资项目的方案设计招标，对于经评审合格入围但未中标的设计方案，招标人可以结合项目实际给予不同程度的落标补偿，并在招标文件中明确入围补偿方案。

落标补偿费在项目总投资中列支。落标补偿费用取费标准由市发展改革部门会同有关行政主管部门另行制定。使用其他国有资金或集体资金的项目可以参照执行。

第三节　其他招标

第十九条 推行发展全过程工程咨询业务。全过程工程咨询招标，投标人应当具有与工程规模及委托内容相适应的管理能力或资质条件。

全过程工程咨询项目负责人应当取得工程建设类注册执业资格且具有工程类或工程经济类高级职称，并具有同类工程经验（业绩）。

鼓励和倡导全过程工程咨询单位在服务中充分借鉴国际惯例，优先采用国际先进标准和通行商务规则。

第二十条 设计—采购—施工总承包（EPC）项目招标应当明确建设项目的建设规模、使用功能、建设和交付标准、工期要求和服务需求。

招标人应当谨慎采用基于概算下浮率的方式竞价，可以采用总价包干、单位经济指标包干等计价方式，并应当在招标文件中明确引导合理价格的工程定价方法和结算原则。

第二十一条 设计—采购—施工总承包（EPC）项目招标，在坚持"公开、公平、公正"原则基础上，可以结合实际采用分阶段方式公开招标，实现择优和合理价格。

第一阶段，投标人按招标文件要求提交设计（技术）方案，招标人优选不少于3个入围设计（技术）方案投标人并组织优化形成最终设计（技术）方案；

第二阶段，由第一阶段入围设计（技术）方案投标人在此基础上按要求提交初步设计成果文件并报价，招标人优选中标人。

第二十二条 设计—采购—施工总承包（EPC）项目招标可以按下列方式之一设置投标人资格条件：

（一）具备工程总承包管理能力的独立法人单位；

（二）具备与招标工程规模相适应的工程设计资质（工程设计专项资质和事务所资质除外）或施工总承包资质。

前款所称具备工程总承包管理能力的独立法人，必须具有与工程总承包相适应的组织机构、项目管理体系、专业管理人员，以及同类工程建设管理的经验（业绩）。具体标准由招标人在招标文件中明确。

第二十三条 设计—采购—施工总承包（EPC）项目负责人应当具有注册建筑师或勘察设计注册工程师或注册建造师的执业资格或拥有与工程建设相关的专业技术和项目管理能力，熟悉相关法律法规，具有同类工程总承包管理经验（业绩）或作为建设单位管理人员从事同类工程建设管理的经验（业绩）。

第二十四条 设计—采购—施工总承包（EPC）项目实施时，承担勘察、设计、施工任务的单位应当具有相应的资质条件。

设计—采购—施工总承包（EPC）项目承包人可以自行决定承包范围内招标时已定价项目（包括勘察、设计、施工等任务）的分包单位，但总承包合同另有约定的除外。

第二十五条 实行代建的建设工程，建设单位应当依法确定代建单位。

代建招标应当综合考虑投标人项目管理能力和技术力量、同类工程建设管理经验（业绩）、拟派项目管理团队人员情况及针对项目作出的投资控制、质量监管、安全承诺等因素。

代建单位按照合同约定代理履行建设管理职责，不免除建设单位工程项目管理的相关责任。

第二十六条 代建单位项目负责人应当具有工程建设类注册执业资格或高级工程师职称，拥有相应的项目管理能力，熟悉相关法律法规以及具有丰富的同类工程建设管理经验（业绩）。

代建单位项目负责人任职及更换参照我市项目经理和项目总监相关任职管理规定执行。

第二十七条 招标人不得以低于成本的代建费规避招标。

除代建费用外，代建单位可以按照合同约定获得其优质履约的奖励金额，但不得以其他任何方式获取工程项目参建单位利益。

第二十八条 代建单位在确定施工、服务或设备、材料单位时，依法应当公开招标的，不得直接委托给予其有控股关系的单位。

第三章 评标与定标

第二十九条 建设工程招标中，当资格审查合格的投标人数量超过 20 名时，招标人可以按规定将进入评标环节的投标人数量淘汰至 15 至 20 名。

招标人在过多投标人淘汰环节应当采用票决法进行择优。择优因素主要考虑企业资质、企业规模、财务状况、企业及其人员的廉政记录、信用等。

招标人可以根据项目实际情况增加择优因素，也可以综合考虑择优因素或按择优因素的重要性，对投标人进行逐级淘汰。

第三十条 评标环节分两阶段进行：

（一）由评标委员会对进入评标环节的投标人进行初步评审，评审内容为判别是否存在招标文件中否决性条款所载相关内容，出具定性评审意见；

（二）由评标委员会成员对投标人的技术和商务响应情况分别进行详细评审，评审意见包含优点、缺点及理由，独立出具定性评审意见。

第三十一条 方案设计项目以及按照规定可以设置同类工程经验（业绩）的施工类项目，经向深圳市建设工程交易服务中心事先报备，招标人可以采取以下方式组织评标：

（一）邀请中国科学院院士、中国工程院院士或国内外知名的相关工程领域专家、学者进行评标；

（二）评标过程设置质询和澄清环节，质询和澄清内容应当书面记录，作为评标报告组成部分，并不得超出投标文件范围或改变投标文件的实质性内容；

（三）按照项目需求确定评标时间和评标地点。

第三十二条 方案设计评标，评标委员会成员名单应当在评标开始时公开，公开前任何人不得泄露。

第三十三条 在开展定标前，招标人可以自行或委托专业机构开展清标工作。

清标工作包括对投标人及拟派项目负责人进行考察、质询，对投标文件或方案进行澄清与复核，对项目后期可能遇到的风险和问题进行评估等。

清标工作完成后，招标人应当形成清标报告，作为定标的辅助。清标报告内容应当客观公正、真实有效。

第三十四条 招标人应当事先制定定标工作规则，对不同类别项目择优竞价结合方式、择优因素、竞价方法予以明确，并报招标人内设（或上级）的纪检监察机构（或督查机构）备案。定标时必须严格遵守定标工作规则，不得临时改变规则。

第三十五条 在招标公告发布前，招标人应当结合项目实际，根据定标工作规则，制定项目定标方案，并报招标人内设（或上级）的纪检监察机构（或督查机构）备案。

项目定标方案应当对清标内容、定标操作细则、择优要素及优先级别等内容予以明确。

第三十六条 招标人在定标过程中，应当坚持择优与竞价相结合，择优为主。限制采用直接抽签方式进行定标。

在定标环节，招标人应当遵循如下原则：

（一）施工招标，按照规定可以设置同类工程经验（业绩）的工程项目，先择优后竞价；单项合同金额 1 亿元以下且采用通用技术的工程项目，可以先竞价后择优；

（二）货物招标，先择优后竞价；

（三）服务招标，择优为主。

第三十七条 定标环节的择优因素主要考虑企业资质、企业规模、科技创新能力、项目管理人员经验与水平、同类工程经验（业绩）及履约评价、企业及其人员的廉政记录、信用等因素。此外，不同招标项目择优因素的考虑应当有所侧重：

（一）施工招标重点考虑：施工组织设计（方案）、技术响应等因素；投标人承诺采用新材料、新设备、新工艺、新技术的可以优先考虑；

（二）货物招标重点考虑：性价比、技术指标及商务条款响应等因素；

（三）方案设计招标重点考虑：充分落实城市设计内容，主要考虑设计创新、绿色生态、地域文化、人文特色等因素，同时还应当保证功能结构合理、经济技术可行；

（四）初步设计和施工图设计招标重点考虑：投标方案经济性、技术可行性、功能结构合理性、设计精细化程度等因素；

同等条件下，招标人可以优先考虑投标人服务便利度、合同稳定性、质量安全保障性、劳资纠纷可控度等因素，方案设计招标除外。

招标人可以根据项目实际情况增加择优因素，也可以综合考虑择优因素或按择优因素的重要性，对投标人进行逐级淘汰。

第三十八条 招标人应当向定标委员会提供定标方案、清标报告作为定标辅助材料。定标结束后，定标方案、清标报告及定标委员投票结果等定标过程资料应当留存备查。

第四章 监督管理

第三十九条 实行建设工程项目管理人员实名制。对实名制系统录入的项目管理人员与投标承诺不一致的或出勤率不高、涉嫌转包或违法分包的项目，建设、交通行政主管部门或其委托的监督机构应当对项目进行现场检查，依法查处违法、违规行为，并纳入信用管理系统。

第四十条 财政投资评审部门应当加强对建设工程合同执行情况的评审，建设工程造价管理部门应当建立建设工程合同执行情况的定期检查和随机抽查制度，实行动态监管。对评审、检查和抽查过程中发现的问题依法处理或移送相关行业主管部门依法处理。

评审、检查和抽查内容主要包括合同条款的合理性、合同实质性条款与招标文件的一致性、发包与分包的合法性、合同价款调整和支付的规范性等。

第四十一条 建设、交通行政主管部门应当自行组织或委托专业机构对其监管项目的招标投标活动是否合法合规，招标结果是否实现择优竞价进行后评估。具体评估规则由建设行政主管部门另行制定。

经评估认为中标结果合理性存疑的招标项目，建设、交通行政主管部门应当向招标人及其上级主管部门予以通报。评估报告原则上对社会公开。

建设、交通行政主管部门应当对评估过程中发现的违法违规行为，依法严肃处理；涉嫌违反党纪政纪的，应当将有关线索移送同级纪检监察机构。

第四十二条 市建设行政主管部门应当加强建筑市场的信用体系建设，负责建设和管理全市建筑市场主体信用管理系统，实现与纪检监察机构、交通、水务等部门的信用信息共享，具体办法由市建设行政主管部门另行制定。

第四十三条 对于经纪检监察机构及有关部门认定存在行贿、受贿、串通投标等行为的企业或从业人员，建设行政主管部门应当将其列入严重失信企业名单，及时推送至深圳市公共信用信息中心，并共享至国家和省公共信用信息中心。

市建设行政主管部门应当加强与纪检监察机构、发展改革、规划、交通、水务、金融监管等部门的合作，对严重失信企业和从业人员实施联合惩戒，惩戒措施包括：

（一）督促招标人根据《关于建设工程招标投标改革的若干规定》（深府〔2015〕73号）第三十三条规定，拒绝失信企业或从业人员参与投标；

（二）建设、交通、水务等行政主管部门依法将该企业或从业人员列为重点监督检查对象，加大监管力度和检查频率；

（三）有关部门不得将该企业或从业人员列为政府或行业协会评优推荐、政策试点和项目扶持对象；

（四）有关部门依法限制或禁止严重失信企业的市场准入或融资行为；

（五）其他惩戒措施。

第五章 附 则

第四十四条 本措施所称位于重点地区的重要项目是指：

（一）位于福田中心区、香蜜湖片区、前海深港合作区、后海中心区、深圳湾超级总部片区和深南大道、滨海大道沿线，且建筑面积不小于2万平方米的项目；

（二）位于空港新城、留仙洞总部基地、宝安中心区、龙岗大运新城、坂雪岗科技城、深圳北站周边地区、光明科学城、坪山中心区，且建筑面积不小于5万平方米的非居住项目；

（三）东部滨海岸线沿线范围的项目；

（四）交通枢纽项目；

（五）市、区政府确定的其他项目。

本措施所称"以上"包含本数，"以下"不包含本数。

第四十五条 深汕特别合作区内的建设工程招标投标及其管理活动参照本措施执行。

第四十六条 本措施由市建设行政主管部门负责解释。

第四十七条 本措施自2020年3月1日起施行，有效期5年。

3.8 深圳市住房和建设局关于明确建设工程招标相关事宜的通知

(深建规〔2018〕3号)

各有关单位：

为进一步规范我市建设工程招标投标活动，实现建设工程招标投标择优与竞价，现将有关事宜通知如下。

一、关于投标担保

招标工程投标担保仅限于保证金和银行保函两种形式：保证金须从投标人基本账户汇出，银行保函须由投标人基本账户开户银行所在网点或其上一级银行机构出具。招标人不按上述原则设置投标担保，并导致围标、串标情形的，由招标人承担招标失败的相应责任。

二、关于采用资格预审方式的项目范围

为了提升招标质量，节约招投标成本，以下工程招标人在确保投标人不围标、串标前提下，可采用资格预审方式进行审查：

（一）单个标段预算价8000万以上的装饰工程，要求投标人提供设计方案且采用设计施工一体化（或EPC）方式招标的工程；

（二）单个标段预算价5000万以上的园林绿化工程，要求投标人提供设计方案且采用设计施工一体化（或EPC）方式招标的工程。

上述工程以外的其他设计施工一体化或EPC招标项目，不得采用资格预审方式，但招标人可设置未中标单位设计方案补偿机制。

三、关于资格预审方式的相关要求

前述工程采用资格预审方式的，应符合下列要求：

（一）招标入围家数原则上不得少于7家，具体数量由招标人在招标文件中确定。

（二）招标人应在开标后对投标报价竞争充分与否进行评估，如最低投标报价存在异常情况（如，报价明显偏离市场价格水平），招标人应及时终止招标。

（三）工程项目采用资格预审方式的，定标方式须采用价格竞争定标法。价格竞争定标法原则上应采用低价中标方式，但与最低投标报价相差不超过一定比例的（比例不超过3%，详细规则在招标文件中明确）可视为同等报价，并在同等报价的投标人中，采取等概率抽签方式确定中标人。

招标人未按上述第（二）项规定终止招标的，依法承担法律责任。

招标人终止招标后又重新启动招标的，不得采用资格预审方式进行资格审查。

四、关于利害相关方的投标

招标人在确保招标活动公平、公正的前提下，可在招标公告或招标文件中载明接受利害相关方的投标。但是有证据证明，在招投标期间及招投标前后合理期限内，招标人与利害相关方中标人之间存在不正当行为，且可能影响招投标公平公正的，中标结果无效。招标人接受利害相关方投标应遵循如下规定：

（一）招标人在招标文件中全面公开有关项目资料（含已有的项目背景、概况、立项、可研、

设计及其他相关资料）的前提下，可接受为招标项目前期准备提供设计、咨询服务的单位参与后续方案设计、施工图设计、工程总承包（含EPC和设计施工总承包）招标项目的投标，但不得接受其参加全过程咨询或监理招标项目的投标。

（二）招标人可接受与其存在利害关系单位的投标，但是在进入定标程序的投标人中，按照投标报价由低往高排序，该投标人排位未在前1/2人数（含与其中投标报价差价不超过1%的投标人）时，不得确定其为中标人。

（三）同一标段或未划分标段的同一招标项目，单位负责人为同一人或存在控股、管理关系的不同单位同时递交投标文件时，在资格审查阶段，当部分相关单位自愿退出后其中只剩1家单位时，招标人可接受该单位投标，否则应拒绝所有相关单位投标。招标人也可直接拒绝所有相关单位投标。

深圳市住房和建设局
2018年5月7日

3.9 深圳市工程建设项目招标投标活动异议和投诉处理办法

（深建规〔2020〕16号）

第一章 总 则

第一条 为了维护招标投标当事人的合法权益，建立公平、公正、高效的工程建设项目招标投标活动异议和投诉处理机制，根据《中华人民共和国招标投标法》《中华人民共和国招标投标法实施条例》等法律、法规和规章的规定，结合本市实际，制定本办法。

第二条 本办法适用于本市行政区域内依法必须进行招标的工程建设项目招标投标活动的异议、投诉及其处理活动。

第三条 市建设行政主管部门负责指导和监督全市工程建设项目招标投标活动异议和投诉的处理。

市、区（含新区）建设行政主管部门以及其他有关行政监督部门（以下统称行政监督部门）按照职责分工和监管权限，受理和处理工程建设项目招标投标投诉，对工程建设项目招标投标的异议处理进行监督。

第四条 投标人或者其他利害关系人认为招标投标活动不符合法律、法规和规章规定的，可以依法向招标人提出异议，或者向有关行政监督部门投诉，但就《中华人民共和国招标投标法实施条例》第二十二条、第四十四条、第五十四条规定事项进行投诉的，应当依法先向招标人提出异议。

第五条 行政监督部门处理投诉时，应当坚持公平、公正原则，在法定的期限内作出处理决定，维护招标投标当事人及其他利害关系人的合法权益。

第六条 市建设行政主管部门应当建立全市统一的工程建设项目招标投标活动异议和投诉处理电子平台（以下简称电子平台）。对相关异议或者投诉的受理，以及答复或者处理决定的告知和公开，均在电子平台上进行，异议和投诉处理的往来资料均在电子平台永久保存。

招标投标当事人及其他利害关系人凭数字证书直接登录电子平台提出异议或者投诉，跟踪处理进程，签收异议答复函和投诉处理决定书。

第二章 异议的提出和处理

第七条 工程建设项目招标投标实行招标人负责制。招标人应当依法处理异议，配合行政监督部门处理投诉。

第八条 招标人应当在资格预审文件、招标公告、招标文件中明确负责监管该工程建设项目的行政监督部门，提醒投标人及其他利害关系人在法定的时限内行使异议或者投诉的权利，明确异议受理的方式、电子平台地址、电话、传真、电子信箱和通讯地址等信息。

第九条 异议提出的期限规定如下：

（一）对资格预审文件有异议的，潜在投标人或者其他利害关系人应当在提交资格预审申请文件截止时间二日前提出；

（二）对招标文件有异议的，潜在投标人或者其他利害关系人应当在提交投标文件截止时间十日前提出；

（三）对招标人公布的招标控制价有异议的，应当在提交投标文件截止时间三日前提出；

（四）对提交投标文件的截标时间、开标程序、投标文件密封检查和开封、开标记录等现场开标有异议的，投标人应当在开标期间提出；网上开标或者入围的，应当于开标或者入围结束后一个工作日内提出；

（五）对资格审查结果、评标报告、定标及中标结果有异议的，投标人或者其他利害关系人应当分别在资格审查结果、评标报告、定标及中标结果公示期间提出。

第十条 异议提起人提出异议应当提交异议书（附件一），但异议仅涉及现场开标的除外。

第十一条 招标人在对异议书进行形式审查后，应当即时签收。招标人无正当理由拒绝签收的，异议提起人可以向行政监督部门申诉，行政监督部门应当责令招标人签收。

第十二条 有下列情形之一的，招标人可以不予受理异议，并向异议提起人发出异议不予受理通知书（附件二）：

（一）异议提起人不是投标人、潜在投标人或者其他利害关系人；

（二）未在法定的异议期限内提出的；

（三）异议未以资格预审文件、招标公告、招标文件所规定的方式提出的；

（四）异议书未按照要求签字盖章的；

（五）异议书未提供有效联系人和联系方式的；

（六）开标现场已经投标人确认的事项，开标后投标人又就该事项提出异议的；

（七）招标人已经作出明确答复，无新的事实证据，又就同一问题提出异议的。

第十三条 异议人向电子平台提交异议书之日为异议受理之日，逢国家法定休假日、休息日的，为平台收到后的第一个工作日。

具有本办法第十二条第三、四、五项所述情形，经招标人指出后予以改正的，以异议人再次向电子平台提交异议书之日为异议受理之日。

第十四条 异议提起人要求撤回异议的，异议程序终止。异议提起人不得以同一理由再次提出异议。

第十五条 异议提起人应当配合招标人对异议事项进行核查，拒绝配合的，招标人可以将有关资料和情况报送行政监督部门，经行政监督部门同意后，可以继续招标投标程序。

第十六条 招标人应当在法定的时限内完成异议处理。对资格预审文件、招标文件、资格审查结果、网上开标情况、入围结果、评标报告、定标及中标结果的异议，招标人应当自异议受理之日起三日内作出书面答复（附件三异议答复函），答复内容不得涉及商业秘密；现场开标对开标有异议的，异议提起人应当在开标现场提出，招标人应当当场作出答复并制作记录。

招标人处理异议需要进行检验、检测、鉴定、组织专家评审的，所需时间不计入前款规定时限，但招标人应当在前款规定时限内明确告知异议提起人最终答复期限。

第十七条 招标人未在规定时限内作出答复的，异议提起人可以向行政监督部门申诉，行政监督部门应当责令招标人依法作出答复。

第十八条 招标人的书面答复或者答复记录由电子平台自动推送给有关行政监督部门。

第十九条 招标人在作出异议答复前应当依法暂停招标投标活动。

第三章 投诉的提出和处理

第二十条 行政监督部门应当将本部门负责受理投诉的机构、电话、传真、电子信箱、通讯地址以及电子平台地址，通过本部门官网向社会公布。

第二十一条 依法实行限时、实名、书面投诉制度。投标人或者其他利害关系人认为招标投标活动不符合法律、法规和规章规定的，自知道或者应当知道之日起十日内，通过电子平台实名向监管该工程建设项目的行政监督部门书面提出投诉。依法应当先提出异议的，异议答复期间不计入规定期限。

对下列事项提出投诉的，按照下列规定认定投诉人应当知道之日：

（一）对资格预审公告、招标公告、资格预审文件、招标文件、招标控制价、资格审查结果、网上开标情况、入围结果、评标报告、定标及中标结果，为其发布或者公示之日；

（二）对提交投标文件的截标时间、开标程序、投标文件密封检查和开封、开标记录等，为开标期间。

第二十二条 投诉人提出投诉应当提交投诉书（附件四）。投诉书应当包括下列内容：

（一）投诉人的名称、地址及有效联系方式；

（二）被投诉人的名称、地址及有效联系方式；

（三）投诉事项的基本事实；

（四）相关请求及主张；

（五）有效线索和相关证明材料；

（六）投诉人与投诉项目有利害关系的证明材料。

对依法应当在投诉前提出异议的事项，投诉时应当同时附上可以证明投诉人已提出异议的材料；已向其他行政监督部门投诉的，应当予以说明。

第二十三条 行政监督部门收到投诉人或者其他部门转交的投诉后，应当在三个工作日内进行审查，视情况分别作出以下处理决定：

（一）不符合投诉处理条件的，决定不予受理，并将不予受理的理由书面告知投诉人，其中对依法应当在投诉前提出异议且仍在异议期限内的，告知投诉人及时向招标人提出异议；

（二）投诉事项有多项但有部分事项不符合投诉处理条件的，对其中符合投诉处理条件的事项应当予以受理，对不符合投诉处理条件的事项不予受理，并书面告知投诉人不予受理的理由；

（三）对符合投诉处理条件，但不属于本部门受理的投诉，告知投诉人将按程序移送给其他行政监督部门或者由其自行向其他行政监督部门提出投诉；

（四）对符合投诉处理条件的，应当予以受理。

行政监督部门决定予以受理的，电子平台收到投诉书之日即为受理之日，逢国家法定休假日、休息日的，为平台收到后的第一个工作日。对于其他部门转交的投诉件，行政监督部门以本部门签收该转交投诉件之日为收到投诉书之日。

第二十四条 有下列情形之一的投诉，不予受理：

（一）依法应当在投诉前提出异议但未提出的；

（二）超过规定的投诉时效的；

（三）投诉人不是投标人、潜在投标人或者其他利害关系人的；

（四）投诉事项不具体，且未提供有效线索，难以查证的；

（五）投诉书未署具投诉人真实姓名、签字和有效联系方式，以单位名义投诉的，投诉书未经法定代表人签字并加盖公章的；委托代理人没有相应的授权委托书和有效身份证明复印件，或者有关委托代理权限和事项不明确的；

（六）已经作出处理决定，且投诉人没有提出新的证据的；

（七）准予撤回投诉后又以同一事实和理由提出投诉的；

（八）投诉事项已进入行政复议或者行政诉讼程序的。

第二十五条 行政监督部门负责投诉处理的工作人员，有下列情形之一的，应当主动回避：

（一）近亲属是被投诉人、投诉人，或者是被投诉人、投诉人的主要负责人；

（二）近三年内本人曾经在被投诉人单位担任高级管理职务；

（三）与被投诉人、投诉人有其他利害关系，可能影响对投诉事项公正处理的。

第二十六条 行政监督部门受理投诉后，应当调查、核实有关情况。

第二十七条 行政监督部门调查取证时，应当由两名以上（含两名）行政执法人员进行，调查应当制作笔录，并由被调查人签字确认。

第二十八条 行政监督部门负责处理投诉的人员应当遵守保密规定，对在投诉处理过程中接触到的国家秘密和商业秘密应当予以保密，不得将投诉事项透露给与投诉无关的其他单位和个人。

第二十九条 在投诉处理过程中，行政监督部门应当听取被投诉人的陈述和申辩，必要时可通知投诉人和被投诉人进行质证。

第三十条 行政监督部门处理投诉，有权查阅、复制有关文件、资料，调查有关情况，相关单位和人员应当予以配合。

对行政监督部门依法进行的调查，投诉人、被投诉人以及评标委员会成员等与投诉事项有关的当事人应当予以配合，如实提供有关资料及情况，不得拒绝、隐匿或者伪报。

第三十一条 相关单位和人员拒不配合行政监督部门调查的，按以下规定处理：

（一）对于投标人，招标人可以拒绝其投标，行政监督部门应当记录不良行为并予以公示；

（二）对于招标人，行政监督部门可以责令其暂停招标投标活动，对于招标人的工作人员，可以报送相关行政主管部门或者纪检监察机构依法处理；

（三）对于评标委员会成员，可以暂停或者取消其评标专家资格；

（四）对于投诉人，行政监督部门可以驳回其投诉。

第三十二条 下列行为属于拒不配合行政监督部门调查的行为：

（一）拒绝向行政监督部门提交相关证据或者材料的；

（二）伪造证明或者证明材料的；

（三）拒绝调查约谈、实地取证的；

（四）阻挠有关人员配合行政监督部门依法进行调查的。

相关单位和人员拒不配合行政监督部门调查，涉嫌犯罪的，移送司法机关依法处理。

第三十三条 在投诉调查处理过程中，有下列情形之一的，行政监督部门可以责令招标人暂停招标投标活动：

（一）已有证据证实投诉问题属实，若不暂停将给投诉人造成较大损害或者造成不良社会影响的；

（二）投诉事项情况复杂，涉及多个投标人或者部门，需要其他行政监督部门协助调查的；

（三）投诉事项涉及专业性或者技术性问题，需要原评标委员会复核或者专家评审的；

（四）行政监督部门认为需要暂停招标投标活动的其他情形。

第三十四条 投诉处理涉及专业性或者技术性问题的，行政监督部门可以根据需要按照下列方式处理：

（一）要求原评标委员会复核说明；

（二）组织专家评审；

（三）组织召开听证会。

组织专家评审时，优先抽取专家库中的资深专家。

专家评审结论可以作为处理投诉的主要依据。

第三十五条 行政监督部门可以根据需要，要求招标人内设（或者上级）的纪检监察机构（或者督查机构）对其监督的定标活动进行复核说明，说明招标人的定标活动是否依照事先制定并报纪检监察机构（或者督查机构）备案的定标规则进行。

第三十六条 投诉处理决定作出前，投诉人要求撤回投诉的，应当以书面形式提出并说明理由，由行政监督部门按照下列规定作出处理决定：

（一）已经查实有明显违法行为的，不准撤回，并继续调查直至依法作出处理决定；

（二）撤回投诉不损害国家利益、社会公共利益或者其他当事人合法权益的，准予撤回，投诉处理过程终止。投诉人不得以同一事实和理由再提出投诉。

第三十七条 行政监督部门应当根据调查和取证情况，对投诉事项进行审查，按照下列规定作出处理决定：

（一）投诉缺乏事实根据或者法律依据的，或者投诉人捏造事实、伪造材料或者以非法手段取得证明材料进行投诉的，驳回投诉；

（二）投诉情况属实，招标投标活动确实存在违法行为的，应当依法予以处理。

第三十八条 负责受理投诉的行政监督部门应当自受理投诉之日起三十个工作日内，对投诉事项作出处理决定，并以书面形式通知投诉人、被投诉人和其他与投诉处理结果有关的当事人。需要检验、检测、鉴定、专家评审的，所需时间不计算在内。

第三十九条 行政监督部门作出处理决定，应当制作投诉处理决定书（附件五），并包括下列主要内容：

（一）投诉人和被投诉人的名称、住址；

（二）投诉人的投诉事项及主张；

（三）被投诉人的答辩及请求；

（四）调查认定的基本事实；

（五）行政监督部门的处理结论及依据；

（六）对投诉处理决定不服的救济途径。

第四十条 投诉处理决定书通过电子平台直接送达投诉人、被投诉人和其他与投诉处理结果有关的当事人。

投诉处理决定书应当于五个工作日内在电子平台和深圳建设工程交易服务网站公开。

第四章 监督管理

第四十一条 异议处理过程中发现有违纪违法的线索或者证据的，招标人应当依法移送行政监督部门或者纪检监察机构、公安或者司法机关予以查处，不得隐匿或者掩盖。

招标人不按照规定受理异议或者对异议作出答复，继续进行招标投标活动的，由有关行政监督部门责令改正，拒不改正或者不能改正并影响中标结果的，依照《中华人民共和国招标投标法实施条例》第八十一条的规定处理。

第四十二条 当事人对行政监督部门的投诉处理决定不服或者行政监督部门无正当理由逾期未做处理的，可以依法申请行政复议或者向人民法院提起行政诉讼。

第四十三条 行政监督部门工作人员在投诉处理过程中徇私舞弊、滥用职权或者玩忽职守，对投诉人打击报复的，依法给予行政处分；涉嫌犯罪的，依法移送司法机关处理。

第四十四条 投诉人故意捏造事实、伪造证明材料或者以非法手段取得证明材料进行投诉，给他人造成损失的，依法承担赔偿责任。

招标人可以在招标文件中规定，投标人有捏造事实、伪造材料或者以非法手段取得证明材料进行投诉等行为的，经行政监督部门、公安或者司法机关依法认定后，其投标保证金将不予退还。

第四十五条 行政监督部门在对异议处理的监督或者投诉处理过程中，发现招标投标活动参与单位的法定代表人或者其他直接责任人员有违法或者违纪行为的，应当报送其行政主管部门或者纪检监察机构处理。

招标代理机构有违法行为的，依法暂停其招标代理业务。

上述单位和人员涉嫌犯罪的，移送司法机关依法处理。

第五章 附 则

第四十六条 本办法下列用语的含义是：

（一）异议是指投标人或者其他利害关系人对资格预审文件、招标文件、开标或者入围结果、评标报告、定标结果可能存在的违反法律、法规和规章规定的问题，依法向招标人提出不同意见的行为。

潜在投标人对资格预审文件和招标文件中可能存在的遗漏、错误、含义不清甚至相互矛盾等问题提出疑问的，不属于本办法规定的异议。疑问应当在资格预审文件或者招标文件规定的时间之前提出。

（二）投诉是指投标人或者其他利害关系人认为招标投标活动不符合法律、法规和规章规定，或者其自身合法权益受到侵害，以及异议人对招标人的异议答复不服，依法在规定的期限内向行政监督部门提出要求制止违法行为或者保护其合法权益的行为。

（三）潜在投标人是指知悉招标人公布的招标项目的有关条件和要求，有可能参加投标竞标的法人或者其他组织。

（四）其他利害关系人是指投标人以外的，与招标项目或者招标投标活动有直接或者间接利益关系的法人、其他组织和个人，主要包括招标人、招标项目的使用人、潜在投标人、与工程建设有关的货物或者服务的特定供应商或者分包人等。

第四十七条 行政监督部门在处理投诉过程中，不得向投诉人和被投诉人收取任何费用。

第四十八条 本办法自 2020 年 12 月 1 日起施行，有效期五年。《深圳市工程建设项目招标投标活动异议和投诉处理办法》（深建规〔2015〕2 号）同时废止。

附件：

1. 异议书

2. 异议不予受理通知书

3. 异议答复函

4. 投诉书

5. 投诉处理决定书

（附件详见深圳市住房和建设局官方网站）

3.10 深圳市住房和建设局关于建设工程服务类招标项目投标资格条件设置有关事宜的通知

(深建市场〔2018〕29号)

各有关单位：

国家《招标投标法》第二十五条规定，投标人是响应招标、参加投标竞争的法人或者其他组织。我局在日常招投标监管中发现，部分服务类招标项目存在排斥合伙制企业的情况，该做法不符合住房和城乡建设部建立健全统一开放、竞争有序的建筑市场体系的基本精神。为进一步规范我市建筑市场秩序，营造公平竞争的市场环境，现将服务类招标项目投标资格条件设置有关事宜通知如下：

一、服务类招标项目不得排斥除具有独立法人资格之外的其他投标人，包括合伙制企业或者其他组织，凡符合项目所需国家资质或资格要求的，均可参与投标。

二、本通知自发布之日起生效，生效后发布招标公告的工程按上述要求执行。

深圳市住房和建设局

2018年9月1日

3.11 提升建设工程招标质量和效率工作指引

（深建市场〔2018〕8号）

为进一步提升建设工程招标工作质量和效率，实现建设工程投标的择优与竞价，有关工作指引如下。

一、关于过多投标人淘汰方法

根据《关于建设工程招标投标改革的若干规定》（深府〔2015〕73号，以下简称"73号文"）第三十六条规定，当资格审查合格投标人数量超过20名时，应将进入评标环节投标人数量淘汰至15～20名。该环节（以下简称"过多投标人淘汰环节"）是招标择优的首要环节。在实践中，采用抽签法或价格法淘汰的，未考虑择优因素，大量劣质企业参与投标，排挤优质企业，产生"劣币驱逐良币"效应。抽签法和价格法成为劣质企业围猎优质企业的杀手锏。

为此有择优要求的招标项目，过多投标人淘汰环节原则上优先采用票决法，票决以择优为主，票决时优先选择综合实力强、信誉好的企业，同等情况下优先选择本地业绩较好的企业，再选择资质等级较高企业。

预选招标及方案设计招标项目，招标人可在招标文件中载明，不对资格审查合格超过20名投标人进行淘汰，但招标人应充分考虑增加评标工作量引起的效率问题。

二、关于施工招标项目入围定标的价格切线

在过多投标人淘汰环节，可以择优为主，但在定标环节，原则上引入价格竞争，以避免多数投标人贴近投标上限价报价。为此招标人在编制施工招标文件时，原则上优先按下列方式设置招标文件前附表的定标投票范围：

（一）一般工程项目，取投标报价由低往高1/3～1/2数量投标人进入定标投票范围；

（二）大型项目、技术较为复杂工程项目（指工程概算投资额5000万元及以上，但不包含重大工程项目、技术复杂工程项目），取投标报价由低往高2/5～2/3数量投标人进入定标投票范围；

（三）重大工程项目、技术复杂工程项目（指73号文中允许投标人资格条件中设置同类工程经验的招标项目），所有合格投标人均进入定标投票范围。

与上述进入定标投票范围最高投标报价相比，价差不超过1%（指相对标底的净下浮率）投标人，视为同等报价，一并进入定标投票范围。招标人也可在选取之前，剔除投标报价最低1～2个投标人（在招标文件中明示，如无明示则抽签确定数量）。当按上述方式确定进入定标投票范围的投标人不足5名时，按投标报价由低往高顺序补足5名投标人。

三、关于施工招标商务标报价

投标报价是投标人响应招标文件的重要内容，投标人在商务标报价时，应在主要材料设备进行充分市场询价基础上，根据企业实际情况进行组价。投标人不宜利用快速调价工具软件，自动生成商务标投标文件，否则不仅不能如实反映投标人响应招标文件情况，也会出现《招标投标法实施条例》规定视为投标人相互串通投标的情形。

我市现行施工招标文件范本已经将单位工程中超过25%数量清单下浮率一致情形列为废标条

款，商务标评标系统也已进行调整。今后招标过程中，凡是出现法律法规视为串标情形的，除了评标专家对相关投标文件作废标处理外，建设行政主管部门将依法进行查处。

四、关于投标有效性与管理系统锁定的关系

凡是招标文件规定无效标情形，无论行政主管部门信息系统是否对相关单位和人员进行锁定，其投标资格自始无效。无效投标情况如影响招标结果的，在发现时招标阶段（指资格审查阶段、开标阶段、评标阶段、定标阶段）将其排除在合格投标人之外。纠正行为仅限于发现影响招标结果情形招标阶段，不追溯至更早招标阶段。

五、关于答疑、补遗文件上传时间

根据73号文第十六条规定，答疑、补遗文件应在规定时间之前发出。为了确保行政主管部门有合理备案工作时间，招标人须在最后应发布时间之前4小时（扣除18：00～9：00时间段及节假日全天），将相关文件上传到系统之中。未在前述时间上传文件，招标人原则上需顺延投标截止时间。特殊情况，招标人与行政主管部门工作人员取得联系，按规定时间发布答疑、补遗文件的除外。

六、关于快速发包

市委市政府、区委区政府明确要求在较短时间内尽快开展实质性工作的民生实事工程，包括应急工程及其他工期紧急工程，可按照73号文规定简易程序进行公开招标，整个招标流程可在约10日内完成。但快速发包存在较大管理、合同和廉政风险，仅限于个例情况使用，不可作为通行方式普遍采用，并由招标人承担该招标方式引起的所有风险。

（一）无进场招标前置条件。招标人根据市、区政府相关会议纪要（如纪要暂未印发，则提供市、区政府相关会议时间、主持人及会议议定事项的说明）或其他承担建设工程管理任务的证明文件，按照《建设工程招标投标告知性备案工作规则》（深建市场［2016］7号）直接到行政主管部门办理招标备案手续。

（二）招标公告及招标文件发布时间不少于5个工作日，不要求投标人编制技术标，如有商务标则在招标公告发布同时，公布可编辑的BDS文件。简易招标时限少于10个工作日的，原则上不要求投标人提交银行投标保函。

（三）无技术标评标环节，施工招标商务标是否评审由招标人自行确定。如不评审商务标，招标人可在合同签订前对中标人商务标存在的问题进行澄清。

（四）取消过多投标人淘汰环节。无论合格投标人数量是否超过20家，均不对投标人进行淘汰，所有合格投标人均进入定标环节。

（五）采用直接票决法或票决抽签法进行定标。招标人整理投标人商务、资信等相关资料后，组建定标委员会进行票决定标。

（六）建设工程招标过程不再分阶段进行公示，招标人在确定中标人之后，将"73号文"规定应公示内容与中标人一并公示。

（七）采用简化格式的招标公告

招标公告中主要说明工程概况、规模、投标人资格条件、投标文件组成内容、评定标方法、商务报价、截标时间等内容，并可不发布招标文件，或根据需要发布简易的招标文件。如招标公告或简易招标文件中未附合同条件，则在公告中明示优先按照我市现行范本签订合同。

（八）施工招标计量计价应注意事项

1. 建议优先采用模拟工程量清单方式招标。招标人可选择以往类型较为相近已招标项目工程量清单，或者上述工程量清单组合，作为模拟工程量清单，由投标人自主报价，以确定主要工程项目结算价格。

编制模拟工程量清单时，招标人也可将包含多种材料或工艺工程量清单拆分成多条单一材料或工艺工程量清单，在实际计量、结算时，通过不同材料或工艺工程量清单组合，形成符合需要工程量清单，增强模拟工程量清单适用性。

模拟工程量清单尽可能科学、合理，具有较广适用性和可延展性，避免实施时计量计价条款将存在较大争议。

2. 建议实行直观、简单的"实物量清单"计价模式，即以建筑安装就位后工程实体数量作为工程报价、计量、结算依据。

3. 谨慎使用"费率报价"方式招标。招标人在招标准备时间有限的情况下，如无法编制模拟工程量清单或实物量清单时，可谨慎使用费率报价方式进行招标，并应明确结算的上限价格，同时尽可能详尽地约定计量、计价和结算的相关原则，避免在合同执行和结算过程中存在较大的自由裁量权和较大的合同风险。

4. 措施费原则上以投标人报价进行包干，或以费率方式进行包干。措施费是工程管理中常见的甲乙双方分歧所在，如在招标过程中及合同签订之前未明确计量、计价和结算原则，则合同执行和结算时双方争议较大，也存在较大的廉政风险。招标时应约定有关原则，建议优先采用费率方式进行报价并包干，措施费的计费基数为实物量清单或工程量清单的结算总价，费率由投标人自主报价，费率不再调整。

（九）简易招标存在着合同条件难以约定清晰的实际情况。建议部分建设工程为了实现快速开工的目标，可以将场平工程等较易计量计价的前期工程，先行以简易招标方式进行发包，在前期工程施工期间，后续工程再按正常基本建设程序，做深做细招标和工程管理工作。

【备注】如果招标人未按工作指引要求开展招标工作，导致招标结果不择优或不竞价，或招标人修改招标文件示范文本相关内容，为投标人围标串标制造便利条件的，行政主管部门除依法查处违法行为外，并将招标人履职情况移交纪检监察机关，由其对招标人的履职和廉政情况进行监督。

3.12 深圳市住房和建设局关于城市园林绿化企业资质取消后招投标有关工作的通知

(深建市场〔2017〕27号)

各有关单位:

根据国务院《关于修改和废止部分行政法规的决定》(国务院令第676号),《城市绿化条例》第十六条"城市绿化工程的施工应当委托持有相应资格证书的单位承担"的规定已被删除。为做好城市园林绿化资质取消后的衔接工作,确保园林绿化招投标活动顺利开展,现将有关事项通知如下:

一、各级城市园林绿化主管部门不得以任何方式,强制要求将城市园林绿化企业资质或市政公用工程施工总承包等资质作为承包园林绿化工程施工业务的条件。

二、城市园林绿化招标项目,不得将任何企业资质、企业营业执照经营范围、安全生产许可证设置为投标条件,也不得将项目负责人执业资格(建造师、建筑师等)设置为投标条件。

三、招标人可根据项目规模、技术复杂程度等,将投标人承诺的现场管理人员和园林技术人员配备、同类工程经验等作为定标参考因素。

四、交易系统调整后,园林绿化工程招标纳入"其他类",投标人参加园林绿化工程投标前,需在"其他类"中进行备案。

特此通知。

深圳市住房和建设局
2017年9月19日

3.13 深圳市住房和建设局关于加强安全生产与建设工程施工招标联动的通知

(深建市场〔2017〕13号)

各有关单位:

为强化施工单位安全生产主体责任,加大对发生安全生产事故施工单位的惩戒力度,督促施工单位自觉提高安全生产管理水平,根据市委市政府工作部署,决定在我市建设工程施工招标中,进一步强化与安全生产工作的联动,现将有关事项通知如下:

一、招标人应严格执行《关于建设工程招标投标改革的若干规定》(深府〔2015〕73号)第三十三条规定,拒绝因违反安全生产管理规定被建设部门给予红色警示且在警示期内施工单位的投标。

二、在过多投标人淘汰环节,无论采取何种淘汰方法,招标人均应将投标人的安全生产管理水平及安全生产记录纳入淘汰要素。在定标环节,无论采取何种定标方法,招标人均应将投标人的安全生产管理水平及安全生产记录纳入定标要素。

三、招标人应该根据不良安全生产记录的严重程度、发生频次、发生时间等具体情况,建立安全生产记录的应用机制。

招标人在招标过程中,没有对投标人安全生产管理水平进行评估,或没有参照投标人以往安全生产记录,选择安全生产管理水平较差或不良安全生产记录较多的施工单位作为中标人,如果在履约过程中发生安全生产事故的,将由相关部门加大对招标人主要负责人的问责力度。

四、在我市建设工程诚信体系建立之后,招标人在招标过程中,无论是在过多投标人淘汰环节,还是在定标环节,均应优先选择诚信等级高的投标人,优先淘汰诚信等级低的投标人。

五、交易中心(包括其他交易平台)应在截标后,将所有投标人是否具有不良安全生产记录以及具体记录自动推送给招标人。

特此通知。

深圳市住房和建设局
2017年3月30日

3.14 建设工程定性评审评标工作指引

（深建市场〔2016〕40号）

为规范评标委员会的评标行为，发挥评标委员会评标结果对定标工作的指导作用，特制定本指引。

一、定性评审的评审步骤

评标委员会应按以下步骤进行定性评审评标：

1. 各评标专家独立对各投标人分别进行评审；
2. 评标委员会集体汇总各评标专家对同一投标人的评审意见；
3. 评标委员会出具《定性评审汇总表》；
4. 评标委员会推荐进入定标程序的投标人名单，出具评标报告。

商务标定性评审是否进行步骤1，由评标委员会根据需要确定。

二、单个评标专家的独立评审

单个评标专家应对所有投标人分别进行独立评审，出具评审意见。

1. 根据招标文件《定性评审表》，对"评审项目"逐条进行评审，指出存在优点的具体事项，或指出存在缺陷或签订合同前应注意和澄清的具体事项。对"评审项目"逐条评审时，不得给出"类似定性的意见"。"类似定性的意见"是指评标专家给出高度浓缩但未指出具体事项的结论，比如"A、B、C、合格、不合格、可行、不可行、好、不好、优、良、中、差"等，类似这些评审意见，属于分级、评价性质，并非指出优点的具体表现，也非存在缺陷或签订合同时应注意和澄清的具体事项。

2. "评审项目"逐条评审完成后，对该投标人给出综合评价等级，分为"合格"与"不合格"，其中"不合格"仅限于投标文件违反国家强制性条文标准的情形及符合招标文件废标、无效标情形。

三、评标委员会集体汇总同一投标人的评审意见

在各评标专家独立对所有投标人评审完成之后，评标委员会集体应汇总各评标专家对同一投标人的评审意见。

1. 根据招标文件《定性评审表》，对"评审项目"逐条进行汇总。汇总单条"评审项目"的评审意见时，评标委员会组长将各评标专家对该投标人该评审项目的评审意见罗列在一起，集体讨论后形成评标委员会集体对该投标人该评审项目的评审意见。

2. 评标委员会集体对同一投标人给出综合评价等级。

3. 评标委员会在汇总各评标专家意见时，如果有评标专家对汇总意见持保留意见的，则应在《定性评审汇总表》中注明。

各评审项目的评审意见以及综合评价等级要求与本指引第二条相同。

四、评标委员会集体会签《定性评审汇总表》

在评标委员会集体对所有投标人完成本指引第三条的汇总工作后，直接汇总形成《定性评审汇总表》，各评标专家集体会签。

汇总《定性评审汇总表》时，某一投标人的所有优点汇总在一个方格之内，表现为"【评审项目名称1】＋'优点的具体事项'；【评审项目名称2】＋'优点的具体事项'……"。同理，某一投标人的所有"存在缺陷或签订合同前应注意和澄清事项"也汇总在一个方格之内，表现为"【评审项目名称1】＋'存在缺陷或签订合同前应注意和澄清事项'；【评审项目名称2】＋'存在缺陷或签订合同前应注意和澄清事项'……"。

五、评标委员会集体出具评标报告

评标委员会集体会签《定性评审汇总表》后，推荐进入定标程序投标人名单，并出具评标报告，评标工作完成。

定性评审及汇总示例

招标文件中的《技术标定性评审表》

招标工程名称：　　　　　　投标人：

序号	评审项目	评审内容	优点	存在缺陷或签订合同前应注意和澄清事项
1	项目管理班子人员配备表及相关说明	项目经理、技术负责人及土建、电气、给水排水、造价等专业技术人员的职称、专业、工作经历与个人业绩情况		
2	施工资源需求计划	主要材料、机械设备、大型工具、生产工艺设备、施工设施的需求计划情况		
3	施工总平面布置规划	施工总平面布置图应包括主要机械设备、堆场、加工场、临时道路、临时供水供电、临时排水排污设施等的布局；主要施工阶段总平面图合理性情况		
4	施工工期管理策划	工期目标响应招标文件情况；工序安排、关键线路的管理策划情况		
5	工程施工的重点和难点、质量保证措施	结合现场情况和施工图纸，对工程重点、难点部位的理解及施工方法及质量保证措施情况		

综合评价等级：□合格　□不合格

评标专家：　　　　　评标日期：　　年　月　日

备注：1. 本表适用于专家独立评审使用；
2. 指出各评审项的优点、存在缺陷或签订合同前应注意和澄清事项；
3. 综合评价等级仅分为合格或不合格两个等级，不合格仅限于符合招标文件废标、无效标情形以及投标文件违反国家强制性条文标准的情形。
4. 招标人注意事项：凡不能通过后续增加资金、人力、物力投入改变的要素视为资信要素，如投标人业绩、过往认证情况、财务状况、营业额，从业人员学历、注册资格、资历等情况；不得将资信要素列入方案标进行定性评审。

3.15 EPC 工程总承包招标工作指导规则（试行）

（深建市场〔2016〕16号）

为了帮助招标人做好 EPC 工程总承包招标工作，降低合同风险，特制定本指导规则，供招标人参考。

一、EPC 工程总承包的定义

EPC（Engineering-Procurement-Construction），即"设计采购和施工"模式，又称交钥匙工程总承包模式。业主与工程总承包商签订工程总承包合同，把建设项目的设计、采购、施工和调试服务工作全部委托给工程总承包商负责组织实施，业主只负责整体的、原则的、目标的管理和控制。设计、采购和施工的组织实施采用统一策划、统一组织、统一指挥、统一协调和全过程控制。

二、EPC 工程总承包的投标条件

目前 EPC 工程总承包招标的适用依据主要是《关于培育发展工程总承包和工程项目管理企业的指导意见》（建市〔2003〕30号）。在设置投标条件时可淡化资质管理，实行能力认可，在工程实施时回归资质管理，由有相应资质的单位分别承担设计、施工任务。招标人可按下列方式之一设置投标条件：

（一）具有工程总承包管理能力的企业，可以是设计、施工、开发商或其他项目管理单位；

（二）具有相应资质等级的设计、施工或项目管理单位独立或组成联合体投标。

由于目前建筑市场上具有工程总承包业绩的单位较少，在招标时不宜将工程总承包业绩作为投标条件，以促进工程总承包行业的发展。

三、EPC 工程总承包招标一般应明确的招标需求

EPC 工程总承包招标可以在完成概念方案设计之后进行，也可以在完成方案设计之后进行，即方案未定的 EPC 工程总承包招标和方案已定的 EPC 工程总承包招标。无论哪种方式，一般应至少明确以下招标需求：

（一）细化建设规模：房屋建筑工程包括地上建筑面积、地下建筑面积、层高、户型及户数、开间大小与比例、停车位数量或比例等；市政工程包括道路宽度、河道宽度、污水处理能力等。

（二）细化建设标准：房屋建筑工程包括天、地、墙各种装饰面材的材质种类、规格和品牌档次，机电系统包含的类别、机电设备材料的主要参数、指标和品牌档次，各区域末端设施的密度，家具配置数量和标准，以及室外工程、园林绿化的标准；市政工程包括各种结构层、面层的构造方式、材质、厚度等。

（三）划分工作责任：除设计施工以外的其他服务工作的内容、分工与责任。

（四）房屋建筑工程还应明确是否采取工业化建造方式、是否采用 BIM 技术等。

四、EPC 工程总承包的计价模式

EPC 工程总承包招标在需求统一、明确的前提下，由投标人根据给定的概念方案（或设计方案）、建设规模和建设标准，自行编制估算工程量清单并报价。建议采用总价包干的计价模式，但地下工程不纳入总价包干范围，而是采用模拟工程量的单价合同，按实计量。如果需约定材料、人工费用的调整，则建议招标时先固定调差材料、人工在工程总价中的占比，结算时以中标价中的工程建安费用乘以占比作为基数，再根据事先约定的调差方法予以调整。

如果 EPC 工程总承包招标时，不确定建设规模与建设标准，不采用总价包干合同，而是采用下浮率报价与最终批复概算作为上限价的结算方式，一方面中标人在设计时偏好采用利润率高的材料或无法定价的设备，发包人在工程监管时存在较大难度和廉政风险；另一方面，措施费用由于难以定价，在合同执行过程中，可能存在管理难度和较大廉政风险；再一方面由于开口合同，上限价与概算批复额度相关，中标人存在不当谋利的可能。

五、EPC 工程总承包定标准备工作

EPC 工程总承包一般采取定性评审、评定分离的招标方式，招标人在定标之前需做好以下准备工作：

（一）谨慎认定投标人的工程总承包管理能力与履约能力。

1. 是否具有工程总承包管理需要的团队；
2. 工程总承包管理团队的主要人员是否具有较为丰富的工程管理经验；
3. 投标人是否建立了与工程总承包管理业务相适应的组织机构、项目管理体系；
4. 投标人的整体实力、财务状况和履约能力情况。

（二）投标人是否进行一定程度的设计深化，深化的设计是否符合招标需求的规定。

（三）考核投标报价是否合理。主要考核投标人是否编制了较为详细的估算工程量清单，估算工程量清单与其深化的设计方案是否相匹配，投标单价是否合理。

如果投标人报价时只有单位指标造价，如每平方米造价、每延米造价等，或者只有单位工程合价、工程总价，则可能无法判断其投标报价是否合理，招标人在定标时可优先选择能判定为报价合理的投标人。

六、EPC 工程总承包招标注意事项

传统招标模式由招标人提供设计图纸和工程量清单，投标人按规定进行应标和报价，而 EPC 工程总承包招标时只提供概念设计（或方案设计）、建设规模和建设标准，不提供工程量清单，投标人需自行编制用于报价的清单，因此招标时应注意以下事项：

（一）确定合理的招标时间，确保投标人有足够时间对招标文件进行仔细研究、核查招标人需求、进行必要的深化设计、风险评估和估算。

（二）参照国际咨询工程师联合会（FIDIC）《设计采购施工（EPC）／交钥匙工程合同条件》与《生产设备和设计－施工合同条件》拟定合同条款。

（三）改变工程项目管理模式，发包人对承包人的工作只进行有限的控制，一般不进行过程干预，而是在验收时严格按建设规模和建设标准进行验收，只有达到招标需求的工程才予以接收。EPC 工程总承包工程可不实行工程监理，发包人也可仍然聘请工程监理，但是对工程监理的工作内容与工作形式进行适当调整。

（四）招标过程中，允许投标人就技术问题和商务条件与招标人进行磋商，达成一致后作为合同的组成部分。

（五）工程款支付不宜采用传统的按实计量与支付方式，可采用按比例或按月度约定额度支付方式。

（六）慎重选择定标方法，目前建筑市场中具备工程总承包管理能力和经验的承包人较少，不宜采用较大范围的直接抽签或较大范围的票决抽签定标方式。

3.16 建筑工程施工发包与承包违法行为认定查处管理办法

(建市规〔2019〕1号)

第一条 为规范建筑工程施工发包与承包活动中违法行为的认定、查处和管理，保证工程质量和施工安全，有效遏制发包与承包活动中的违法行为，维护建筑市场秩序和建筑工程主要参与方的合法权益，根据《中华人民共和国建筑法》《中华人民共和国招标投标法》《中华人民共和国合同法》《建设工程质量管理条例》《建设工程安全生产管理条例》《中华人民共和国招标投标法实施条例》等法律法规，以及《全国人大法工委关于对建筑施工企业母公司承接工程后交由子公司实施是否属于转包以及行政处罚两年追溯期认定法律适用问题的意见》(法工办发〔2017〕223号)，结合建筑活动实践，制定本办法。

第二条 本办法所称建筑工程，是指房屋建筑和市政基础设施工程及其附属设施和与其配套的线路、管道、设备安装工程。

第三条 住房和城乡建设部对全国建筑工程施工发包与承包违法行为的认定查处工作实施统一监督管理。

县级以上地方人民政府住房和城乡建设主管部门在其职责范围内具体负责本行政区域内建筑工程施工发包与承包违法行为的认定查处工作。

本办法所称的发包与承包违法行为具体是指违法发包、转包、违法分包及挂靠等违法行为。

第四条 建设单位与承包单位应严格依法签订合同，明确双方权利、义务、责任，严禁违法发包、转包、违法分包和挂靠，确保工程质量和施工安全。

第五条 本办法所称违法发包，是指建设单位将工程发包给个人或不具有相应资质的单位、肢解发包、违反法定程序发包及其他违反法律法规规定发包的行为。

第六条 存在下列情形之一的，属于违法发包：

(一)建设单位将工程发包给个人的；

(二)建设单位将工程发包给不具有相应资质的单位的；

(三)依法应当招标未招标或未按照法定招标程序发包的；

(四)建设单位设置不合理的招标投标条件，限制、排斥潜在投标人或者投标人的；

(五)建设单位将一个单位工程的施工分解成若干部分发包给不同的施工总承包或专业承包单位的。

第七条 本办法所称转包，是指承包单位承包工程后，不履行合同约定的责任和义务，将其承包的全部工程或者将其承包的全部工程肢解后以分包的名义分别转给其他单位或个人施工的行为。

第八条 存在下列情形之一的，应当认定为转包，但有证据证明属于挂靠或者其他违法行为的除外：

(一)承包单位将其承包的全部工程转给其他单位(包括母公司承接建筑工程后将所承接工程交由具有独立法人资格的子公司施工的情形)或个人施工的；

(二)承包单位将其承包的全部工程肢解以后，以分包的名义分别转给其他单位或个人施工的；

（三）施工总承包单位或专业承包单位未派驻项目负责人、技术负责人、质量管理负责人、安全管理负责人等主要管理人员，或派驻的项目负责人、技术负责人、质量管理负责人、安全管理负责人中一人及以上与施工单位没有订立劳动合同且没有建立劳动工资和社会养老保险关系，或派驻的项目负责人未对该工程的施工活动进行组织管理，又不能进行合理解释并提供相应证明的；

（四）合同约定由承包单位负责采购的主要建筑材料、构配件及工程设备或租赁的施工机械设备，由其他单位或个人采购、租赁，或施工单位不能提供有关采购、租赁合同及发票等证明，又不能进行合理解释并提供相应证明的；

（五）专业作业承包人承包的范围是承包单位承包的全部工程，专业作业承包人计取的是除上缴给承包单位"管理费"之外的全部工程价款的；

（六）承包单位通过采取合作、联营、个人承包等形式或名义，直接或变相将其承包的全部工程转给其他单位或个人施工的；

（七）专业工程的发包单位不是该工程的施工总承包或专业承包单位的，但建设单位依约作为发包单位的除外；

（八）专业作业的发包单位不是该工程承包单位的；

（九）施工合同主体之间没有工程款收付关系，或者承包单位收到款项后又将款项转拨给其他单位和个人，又不能进行合理解释并提供材料证明的。

两个以上的单位组成联合体承包工程，在联合体分工协议中约定或者在项目实际实施过程中，联合体一方不进行施工也未对施工活动进行组织管理的，并且向联合体其他方收取管理费或者其他类似费用的，视为联合体一方将承包的工程转包给联合体其他方。

第九条 本办法所称挂靠，是指单位或个人以其他有资质的施工单位的名义承揽工程的行为。

前款所称承揽工程，包括参与投标、订立合同、办理有关施工手续、从事施工等活动。

第十条 存在下列情形之一的，属于挂靠：

（一）没有资质的单位或个人借用其他施工单位的资质承揽工程的；

（二）有资质的施工单位相互借用资质承揽工程的，包括资质等级低的借用资质等级高的，资质等级高的借用资质等级低的，相同资质等级相互借用的；

（三）本办法第八条第一款第（三）至（九）项规定的情形，有证据证明属于挂靠的。

第十一条 本办法所称违法分包，是指承包单位承包工程后违反法律法规规定，把单位工程或分部分项工程分包给其他单位或个人施工的行为。

第十二条 存在下列情形之一的，属于违法分包：

（一）承包单位将其承包的工程分包给个人的；

（二）施工总承包单位或专业承包单位将工程分包给不具备相应资质单位的；

（三）施工总承包单位将施工总承包合同范围内工程主体结构的施工分包给其他单位的，钢结构工程除外；

（四）专业分包单位将其承包的专业工程中非劳务作业部分再分包的；

（五）专业作业承包人将其承包的劳务再分包的；

（六）专业作业承包人除计取劳务作业费用外，还计取主要建筑材料款和大中型施工机械设备、主要周转材料费用的。

第十三条 任何单位和个人发现违法发包、转包、违法分包及挂靠等违法行为的，均可向工程所在地县级以上人民政府住房和城乡建设主管部门进行举报。

接到举报的住房和城乡建设主管部门应当依法受理、调查、认定和处理，除无法告知举报人的情况外，应当及时将查处结果告知举报人。

第十四条 县级以上地方人民政府住房和城乡建设主管部门如接到人民法院、检察机关、仲裁机构、审计机关、纪检监察等部门转交或移送的涉及本行政区域内建筑工程发包与承包违法行为的建议或相关案件的线索或证据，应当依法受理、调查、认定和处理，并把处理结果及时反馈给转交或移送机构。

第十五条 县级以上人民政府住房和城乡建设主管部门对本行政区域内发现的违法发包、转包、违法分包及挂靠等违法行为，应当依法进行调查，按照本办法进行认定，并依法予以行政处罚。

（一）对建设单位存在本办法第五条规定的违法发包情形的处罚：

1. 依据本办法第六条（一）、（二）项规定认定的，依据《中华人民共和国建筑法》第六十五条、《建设工程质量管理条例》第五十四条规定进行处罚；

2. 依据本办法第六条（三）项规定认定的，依据《中华人民共和国招标投标法》第四十九条、《中华人民共和国招标投标法实施条例》第六十四条规定进行处罚；

3. 依据本办法第六条（四）项规定认定的，依据《中华人民共和国招标投标法》第五十一条、《中华人民共和国招标投标法实施条例》第六十三条规定进行处罚。

4. 依据本办法第六条（五）项规定认定的，依据《中华人民共和国建筑法》第六十五条、《建设工程质量管理条例》第五十五条规定进行处罚。

5. 建设单位违法发包，拒不整改或者整改后仍达不到要求的，视为没有依法确定施工企业，将其违法行为记入诚信档案，实行联合惩戒。对全部或部分使用国有资金的项目，同时将建设单位违法发包的行为告知其上级主管部门及纪检监察部门，并建议对建设单位直接负责的主管人员和其他直接责任人员给予相应的行政处分。

（二）对认定有转包、违法分包违法行为的施工单位，依据《中华人民共和国建筑法》第六十七条、《建设工程质量管理条例》第六十二条规定进行处罚。

（三）对认定有挂靠行为的施工单位或个人，依据《中华人民共和国招标投标法》第五十四条、《中华人民共和国建筑法》第六十五条和《建设工程质量管理条例》第六十条规定进行处罚。

（四）对认定有转让、出借资质证书或者以其他方式允许他人以本单位的名义承揽工程的施工单位，依据《中华人民共和国建筑法》第六十六条、《建设工程质量管理条例》第六十一条规定进行处罚。

（五）对建设单位、施工单位给予单位罚款处罚的，依据《建设工程质量管理条例》第七十三条、《中华人民共和国招标投标法》第四十九条、《中华人民共和国招标投标法实施条例》第六十四条规定，对单位直接负责的主管人员和其他直接责任人员进行处罚。

（六）对认定有转包、违法分包、挂靠、转让出借资质证书或者以其他方式允许他人以本单位的名义承揽工程等违法行为的施工单位，可依法限制其参加工程投标活动、承揽新的工程项目,并对其企业资质是否满足资质标准条件进行核查,对达不到资质标准要求的限期整改,整改后仍达不到要求的,资质审批机关撤回其资质证书。

对 2 年内发生 2 次及以上转包、违法分包、挂靠、转让出借资质证书或者以其他方式允许他人以本单位的名义承揽工程的施工单位,应当依法按照情节严重情形给予处罚。

(七)因违法发包、转包、违法分包、挂靠等违法行为导致发生质量安全事故的,应当依法按照情节严重情形给予处罚。

第十六条 对于违法发包、转包、违法分包、挂靠等违法行为的行政处罚追溯期限,应当按照法工办发〔2017〕223 号文件的规定,从存在违法发包、转包、违法分包、挂靠的建筑工程竣工验收之日起计算;合同工程量未全部完成而解除或终止履行合同的,自合同解除或终止之日起计算。

第十七条 县级以上人民政府住房和城乡建设主管部门应将查处的违法发包、转包、违法分包、挂靠等违法行为和处罚结果记入相关单位或个人信用档案,同时向社会公示,并逐级上报至住房和城乡建设部,在全国建筑市场监管公共服务平台公示。

第十八条 房屋建筑和市政基础设施工程以外的专业工程可参照本办法执行。省级人民政府住房和城乡建设主管部门可结合本地实际,依据本办法制定相应实施细则。

第十九条 本办法中施工总承包单位、专业承包单位均指直接承接建设单位发包的工程的单位;专业分包单位是指承接施工总承包或专业承包企业分包专业工程的单位;承包单位包括施工总承包单位、专业承包单位和专业分包单位。

第二十条 本办法由住房和城乡建设部负责解释。

第二十一条 本办法自 2019 年 1 月 1 日起施行。2014 年 10 月 1 日起施行的《建筑工程施工转包违法分包等违法行为认定查处管理办法(试行)》(建市〔2014〕118 号)同时废止。

3.17 深圳市建筑市场主体信用管理办法

（深建规〔2020〕3号）

第一章 总 则

第一条 为加快本市建筑市场信用体系建设，营造公平竞争、诚信守法的市场环境，根据《中华人民共和国建筑法》《中华人民共和国招标投标法》《中华人民共和国消防法》等法律规定和国家、省、市关于社会信用体系建设的政策文件，结合本市实际，制定本办法。

第二条 本办法适用于本市行政区域内从事房屋建筑和市政基础设施工程建设（以下简称"工程建设"）活动的相关主体的信用管理。

第三条 本办法所称建筑市场主体，是指工程建设活动的相关主体，包括：

（一）工程项目的建设单位（含代建单位，下同）；

（二）从事工程建设活动的勘察、设计、施工（含建筑装饰）、监理、造价、预拌混凝土、预制生产、检测、招标代理等企业；

（三）注册建筑师、注册结构工程师、勘察设计注册工程师、注册建造师、注册监理工程师、注册造价工程师等注册执业人员（以下简称"注册执业人员"）。

第四条 本办法所称建筑市场主体信用信息，是指可用以识别、分析、判断建筑市场主体履行法定或者约定义务状况的客观数据和资料。

本办法所称信用信息，由基本信息、良好信用信息和不良信用信息构成。

第五条 市住房建设部门（以下简称"市主管部门"）负责建设管理全市建筑市场主体信用管理系统（以下简称"市建筑信用管理系统"）和建筑市场主体的信用评价，制定信用信息认定标准，按照市区工程项目管理权限负责建筑市场主体有关信用信息的采集、审核、录入及投诉处理。

各区（含新区管理机构，下同）住房建设部门（以下简称"区主管部门"）按照市区工程项目管理权限负责建筑市场主体有关信用信息的采集、审核、录入及投诉处理。

第六条 本市建筑市场相关行业协会（以下简称"行业协会"）根据市主管部门的委托，依据本办法规定负责建筑市场主体履约评价、业绩、行业奖项、建设科技、行业综评等良好信用信息的采集和审核工作，协助市、区主管部门做好建筑市场主体信用管理工作。

第七条 建筑市场主体信用管理应当遵循合法、客观、公正和审慎原则，保守国家秘密、商业秘密和个人隐私。

第八条 市主管部门应当加强与本市其他政府管理部门的联系，加快推进信用信息系统的互联互通，逐步建立信用信息共享机制。

第二章 信用信息的采集、认定和公开

第九条 基本信息由主管部门从深圳市住房和建设局企业与人员信息诚信申报平台或者深圳市投资项目在线审批监管平台直接采集并予以认定。

第十条 良好信用信息通过市建筑信用管理系统自动采集（含主管部门收集并审核，下同）、建筑市场主体诚信申报和行业协会填报等方式采集。

第十一条 建筑市场主体通过市建筑信用管理系统，按照本办法附件《建筑市场主体信用信息计分表》（以下简称"计分表"，附件见网址 http：//zjj.sz.gov.cn/csml/zcfg/xxgk/zcfg_1/zcfg/jsgcgl/202004/P020200426520143343920.xlsx）的规定诚信申报良好信用信息，同时上传相应证明材料，并对其真实性、合法性和准确性负责。

建筑市场主体应当自良好信用信息产生之日起30日内完成申报（其中国家级和部委级获奖等良好信用信息可以延长至60日），逾期申报的良好信用信息不予认定。

行业协会对建筑市场主体申报的良好信用信息进行审核；发现弄虚作假的，由主管部门对建筑市场主体给予不良行为记录。

第十二条 计分表"履约评价"、"行业综评"部分规定由行业协会填报的良好信用信息，行业协会应当自良好信用信息产生之日起5个工作日内通过市建筑信用管理系统完成填报，同时上传相应证明材料，并对其真实性、合法性和准确性负责。

第十三条 对经审核后的建筑市场主体诚信申报的良好信用信息、行业协会填报的良好信用信息，主管部门在5个工作日内进行抽查核实；发现问题的，责令整改。

第十四条 抽查核实期满后，经审核后的建筑市场主体诚信申报的良好信用信息、行业协会填报的良好信用信息，在市建筑信用管理系统公示10个工作日。

公示期间，建筑市场主体可以对公示信息进行投诉或者提出异议，主管部门应当自收到投诉或者异议申请之日起10个工作日内进行复核，并将复核结果反馈投诉人或者异议人。

第十五条 通过市建筑信用管理系统自动采集的良好信用信息，直接予以认定。

经审核后的建筑市场主体诚信申报的良好信用信息、行业协会填报的良好信用信息经公示无异议或者异议不成立的，予以认定。

第十六条 主管部门应当自行政处罚决定书送达之日起2个工作日内将信息录入市建筑信用管理系统，直接予以认定。

第十七条 主管部门应当自收到联合惩戒信息之日起5个工作日内将信息录入市建筑信用管理系统，直接予以认定。

第十八条 不良行为信息由主管部门按照市区工程项目管理权限在行政执法和监督管理过程中实时采集，及时认定，并录入市建筑信用管理系统。

通过工程质量安全监督机构执法系统自动采集的工程质量安全动态记分等不良行为信息，直接予以认定；其他不良行为信息的认定和录入，适用本办法第十九条至第二十二条的规定。

建筑市场主体因违法行为被行政处罚，同时被红色警示或者黄色警示的，红色警示或者黄色警示的扣分有效期可以抵扣行政处罚的扣分有效期。

第十九条 主管部门认定不良行为应当签发不良行为认定书，包括责令停工通知书、责令整改通知书、其他不良行为认定书。

不良行为认定书应当载明当事人及工程项目名称（含企业的统一社会信用代码、工程编码）、行为表现形式、违反的法律及技术标准或者规范条款、处理结果、申辩渠道或者救济方式、申辩时限等内容。

不良行为认定书应当有2名以上执法人员签字，并加盖单位公章。

第二十条 不良行为认定书应当依次采用下列方式之一送达：

（一）直接送达，由当事人或者其委托的工作人员签收，同时电话或者短信告知其单位负责人；

（二）邮寄送达，以邮寄回执注明日期为送达日期的，邮寄地址应为企业法人注册地址或者在本市注册登记的地址；以到达当事人电子邮箱日期为送达日期的，电子邮箱地址应为当事人在"企业与人员信息诚信申报平台"诚信申报时提交的邮箱；

（三）留置送达，对拒不签收不良行为认定书的，执法人员在文书上注明情况后将文书留置当事人工程施工现场或者其在本市注册登记的办公场所送达，有见证人的，可以由见证人签字后留置送达；

（四）公告送达，以在主管部门官网公告之日起的第60日为送达日期。

第二十一条 主管部门应当在不良行为认定书送达之日起2个工作日内，将信息录入市建筑信用管理系统。

第二十二条 当事人可以在收到不良行为认定书之日起5个工作日内向原认定部门提出书面复核申请，逾期不受理复核申请。

原认定部门应当在收到当事人书面复核申请后10个工作日内组织调查处理，并答复当事人。

第二十三条 行政处罚决定被撤销的，主管部门自行政处罚决定被撤销之日起2个工作日内，将有关材料上传至市建筑信用管理系统，该处罚信息不再对外公示和作为信用评价依据。

失信联合惩戒对象被同意信用修复的，主管部门自收到同意信用修复证明材料之日起2个工作日内，将有关材料上传至市建筑信用管理系统，该失信联合惩戒信息不再对外公示和作为信用评价依据。

不良行为认定经复核确有错误的，由原认定部门撤销不良行为信息，不再对外公示和作为信用评价依据。

第二十四条 主管部门通过官网、市建筑信用管理系统和省建筑市场监管一体化工作平台及时公开建筑市场主体的信用信息。

建筑市场主体的信用信息公开期限为：

（一）基本信息长期公开；

（二）良好信用信息公开期限一般为3年；

（三）行政处罚信息公开期限一般为6个月至3年，其中按照《国家发展改革委办公厅关于进一步完善"信用中国"网站及地方信用门户网站行政处罚信息信用修复机制的通知》（发改办财金〔2019〕527号）等规定予以信用修复的，所涉行政处罚信息的最终公开期限根据信用修复决定书确定，但计分表规定的对应扣分有效期不予调整。

公开期限届满后的良好信用信息和行政处罚信息继续在市建筑信用管理系统内部保存；不良行为信息永久在市建筑信用管理系统内部保存。

第三章 信用评价

第二十五条 市主管部门可以对勘察、设计、施工、建筑装饰、监理、造价等企业按照相应组别开展综合信用评价，包括定量分析和定性评价。

综合信用评价实行实时评价和阶段评价相结合的方法。

第二十六条 开展综合信用评价时，勘察、建筑装饰、监理、造价等企业各自为一组；设计企业分为建筑工程设计企业、市政工程设计企业、水利水电工程设计企业、园林景观工程设计企业和其他工程设计企业五个组别；施工企业按下列组别划分：

（一）房屋建筑工程施工总承包企业一组（特级和一级资质企业）；

（二）房屋建筑工程施工总承包企业二组（二级和三级资质企业）；

（三）市政、公路工程施工总承包企业；

（四）水利、水电工程施工总承包企业；

（五）其他工程施工总承包企业；

（六）地基基础工程专业承包企业；

（七）消防、智能、幕墙专业承包企业；

（八）其他专业承包企业。

设计、施工企业按其最高级别的资质列入相应组别，其最高级别的资质有两个或者两个以上时，企业可以自行选择一个相应组别。

工程质量检测、预制混凝土构件生产等不分组的企业数量少于100家时，可以不开展综合信用评价，只公布评价分数。分组别开展综合信用评价的企业数量少于100家时，市主管部门可以将其并入有关组别。

企业同时具有勘察、设计、施工、建筑装饰、监理或者造价等多项资质的，可以按照本条规定同时参加多个组别进行信用综合评价。

第二十七条 实时评价，是指根据被认定的建筑市场主体信用信息，按照计分表规定的记分方法每天对建筑市场主体进行加分计算和扣分计算，然后加分之和与扣分之和简单相加即为企业实时评价得分。

加分计算，是指按照计分表规定的方法对建筑市场主体的基本信息和良好信用信息的得分（其中单项得分高于单项满分的按满分计）进行简单加法计算。除施工企业的满分为120分以外，其余企业的满分均为100分。

扣分计算，是指按照计分表规定的方法对建筑市场主体的不良信用信息的扣分进行简单加法计算，扣分之和记为负分。

市建筑信用管理系统每天零点自动生成企业前一天的实时评价分数，并于当天8：00以前公布。

建筑市场主体信用信息因异议成立被撤销或者更改的，该企业自异议信息被认定之日次日起至异议成立之日期间的实时评价分数重新计算。

第二十八条 参与信用评价的信用信息的有效期限由计分表规定，自该信息录入市建筑信用管理系统、通过认定后参与信用评价计分之日的次日开始计算。

第二十九条 阶段评价，是指以3个月为一个评价周期，根据建筑市场主体在一个评价周期内所有实时评价得分的算术平均值计算出该主体的评价周期信用得分，并按照本办法规定的方法进行定性评价。

第三十条 定性评价采用等级制，即企业的信用等级分为A、B＋、B、C四个级别，分别表示信用优良、信用良好、信用一般、信用差。

第三十一条 企业的信用等级依据企业一个周期的阶段评价得分确定：

（一）企业得分在 75 分以上且在所在组别排名居前 10% 的，其信用等级为"A"；

（二）企业得分在 75 分以上且在所在组别排名居前 10% 至 50% 的，其信用等级为"B＋"；

（三）企业得分在 60 分以上（不包括得分在 75 分以上且在所在组别排名居前 50%）的，其信用等级为"B"；

（四）企业得分不满 60 分，其信用等级为"C"。

第一款第一项、第二项中的前 10% 和前 50% 的计算结果均直接取整数（不按四舍五入处理），但排名前 10% 或者前 50% 的最低分有 2 家以上企业时，获得该分数的企业的信用等级均为 A 或者 B＋。

本市新设或者初次入深企业，其信用等级为"B＋"；自设立登记或者入深登记满 1 年以后，其信用等级按本条规定确定。

第三十二条 存在下列情形之一的建筑市场主体，其信用等级直接认定为 C 级：

（一）隐瞒有关真实情况或者提供虚假材料申请建筑业企业资质或者以欺骗、贿赂等不正当手段取得建筑业企业资质受到行政处罚的；

（二）发生围标串标、转包、出借资质等违法行为受到行政处罚的；

（三）根据《关于严厉惩处建设工程安全生产违法违规行为的若干措施（试行）》（深建规〔2017〕11 号）被红色警示的；

（四）经查实存在以暴力、威胁等方式拒绝、阻挠主管部门执法人员依法实施现场监督检查的；

（五）经法院判决或者仲裁机构裁决，认定为拖欠工程款，且拒不履行生效法律文书确定的义务的；

（六）经纪检监察部门认定存在行贿、受贿等行为的。

直接认定为 C 级的信用等级有效期为：

（一）被红色警示的，与警示期相同；

（二）其他的，均为 1 年。

第三十三条 对建设单位、预拌混凝土、预制生产和招标代理企业、注册建筑师、注册结构工程师、勘察设计注册工程师、注册建造师、注册监理工程师、注册造价工程师等建筑市场主体，按照计分表规定的方法，实时公布其良好信用信息和不良信用信息，每 3 个月公布一次信用评价分数，但不作定性评价。

第四章 信用信息的使用

第三十四条 单位或者个人应当依法使用信用信息，不得使用超过公开期限的不良信用信息对建筑市场主体进行失信惩戒，法律另有规定的除外。

第三十五条 建设工程招投标平台应当与市建筑信用管理系统对接，主动获取参与投标建筑市场主体的信用信息和信用评价结果，供招标人、评标委员会、定标委员会参考使用。

依法必须招标的建设工程，招标人在事先制定招标工作规则时，应当将投标人的信用评价等级作为择优参考因素，并在招标文件中明确投标人的信用评价等级要求。其中联合体参与投标，属于不同专业资质的，其信用评价等级为各自的信用评价等级；属于同一专业资质的，应当按照联合体中信用评价等级最低的企业确定联合体的信用评价等级。

直接发包的建设工程，发包人应当将承包人的信用评价等级作为择优参考因素。

依法必须招标工程的招标人、直接发包工程的发包人应当承担未能审慎选择符合条件建筑市场主体的后果。

第三十六条 对最近一个周期信用综合评价等级为A级的建筑市场主体，主管部门在办理其资质审批、施工许可等行政许可过程中可依法实施"绿色通道"和"承诺制"等便利服务措施，在对其负责的工程建设项目实施日常检查、专项检查时可以根据实际情况优化检查频次。

第三十七条 对信用评价等级为C级的建筑市场主体，主管部门可以采取下列措施：

（一）列为重点监督检查对象，加大监管力度和检查频率；

（二）在政府资金支持、项目施工许可、质量安全监督报建、履约担保、资质审核、市场准入、评优评先等方面依法依规予以限制。

第五章 监督管理

第三十八条 市主管部门应当采用先进科学技术措施，及时维护、升级市建筑信用管理系统，保证系统的正常运行并与信息提供单位、信息查询使用者实现互联互通。

主管部门应当加强建筑市场主体信用信息安全管理，建立安全监测预警和应急处理机制，保障信用信息安全。

第三十九条 主管部门以及行业协会工作人员在建筑市场主体信用管理工作中应当依法履职。对于不按照规范填报、审核良好信用信息和记录不良行为信息，推送虚假信用信息，故意瞒报信用信息，篡改信用评价结果的，依法追究相关责任人的法律责任。

市主管部门应当加强对行业协会填报、审核良好信用信息工作的指导和监督，对不能正确履职的行业协会应当督促进行整改或者暂停其参与信用管理工作。

第四十条 建筑市场主体信用管理工作应当接受社会监督。单位或者个人可以对建筑市场主体信用管理工作中违反法律及本办法规定的行为，向主管部门举报。

第六章 附 则

第四十一条 本办法第三条规定范围以外的其他建筑市场主体的信用管理，在市主管部门参照本办法规定设定合理的评价指标和评分标准后，可以参照适用本办法。

市主管部门可以根据实际情况对综合信用评价组别和计分表的信用信息指标及其有效期限、分值权重等进行调整，自公布后的下一个评价周期开始实施。

第四十二条 本办法下列用语的含义：

（一）基本信息，包括单位基本信息和从业人员基本信息。单位基本信息，主要包括名称、统一社会信用代码、法定代表人等注册登记信息以及资质信息。从业人员基本信息，主要包括姓名等个人身份信息，以及从业资格、履历等其他反映从业人员从业状况的信息。

（二）良好信用信息，是指建筑市场主体在本市工程建设活动中遵守工程建设相关法律、技术标准及规范，业务拓展、依法纳税、履行社会责任等受到政府相关部门、社会组织等表彰或者认可所形成的信用信息。

（三）不良信用信息，包括行政处罚信息、联合惩戒信息和不良行为信息。

（四）行政处罚信息，是指建筑市场主体在本市工程建设活动中违反工程建设相关法律、技术标准及规范等受到主管部门行政处罚所形成的信用信息。

（五）联合惩戒信息，是指按照国家、省、市住房建设部门与相关部门联合签署的实施联合惩戒的合作备忘录规定需要给予建筑市场主体失信联合惩戒所形成的信用信息，其中属于在工程建设领域活动中存在失信行为的联合惩戒对象除外。

（六）不良行为信息，是指建筑市场主体在本市工程建设活动中违反工程建设相关法律、技术标准及规范等被主管部门作不良行为记录所形成的信用信息，不包括行政处罚信息。

（七）"以上"包含本数，"不满"不包含本数。

第四十三条 本办法自 2020 年 4 月 1 日起施行，有效期 5 年。

第四篇

质量管理和安全文明施工

4.1 深圳市建设工程质量管理条例(2004年修正本)

(1994年8月4日深圳市第一届人民代表大会常务委员会第二十四次会议通过,1997年12月17日深圳市第二届人民代表大会常务委员会第十九次会议第一次修正,2003年2月21日深圳市第三届人民代表大会常务委员会第二十二次会议修订,2003年5月28日广东省第十届人民代表大会常务委员会第三次会议批准,2004年6月25日深圳市第三届人民代表大会常务委员会第三十二次会议第二次修正,2004年7月29日广东省第十届人民代表大会常务委员会第十二次会议批准)

第一章 总 则

第一条 为了加强对建设工程质量的监督管理,明确工程质量责任,保证工程质量,维护工程建设各方主体和使用者的合法权益,根据《中华人民共和国建筑法》和有关法律、法规的规定,结合深圳市的实际,制定本条例。

第二条 本条例所称建设工程是指土木工程、建筑工程、线路管道和设备安装工程及装修工程。

第三条 本条例所称建设工程质量是指法律、法规、规章、技术标准、设计文件和依法订立的合同中,对工程的安全、适用、耐久、经济、美观、环境等特性的综合要求。

第四条 建设工程质量实行政府监督、社会监理、企业负责的管理体制。政府鼓励采用先进的科学技术和管理方法提高工程质量。

第五条 勘察、设计、施工、监理、检测单位应当依法取得相应的资质证书,并在资质证书核定的范围内承接工程业务。

第六条 建设、勘察、设计、施工、监理单位及有关从业人员依法对工程质量负责,工程质量检测单位(以下简称"检测单位")对检测数据的真实性和合法性负责。

第七条 政府推行工程担保与工程保险制度。

第二章 监督管理

第八条 市人民政府建设、规划行政主管部门按职责分工和项目管理权限对建设工程质量进行监督管理,交通、水务等专业工程行政主管部门按各自的职责分工,负责有关专业工程质量的监督管理。

各区人民政府建设行政主管部门和专业工程行政主管部门按项目管理权限和行政管辖范围,对建设工程质量实行监督管理。

第九条 建设、规划、交通、水务等行政主管部门应当协调配合,加强对工程质量的监督管理,发现应当由其他行政主管部门查处的违法、违章行为,应当及时予以通报。

第十条 建立建设、勘察、设计、施工、监理、检测、建材生产供应单位及有关从业人员不良行为记录公示制度。有关行政主管部门应当对违反有关法律、法规和规章的行为记录在案,并通过公共媒体予以公布。

第十一条 市建设行政主管部门可以根据深圳市工程建设实际,编制和发布工程建设技术规范、发布推广、限制和禁止使用的技术、工艺和产品目录，推广有利于提高工程质量的新技术、新产品、新设备和新工艺。

第十二条　实行建设工程质量监督管理制度。建设工程质量监督管理，由建设行政主管部门、其他专业工程行政主管部门或者委托的建设工程质量监督机构（以下简称"质监机构"）具体实施。

第十三条　质监机构应当按下列规定实施建设工程质量监督管理：

（一）受理建设单位申请办理建设工程质量监督手续；

（二）制定工程质量监督工作方案，指定质量监督人员，并通知建设、勘察、设计、施工和监理单位；

（三）核查工程项目法定建设程序、建设各方主体及有关人员的资质或资格，检查有关质量文件和技术资料是否符合规定、有关质量保证体系和质量责任制是否健全；

（四）检查地基基础、主体结构和其他涉及结构安全的关键部位以及主要建筑材料、建筑构配件和设备的质量；

（五）监督地基基础、主体结构和其他涉及结构安全的分部工程的质量验收以及工程的竣工验收。

第十四条　建设行政主管部门、专业工程行政主管部门以及质监机构履行质量监督检查职责时，有权采取下列措施：

（一）要求被检查的单位提供有关工程质量的文件和资料；

（二）进入施工现场进行检查；

（三）发现有影响工程质量的问题时，责令改正或者停工整改；

（四）查封、扣押施工现场存在质量问题的建筑材料、建筑构配件和设备，并在三日内作出责令销毁或者降级使用的处理决定。

第三章　建设单位的质量责任和义务

第十五条　建设单位应当将工程发包给具有相应资质等级的单位。建设单位不得将建设工程肢解发包，不得迫使承包方以低于成本的价格竞标，不得压缩合理工期。

第十六条　经审查批准的设计文件，涉及建筑物位置、立面、层数、平面、使用功能、建筑结构、公共利益、公共安全或者工程建设强制性标准的，任何单位或者个人不得擅自修改；确需修改的，应当由原设计单位或者具有相应资质等级的设计单位提出修改方案，经原审查批准的行政主管部门审查批准后，方可修改。

市政、交通、水务等建设工程涉及规模、等级、走向、工艺设计、设备容量的修改的，适用前款规定。

第十七条　涉及建筑主体或者承重结构变动的装修工程，建设单位应当委托原设计单位或者具有相应资质等级的设计单位提出设计文件，经原审查批准的行政主管部门审查批准后，方可组织施工。

第十八条　合同价款在三十万元以上的建设工程，建设单位应当在工程开工前按规定申领施工许可证。施工许可证未列明的工程项目不得施工。

合同价款在三十万元以下，但涉及公共安全的桥梁、隧道、地下通道、燃气管道、锅炉、压力容器和压力管道等建设工程也应当按前款规定办理施工许可手续。

第十九条 建设单位在与工程承包单位签订工程承包合同前,应当向工程承包单位提供由金融、保险或者担保机构出具的工程款支付担保。未提供工程款支付担保的工程,不予核发施工许可证。

第二十条 建设单位对其提供的建筑材料、建筑构配件和设备的质量负责。

建设单位不得明示或暗示施工单位使用不合格的建筑材料、建筑构配件和设备,不得明示或者暗示设计、施工单位违反建设工程强制性标准,降低建设工程质量。设计、施工单位对上述明示或者暗示行为应当予以抵制。

第四章 勘察、设计单位的质量责任和义务

第二十一条 勘察、设计单位应当根据工程建设强制性标准,按照建设用地和规划许可证以及建设工程勘察、设计深度要求等进行勘察、设计,并对其勘察、设计的质量负责。

第二十二条 勘察、设计文件应当符合下列要求:

(一)符合有关法律、法规和规章的规定;

(二)符合工程勘察、设计技术标准和合同的约定;

(三)提供的地质、测量、水文等勘察资料必须真实、准确;

(四)勘察、设计的深度满足设计阶段的技术要求,施工图配套,细部节点清楚,说明清晰完整。

第二十三条 设计单位在设计文件中不得选用国家、省、市建设行政主管部门发布名录中禁止使用的建筑材料、建筑构配件和设备;不得指定生产单位、供应单位,但有特殊要求的建筑材料、专业设备和工艺生产线除外。

第二十四条 勘察、设计单位应当参与图纸会审,向施工、监理单位进行交底,参加地基基础工程验收。设计单位还应当参加主体结构、重要结构部位的验收和工程竣工验收。

第二十五条 推行设计责任保险制度,设计单位应当按规定投保。具体办法由市人民政府制定。

第五章 施工单位的质量责任和义务

第二十六条 施工单位应当健全质量保证体系,加强施工质量管理,严格按有关工程技术标准和设计文件施工,并建立内部质量责任制,其法定代表人对施工质量全面负责。

第二十七条 未办理施工许可证的工程,施工单位不得进场施工。

第二十八条 施工单位应当向建设单位提供由金融、保险或者担保机构出具的工程履约担保。实行工程分包的,分包单位应当向总包单位提供履约担保,总包单位应当向分包单位提供工程款支付担保。

第二十九条 施工单位应当按经审查批准的施工图设计文件和工程建设强制性标准进行施工,不得偷工减料,不得以次充好,不得擅自修改设计文件。

第三十条 施工单位应当建立、健全施工质量检验制度,严格工序管理,做好分项、分部工程和隐蔽工程的质量检查和记录。对涉及结构安全的试块、试件,应当在建设单位或者监理单位见证人的监督、见证下按规定取样,由见证人陪同或者由见证人送具有相应资质的检测单位进行

检测。

施工单位应当在分项、分部工程和隐蔽工程验收前二十四小时通知建设单位或监理单位。

第三十一条 施工单位应当建立建筑材料、建筑构配件和设备进场验收和检验制度。

对进入施工现场的建筑材料、建筑构配件和设备,施工单位应当验收,并经监理工程师签字认可。

对工程使用的主要建筑材料、建筑构配件和设备,施工单位应当送具有相应资质的检测单位检验、测试,检测合格后方可使用。

第三十二条 施工单位应当按规定使用散装水泥、预拌混凝土和新型墙体材料。

施工单位不得使用不合格或建设行政主管部门发布名录中禁止使用的建筑材料、建筑构配件和设备。使用进口建筑材料、建筑构配件和设备的,应当符合国家有关标准,并持有商检部门签发的商检合格证书。

施工单位有权拒绝建设单位要求使用的不合格建筑材料、建筑构配件和设备。

第三十三条 经检验不符合技术标准或者设计要求的建筑材料、建筑构配件和设备,施工单位应当就地封存、做好记录,及时通知监理单位,并报告质监机构、建设行政主管部门或者有关专业工程行政主管部门处理。

第三十四条 施工单位发生工程质量事故,应当在二十四小时内报告质监机构、建设行政主管部门或者有关专业工程行政主管部门。

第三十五条 工程竣工验收前,施工单位应当按照设计图纸的具体规定,在建筑物显著部位镶刻永久性责任铭牌,标明工程名称,建设、勘察、设计、施工、监理单位名称,相应的项目负责人姓名和工程竣工日期。

第三十六条 施工单位应当配备档案员负责收集整理工程档案资料。

第六章 监理单位的质量责任和义务

第三十七条 监理单位应当依照法律、法规以及有关技术标准、经审查批准的设计文件、建设工程承包合同和监理合同,代表建设单位对施工质量实施监理,并对施工质量承担监理责任。

第三十八条 监理单位应当组织桩基础、地基基础、主体结构、重要结构部位等分项、分部工程和隐蔽工程的验收,并通知建设、勘察、设计单位和质监机构参加。

第三十九条 监理单位对工程使用的建筑材料、建筑构配件和设备的质量有异议的,有权进行抽查。对建设、施工单位违反规定使用建筑材料、建筑构配件和设备的,应当采取措施予以制止;不能有效制止的,应当及时报告质监机构和有关行政主管部门。

第四十条 施工单位不按经审查批准的施工图设计文件施工或者有其他违法、违章行为的,监理单位应当采取措施予以制止;不能有效制止的,应当及时通知建设单位,并报告质监机构和有关行政主管部门。

建设单位发出违反有关法律、法规或者强制性技术标准指令的,监理单位应当拒绝执行;建设单位直接向施工企业发出上述指令的,监理单位应当及时报告质监机构和有关行政主管部门。

第七章 检测单位的质量责任和义务

第四十一条 检测单位是指通过国家计量认证并取得相应的资质证书,接受有关单位或者个人委托，依据法律、法规和技术标准，从事工程质量检测的专业机构。

第四十二条 检测单位不得以其他检测单位的名义或者允许其他单位、个人以本单位的名义承接检测业务。

检测单位不得转让检测业务。

第四十三条 检测单位可以根据有关行政主管部门或者质监机构委托，对建筑材料、建筑构配件和设备以及工程质量进行监督检测。

第四十四条 检测报告应当有符合资格的检测人员、审核人、批准人签字，并加盖检测专用章。

工程检测应当执行见证取样送检制度。检测单位对见证、送检情况应当如实、全面记录。

检测单位不得伪造检测数据和检测结论。

第四十五条 检测单位应当单独建立不合格检测项目台账，出现不合格检测项目应当及时通知监理、施工单位及质监机构；对可能影响工程结构安全的，应当在二十四小时内报告质监机构，并抄报建设行政主管部门或者有关专业工程行政主管部门。

第四十六条 检测单位应当建立严格的档案管理制度。检测合同、委托单、原始记录、检测报告应当分别按年度统一编号，编号应当连续和相互衔接，不得随意涂改、抽撤。

第八章 建设工程从业人员的质量责任和义务

第四十七条 从事建设活动的建筑师、结构工程师、岩土工程师、建造师、监理工程师、造价工程师等注册执业人员，应当依法取得相应的执业资格并注册，并在规定的范围内执业。

从事施工、质量、安全、检测等工作的技术人员，应当按规定取得相应的岗位证书并持证上岗。

从事施工操作活动的工人，应当按规定通过相应的职业技能鉴定，在规定的范围内从事施工操作活动。

第四十八条 注册执业人员应当在所注册的单位执业，不得允许他人以自己的名义执业。

未经注册的人员不得以注册执业人员的名义执业。

第四十九条 建设工程从业人员应当按照有关法律、法规及从业规范履行职责，并对其从业行为负责。

第五十条 建筑师、结构工程师，岩土工程师，应当按各自的职责对有关设计文件签字盖章，对因设计质量不合格而造成的工程质量缺陷或事故负责。

监理工程师应当对其签署的施工质量文件负责。

其他注册执业人员应当在其负责的工作文件上签字，并对相应的工程质量负责。

第五十一条 工程项目经理是建设项目施工质量的直接责任人，应当根据企业法定代表人的授权，对施工项目实施全过程管理。

第五十二条 检测人员对检测数据的准确性、真实性负责；审核批准人对检测报告的合法性负责。

第五十三条 建设工程从业人员应当按国家规定参加继续教育。

第九章 建设工程竣工验收与备案

第五十四条 建设工程竣工验收分为房屋建筑工程竣工验收（含室内环境质量验收）和市

政、交通、水务等建设工程竣工验收。

市政、交通、水务等建设工程的验收条件、程序和组织形式按有关法律、法规和规章的规定进行。

第五十五条 房屋建筑工程竣工验收应当符合以下条件：

（一）完成房屋建筑工程设计文件和合同约定的各项内容；

（二）有完整的技术档案和施工管理资料；

（三）有工程使用的主要建筑材料、建筑构配件和设备的进场试验报告；

（四）有勘察、设计、施工、监理等单位签署的质量合格文件；

（五）有施工单位签署的工程保修书。

房屋建筑工程经竣工验收合格，并取得消防、电梯、燃气竣工验收合格证明或者准许使用文件后，方可投入使用。

市政府可制定房屋建筑工程竣工验收的具体办法。

第五十六条 房屋建筑工程竣工验收应当按下列程序进行：

（一）经施工单位自验、监理单位组织初验合格后，由施工单位向建设单位提交工程竣工报告；

（二）建设单位收到建筑工程竣工报告后，应当组织设计、施工、工程监理等有关单位进行竣工验收。

第五十七条 建设单位组织房屋建筑工程竣工验收，应当提前三日通知质监机构到场监督。

质监机构应当于验收之日到场监督，发现有违反工程质量管理规定的行为或工程质量不合格的，应当责令建设单位进行整改；必要时责令建设单位重新组织验收。

质监机构应当在竣工验收合格后三日内向建设行政主管部门提交工程质量监督报告。

第五十八条 负责房屋建筑工程的消防、电梯、燃气等工程验收的主管部门应当自接到建设单位提交的验收申请之日起二十日内完成验收，并出具书面验收意见。

第五十九条 建设单位应当自房屋建筑工程竣工验收和消防、电梯、燃气等工程验收合格之日起十五日内，将竣工验收报告和有关合格证明文件或者准许使用文件报建设行政主管部门备案。

建设行政主管部门发现建设单位违反建设工程质量管理法律、法规的，应当责令工程停止使用、重新组织验收、重新办理备案手续。

第六十条 房屋建筑工程竣工验收合格后，建设单位应当在三个月内向城建档案管理部门移交工程竣工档案。

第十章 建设工程质量保修与结构安全性鉴定

第六十一条 建设工程实行质量保修制度。建设工程保修期限依法确定，法律、法规未作规定的，由建设单位与施工单位约定，但最低期限不得低于两年。

建设工程的保修期，自工程竣工验收合格之日起计算。

第六十二条 施工单位应当向建设单位出具工程质量保修书，保修书可对保修押金作出规定。保修期已满两年的，建设单位应当将保修押金退还施工单位。保修押金退还后，并不免除施工单位在工程保修期内的保修义务。

第六十三条 推行房屋建筑地基基础工程、主体结构工程以及市政、交通、水务等建设工程质量保修保险制度。具体办法由市人民政府制定。

第六十四条 保修期内出现的质量缺陷，由该工程的施工单位负责保修，保修费用由责任单位承担。具体保修程序为：

（一）工程的使用权人或者所有权人向该工程的建设单位或者建设单位委托的物业管理机构提出保修申请，或者直接向该工程的施工单位提出保修要求；

（二）建设单位或者建设单位委托的物业管理机构应当立即通知该工程的施工单位保修；

（三）施工单位应当自接到保修通知之日起五日内到达现场核查情况，并予以保修。发生涉及结构安全或严重影响使用功能的紧急事故的，应当立即抢修。

施工单位未能按期到达现场保修的，建设单位可以委托具有相应资质的施工单位维修，所产生的费用由责任单位承担。

第六十五条 建设工程在使用过程中出现下列情形的，应当进行结构安全性鉴定：

（一）因火灾、爆炸和自然灾害等影响建筑物结构安全的；

（二）房屋改变功能用作公共娱乐场所的；

（三）因装饰、装修拆改主体结构或者明显加大房屋荷载，造成房屋安全受损的；

（四）建设工程结构已严重损坏或者承重构件已属危险构件，随时有可能丧失结构稳定和承载能力，不能保证使用安全的；

（五）建设工程超过设计规定的合理使用年限的。

房屋所有人或者使用人拒不申请房屋安全鉴定的，由建设行政主管部门强制鉴定，鉴定费用由房屋所有人或者使用人承担。

房屋所有人或者使用人对房屋安全状况存在疑问的，也可以申请房屋结构安全性鉴定。

第六十六条 建设工程结构安全性鉴定由具有相应资质的质量鉴定机构实施。鉴定结论应当客观真实，并报有关行政主管部门备案。

第六十七条 对被鉴定为结构可靠性不能满足安全使用标准的建设工程，有关行政主管部门应当分别不同情况作出观察使用、处理使用、停止使用、整体拆除的处理决定。

第六十八条 对存在严重安全隐患的建设工程，在鉴定结论作出前，有关行政主管部门应当责令暂停使用。

第十一章 法 律 责 任

第六十九条 施工单位有下列行为之一的，责令改正，并按以下规定予以处罚：

（一）违反本条例第二十七条规定，对未取得施工许可证的工程擅自进场施工的，处一万元以上三万元以下的罚款；

（二）违反本条例第三十三条规定，对不符合标准或者要求的建筑材料、建筑构配件和设备，未就地封存、擅自转移或挪作他用的，处一万元以上三万元以下的罚款；

（三）违反本条例第三十四条规定，发生工程质量事故未按时报告的，对单位主要负责人依法追究行政责任。

第七十条 监理单位违反本条例第三十九条规定，对违反规定使用建筑材料、建筑构配件和设备的行为未采取措施予以制止或者报告的，责令改正，处二万元以上三万元以下罚款。

监理单位违反本条例第四十条规定，对施工单位不按经审查批准的施工图设计文件施工或者有其他违法、违章施工行为，未采取措施予以制止或者报告的；对建设单位发出违反有关法律、法规或者强制性技术标准指令,未拒绝执行或者及时报告的,责令改正,并处二万元以上三万元以下罚款。

第七十一条 检测单位有下列行为之一的,责令改正,并按以下规定予以处罚:

(一)违反本条例第五条规定,未依法取得检测资质证书承接检测业务的,予以取缔,没收违法所得,并处五千元以上三万元以下罚款;

(二)违反本条例第四十二条规定,检测单位以其他检测单位的名义或者允许其他单位、个人以本单位的名义承接检测业务,或者转让检测业务的,责令改正,没收违法所得,并处五千元以上三万元以下罚款;

(三)违反本条例第四十四条第三款规定,伪造检测数据和检测结论的,出具虚假证明的,吊销其资质证书,没收违法所得,并处一万元以上二万元以下罚款;构成犯罪的,依法追究刑事责任。

第七十二条 违反本条例第四十七条、第四十八条规定,未依法注册而以注册执业人员名义执业或者允许他人以本人名义执业的,责令改正,没收违法所得,并处五千元以上三万元以下罚款。

第七十三条 建设工程从业人员在工程建设活动中未按规定履行职责的,不服从管理,违反有关规章制度或者操作规程的,由所在单位给予批评教育,依照有关规章制度给予处分。

第七十四条 违反本条例第五十二条规定,检测人员对检测数据和检测结论弄虚作假的,处一万元以上五万元以下罚款。

第七十五条 勘察、设计、施工、监理、检测单位因过错导致建设工程质量缺陷或事故,造成人身或者财产损失的,依法承担赔偿责任;注册执业人员存在过错的,与其聘用单位承担连带赔偿责任。

第七十六条 违反本条例第六十四条规定,建设单位拒绝受理保修申请或者拖延通知施工单位保修,或者施工单位拒绝保修或者延误保修,造成损失的,依法承担赔偿责任。

第七十七条 违反本条例第六十六条规定,未取得相应资质从事工程结构安全性鉴定的,予以取缔,没收违法所得;质量鉴定机构弄虚作假出具虚假鉴定结论的,吊销其资质证书,没收违法所得,并处一万元以上二万元以下罚款;构成犯罪的,依法追究刑事责任。

第七十八条 质监机构及质监人员违反有关建设工程质量法律、法规和本条例规定,不依法履行职责的,责令改正;导致工程质量缺陷或事故,造成人身或者财产损失的,依法承担赔偿责任。

第七十九条 本条例规定的有关责令停业整顿、降低资质等级、吊销资质证书的处罚,由颁发证书的主管部门依法决定;违反工程勘察、设计质量管理规定的处罚,由规划行政主管部门依法决定;其他行政处罚,由建设行政主管部门或者有关专业工程行政主管部门依法决定。

第八十条 国家机关工作人员违反本条例规定,玩忽职守、滥用职权、徇私舞弊、收受贿赂的,由行政监察部门追究行政责任;构成犯罪的,依法追究刑事责任。

第八十一条 其他违反本条例规定的行为,按照国家法律、法规的有关规定予以处罚。

第十二章 附 则

第八十二条 本条例自 2003 年 7 月 1 日起施行。

4.2 深圳市地下管线管理暂行办法

（2014年4月16日深圳市人民政府令第265号发布）

第一章 总 则

第一条 为加强本市地下管线管理，保护市民生命财产和城市安全，保障地下管线正常运行，根据有关法律、法规规定，结合本市实际，制定本办法。

第二条 本办法适用于本市行政区域内地下管线的规划、建设、维护和信息档案管理等活动，但企事业单位、居民住宅区等用地红线范围内自用的生产、生活管线以及海域范围内的地下管线除外。

法律、法规、规章对燃气、石油管道安全管理另有规定的，从其规定。

第三条 本办法所称地下管线，是指建设于地面以下的给水、排水、热力、电力、通信（含交通信号、公共监控）、燃气、石油及其他物料输送等管线、管沟及其附属设施。

本办法所称地下管线工程，是指新建、改建或者扩建地下管线及其附属设施所进行的规划、勘察、设计、施工、测绘、验收等各项技术工作和建设工程实体。

本办法所称道路，是指城市道路和公路，以及桥梁、隧道和其他附属设施。

第四条 地下管线管理遵循科学规划、统筹建设、协调管理、信息共享、保障安全、提升质量的原则。

经营性用途的地下管线使用地下空间的，逐步实行有偿使用。

从事地下管线规划、建设、维护及信息档案管理等活动的单位和个人，应当遵守《中华人民共和国保守国家秘密法》以及相关保密法规、规章的要求。

第五条 规划国土部门负责地下管线的规划用地管理、测绘管理以及综合协调工作，会同城建档案管理机构负责地下管线的信息管理。

交通运输部门负责监督管理由其颁发施工许可的与道路建设项目主体工程同步建设的地下管线工程建设，协调配合道路用地红线范围内的地下管线日常维护和应急抢险工作。

水务部门负责监督管理给水、排水等与水务主体工程同步建设或者单独建设的水务地下管线工程建设，负责给水、排水地下管线等水务设施日常维护和应急抢险。

住房建设部门负责监督管理其他市政地下管线工程建设。

第六条 燃气、热力、电力、通信等行业主管部门负责相应行业地下管线工程建设、日常维护和应急抢险等工作的行业监管。

城建档案管理机构负责地下管线的档案管理，协同规划国土部门负责地下管线的信息管理。

市、区应急管理机构负责统筹协调地下管线事故引起的相关应急抢险工作。

市、区人民政府（含新区管理机构，下同）其他有关职能部门应当按照各自的职能分工，对地下管线的建设和维护实施监督管理。

第七条 地下管线工程建设单位负责调查了解施工范围内地下管线现状情况，在覆土前完成测绘工作，组织竣工验收，并及时向规划国土部门备案竣工测绘成果、向城建档案管理机构移交地下管线工程档案资料。

地下管线工程监理单位负责对施工活动进行监理，并做好管位、设计变更和竣工测绘的监理记录。

地下管线工程勘察、设计、施工单位应当按照相关法律、法规、规章的规定履行与地下管线工程有关的义务。

地下管线权属单位（含受委托管理地下管线的维护管理单位，下同）负责编制和组织实施地下管线年度维护计划，定期开展日常巡查并排查和消除地下管线安全隐患，保障地下管线的安全运行和完好、正位并符合有关标准、技术规范的要求，避免发生地面坍塌、管道爆裂等事故。

地下管线测绘机构应当具备法定的管线测绘资质，对测绘成果的质量负责。

第八条 鼓励和支持地下管线科学技术的研究和创新，提升地下管线质量标准，延长地下管线使用年限，提高地下管线管理的科学技术和安全水平，有效防范和治理地下管线引起的地面坍塌、爆炸等事故。

鼓励采用共同沟方式敷设地下管线，规范引导非开挖技术在地下管线工程中的应用。

鼓励采用各类先进技术进行地下管线的标识、定位、探测和管理。

第九条 任何单位和个人有权制止和举报损毁、侵占、盗窃、破坏地下管线的行为，有权对地下管线权属单位不依法维护地下管线的行为进行投诉或者举报。

相应地下管线的行业主管部门应当在接到投诉或者举报后15个工作日内完成调查，核实情况依法处理，并将调查处理情况书面反馈实名举报人或者投诉人。情况紧急的，应当立即到现场制止危害地下管线安全的违法行为，依法采取措施排除妨害。

对不依法维护位于道路路面的井盖、沟盖等地下管线附属设施的投诉和举报，由交通运输部门统一调查处理。

第二章 规 划 管 理

第十条 地下管线规划包括：

（一）城市总体规划、法定图则、详细蓝图等各层次城市规划中的地下管线配套规划；

（二）市政专项规划中的地下管线规划；

（三）道路详细规划中的地下管线规划；

（四）单独编制的地下管线专项规划。

地下管线规划应当服从城市总体规划，与各层次城市规划相协调，对与规划深度相对应的各类地下管线作出综合安排，统筹安排地下管线通过的位置。

第十一条 城市总体规划、法定图则、详细蓝图等各层次城市规划中的地下管线配套规划由规划国土部门组织编制；其他地下管线规划由相应地下管线行业主管部门会同规划国土部门组织编制。

规划国土部门或者相应地下管线行业主管部门组织编制地下管线规划时，应当征求相应地下管线权属单位和社会公众意见，征求意见的公示期不得少于30日。

地下管线规划应当按照有关规定报批。

第十二条 新建、改建或者扩建地下管线工程，建设单位应当依照城市规划法律、法规规定，向规划国土部门申请建设工程规划许可。

地下管线工程建设按照规定须经地下管线行业主管部门批准的，建设单位在建设工程规划许可前应当取得相应地下管线行业主管部门同意建设的批准文件。

与道路、水务等主体工程同步建设的地下管线工程，应当与道路、水务等主体工程一并办理规划报建手续。

第十三条 规划国土部门应当在受理建设工程规划许可申请后3个工作日内，征询相应地下管线行业主管部门的意见，但建设单位已经取得相应地下管线行业主管部门同意建设的批准文件的除外。

相应地下管线行业主管部门应当在收到征询意见函后3个工作日内提出书面意见反馈规划国土部门。

涉及地下空间开发利用、地下建设用地使用权的地下管线工程，规划国土部门应当依照有关规定，在《建设用地规划许可证》或者土地使用权出让合同、《建设工程规划许可证》中载明具体使用空间坐标、使用年限、产权归属等事项。

第十四条 地下管线工程建设单位在申请建设工程规划许可前，应当到规划国土部门通过市地下管线综合信息管理系统查询施工范围及施工影响范围内的地下管线现状资料，并可以向相应地下管线权属单位申请协助提供地下管线现状资料。

规划国土部门应当在接到地下管线工程建设单位查询申请后5个工作日内作出书面答复。

第十五条 在市地下管线综合信息管理系统中管线信息数据暂未覆盖的区域，地下管线工程建设单位应当在申请建设工程规划许可之前，通过规划国土部门网站、报刊或者电视等媒体发布公告，提请施工范围及施工影响范围内的地下管线权属单位，在公告之日起10日内向规划国土部门备案管线信息并及时向城建档案管理机构移交工程档案资料。

公告截止日期后，地下管线工程建设单位应当委托具备法定资质的测绘机构进行探测，查明地下管线现状情况，并将探测结果及时报送规划国土部门备案，探测费用由地下管线工程建设单位按照相关规定列入工程造价。

对于探测发现的管线，参照本办法第二十七条、第二十八条的规定予以处理。

第十六条 地下管线工程开工前，地下管线工程施工单位应当按《建设工程规划许可证》的要求进行放线，并制作放线报告。

与道路、水务等主体工程同步建设的地下管线工程，应当与道路、水务等主体工程一并进行放线。

地下管线工程开工前，建设单位应当委托具备法定资质的测绘机构，并提前告知其施工计划。测绘费用由地下管线工程建设单位按照相关规定列入工程造价。测绘机构应当根据委托合同和施工计划跟踪地下管线建设进度。

第十七条 建设单位应当在地下管线覆土前及时组织隐蔽工程验收，实施地下管线竣工测绘。分段建设的地下管线工程，竣工测绘工作应当相应分段完成。地下管线工程建设单位、测绘机构应当对测绘成果的真实性、准确性和完整性负责，地下管线工程监理单位不得为未实施竣工测绘的地下管线工程签字同意覆土。

非开挖施工的地下管线工程，建设单位必须委托具有法定资质的测绘机构进行探测，严格实施地下管线施工前的预探测和施工完成后的复测，确保管线坐标等信息的准确。

建设单位应当向规划国土部门提交地下管线竣工测绘成果以及废弃的地下管线资料等综合信

息数据（以下简称"地下管线综合信息数据"），办理地下管线综合信息数据备案。

第十八条 建设单位应当在地下管线工程竣工后 3 个月内向规划国土部门申请规划验收。未经规划验收或者规划验收不合格的，不得组织竣工验收。

分段建设的地下管线工程应当向规划国土部门申请分段规划验收。与道路、水务等主体工程同步建设的地下管线工程，应当与主体工程一并办理规划验收。

验收合格的，规划国土部门应当核发《建设工程规划验收合格证》，验收不合格的，地下管线工程建设单位必须按照规划国土部门的要求进行整改，整改后重新申请验收。

第三章 建 设 管 理

第十九条 位于道路用地红线范围及建筑控制区内的地下管线工程建设单位，应当向交通运输部门申报道路管线建设计划，由交通运输部门综合协调涉路管线工程的施工工期、时段和范围。

新建、改建或者扩建的道路竣工后 5 年内，大修的道路竣工后 3 年内不得开挖敷设地下管线，但市政府另有规定或者批准的除外。

前款所称开挖，不包括采取非开挖方式施工、设置工作井进行点状开挖和沿道路横向接管。

第二十条 需要占用或者挖掘道路的地下管线工程，建设单位应当依照道路管理法律、法规的规定向交通运输部门申请占用挖掘道路许可。未列入同期道路管线建设计划的，除应急工程外，不予核发《占用挖掘道路许可证》。

交通运输部门应当在受理申请后 3 个工作日内，向公安交警部门征求该申请项目施工期间交通安全方面的意见；公安交警部门应当在收到征询意见函后 3 个工作日内提出书面意见反馈交通运输部门。

交通运输部门应当根据相关法律、法规规定，结合公安交警部门的意见作出是否许可的决定。

第二十一条 需要占用公共绿地、砍伐或者迁移树木的地下管线工程，建设单位应当依照城市绿化管理法律、法规向城市管理部门申请占用公共绿地、砍伐或者迁移树木行政许可。

第二十二条 地下管线工程需要进入轨道交通安全保护区、电力设施保护区、水源工程保护区、油气管线安全保护范围、军事用地、文物保护区等重点区域的，建设单位应当将其施工组织计划提交给相关权属单位，征得同意后双方签订相关设施保护协议。

第二十三条 新建、改建或者扩建地下管线工程，建设单位应当依照建筑法律、法规申请建设工程施工许可或者办理施工手续：

（一）与城市快速路、主干道、公路建设项目主体工程同步建设的地下管线工程，向交通运输部门申请办理施工或者工程监管手续；

（二）水务地下管线工程，向水务部门申请办理施工或者工程监管手续；

（三）其他市政地下管线工程，向住房建设部门申请办理施工许可手续。

第二十四条 建设单位应当按照《建设工程规划许可证》的要求和核准的设计文件进行地下管线建设。

因场地条件或者地下空间占用等原因确需对地下管线的平面位置、埋深或者管径进行重大变更的，应当向规划国土部门申请办理建设工程规划许可变更；不涉及建设工程规划许可变更的一般变更，应当向规划国土部门办理施工图变更备案。

地下管线共同沟应当按照人民防空规范要求全线设防。

第二十五条 新建、改建或者扩建道路时，应当同步规划安排在道路用地红线范围及建筑控制区内的给水、排水、燃气、热力、电力、通信等地下管线工程。

道路建设单位应当按照先地下、后地上的原则统筹道路工程和地下管线工程，履行下列职责：

（一）合理安排地下管线工程的建设工期；

（二）凡施工可能影响地下管线安全的，应当在施工前通知相应地下管线工程建设单位安排管线监护；

（三）督促、检查测绘机构在地下管线覆土前完成竣工测绘工作；

（四）收集相应地下管线的竣工测绘成果后汇总形成规划验收材料和竣工归档材料。

地下管线工程建设单位应当服从道路建设单位的统筹安排，并及时将地下管线竣工测绘成果移交道路建设单位。

第二十六条 地下管线工程施工期间，施工单位应当在施工现场设置施工围挡、安全警戒线、相应交通安全设施和施工标志牌。道路用地红线范围及建筑控制区内的地下管线施工设置要求，还应当符合交通运输部门的相关规定。

施工标志牌应当标明地下管线工程建设单位、施工单位、施工期限、负责人和联系电话等内容。

第二十七条 地下管线工程施工作业过程中发现有地下管线现状资料中未标明的地下管线的，建设单位应当立即停止相应施工，采取措施维护现场，并向规划国土部门报告。

规划国土部门接到报告后，应当在7个工作日内查核该管线的性质和权属。

查明地下管线权属后，权属单位不同意废弃的，规划国土部门应当责令测定坐标、标高及走向，补办竣工测绘报告。在接到补办竣工测绘报告通知后10个工作日内，地下管线权属单位应当将竣工测绘报告报规划国土部门备案并按规定移交城建档案管理机构。

第二十八条 规划国土部门对地下管线工程建设单位报告的未知地下管线，经过查核无法查明权属的，应当会同管线行业主管部门通过规划国土部门网站、报刊或者电视等媒体公示，公示期为10日。

公示期满没有异议且地下管线未使用的，由规划国土部门决定废弃并通知地下管线工程建设单位组织拆除或者封填；没有异议或者权属存在争议，但地下管线正在使用中的，由规划国土部门会同管线行业主管部门决定采取以下处理措施：

（一）由现有地下管线工程建设单位实施保护性施工；

（二）迁改原有地下管线；

（三）变更现有地下管线设计等措施。

公示费用及采取前款处理措施产生的相关费用由地下管线工程建设单位承担。

第二十九条 各类地下管线应当按照有关标准、规范，在管线本体上附注相关标识。

敷设非金属管线的地下管线工程应当同步布设管线示踪线及电子标签。

以非开挖方式敷设管线或者位于道路用地红线范围及建筑控制区内的地下管线工程应当在地面设置相应安全警示标识。

敷设高危管线的地下管线工程应当在地面设置永久性的安全警示标识。

第三十条 地下管线工程施工活动完成后，施工单位应当及时清理施工现场，拆除《建设工程规划许可证》中要求拆除的建筑物和构筑物，拆除废弃的地下管线，按要求完成道路路面和公共绿地的修复等。

地下管线工程完工并通过规划验收后，建设单位应当组织竣工验收。与道路、水务等主体工程同步建设的地下管线工程，应当与主体工程一并办理竣工验收手续。

第三十一条 政府投资建设的地下管线工程竣工验收且办理备案手续后，相关地下管线行业主管部门应当负责维护管理或者应当在30日内确定维护管理单位，并由建设单位向维护管理单位移交工程实体和备案资料。但属于区级财政投资的，由所在区政府按照市、区分工有关规定，会同相关地下管线行业主管部门确定维护管理单位。

维护管理单位应当及时接收建设单位移交的工程实体和备案资料，不得拒绝或者无故拖延。

第四章 维护管理

第三十二条 规划国土部门应当会同相关地下管线行业主管部门，划定地下管线安全保护范围并录入市地下管线综合信息管理系统。

第三十三条 禁止在地下管线安全保护范围内从事下列活动：

（一）建设与地下管线无关的建筑物、构筑物或者实施钻探、爆破、机械挖掘、种植深根植物等行为；

（二）损坏、占用、挪移地下管线及其附属设施；

（三）擅自移动、覆盖、涂改、拆除、损坏地下管线及其附属设施的安全警示标识；

（四）向地下管线内倾倒污水、建筑泥浆、排放腐蚀性液体或者气体；

（五）堆放易燃、易爆或者有腐蚀性的物质；

（六）擅自接驳地下管线；

（七）其他危及地下管线安全的行为。

第三十四条 凡涉及地下空间利用的建设项目，包括道路建设、地下管线建设、地质勘探、轨道交通建设、地下空间开发以及其他包含开挖、钻探、爆破的施工活动，建设单位应当在施工前取得施工范围及施工影响范围内的地下管线现状资料，并与相应的地下管线权属单位协商制定地下管线保护方案。

建设单位应当落实地下管线保护费用，督促施工单位落实地下管线保护措施。施工作业中损坏地下管线的，施工单位应当立即通知地下管线权属单位，采取防止事故扩大的应急措施并依法承担相应的责任。

第三十五条 地下管线权属单位应当按照标准和技术规范的要求，定期排查和消除地下管线安全隐患，制订应急预案并定期进行演练。

位于道路路面的井盖、沟盖等地下管线附属设施的养护工作应当遵守道路养护技术规范，相关地下管线权属单位应当定期检查，确保其完好、正位。交通运输部门负责组织制定相应技术规范，并对违反该技术规范的行为进行查处。

第三十六条 市、区政府可以根据地下管线管理工作的需要，组织规划国土、交通运输、水务、住房建设、经贸信息等地下管线相关行业主管部门开展联合执法检查或者组织专项整治工作，排查严重影响地下管线安全和威胁群众生命财产安全的重大隐患。

地下管线相关行业主管部门应当根据职责分工，定期检查地下管线权属单位落实地下管线日常维护、应急抢险、预防地面坍塌等工作情况。定期检查的频率不得低于每年两次，定期检查工作完成30日内，应当向市、区政府书面报告检查情况。

地下管线相关行业主管部门在检查中发现问题的，应当依法责令地下管线权属单位立即改正或者限期整改，并依法处以行政处罚。

第三十七条 地下管线权属单位废弃地下管线的，应当封填管道、检查井等，有条件拆除的应当予以拆除。

地下管线权属单位应当自废弃地下管线之日起10个工作日内，向规划国土部门、城建档案管理机构和地下管线行业主管部门报告所废弃地下管线的平面位置、埋深、管材、管径以及功能。

第三十八条 地下管线运行出现故障、遭受外力破坏、出现重大安全隐患等情况的，其权属单位应当按照应急预案组织应急抢修，并按照下列规定履行报告义务：

（一）按照地下管线的行业管理规定向相应地下管线行业主管部门报告；

（二）属于安全生产事故的，应当按照安全生产有关规定同时向安全生产监督管理部门报告；

（三）发生在道路用地红线范围及建筑控制区内的，应当同时在24小时内向交通运输部门报告。

相关单位和个人应当配合地下管线应急抢修，不得阻碍、干扰。

因地下管线事故造成地面坍塌、燃气和石油等危险物料泄露或者形成重大安全隐患的，所在地街道办事处应当立即报告辖区政府及有关部门。应急管理机构应当按照规定启动相关应急处置机制，组织协调应急处置，做好相关信息发布工作。

第三十九条 地下管线应急抢修需要占用或者挖掘道路的，可以先行占用或者挖掘道路，并及时通知地下管线行业主管部门、交通运输部门和公安交警部门，在事故得到控制后24小时内补办紧急占用挖掘道路的行政许可手续。地下管线权属单位应当按照不低于原有道路技术标准恢复路面，相关费用由事故责任人承担。

地下管线应急抢修需要占用公共绿地、迁移或者砍伐树木的，可以先行占用、迁移或者砍伐，并及时通知城市管理部门和绿地管护单位，在事故得到控制后5个工作日内按照规定补办占用公共绿地、砍伐或者迁移树木的行政许可手续。

第四十条 地下管线行业主管部门和安全生产监督管理部门在接到地下管线事故的报告后，应当及时组织事故调查组。事故调查组有权向有关单位和个人了解与事故有关的情况，并要求其提供相关文件、资料，有关单位和个人不得拒绝。

有关部门应当根据事故调查报告，依照法定的权限和程序，对有关单位和人员进行责任认定。

第五章　信息与档案管理

第四十一条 地下管线信息管理遵循资源整合、标准统一、互联互通、综合利用和安全保密的原则。

第四十二条 市规划国土部门应当会同市城建档案管理机构，在整合现有地下管线信息资源的基础上，建立全市地下管线综合信息管理系统。地下管线综合信息数据应当包括如下内容：

（一）地下管线及其附属设施的平面位置、埋深、管径、管材、功能；

（二）地下管线工程的建设单位、勘察单位、设计单位、施工单位、测绘机构以及监理单位；

（三）其他具有公共属性的现状与规划信息数据。

第四十三条 地下管线相关行业主管部门、各地下管线权属单位应当建立地下管线专业信息管理系统，及时存储、动态更新本单位地下管线的专业信息。

市地下管线综合信息管理系统和专业信息管理系统应当预留实现信息共享的数据接口，并确保两个系统之间至少每 6 个月更新一次相关管线信息。

市规划国土部门应当会同市城建档案管理机构定期发布地下管线综合信息数据的交互格式、标准以及信息共享目录清单，制定地下管线竣工测绘成果的数据规范。

第四十四条 建设单位应当在工程竣工后 3 个月内，将地下管线综合信息数据报规划国土部门备案，或者在办理工程规划验收时一并办理备案。

规划国土部门收到提交备案的地下管线综合信息数据后，应当在 10 个工作日内核实信息数据是否符合竣工测绘成果规范的要求。

符合规范要求的，规划国土部门应当在 5 个工作日内出具地下管线竣工测绘成果备案凭证，并完成数据的复核和入库。不符合规范要求的，建设单位应当根据规范要求进行完善。

与规划验收一并办理地下管线综合信息数据备案的，备案凭证与《建设工程规划验收合格证》同时核发。

第四十五条 建设单位应当在工程竣工验收后 6 个月内按规定向城建档案管理机构移交下列工程档案资料：

（一）地下管线工程资料；

（二）地下管线竣工测绘成果；

（三）其他地下管线建设过程中形成的电子文档、工程图片、视频影像等文件资料。

城建档案管理机构在办理城建档案资料进馆检查时，应当查验是否具有规划国土部门出具的备案凭证。

第四十六条 本办法施行前已经竣工验收的地下管线工程，其建设单位或者权属单位应当在本办法施行之日起 1 年内，将地下管线综合信息数据报规划国土部门备案，并在备案后 3 个月内向城建档案管理机构移交相关档案。

已建成而没有地下管线综合信息数据的，地下管线工程建设单位或者权属单位应当负责查明。

第四十七条 规划国土部门应当定期会同有关部门对地下管线复杂地区和地下管线综合信息管理系统尚未覆盖的区域开展地下管线修补测。

规划国土部门应当在地下管线修补测验收合格之日起 2 个月内，将修补测成果录入市地下管线综合信息管理系统，并向城建档案管理机构移交修补测成果档案。

地下管线权属单位应当将地下管线工程改建（含紧急抢修发生的管位变化或者管线迁移）、扩建、普查、补测、补绘形成的地下管线工程档案，在工程竣工后 3 个月内向规划国土部门办理备案，在工程竣工验收后 6 个月内向城建档案管理机构办理工程档案资料移交。

第四十八条 地下管线竣工测绘成果的利用，应当符合《中华人民共和国测绘法》《中华人民共和国测绘成果管理条例》《广东省测绘条例》等法律、法规的规定。

需要利用地下管线竣工测绘成果的，利用人应当向规划国土部门或者城建档案管理机构提出申请。

市规划国土部门应当会同市城建档案管理机构制定地下管线竣工测绘成果利用的具体管理办法。

第四十九条 规划国土部门以及其他相关政府部门、地下管线权属单位对承载涉密地下管线综合信息数据的纸介质、光介质、电磁介质等载体以及属于涉密地下管线综合信息数据的设备、产品，应当依法采取保密措施。

利用涉密地下管线综合信息数据的，申请单位应当提交书面申请，说明理由和用途，经保密工作机构审查，由申请单位与保管单位签订保密协议书后方可提供利用。

第六章 法 律 责 任

第五十条 规划国土、交通运输、水务、住房建设等部门的工作人员在地下管线建设和管理中不履行或者不正确履行职责的，由有关部门依法给予处分；涉嫌犯罪的，移送司法机关依法处理。

第五十一条 违反本办法第十二条规定，未取得建设工程规划许可或者未按照建设工程规划许可的要求进行地下管线建设的，由规划土地监察机构责令停止建设，依法予以处理。

前款规定的违法行为造成市政公用设施损坏的，当事人应当承担修复、赔偿责任。

发现有地下管线现状资料中未标明的地下管线，经规划国土部门查明权属单位并确认属于违反规划设计要求敷设地下管线的，由规划土地监察机构依法予以处理。相关改正、拆除的费用，由地下管线权属单位承担。

第五十二条 违反本办法第十七条第一款规定，地下管线工程建设单位未经竣工测绘就将地下管线工程覆土的，由负责地下管线工程施工许可或者监管手续的主管部门责令限期改正，处10万元罚款。

违反本办法第十七条第一款规定，地下管线工程监理单位对尚未完成竣工测绘的地下管线工程签字同意覆土的，由负责地下管线工程施工许可或者监管手续的主管部门责令限期改正，处5万元罚款；依法应当降低资质等级或者吊销资质证书的，按照有关规定办理。

第五十三条 违反本办法第二十条、第二十一条、第三十九条规定，占用或者挖掘道路、占用公共绿地、砍伐或者迁移树木，未依法取得相关主管部门许可或者未按规定补办手续的，由交通运输或者城市管理部门依法予以处理。

第五十四条 违反本办法第二十五条第二款规定，道路建设单位未按规定通知地下管线工程建设单位进行管线监护造成管线破坏的，由负责地下管线工程施工许可或者监管手续的主管部门处10万元罚款，道路建设单位对由此造成的损坏承担修复、赔偿责任。

违反本办法第二十五条第三款规定，地下管线工程建设单位拒不服从道路建设单位统筹安排的，由负责地下管线工程施工许可或者监管的主管部门责令立即改正，处10万元罚款。

第五十五条 违反本办法第三十一条第二款规定，维护管理单位拒绝接收建设单位移交工程实体和备案资料或者无故拖延的，由地下管线行业主管部门责令立即改正，拒不改正的处10万元罚款。

第五十六条 违反本办法第三十三条规定，有破坏地下管线行为的，由受损地下管线的行业主管部门责令停止违法行为，并依据相关法律、法规、规章予以行政处罚等处理。

相关法律、法规、规章未明确规定行政处罚等法律责任的，违法行为人应当承担疏通、维修责任以及相应的赔偿责任，由受损地下管线的行业主管部门对违法行为人处 2 万元罚款。

第五十七条 违反本办法第三十四条规定，建设单位未按照规定查明并取得施工地段的地下管线现状资料、制定地下管线保护方案而擅自组织施工的，或者不落实保护方案，损坏地下管线给他人造成损失的，除依法承担赔偿责任之外，由负责工程建设施工许可或者监管的主管部门责令限期改正，依法予以处理。

相关法律、法规和规章未明确规定行政处罚的，由负责建设施工许可或者监管的主管部门对违法行为人处 5 万元罚款。

第五十八条 违反本办法第三十五条第一款规定，地下管线权属单位未定期排查和消除地下管线安全隐患，未制订应急预案并定期进行演练的，由地下管线行业主管部门责令立即改正，拒不改正的处 2 万元罚款。情节严重、造成生产安全事故的，由安全生产监督管理部门按照《中华人民共和国安全生产法》的相关规定对相关部门及其负责人进行处罚。

违反本办法第三十五条第二款规定，地下管线权属单位未定期检查位于道路路面的井盖、沟盖等地下管线附属设施，确保其完好、正位并符合道路养护技术规范和其他相应技术规范要求的，由交通运输部门责令立即改正，拒不改正的处 2 万元罚款。情节严重、造成生产安全事故的，由安全生产监督管理部门按照《中华人民共和国安全生产法》的相关规定对相关部门及其负责人进行处罚。

第五十九条 违反本办法第四十四条第一款、第四十六条第一款、第四十七条第三款规定，建设单位或者地下管线权属单位未及时向规划国土部门备案地下管线综合管理信息数据的，由规划国土部门责令限期改正，处 10 万元罚款。

因地下管线竣工测绘成果或者其他工程档案资料不真实、不准确、不完整而导致地下管线事故的，地下管线建设单位、测绘机构或者出具资料的其他单位应当承担相应的赔偿责任，并由规划国土部门或者相关部门依法予以处理。

第六十条 违反本办法第四十九条规定，泄露涉密地下管线综合信息数据的，由有关机关依法对直接负责的主管人员和其他直接责任人员给予处分。涉嫌犯罪的，移送司法机关依法处理。

第七章 附 则

第六十一条 地下管线权属单位应当在本办法施行后 6 个月内，对建成 10 年以上的暗渠化河道、排水箱涵或者管道、燃气和石油等危险物料管线、高压电缆管线等老旧地下管线进行全面普查，采用声呐检测、雷达探测等技术手段查找可能出现地面坍塌、管内物料泄漏事故的管网，制定定期检查和更新改造计划并贯彻落实。

对位于企事业单位、居民住宅区、城中村等用地红线范围内，建成 10 年以上的自用生产、生活管线，由原农村集体经济组织继受单位、业主委员会或者受托的物业服务企业、市政管线运营企业负责日常巡查，发现可能出现地面坍塌事故的，应当及时组织更新改造。

第六十二条 本办法自 2014 年 6 月 1 日起施行。

4.3 深圳经济特区建设工程施工安全条例

（1998年2月13日深圳市第二届人民代表大会常务委员会第二十次会议通过，根据2004年6月25日深圳市第三届人民代表大会常务委员会第三十二次会议《关于修改〈深圳经济特区建设工程施工安全条例〉的决定》第一次修正，根据2019年10月31日深圳市第六届人民代表大会常务委员会第三十六次会议《关于修改〈深圳经济特区人体器官捐献移植条例〉等四十五项法规的决定》第二次修正）

第一章 总 则

第一条 为了加强建设工程施工安全管理，维护人身和财产安全，保障建设工程顺利进行，根据《中华人民共和国建筑法》及有关法律、行政法规的基本原则，结合深圳经济特区（以下简称"特区"）实际，制定本条例。

第二条 凡在特区从事土木建筑、线路管道及设备安装、装饰装修工程施工和对建设工程施工进行安全监督管理的，应当遵守本条例。

本条例所称建设工程施工（以下简称"施工"），是指前款所列工程的新建、扩建、改建和拆除活动。

第三条 特区实行施工安全监督管理制度，施工安全管理应当执行安全第一、预防为主的方针。

施工安全实行企业负责、行业管理、国家监察、群众监督的管理体制。

第四条 施工安全应当贯穿工程建设的全过程。工程建设应当符合国家的建设工程安全标准。

第五条 市住房建设部门（以下简称"市主管部门"）和各区住房建设部门（以下简称"区主管部门"）在各自职责范围内负责工程施工安全行业监督管理工作，并依法接受安全管理机构对施工安全的指导和监督。

市、区主管部门设立施工安全监督机构（以下简称"安监机构"），负责施工安全的具体监督管理。

第六条 社会组织和个人可以就施工安全问题，向建设、设计单位或者施工企业查询，有权向主管部门、与施工安全监督管理相关的其他部门反映或者举报施工中的违法行为，对施工安全进行社会监督。

第七条 主管部门和与施工安全监督管理相关的其他部门，应当依法履行职责，接受有关的查询，严格对施工安全进行监督管理。

第八条 政府应当鼓励施工安全科学技术研究，推广施工安全先进经验及安全防护技术，促进施工安全管理向规范化、标准化和科学化目标发展。

第二章 主管部门和安监机构的职责

第九条 市主管部门对施工安全监督管理履行下列职责：

（一）制定施工安全管理规范性文件，建立和完善施工安全监督管理的网络和保障体系；

（二）对安监机构的工作进行领导和监督；

（三）对安监机构的安全监督员进行考核，并对考核合格的颁发安全监督员资格证；

（四）对施工企业安全管理人员进行安全知识考核，对考核合格的，颁发施工安全上岗证书；

（五）查处施工安全违法行为；

（六）对四级重大伤亡事故进行查处并负责重大事故的统计上报工作；

（七）推广施工安全管理先进经验，表彰在施工安全工作中作出显著成绩的单位和个人。

区主管部门履行前款第一项、第二项、第五项、第七项职责。

第十条 安监机构履行以下职责：

（一）依法对所属建设工程项目实行开工前安全前提条件审查，施工过程中日常监督以及竣工前安全业绩的考评；

（二）对施工企业的设立、年审和晋、降级提出施工安全初审意见；

（三）对施工现场进行安全检查；

（四）组织、指导施工安全技术的开发与推广应用，开展安全知识教育和培训；

（五）对施工安全的违法行为，责令停工，限期改正，并可以提请主管部门给予处罚；

（六）市、区主管部门委托的其他事项。

市安监机构对区安监机构进行业务指导。

第三章 建设及相关单位的安全责任

第十一条 建设单位应当在工程开工前向安监机构提交下列文件，申办工程施工安全受监登记：

（一）建筑许可证；

（二）招标投标定标书或者工程造价审定书；

（三）工程承包合同。

未办理施工安全受监登记的工程，主管部门不予签发施工许可证。

建设单位办理施工安全受监登记时，应当按照规定缴纳安全监督费。安全监督费纳入同级财政专户管理。

第十二条 建设单位应当根据工程特点、规模和技术要求设立安全技术措施费。安全技术措施费在工程施工招标中应当单列，不得将其作为招标投标竞价条件。

第十三条 建设单位应当根据工程特点、规模和技术要求，选择符合安全资质要求的施工企业。

建设单位应当为施工企业提供准确的水文地质、地下管线设施等资料和其他必要条件。

第十四条 建设单位在工程开工前，应当对相邻建筑物、构筑物、地下管线、市政公用设施等进行安全防护。

第十五条 设计单位的设计文件应当符合施工作业人员安全、健康的要求。

设计单位在采用新结构、新材料、新工艺时，应当在设计中制定保障施工作业人员安全、健康的措施。

第十六条 监理单位应当将施工安全纳入监理范围，与工程质量、工期和投资控制同步组织实施。

第十七条 生产或者供应单位为施工提供的各类产品和安全设施应当保障人体健康，符合人身、财产安全的国家标准、行业标准或者广东省地方标准；没有国家标准、行业标准或者地方标准的，不得存在危及人身、财产安全的不合理危险。

第四章　施工企业的安全责任

第十八条　施工企业应当制定施工安全的目标和措施，有计划、有步骤地改善作业人员的作业环境和条件。

第十九条　施工企业应当建立施工安全保障体系，实行施工安全岗位责任制。

第二十条　施工企业应当根据季节和生产情况的变化，组织安全生产全面检查或者专项检查，对存在的事故隐患应当及时整改。

第二十一条　施工企业应当设立专职安全员。专职安全员应当持证上岗，并按照规定独立行使职权。

第二十二条　施工企业应当按照规定为作业人员提供劳动防护用品、用具，并告知其正确的使用方法。

第二十三条　施工企业应当建立员工安全教育培训制度。未经安全教育、培训的员工不得上岗作业。

特种作业人员应当经有关业务主管部门考核合格，取得特种作业操作资格证书后，方可上岗作业。

第二十四条　施工企业按照规定提取的安全技术措施费应当专款专用。

第五章　施工现场的安全管理

第二十五条　实行总分包的建设工程，总包单位对施工现场的施工安全全面负责，分包单位对分包工程的施工安全负责，并接受总包单位的统一管理。

第二十六条　施工企业应当在工程开工前向安监机构申请安全施工前提条件审查，经审查合格后方可开工。

第二十七条　施工企业应当根据不同施工阶段的施工防护要求，采取相应的施工安全防护措施。现场施工安全防护措施应当符合国家劳动安全、卫生标准。

第二十八条　施工企业应当根据工程的特点编制施工组织设计，制定施工安全技术措施，并向作业人员进行书面安全技术交底，被交底人应当在交底书面材料上签字。

第二十九条　对于下列危险作业，工程施工项目经理部应当编制专项施工安全设计，并按规定报施工企业技术负责人批准后实施：

（一）基础施工；

（二）地下工程施工；

（三）整体升降脚手架的拆装；

（四）垂直运输机械设备和架设机具拆装；

（五）建筑物和构筑物拆除；

（六）其他危险作业。

第三十条　施工现场应当建立专业检查、职工自检、定期检查和安全日检制度。

第三十一条　安全技术资料应当专人管理，做到及时、完整归档。

第三十二条　用地红线范围内或者经有关部门批准临时占用的场地和道路，应当全部用于施工，不得挪作他用。

第三十三条　房屋建筑施工现场应当实行封闭式管理。

施工现场的入口处应当设置施工现场总平面图、安全规定、防火制度等标牌。

高层、超高层和临街道施工应当采用密目网或者其他符合规定的围护设施。

第三十四条　施工现场的道路应当平整、干净、畅通，有交通指示标志。

施工现场的沟、坎、井应当填平、设围栏或者盖板；危险地区应当悬挂警戒标志，夜间应当设置红灯示警。

第三十五条　施工现场的各种设施布置和材料堆放应当符合安全卫生和施工总平面图的要求，排水系统应当保持畅通。

第三十六条　施工现场应当建立防火和危险品保管使用制度，设置符合消防要求的设施，并保持其完好的备用状态。

第三十七条　施工现场应当设置必要的职工生活设施。职工生活设施应当符合卫生、通风、照明、消防等要求。

第三十八条　施工现场应当设有必要的预防危害人体健康和安全急救的设施及抢救措施。

第三十九条　作业人员应当遵守施工安全的技术标准、操作规程和制度，提高自我保护意识。

作业人员有权对危害人身安全或者健康的作业程序、作业条件、作业方式提出批评、检举和控告，有权拒绝违章指挥。

第六章　重大事故调查处理

第四十条　本条例所称重大事故，是指在建设工程施工过程中由于机械设备和安全设施毁坏、失当造成人身伤亡或者重大经济损失的事故。重大事故按国家有关规定分为一、二、三、四级。

第四十一条　重大事故发生后，施工企业应当积极组织抢救，并保护事故现场，立即向市主管部门、公安部门和安全管理机构报告，并在二十四小时内写出事故的书面报告。

事故的书面报告应当包括以下内容：

（一）事故发生的时间、地点、单位；

（二）事故的简要经过、伤亡人数、直接经济损失的初步估计；

（三）事故发生原因的初步判断；

（四）事故发生后采取的措施及事故控制情况；

（五）事故报告单位。

第四十二条　市主管部门接到重大事故报告后，应当立即向市安全管理机构和上级建设行政主管部门报告。

对三级重大事故，市主管部门应当会同有关部门组成事故调查组，进行调查，并提出处理意见，报市安全管理机构依法处理。

对四级重大事故，由市主管部门进行调查处理。

第四十三条　事故调查组有权向事故发生单位、有关部门和个人调查事故有关情况，任何单位和个人不得拒绝和阻碍。

第四十四条　重大事故调查处理应当在事故发生之日起三个月内结案，特殊情况不得超过六个月。

第四十五条　重大事故处理结案后，应当公开宣布处理结果。

第七章 法 律 责 任

第四十六条 建设单位违反本条例第十一条规定,未申办安全受监登记的,主管部门应当责令其停工,限期补办手续,并处以已完成工程造价百分之二的罚款。

第四十七条 建设单位违反本条例第十四条规定,未采取有效防护措施的,主管部门应当责令限期整改。逾期未整改或者整改不合格的,可以责令该工程项目停工直至整改合格,并处三万元以上五万元以下罚款;造成相邻建筑物和设施损毁的,应当赔偿损失。

第四十八条 设计单位违反本条例第十五条第一款规定,设计文件不符合施工作业安全要求而造成伤亡事故的,主管部门可以处设计费百分之五十至一倍罚款;情节严重的,可以核减其设计范围、降低设计资质等级直至吊销设计资格证书。

第四十九条 施工企业违反本条例第二十六条规定,开工前不申请安全前提条件审查或者审查不合格而擅自开工的,主管部门应当责令该工程项目停工,并处三万元以上五万元以下罚款。

第五十条 施工企业违反本条例第二十七条规定,违章施工或者施工安全防护不符合标准的,主管部门应当责令其限期整改;逾期未整改或者整改不合格的,可以责令该工程项目停工,并处三万元以上五万元以下罚款。

第五十一条 建设单位或者施工企业违反本条例第三十三条规定,将施工场地挪作他用的,主管部门应当责令限期整改,并处五万元以上十万元以下罚款。

第五十二条 施工企业违反本条例第三十三条、第三十四条、第三十五条、第三十六条、第三十七条、第三十八条规定,施工现场不符合安全标准的,主管部门应当责令限期整改;逾期未整改或者整改不合格的,可以继续责令限期整改,并处三万元以上五万元以下罚款。

第五十三条 施工企业违反本条例规定,有下列行为之一的,主管部门应当给予处罚:

(一)发生重伤一至二人的施工事故的,责令该工程项目停工三至五天;

(二)发生四级重大事故的,主管部门应当责令该工程项目停工七天,暂扣承建资格证书三十日至六十日;

(三)发生三级以上重大事故的,责令该工程项目停工七天,暂扣承建资格证书六十日至九十日,并可依法核减企业经营范围、降低企业资质等级一年;

(四)一年内多次发生同类事故的,责令该工程项目停工十天,暂扣承建资格证书六十日至九十日;

(五)发生事故后隐瞒不报、谎报、破坏事故现场或者无正当理由拒绝接受调查、拒绝提供有关情况和资料的,按本条第四项规定处罚。

第五十四条 对违反本条例规定的直接责任人员,主管部门可以视情节轻重给予处分;构成犯罪的,依法追究刑事责任。

第五十五条 主管部门或者安监机构工作人员不履行职责,滥用职权、玩忽职守、徇私舞弊的,有关部门应当追究责任;构成犯罪的,依法追究刑事责任。

第八章 附 则

第五十六条 本条例自 1998 年 5 月 1 日起施行。

4.4 深圳市燃气管道安全保护办法

（2015年9月2日深圳市人民政府令第280号公布）

第一章 总 则

第一条 为了加强燃气管道安全保护，维护城市安全和社会公共安全，根据《中华人民共和国石油天然气管道保护法》、《城镇燃气管理条例》、《深圳市燃气条例》等法律、法规的规定，结合本市实际，制定本办法。

第二条 本办法适用于本市行政区域内燃气管道的安全保护及监督管理。

炼油、化工和电力等企业厂区以及海洋内的燃气管道，燃气用户自用燃气管道的安全保护及管理不适用本办法。

第三条 本办法所称燃气管道包括城市燃气管道和天然气长输管道。

第四条 市政府建立市燃气管道安全保护联席会议制度，协调解决全市燃气管道安全保护工作中的重大问题。

联席会议由市住房建设、发展改革、经贸信息、规划国土、交通运输、公安、水务、城管、海事、应急、气象、城建档案等部门和机构，以及各区人民政府（含新区管理机构，下同）组成，分管副市长担任第一召集人，市住房建设部门主要负责人担任第二召集人。地铁、水务、电力、通信以及管道燃气企业可以列席联席会议。

第五条 市住房建设部门（以下简称"市主管部门"）是燃气管道安全保护的主管部门，主要承担下列燃气管道安全保护及监督管理职责：组织编制、实施市燃气管道安全事故应急预案，并负责组织应急演练；监督管道燃气企业制定燃气管道安全保护制度并落实相关保护措施；组织开展燃气管道安全保护监督检查和安全隐患排查并负责组织整改，查处危害燃气管道安全的违法行为；组织开展燃气管道安全保护知识宣传工作。

区建设部门（以下简称"区主管部门"）在市主管部门指导下，主要承担下列燃气管道安全保护及监督管理职责：组织编制、实施辖区燃气管道安全事故应急预案，并负责组织应急演练；组织开展辖区燃气管道安全保护知识宣传工作；组织施工现场燃气管道安全保护协议（以下简称"安全保护协议"）的协商和签订工作。

第六条 公安部门应当加强燃气管道沿线区域危害管道安全的治安和刑事案件的查处。

发展改革、经贸信息、规划国土、交通运输、水务、城管、海事、应急、气象、城建档案等部门和机构应当依照有关法律、法规以及本办法的规定，在各自职权范围内负责燃气管道安全保护工作。

第七条 各区人民政府应当加强对辖区内燃气管道的安全保护工作，提供必要的人力、物力和资金保障，组织或者配合整改辖区内影响燃气管道的安全隐患。

第八条 主管部门在对燃气管道进行安全监督检查时，可以行使下列职权：

（一）进入现场开展监督检查，调查、询问有关人员；

（二）对检查中发现的安全隐患，责令停止违法行为或者责令限期改正，依法给予行政处罚；

（三）对严重危害燃气管道安全的违法行为，责令限期改正但逾期未改正的，可以依法吊销施工许可或者提请交通运输、水务等部门依法吊销施工许可或者工程监管手续，也可以提请相关部门记录其不良行为。

第九条 市政府设立燃气管道安全管理机构，负责维护燃气管道安全，并接受主管部门的委托，对危害燃气管道安全的行为依法制止和给予行政处罚。

第十条 任何单位和个人不得实施危害燃气管道安全的行为。

任何单位和个人有权向主管部门或者管道燃气企业投诉、举报危害燃气管道安全的行为，有权向主管部门投诉、举报管道燃气企业不依法维护燃气管道安全的行为。

主管部门或者管道燃气企业接到投诉、举报后，应当及时组织调查处理，并将调查处理结果书面反馈实名投诉人、举报人；情况紧急的，应当立即到现场制止危害燃气管道安全的行为，依法采取处置措施。

第二章 燃气管道规划和建设

第十一条 燃气管道的规划应当符合燃气管道安全保护的要求，遵循安全环保、节约用地和经济合理的原则。

第十二条 燃气管道工程建设应当遵守法律、法规、规章、标准和技术规范有关建设工程质量管理的规定。

燃气管道的安全保护设施应当与管道主体工程同时设计、同时施工、同时投入使用。

燃气管道建设使用的管道产品及其附件的质量，应当符合国家标准的强制性要求。

第十三条 燃气管道工程建设单位应当在工程竣工后3个月内向规划国土部门申请规划验收。分段建设的燃气管道工程应当向规划国土部门申请分段规划验收。

未经规划验收或者规划验收不合格的，不得组织竣工验收。

第十四条 燃气管道工程建设单位应当在工程竣工后3个月内，将燃气管道综合信息数据报规划国土部门备案，取得规划国土部门核发的地下管线测绘成果备案凭证。

燃气管道综合信息数据应当载明燃气管道的建设情况、地理位置、技术指标以及使用年限等信息。

第十五条 燃气管道工程规划验收后，建设单位应当依法组织勘察、设计、施工、监理等单位进行竣工验收，并办理竣工验收备案手续。

第十六条 燃气管道工程建设单位应当在竣工验收后6个月内，向城建档案管理机构移交下列工程档案资料：

（一）燃气管道工程资料；

（二）燃气管道工程竣工测绘成果；

（三）其他燃气管道建设过程中形成的电子文档、工程图片、视频影像资料。

需要利用燃气管道工程竣工测绘成果的，利用人应当向规划国土部门或者城建档案管理机构提出申请。

第十七条 燃气管道与主体工程同步进行建设的，由主体工程建设单位统一办理规划报建、规划验收、综合信息数据备案、竣工验收以及工程档案资料移交手续。

第十八条 燃气管道工程建设单位向管道燃气企业移交燃气管道时，应当同时移交燃气管道综合信息数据和验收资料，并与管道燃气企业签订燃气管道移交备忘录。

燃气管道工程建设单位应当保证燃气管道综合信息数据和验收资料的真实性、准确性和完整性。

第十九条　管道燃气企业应当建立燃气管道专业信息管理系统，及时存储、动态更新本企业燃气管道信息。管道燃气企业的专业信息管理系统与市地下管线综合信息管理系统至少每6个月交互更新一次燃气管道信息。

第二十条　管道燃气企业在运营中发现燃气管道现状和燃气管道专业信息管理系统的数据不一致时，应当及时组织修补测，修正或者更新燃气管道专业信息管理系统相关数据，并将修补测形成的燃气管道综合信息数据在工程竣工后3个月内报规划国土部门备案，在竣工验收后6个月内向城建档案管理机构移交工程档案资料。

第三章　燃气管道运营安全

第二十一条　管道燃气企业是燃气管道安全运营的责任主体，依法履行下列燃气管道安全保护责任：

（一）遵守燃气管道安全保护的法律、法规、规章、标准和技术规范，接受主管部门的监督管理；

（二）建立健全并组织实施企业内部燃气管道安全保护规章制度和岗位操作规程，配备必要的安全保护人员、设施和设备，保障必要的经费投入；

（三）制定本企业燃气管道安全事故应急预案并报主管部门备案，配备抢险抢修人员、设备和物资，每年进行至少一次燃气管道安全事故应急演练；

（四）宣传燃气管道安全保护知识，员工必须经过燃气管道安全培训才能上岗，且每3年应当进行一次燃气管道安全轮训；

（五）组织开展燃气管道的巡查、安全检查、维护、维修和更新，及时排查和消除安全隐患，不能独立处置的应当及时报告相关部门；

（六）建立健全燃气管道运营档案，如实记录燃气管道的运行工况、维护、维修和更新记录等基本情况；

（七）研究开发和使用燃气管道安全保护新技术；

（八）对影响燃气管道安全的建设工程施工提出安全保护方案，并监督指导安全保护协议的落实；

（九）可以对在燃气管道安全保护中做出突出贡献的单位和个人给予奖励；

（十）法律、法规和规章规定的其他燃气管道安全保护责任。

第二十二条　物业服务企业应当加强对物业服务区域内施工活动的巡查，发现有危害燃气管道安全的行为，应当及时制止并立即通知管道燃气企业。

物业服务企业应当配合主管部门和管道燃气企业开展燃气管道安全保护知识的宣传，配合主管部门和燃气管道安全管理机构进行燃气管道安全的监督检查。

第二十三条　燃气管道的安全保护范围为：

（一）城市次高压燃气管道管壁及设施外缘两侧2米以内的区域；

（二）城市高压燃气管道、天然气长输管道管壁及设施外缘两侧5米以内的区域。

市规划国土部门应当会同市主管部门划定燃气管道安全保护范围，并录入市地下管线综合信息管理系统。

第二十四条 任何单位和个人不得在燃气管道安全保护范围内实施下列危害燃气管道安全的行为：

（一）进行钻探、机械挖掘、爆破、取土等作业；

（二）修筑建筑物、构筑物；

（三）堆放重物、易燃易爆物品；

（四）倾倒、排放腐蚀性物质；

（五）种植深根植物；

（六）行驶重型车辆；

（七）法律、法规和规章禁止的其他危害燃气管道安全的行为。

第二十五条 燃气管道的安全控制范围为：

（一）城市中低压燃气管道管壁及设施外缘两侧6米以内的区域；

（二）城市次高压燃气管道管壁及设施外缘两侧2米以外10米以内的区域；

（三）城市高压燃气管道、天然气长输管道管壁及设施外缘两侧5米以外50米以内的区域。

第二十六条 在燃气管道安全保护范围内依法从事顶进等可能危害燃气管道安全的活动，或者在燃气管道安全控制范围内施工的（以下简称"在燃气管道安全保护或者控制范围内从事活动"），建设单位应当会同施工单位与管道燃气企业签订安全保护协议，制定燃气管道安全保护方案并采取安全防护措施。

市主管部门应当制定安全保护协议示范文本，明确建设单位、施工单位与管道燃气企业的权利和义务，发生燃气管道安全事故时的应对措施，发生协议纠纷时的救济措施等。

第二十七条 燃气管道安全保护范围内易发生山体崩塌、滑坡、泥石流、地面塌陷、地裂缝、地面沉降、地下水咸化以及水土流失等地质灾害的，或者燃气管道易遭受车辆碰撞和人畜破坏的，管道燃气企业应当对燃气管道采取特殊防护措施。

管道燃气企业应当对城市高压燃气管道、天然气长输管道建立信息化监控系统，对位于安全风险较大区域和场所的燃气管道进行实时在线监控。

第二十八条 管道燃气企业应当建立燃气管道巡查制度，配备专门人员对燃气管道进行日常巡查，并记录巡查情况。对于城市高压燃气管道和天然气长输管道，应当加大巡查力度、提高巡查频率。

管道燃气企业在巡查过程中发现有危害燃气管道安全行为时，应当立即制止；制止无效的，应当立即报请主管部门依法处置。

任何单位和个人不得阻挠或者妨碍管道燃气企业对燃气管道进行巡查。

第二十九条 管道燃气企业应当按照有关法律、法规、规章、标准和技术规范要求对燃气管道进行安全检查和维护，及时对到期、老化、破损等不符合安全使用条件的燃气管道进行维修或者更新，及时排查和消除燃气管道安全隐患，对停止运行、封填、报废的燃气管道采取必要措施妥善处理。

任何单位和个人不得阻挠或者妨碍管道燃气企业对燃气管道进行安全检查、维护、维修和更新。管道燃气企业在进行维护、维修和更新时，应当对周边其他市政设施进行保护。

第三十条　管道燃气企业应当配备专职抢险抢修人员,设置并公布24小时燃气管道应急处置电话。

发生燃气管道安全事故时,管道燃气企业应当立即启动应急预案,进行抢险抢修,并按照规定向相关部门报告。

燃气管道抢险抢修需要占用或者挖掘道路、占用公共绿地、砍伐或者迁移树木的,可以先行实施,但应当依法补办相应行政许可手续。

管道燃气企业应当与地铁、水务、电力、通信等市政公用设施单位建立抢险抢修联络机制,及时为抢险抢修现场燃气管道安全保护工作提供技术指导。

第三十一条　市主管部门应当每年组织管道燃气企业对挖掘、占压、圈占燃气管道以及安全间距不足等燃气管道安全隐患进行排查。

属于市主管部门或者管道燃气企业职责范围内的安全隐患,市主管部门或者管道燃气企业应当及时组织整改;需要其他职能部门、各区人民政府组织整改或者配合整改的,市主管部门应当及时书面通知相关单位;涉及安全隐患问题较为疑难复杂的,市主管部门应当提交联席会议明确责任单位和整改时限,相关职能部门和各区人民政府应当限期整改。

第三十二条　燃气管道工程建设单位和管道燃气企业应当按照有关法律、法规、规章、标准和技术规范的要求,设置燃气管道标识以及安全警示等标识。

管道燃气企业在运营中发现前款所述标识被移动、覆盖、拆除、涂改或者损毁的,应当立即采取措施予以恢复、修复或者重新设置。

第四章　工程建设中的燃气管道保护

第三十三条　规划国土部门对建设项目进行用地规划许可时,应当按照有关法律、法规、规章、标准和技术规范的要求,控制拟建设项目与燃气管道之间的安全间距。

第三十四条　凡涉及地下空间利用的建设项目,包括道路建设、地下管线建设、地质勘探、轨道交通建设、地下空间开发以及其他包括钻探、机械挖掘、爆破的施工活动,建设单位应当在施工前到规划国土部门通过市地下管线综合信息管理系统查询施工范围及施工影响范围内的燃气管道现状资料,并可以向管道燃气企业申请提供燃气管道现状资料,管道燃气企业应当及时提供。

第三十五条　在燃气管道安全保护或者控制范围内从事活动,建设单位、施工单位未能与管道燃气企业签订安全保护协议的,建设单位、施工单位可以向所在区主管部门提出申请,并提供下列材料:

(一)符合燃气管道安全和公共安全要求的施工作业方案;

(二)安全事故应急预案;

(三)施工作业人员具备燃气管道安全保护知识的证明材料;

(四)保障安全施工作业的设施、设备的材料;

(五)法律、法规和规章规定的其他材料。

区主管部门接到申请后,应当对申报材料进行形式审查,并组织建设单位、施工单位与管道燃气企业协商签订安全保护协议;经协商仍未能达成协议的,区主管部门应当从市燃气管道安全管理专家库中抽取3名专家组成专家小组进行安全评审,并根据评审结果作出是否批准作业的决定。

市燃气管道安全管理专家库由市主管部门负责组建。

第三十六条 燃气管道工程建设单位向主管部门或者交通运输、水务部门申请办理施工许可或者工程监管手续时，应当提交经查询的施工范围及施工影响范围内燃气管道现状资料。在燃气管道安全保护或者控制范围内从事活动还应当提交与管道燃气企业签订的安全保护协议。

未提交燃气管道现状资料或者安全保护协议的，主管部门或者交通运输、水务部门不予办理施工许可或者工程监管手续。

第三十七条 在燃气管道安全保护或者控制范围内从事活动的，施工单位应当在开工3日前将开工时间、施工范围书面通知管道燃气企业。

管道燃气企业收到通知后应当指派专业技术人员进行全程现场监督和指导。

第三十八条 在燃气管道安全保护或者控制范围内从事活动的，施工单位应当首先进行人工开挖，探查燃气管道的具体位置和情况。

施工单位在施工过程中发现燃气管道现状与查询结果不一致的，应当立即通知管道燃气企业并采取保护措施。管道燃气企业接到通知后应当及时组织修补测。

第三十九条 监理单位应当将施工现场燃气管道的安全保护工作作为施工安全监理的重要内容，督促施工单位履行安全保护义务。

监理单位应当委派监理工程师对施工行为进行旁站监理，对违反安全保护协议的施工行为应当立即制止，制止无效的应及时报告建设单位；建设单位也无法制止的，监理单位应当及时报请主管部门依法处置。

第四十条 燃气管道工程与其他建设工程的相遇关系，依照有关法律、法规和规章的规定处理；没有相关规定的，由双方按照下列原则协商处理，并为对方提供必要的便利：

（一）后开工的建设工程服从先开工的或者已经建成的建设工程；

（二）同时开工的建设工程，后批准的建设工程服从先批准的建设工程。

后开工或者后批准的建设工程，应当符合先开工、已经建成或者先批准的建设工程的安全标准要求。需要先开工、已经建成或者先批准的建设工程改建、搬迁、预留通道、增加防护设施的，后开工或者后批准的建设工程一方应当承担由此增加的费用。

第五章　法　律　责　任

第四十一条 相关管理部门及其工作人员在燃气管道安全保护工作中不履行职责或者不正确履行职责的，依法给予处分；涉嫌犯罪的，移送司法机关依法处理。

第四十二条 燃气管道工程建设单位违反本办法第十四条规定，未按照规定向规划国土部门备案燃气管道综合信息数据的，由规划国土部门责令限期改正，处10万元罚款。逾期未改正的，一年内不得参与国有资金占控股或者主导地位的建设工程的投标活动。

管道燃气企业违反本办法第二十条规定，未按照规定向规划国土部门备案修补测形成的燃气管道综合信息数据的，由规划国土部门责令限期改正，处10万元罚款。

第四十三条 管道燃气企业违反本办法规定，未履行或者未正确履行燃气管道安全保护责任的，由主管部门责令限期改正，处5万元罚款；逾期未改正的，处10万元罚款；造成生产安全事故的，依照《中华人民共和国安全生产法》的规定处理；涉嫌犯罪的，移送司法机关依法处理：

（一）未建立燃气管道专业信息管理系统、燃气管道运营档案，或者未按照规定对燃气管道专业信息管理系统和燃气管道运营档案进行管理、维护、更新的；

（二）未建立企业内部燃气管道安全保护规章制度和岗位操作规程的；

（三）未制定燃气管道安全事故应急预案，或者每年未进行至少一次应急演练，或者未按照应急预案进行抢险抢修的；

（四）未按照规定配备人员、设施、设备、物资或者设置应急处置电话的；

（五）未对员工进行燃气管道安全培训或者轮训的；

（六）未按照规定对燃气管道采取特殊防护措施或者进行实时在线监控的；

（七）未建立燃气管道巡查制度并按照规定进行日常巡查的；

（八）未按照规定对燃气管道进行安全检查、维护、维修和更新的；

（九）未及时组织燃气管道安全隐患整改的；

（十）未按照规定设置燃气管道标识或者安全警示等标识并进行维护的；

（十一）未及时组织燃气管道修补测的。

第四十四条 任何单位和个人违反本办法第二十四条规定，在燃气管道安全保护范围内实施危害燃气管道安全行为的，由主管部门责令停止违法行为或者责令限期改正，对个人处 5 千元罚款、对单位处 2 万元罚款；造成燃气管道损毁的，对个人处 2 万元罚款、对单位处 10 万元罚款；造成损失的，依法承担赔偿责任；涉嫌犯罪的，移送司法机关依法处理。

涉及违法建筑物、构筑物或者设施的，由主管部门移交规划土地监察机构依法处理。

第四十五条 任何单位和个人违反本办法第二十八条、第二十九条规定，阻挠、妨碍管道燃气企业对燃气管道进行巡查或者进行安全检查、维护、维修和更新的，由主管部门责令停止违法行为，对个人处 2 千元罚款，对单位处 5 千元罚款；涉嫌犯罪的，移送司法机关依法处理。

第四十六条 建设单位和施工单位违反本办法第二十六条规定，未与管道燃气企业签订安全保护协议擅自施工的，由主管部门责令停止作业，各处 3 万元罚款；造成燃气管道损毁的，各处 10 万元罚款；造成损失的，依法承担赔偿责任；涉嫌犯罪的，移送司法机关依法处理。

第四十七条 施工单位有下列行为之一，并造成燃气管道损毁的，由主管部门处 3 万元罚款；造成损失的，依法承担赔偿责任；涉嫌犯罪的，移送司法机关依法处理：

（一）违反本办法第三十七条第一款规定，未在开工 3 日前书面通知管道燃气企业的；

（二）违反本办法第三十八条第一款规定，未首先进行人工开挖的；

（三）违反本办法第三十八条第二款规定，未立即通知管道燃气企业并采取保护措施的。

第四十八条 对在燃气管道安全保护范围内从事危害燃气管道安全的行为，阻挠或者妨碍管道燃气企业对燃气管道进行巡查、安全检查、维护、维修和更新的行为，主管部门可以委托燃气管道安全管理机构给予行政处罚。

第六章 附 则

第四十九条 本办法所称城市燃气管道包括城市燃气管道及管道附属设施，具体包括：

（一）输送天然气、液化石油气的管道；

（二）管道防腐保护设施，包括阴极保护站、阴极保护测试桩、阳极地床和杂散电流排流站等；

（三）门站、气化站、调压站（室）、汽车加气站、瓶组站、阀室、阀井、阀门、凝液缸等燃气管道附属构筑物，以及补偿器、放散管等有关设备；

（四）标志桩、测试桩、里程桩、警示牌等燃气管道安全标识；

（五）管堤、管桥、管基等与燃气管道有关的固定装置；

（六）管道的其他附属设施。

本办法所称天然气长输管道包括天然气长输管道及管道附属设施，具体包括：

（一）输送天然气的管道；

（二）管道防腐保护设施，包括阴极保护站、阴极保护测试桩、阳极地床和杂散电流排流站等；

（三）管道的加压站、加热站、计量站、集气站、输气站、配气站、处理场、清管站、阀室、阀井、放空设施、储气库、装卸栈桥、装卸场；

（四）管道的水工防护设施、防风设施、防雷设施、抗震设施、通信设施、安全监控设施、电力设施、管堤、管桥以及管道专用涵洞、隧道等穿跨越设施；

（五）管道穿越铁路、公路的检漏装置；

（六）管道的其他附属设施。

第五十条　本办法所称城市中低压、城市次高压、城市高压燃气管道和天然气长输管道的压力分级按照相关国家标准确定。

本办法所称"以内"均包含本数，"以外"均不包含本数。

第五十一条　本市石油管道的安全保护和委托执法可以参照本办法有关天然气长输管道安全保护和委托执法的规定执行。

第五十二条　本办法自 2015 年 11 月 1 日起施行。

4.5 深圳市小散工程和零星作业安全生产纳管暂行办法

(深府办规〔2018〕10号)

第一章 总 则

第一条 为加强全市小散工程和零星作业安全生产管理，规范小散工程和零星作业安全生产，落实小散工程和零星作业安全生产主体责任，防止和减少安全事故发生，保障人民群众生命安全，依据《中华人民共和国安全生产法》《建设工程安全生产管理条例》等法律法规，结合本市实际，制定本暂行办法。

第二条 本暂行办法适用于在本市行政区域内从事小散工程的新建、改建、扩建和拆除等有关活动和零星作业的安全生产及其监督管理。

第三条 本暂行办法所称的小散工程，是指按规定无需办理或无法办理施工许可证的小型建设工程（含土木工程、建筑工程、线路管道和设备安装工程及装修工程）。具体包括：

（一）工程投资额在30万元以下或者建筑面积在300平方米以下（以下统称限额以下）的小型房屋建筑工程（包括房屋建筑及其附属设施的建造和与其配套的线路、管道、设备的安装）；

（二）限额以下的水务、道路交通、城市管理等市政基础设施工程；

（三）限额以下的各类地下管线施工工程；

（四）限额以下的公共建筑、商铺、办公楼、厂房等非住宅类房屋装饰装修；

（五）限额以下的历史遗留违法建筑二次装修工程（不含加建、改建、扩建）；

（六）竣工验收合格后的住宅室内装饰装修；

（七）建筑面积在500平方米以下的房屋拆除工程；

（八）因城市建设需要对外接受工程弃土，消纳量在20万方以下的零星受纳工程；

（九）其他由市政府决定纳入小散工程予以安全生产监管的建设活动。

相关法律、法规、规章对施工许可限额予以调整的，按相关规定执行。

各区政府（含新区管理机构，下同）可以参照上述规定作适当细化的规定。其中，对于限额以上的历史遗留违法建筑二次装修工程（不含加建、改建、扩建）以及限额以上但暂未纳入我市施工许可范围的建设工程安全生产，由各区政府参照本暂行办法予以纳管。依法依规应予禁止或应当控停的违法建设活动除外。

第四条 本暂行办法所称的零星作业，是指在公共区域进行的存在高处坠落、触电、物体打击、坍塌等特定安全风险且依法无需许可审批的小规模非工程建设类生产作业经营活动。具体包括：

（一）小规模的空调、太阳能、雨棚、防盗网等非主体工程配套设备设施的安装、维护、拆除作业；

（二）小规模的建筑外墙清洗、修补、屋面检修等各类建筑外墙零星高处作业；

（三）小型临街广告牌的安装、维护、拆除作业；

（四）小规模的新能源汽车充电设施的安装、维护、拆除作业；

（五）小规模的展台、布景等搭设、拆除作业；

（六）其他由市政府决定予以安全生产纳管的零星作业活动。

在居民住宅以及生产经营单位内部进行的零星作业安全监管，按照有关法律法规执行，不适用本暂行办法。

各区政府可以参照上述规定作适当细化的规定。

第五条 我市相关国家机关、事业单位作为建设单位或业主的小散工程和零星作业，由相关国家机关、事业单位依法自行履行安全生产统一协调、管理职责，不适用本暂行办法。

依法应纳入施工许可等相关许可管理范围的建设工程和零星作业的安全生产，由法定主管部门按职责分工依法进行监管，不适用本暂行办法。

第六条 以下情形按有关规定进行监督管理：

（一）临时建设工程依据《深圳市临时用地和临时建筑管理规定》（深圳市人民政府令第149号）等相关规定进行监督管理；

（二）对违法占有、使用、转让土地使用权等土地违法行为，以及未取得建设工程规划许可证或未按建设工程规划许可证的规定进行建设的规划违法行为，由规划土地监察机构依法进行查处。

第七条 小散工程和零星作业安全生产纳管应遵循"全面纳管与分类纳管相结合""社区网格化巡查为主，物业服务企业巡查为辅""属地管理和行业督导相结合"的原则。

第二章 属地管理职责

第八条 各区政府履行以下职责：

（一）负责组织领导辖区小散工程和零星作业的安全生产工作，组织辖区各街道办事处和区相关行业主管部门具体实施小散工程和零星作业安全生产纳管工作；

（二）组织制定辖区小散工程和零星作业安全生产纳管实施细则，明确安全管理职责分工，建立健全安全管理体制机制；

（三）加强人员、经费保障，建立健全对辖区各街道办事处、社区工作站、基础网格员（以下简称"网格员"）队伍和物业服务企业履职活动予以补贴、扶持等激励机制，统筹组织各街道办事处加强小散工程和零星作业安全生产管理力量，实现辖区小散工程和零星作业的安全生产全纳管和常态化监管；

（四）整合网格化管理信息，组织建立本辖区小散工程和零星作业安全生产管理智慧监管系统，实现安全生产备案、信息上报信息化，实现信息分流、跟踪督办智能化和自动化，提高信息流转和处理效率；

（五）其他法律、法规、规章以及上级规范性文件规定的职责。

第九条 各街道办事处履行以下职责：

（一）负责具体组织实施街道辖区小散工程和零星作业的安全生产管理工作，落实辖区小散工程和零星作业安全生产全纳管和常态化监管；

（二）细化完善辖区小散工程和零星作业安全生产管理机制，建立"安全生产备案，日常安全巡查，组织执法查处"等链条清晰、分工明确的工作流程；

（三）充实辖区网格员力量或通过购买服务等形式，进一步加强日常安全巡查和执法力量，并落实相关激励机制，确保工作质量和成效；督促指导辖区物业服务企业建立健全工作机制，落实物业管理区域的安全生产备案服务以及日常安全巡查等要求；

（四）细化完善辖区小散工程和零星作业安全生产备案服务制度，组织和指导委托的社区工作站和物业服务企业设立一站式备案服务窗口，受理小散工程和零星作业安全生产备案申请；并收集汇总委托的社区工作站和物业服务企业上报的备案信息、日常安全巡查信息，建立辖区小散工程和零星作业的管理台账，全面掌握辖区小散工程和零星作业动态；

（五）建立辖区各社区、网格日常安全巡查制度，指导委托的物业服务企业建立日常安全巡查制度，组织落实巡查要求和安全生产违法行为移送查处要求；

（六）组织对发现的小散工程和零星作业安全隐患及时进行整治；

（七）组织街道有权执法机构依据授权的执法事项和执法权限，依法查处小散工程和零星作业中存在的安全生产违法行为和其他违法行为；对非授权范围的执法事项，及时上报相关部门查处；

（八）组织开展辖区小散工程和零星作业安全生产宣传培训教育工作，督促指导建设单位或业主、生产经营单位依法严格履行安全生产主体责任；

（九）受理有关小散工程和零星作业违法行为和安全隐患的投诉，及时组织核查处理；

（十）其他法律、法规、规章以及上级规范性文件规定的职责。

第十条 社区工作站履行以下职责：

（一）按照街道办事处统一部署，具体负责社区范围内小散工程和零星作业备案服务；

（二）落实小散工程和零星作业安全生产备案服务制度，设立社区备案服务窗口，指定专人负责受理小散工程和零星作业备案申请；

（三）配合街道办事处组织开展的日常安全巡查；

（四）负责收集汇总本社区工作站受理备案信息和本社区范围的日常安全巡查信息，建立社区小散工程和零星作业台账；

（五）组织开展社区小散工程和零星作业安全生产宣传培训教育工作，指导建设单位或业主、生产经营单位按照有关规定和技术指引开展小散工程和零星作业活动；

（六）其他法律、法规、规章以及上级规范性文件规定的职责。

第三章 部门职责分工

第十一条 市住房建设、交通运输、水务等建设工程主管部门（以下统称"建设工程主管部门"）按各自职责分工，负责协调指导本部门监管范围内小散工程安全生产的监督管理工作。

第十二条 市安全监管、公安消防监管等负有安全监管职责的部门，按照各自职责分工，负责协调指导相关零星作业安全生产违法行为的查处工作。

市城市管理、物业管理、教育、卫生、文体旅游等行业监管部门按照各自职责分工，分别负责协调指导零星作业涉及的其他违法行为的查处工作。

第十三条 市其他相关行业主管部门根据"管行业必须管安全、管业务必须管安全、管生产经营必须管安全"的要求，依各自职责分工，从行业规划、产业政策、法规标准、行政许可等方面加强各自行业领域小散工程和零星作业安全生产监督管理工作，指导督促相关企事业单位加强安全管理。

第十四条 区住房建设、交通运输、水务等建设工程主管部门依各自职责分工，分别负责具体协调指导本辖区内相关小散工程安全生产监督管理工作。

区安全监管、公安消防监管等负有安全监管职责的部门，按照各自职责分工，负责具体协调指导相关零星作业安全生产违法行为的查处工作。区城市管理部门负责具体协调指导本辖区零星作业涉及的违反城市管理法律法规行为的查处工作。区物业管理、教育、卫生、文体旅游等监管部门按照各自监管职责分工，分别负责查处街道办事处上报的零星作业涉及的其他违法行为。

区其他相关行业主管部门根据"管行业必须管安全、管业务必须管安全、管生产经营必须管安全"的要求，依各自职责分工履行各自行业领域小散工程和零星作业安全生产监督管理职责。

第十五条 小散工程安全生产的执法查处职责纳入街道综合执法职责范围，由街道综合执法机构根据建设工程安全生产管理方面的法律、法规、规章，对小散工程安全生产违法行为进行查处。

第四章 主体责任

第十六条 建设单位或业主应在小散工程或零星作业开工前，按本暂行办法规定办理安全生产备案手续，依法接受安全生产监督管理及相关的安全指导。

第十七条 小散工程的建设单位应依法履行以下安全生产主体责任：

（一）应当依法将小散工程委托给具备相应资质的生产经营单位进行施工，并与其签订书面合同，明确双方关于安全生产方面的权利义务；

（二）应依法履行安全生产统一协调、管理职责，督促承包小散工程的生产经营单位严格落实小散工程安全生产法律法规和相关技术标准。发现存在安全隐患或安全生产违法违规行为的，应当立即制止；

（三）应将小散工程的备案回执、安全生产承诺书、风险告知书等内容张贴在小散工程所在醒目位置，依法自觉接受、配合有关部门的监督管理，不得拒绝、阻碍有关部门依法依规对施工活动进行监督检查。

支持和鼓励建设单位委托监理单位对小散工程进行工程监理。

第十八条 雇请他人进行零星作业的业主应依法履行以下安全生产主体责任：

（一）对于涉及高处作业（特指专门或经常在坠落高度基准面2米及以上有可能坠落的高处进行的作业）、电工作业、焊接与热切割作业等依法需要取得特种作业操作证的人员实施的零星作业，应督促承揽业务的生产经营单位依法执行；

（二）应督促被委托人和作业人员采取必要的安全措施，确保安全生产；发现存在安全隐患或安全生产违法违规行为的，应当立即制止；

（三）应依法自觉接受、配合监管单位的监督管理，不得拒绝、阻碍监管单位依法依规对作业活动进行监督检查。

第十九条 承接小散工程或零星作业的生产经营单位对小散工程和零星作业负安全生产主体责任，应当严格按照国家法律、法规及相关技术标准、规范开展小散工程和零星作业活动，确保施工或作业安全。

第二十条 承接小散工程或零星作业的生产经营单位应当加强施工或作业活动的安全管理，提升安全管理水平，自觉接受、积极配合监管单位的监督管理，并依法落实以下要求：

（一）施工或作业前，应对施工作业人员进行安全生产作业交底，保证施工作业人员充分了解施工、作业中的安全风险、注意事项、禁止行为和应急措施。属于小散工程的，生产经营单位还应当制定安全可靠的施工作业方案，严格落实各项安全生产措施；

（二）涉及特种作业的，应安排依法取得特种作业操作证人员从事相关特种作业；

（三）配备符合规范标准的安全防护用品和防护装置，督促进入现场及现场作业的人员正确穿戴和坚持使用安全防护用品；

（四）依法严格落实对地铁隧道、油气管线等影响公共安全的公共设施设备的安全保护措施；

（五）保障安全生产经费的投入，使用合格的工具、器材和设备设施；

（六）加强施工或作业现场的安全管理，配备专人负责施工或作业现场安全管理工作，及时排查整改事故隐患，纠正施工作业人员的违法违规行为；

（七）依法为从业人员缴纳工伤保险费。鼓励为从事高处施工或作业等危险作业的从业人员购买意外伤害保险；

（八）其他法律法规规定的要求。

第二十一条 任何单位和个人不得从事违法建设以及生产作业活动。

第五章 纳管工作程序

第二十二条 小散工程和零星作业实行安全生产备案服务制度，由所在街道办事处具体承担备案服务职责。街道办事处可以根据以下情形分别委托辖区社区工作站或物业服务企业代为受理备案：

（一）对于物业管理区域外、没有物业服务企业的物业管理区域内或物业服务企业自行组织实施的小散工程和零星作业，可以委托所在社区工作站代为受理备案并予公告；

（二）对于有物业服务企业的物业管理区域内的小散工程和零星作业，可以通过购买服务等形式委托相关物业服务企业代为受理备案并予公告。

建设单位或业主在开工前，应当按照前款规定到所在街道办事处或其委托的社区工作站、物业服务企业办理安全生产备案手续。上述备案为告知性备案，仅作为安全生产纳管的依据，不作为确认相关工程建设活动或零星作业活动合法性的依据，不视为对违法建设施工或违法生产作业的许可。

第二十三条 各区政府应结合本辖区实际情况，制定有关安全生产备案流程和受理材料清单，并对外公示。其中，零星作业的备案手续应予简化，仅需报备零星作业的时间、地点、雇请单位或人员及其作业内容。

街道办事处或其委托的社区工作站、物业服务企业（以下统称"备案受理单位"）受理安全生产备案申请时，应对建设单位或业主（以下统称"备案申请人"）提交的材料进行形式审查：对符合备案规定的，予以备案；对不符合备案规定的，应当一次性告知予以修改完善，经修改完善符合规定的予以备案。备案的同时，应通过签署安全生产承诺书、发放安全生产指引、风险告知书等方式，督促引导备案申请人按照本暂行办法规定落实安全生产主体责任。

鼓励各区加大对安全生产备案服务制度的配套政策支持力度，在办理备案手续时，一并为备案申请人免费或优惠提供相关安全生产防护工具。

第二十四条 备案受理单位在备案过程中发现以下情形的，分别作相应处理：

（一）属于依法需要取得施工许可或其他许可的，告知备案申请人依法向有关部门申请取得相关许可证后方可开工，并及时上报街道办集中受理平台转区建设工程主管部门组织人员跟进检查，防止未经许可擅自开工；

（二）属于依法依规应予禁止或应当控停的违法建设活动或违法生产作业活动的，依法告知备案申请人不得开工建设和生产作业，并及时上报街道办集中受理平台转街道相关执法机构跟进处理；

（三）属于其他不符合备案规定情形的，依法告知并作出相应处理。

街道办事处委托社区工作站或物业服务企业代为受理备案的，应当加强对其执行前款规定的培训和指导。

第二十五条 日常安全巡查工作按以下分工进行：

（一）街道办事处负责受理备案的小散工程和零星作业，由其自行组织属地网格员或委托的机构开展日常安全巡查工作；

（二）社区工作站代为受理备案的小散工程和零星作业，应当及时报告街道办事处，由街道办事处组织属地网格员或委托的机构开展日常安全巡查工作；

（三）物业服务企业代为受理备案的小散工程和零星作业，所在街道办事处可以委托其组织开展日常安全巡查工作。

第二十六条 网格员、街道办事处委托的机构工作人员或物业服务企业巡查人员（以下统称"巡查人员"）应按照有关检查指引的规定，对巡查发现的问题及时进行处理：

（一）发现未办理安全生产备案手续、擅自进行小散工程建设或零星作业活动的，应立即制止，并督促指导其按规定办理安全生产备案手续，并向本单位报告；对拒不执行的，于当日上报街道相关执法机构依法查处；

（二）发现小散工程和零星作业未按照相关安全技术标准施工、作业，未采取必要安全防护措施的，应立即制止，并督促整改，并向本单位报告；对拒不执行的，于当日上报街道相关执法机构依法查处；

（三）发现有违反土地、规划法律法规的违法建设活动，或应当办理施工许可而未办理施工许可手续、擅自开工建设的违法建设行为的，应立即制止，并上报辖区相关执法部门依法查处。

第二十七条 对于拒不执行制止或整改要求的，按照以下情形分别予以查处：

（一）涉及小散工程的，由巡查人员上报街道综合执法机构依据建设工程安全生产管理方面的法律、法规、规章进行查处；

（二）涉及零星作业安全生产违法行为的，由巡查人员上报街道集中受理平台，再由平台管理部门按执法事权分工转街道安全监管、派出所等负有安全监管职责的机构依据安全生产、消防等法律法规进行查处；

（三）涉及零星作业其他违法行为的，由巡查人员上报街道集中受理平台，再由平台管理部门按执法事权分工转街道城市管理执法机构依据城市管理等法律法规进行查处。超出街道相关执法机构权限的，按执法事权分工上报区物业管理、教育、卫生、文体旅游等部门依据相关法律法规进行查处。

市、区建设工程主管部门应加强对街道综合执法机构的业务培训、指导和监督考核，明确对小散工程安全生产违法行为查处工作的执法指引。市、区安全监管、公安消防监管、城市管理部门应按照职责分工加强对街道相关执法机构的业务培训、指导和监督考核，明确零星作业安全生产违法行为以及其他常见违法行为查处工作的执法指引。

第二十八条　市负有安全监管职责的部门和相关行业主管部门、各区政府、各街道办事处应全面加强小散工程和零星作业安全生产宣传培训教育，提高市民群众安全意识，提升小散工程和零星作业从业人员及业主的安全生产意识和水平。

第二十九条　物业服务企业依法协助有关部门开展以下物业管理区域内小散工程和零星作业安全事故防范工作：

（一）根据所在街道办事处委托，负责物业管理区域内小散工程和零星作业的安全生产备案服务，配合街道办事处及其辖区有关部门开展日常安全巡查工作，并定期将安全生产备案信息以及日常安全巡查信息上报所在街道办事处；

（二）将小散工程或零星作业的有关注意事项、禁止行为、安全生产指引等内容提前告知建设单位或业主；

（三）建立健全日常安全巡查制度，及时组织巡查物业管理区域内小散工程施工和零星作业活动；

（四）配合有关部门、街道办开展物业管理区域内小散工程和零星作业安全生产宣传教育。

第六章　惩处与考核

第三十条　小散工程发生死亡1人以上或重伤3人以上安全事故，或者施工现场存在重大安全隐患未按期整改，或被责令停工拒不停工的，由街道综合执法机构依法查处，并报送区建设工程主管部门依据市有关规定采取公开曝光、约谈、限制或禁止市场准入等惩戒措施。

第三十一条　建设单位以及承接小散工程的生产经营单位是小散工程安全生产的责任主体，业主以及承接零星作业的生产经营单位是零星作业安全生产的责任主体。小散工程或零星作业发生安全事故的，应依法调查处理，依法严肃追究相关责任单位或人员的责任；涉嫌犯罪的，移送司法机关依法追究刑事责任。

第三十二条　存在下列失信行为的，按照《深圳市贯彻落实守信联合激励和失信联合惩戒制度实施方案》（深府〔2017〕57号）等有关规定，纳入全市失信联合惩戒体系，对相关责任单位或个人实施联合惩戒：

（一）未按照相关安全技术标准施工、作业，对较大以上生产安全事故以及造成人员死亡的一般生产安全事故负有责任的；

（二）被责令停止施工或作业，但拒不执行的；

（三）施工或作业活动存在严重安全生产违法行为，危及公共安全的；

（四）其他法律法规规定的失信行为。

第三十三条　市、区有关部门、街道办事处及其工作人员违反相关法律、法规及本规定，不履行或不正确履行小散工程和零星作业安全生产管理职责的，依法依规予以问责处理。具体问责办法由各区政府规定。

第三十四条　小散工程和零星作业安全生产纳管工作情况，纳入市各级年度安全生产责任制考核范围。

第三十五条　鼓励市民群众通过12350热线等渠道积极参与小散工程和零星作业违法违规行

为的监督举报。任何单位或个人都有权检举、控告、投诉小散工程和零星作业中存在的安全事故隐患和相关安全生产违法违规行为。举报事项符合有关奖励办法规定并经核查属实的，按照相关规定发放奖金。

第七章 附　则

第三十六条 本暂行办法所称的建设单位，是指投资进行小散工程的任何单位或者个人；本暂行办法所称的业主，是指投资进行零星作业的任何单位或者个人。

本暂行办法所称的生产经营单位，依法是指从事生产或者经营活动的基本单元，包括企业法人、不具备企业法人资格的合伙组织、个体工商户和自然人等生产经营主体。

第三十七条 各区政府应当在本暂行办法施行后3个月内制定或修订具体的实施细则。

第三十八条 本暂行办法由市住房建设部门会同市安全监管部门负责解释。

第三十九条 本暂行办法自发布之日起施行，有效期3年。

4.6 关于严厉惩处建设工程安全生产违法违规行为的若干措施（试行）的实施细则

（深建规〔2019〕2号）

为深入贯彻执行《关于严厉惩处建设工程安全生产违法违规行为的若干措施（试行）》（深建规〔2017〕11号，以下简称为《若干措施》），增强《若干措施》的可操作性，特制定本实施细则。

一、加大对建设工程违法违规行为的惩治力度

《若干措施》第一条所列"对本市行政区域内发生的建设工程安全生产违法违规行为依法从重从快查处"是指：

（一）涉及行政处罚自由裁量权行使的，按照国家、广东省及我市有关建设工程安全生产法律、法规、规章所设处罚的上限执行；

（二）涉及法定处理期限的，在法定期限内从快处理。

二、公布建设工程安全生产情况

《若干措施》第二条中的"安全问题突出工地"按下列情形进行认定并公布：

（一）施工现场发生事故造成人员死亡的，由市、区建设行政主管部门认定并公布；

（二）被责令停工拒不停工的，由市、区工程质量安全监督机构提请市、区建设行政主管部门认定并公布；

（三）因安全生产问题被国家、省、市、区建设或者应急管理部门列入督办范围的，由市、区建设行政主管部门认定并公布；

（四）其他安全问题突出工地，由市、区建设行政主管部门认定并公布，或者由市、区工程质量安全监督机构提请市、区建设行政主管部门认定并公布。

三、实施建设工程安全生产红、黄色警示制度

（一）红色警示

1. 建设工程发生安全事故造成人员死亡的，或者虽未造成人员死亡但对公共安全构成严重威胁或者社会影响恶劣的，市、区建设行政主管部门应当在发现或收到安全事故或险情通报后立即按照《若干措施》对施工单位及其项目负责人、项目经理等责任人员作出红色警示的决定。

2. 建设工程存在重大安全隐患未按期整改或者被责令停工拒不停工的，市、区建设行政主管部门应当按照《若干措施》立即对施工单位及其项目负责人、项目经理等责任人员作出红色警示的决定。

3. 经事故调查组认定，建设、监理、勘察、设计、材料设备供应商、检验检测等单位对安全事故造成人员死亡负有责任的，市、区建设行政主管部门应当在正式收到经批复的事故调查报告后立即按照《若干措施》对上述责任单位及其项目负责人、项目经理、项目总监理工程师等责任人员作出红色警示的决定。

4. 红色警示决定由市、区工程质量安全监督机构具体实施。

（二）黄色警示

1. 安全生产违法违规行为情节较轻，未达到红色警示标准的，市、区建设行政主管部门可以

根据实际情形（详见附表）对涉事单位及相关责任人员作出黄色警示的决定，警示期限为2个月。市建设行政主管部门可以根据情况适时调整黄色警示的情形。黄色警示信息纳入建筑市场主体诚信管理。

2. 黄色警示决定由市、区工程质量安全监督机构负责具体实施。

（三）同时给予多项红、黄色警示的合并执行

建设工程依法需要同时给予多项红色警示的，市、区建设行政主管部门按规定分别作出警示决定后，按其中最长的红色警示期限执行。

建设工程依法需要同时给予多项黄色警示的，市、区建设行政主管部门按规定分别作出黄色警示决定后，黄色警示期限累计执行。

建设工程依法需要同时给予多项红色警示和黄色警示的，市、区建设行政主管部门分别按前两款规定作出红、黄色警示的决定。

（四）警示期内又被给予警示的合并执行

在红色警示期内，涉事单位又发生安全生产违法违规行为依法需要给予红色警示的，市、区建设行政主管部门按规定给予红色警示。新红色警示与未执行完毕的红色警示合并执行，以二者中截止日期较远的红色警示期限为最终执行的红色警示期限。

在黄色警示期内，涉事单位又发生安全生产违法违规行为依法需要给予黄色警示的，市、区建设行政主管部门按规定给予黄色警示。新黄色警示期限与未执行完毕的黄色警示期限累计计算。

（五）警示信息的录入及生效

市、区工程质量安全监督机构应当在红、黄色警示决定作出的当日将警示内容录入相关信息系统，红、黄色警示信息自录入系统后的次日零时起生效。

（六）依法禁止红色警示对象在本市承接新的业务和投标

1. 公开招标的项目，红色警示在截标前已经生效的，招标人应拒绝红色警示单位或人员参与投标。深圳市建设工程交易服务平台可以通过技术措施对红色警示单位或人员进行锁定。建设、施工、监理单位及其项目负责人、项目经理、总监理工程师等责任人员被红色警示的，在红色警示生效期间，依法不予办理质量安全监督登记手续和施工许可。在红色警示生效前已经签订合同或者取得中标通知书的除外。

2. 建设、施工、监理单位的项目负责人、项目经理、总监理工程师等责任人员在12个月内被2次红色警示的，用人单位必须对红色警示人员进行更换，更换人员的任职条件不得低于原岗位人员要求。

（七）红、黄色警示的申诉处理

被警示单位或个人对红、黄色警示有异议的，可向市、区建设行政主管部门提出申诉：

1. 非因人员伤亡事故被警示的，被警示单位或个人可以自执法文书送达之日起10日内，向下达执法文书的建设行政主管部门提出申诉，逾期视为无异议；

2. 因人员伤亡事故被警示，但事故不被认定为安全生产责任事故或相关部门决定不予立案调查的，被警示单位或个人可以自相关认定或决定作出后10日内，向下达执法文书的建设行政主管部门提出申诉，逾期视为无异议。

建设行政主管部门受理申诉后，由工程质量安全监督机构在5个工作日内予以处理。申诉理

由成立的,依法撤销红、黄色警示,并及时变更系统中的相关记录信息。申诉理由不成立的,工程质量安全监督机构应当向申诉人说明理由。

四、加强行政执法与刑事司法衔接

建设工程发生1人及以上死亡或3人及以上重伤的安全事故,或虽未造成人员伤亡但对公共安全构成严重威胁或者社会影响恶劣的,市、区建设行政主管部门应当按照《关于加强住建行政执法与公安刑事司法衔接的工作意见》(深公法字〔2016〕276号)规定,商请市、区公安部门提前介入,并联合查处。

五、全面实行停工检查、约谈警示、挂牌督办制度

(一)关于停工检查

1. 建设工程发生安全事故的,市、区工程质量安全监督机构应及时下发停工整改通知书。死亡1人的,停工整改期限原则上不少于7天;死亡2人及以上的,停工整改期限原则上不少于15天。停工整改完成后,施工单位应组织安全生产条件评估,满足复工条件的,应向作出停工整改决定的工程质量安全监督机构提交经建设、监理、施工单位共同签署的复工申请,经工程质量安全监督机构复查并下达复工通知书后方可复工。

2. 市、区建设行政主管部门应及时将事故信息包括涉事施工单位信息在门户网站进行公示,市、区工程质量安全监督机构应加强对涉事施工单位在本市参与施工的其他工地的监督执法。涉事施工单位应组织不少于3天的安全生产自查自纠工作,对存在的安全隐患及时整改,直至安全隐患全部予以消除并经建设、监理、施工单位共同签字确认后方可复工。

3. 应急抢险、隐患整改以及为保证安全必须连续实施的作业内容不纳入停工范围。

(二)关于约谈警示

事故工地应当在工地现场召开现场警示会。市、区工程质量安全监督机构应当约谈事故工地的建设、施工、监理单位的安全生产有关责任人。

(三)关于挂牌督办

对事故工地和安全问题突出工地进行挂牌督办。市、区工程质量安全监督机构应当在事故工地门口醒目位置加挂"生产安全事故整治督办工地"牌,在安全问题突出工地门口醒目位置加挂"安全生产综合整治督办工地"牌,挂牌时间不得少于2个月。挂牌期限届满,挂牌工地可向市、区工程质量安全监督机构申请摘牌。

六、强化企业安全生产资质条件核查

施工单位的安全生产条件及资质动态核查由市、区建设行政主管部门或市、区工程质量安全监督机构组织实施。外地企业的安全生产条件或相关资质经核查不符合法律要求的,由市、区建设行政主管部门移送发证机关依法处理。

七、建立政府工程安全生产事故违约金制度

工程安全生产事故违约金的标准结合合同金额和事故等级进行确定,原则上不得低于100万元/人,并由当事人双方在合同中约定。在建项目原施工合同未对生产安全事故违约金进行约定的,在双方协商一致的情况下可以签订补充协议进行约定。

八、加大生产安全事故问责力度

对相关执法人员在涉事工地的履职情况考核工作由市、区建设行政主管部门实施,市、区工程质量安全监督机构应当全力配合,提供有关管理制度以及监督执法记录文书。考核工作应当遵循"尽职照单免责,失职照单追责"的原则。

九、相关术语

(一)《若干措施》所称的重大安全隐患是指,作业现场、设施设备存在不安全因素,或现场作业人员的操作行为不规范,或存在管理缺陷,可能导致较大及以上级别的生产安全事故、造成重大经济损失或恶劣社会影响的安全隐患。

(二)《若干措施》中所称的涉事施工单位一般包括与安全事故相关的施工总承包企业、专业承包企业、劳务分包企业。

(三)除特别注明外,《若干措施》中所称的天数均为自然日。

十、生效时间

本细则自 2019 年 4 月 1 日起实施,有效期与《若干措施》相同。

4.7 深圳经济特区建设项目环境保护条例

（根据2018年12月27日深圳市第六届人民代表大会常务委员会第二十九次会议《关于修改〈深圳经济特区环境保护条例〉等十二项法规的决定》第三次修正）

第一章 总　则

第一条　为了加强建设项目环境保护，控制环境污染，保护生态环境，根据有关法律、行政法规的基本原则，结合深圳经济特区实际，制定本条例。

第二条　深圳经济特区内建设项目环境保护工作，适用本条例。

第三条　建设项目的设立、建设和验收遵循环境优先、污染物排放总量逐步削减、公众参与和监督的原则。

第四条　建设项目应当按照发展循环经济的要求进行规划、设计和施工，节约使用资源，促进废弃物循环利用，防止和减少环境污染。

第五条　市生态环境主管部门依法对建设项目环境保护工作实施监督管理。

区生态环境主管部门依法对本辖区建设项目环境保护工作实施监督管理。

第二章 项目设立

第六条　市发展改革部门应当会同市生态环境、工业和信息化、规划和自然资源等部门，根据国家产业政策和特区环境保护需要，制定并公布建设项目产业导向目录，保障经济社会与环境协调发展。

市生态环境主管部门可以对前款产业导向目录中涉及环境保护的禁止项目和限制项目制定补充目录。

第七条　生态环境主管部门应当制定本行政区域内的污染物排放总量控制计划，实现污染物排放总量逐年减少的目标。

第八条　建设单位应当按照国家和广东省的规定对建设项目进行环境影响评价，并报生态环境主管部门审批或者备案。建设项目环境影响评价文件未依法经审批部门审查或者审查后未予批准的，建设单位不得开工建设。

市、区生态环境主管部门按照审批权限，对可能造成重大环境影响的建设项目，以及涉及饮用水水源保护区、自然保护区等环境敏感区或者需要配套建设污染防治设施的可能造成轻度环境影响的建设项目，依法实施审批。

前款规定以外的其他可能造成轻度环境影响的建设项目，实施告知性备案。

市生态环境主管部门应当根据建设项目可能造成的环境影响程度和环境管理需求，制定本市建设项目环境影响审批管理名录和备案管理名录，并向社会公布。

未纳入本市建设项目环境影响审批管理名录和备案管理名录的，无需实施建设项目环境影响评价审批或者备案。

第九条　市生态环境主管部门应当制定编制建设项目环境影响评价文件的技术规范，依照有关规定送市标准化主管部门发布实施。

建设单位自行或者委托专业机构对其建设项目开展环境影响评价，编制建设项目环境影响报告书、环境影响报告表的，应当遵守国家和地方有关环境影响评价标准、技术规范等规定。

第十条 建设项目环境影响评价应当体现循环经济的要求，对建设项目和相关产品、产业所可能形成的循环产业链进行分析和评价。

建设项目环境影响评价应当对建设项目使用的主要工艺、技术的先进性和材料对环境的影响进行分析和评价，并根据需要提出相应的替代方案或者纾缓措施。

第十一条 建设单位报批建设项目环境影响评价文件时，应当同时向生态环境主管部门提交下列材料：

（一）建设单位设立文件或者身份证明；

（二）房地产证、房屋租赁合同等场地使用证明；

（三）申报材料真实性的书面承诺；

（四）法律、法规规定的其他材料。

第十二条 属于下列项目之一的，建设单位应当组织专家对环境影响评价文件进行技术评估：

（一）依法应当编制建设项目环境影响报告书的项目；

（二）本市首例项目；

（三）在听证、论证过程中意见分歧较大的项目。

第十三条 生态环境主管部门在审批环境影响评价文件时，对环境影响因素多、技术复杂且意见分歧较大的建设项目，可以组织专家进行技术评估。

第十四条 建设项目同时满足下列条件的，生态环境主管部门予以批准：

（一）符合国家、地方环境准入要求；

（二）污染物排放符合总量控制要求；

（三）环境影响评价符合法定程序；

（四）环境影响评价结论可行。

生态环境主管部门不予批准建设项目环境影响评价文件的，应当书面说明理由。

第十五条 超过污染物总量控制指标、生态破坏严重或者尚未完成生态恢复任务的区域，生态环境主管部门应当暂停审批该区域内增加污染物排放总量或者对生态环境有较大影响的建设项目环境影响评价文件。

第十六条 建设单位应当按照废弃物循环利用的原则，制订专门的建筑废弃物回收、利用和处理方案，并在项目开工之前报相关部门备案。

第十七条 任何组织和个人不得将土地、建筑物、构筑物出租或者出借给其他组织和个人用于禁止建设的项目；不得将产生污染的设施转让、出租或者出借给无相应污染防治能力的组织和个人。

第三章 项 目 建 设

第十八条 对环境有影响的项目，建设单位应当按照建设项目环境影响报告书、报告表、审批部门审批决定的要求，配套建设环境保护设施。

本条例所称环境保护设施，包括：

（一）废水、废气、固体废物、粉尘、烟尘、恶臭气体、放射性物质、噪声、振动、电磁辐射等污染的防治设施；

（二）污染物排放计量仪器和监测采样装置；

（三）污染源在线监测装置和污染防治设施运行监控装置；

（四）各类环境保护标识；

（五）环境风险防范和应急设施；

（六）法律、法规规定的其他环境保护装置、设备和设施。

第十九条 要求配套建设污染防治设施的项目，应当配套安装污染防治设施运行监控装置。

产生废水、废气、危险废物等污染物的重点污染源，建设单位应当安装污染源在线监测装置并与生态环境主管部门的传输网络相连接，其监测数据可以作为行政执法的依据。

重点污染源由市生态环境主管部门定期公布。

第二十条 建设单位可以联合其他单位建设污染物集中处理设施，或者将污染物委托具有处理能力的单位处理。

参加污染物集中处理的单位应当签订有关治理合同，明确污染防治责任。未明确污染防治责任的，由环境污染防治保护设施的管理、运营单位承担污染防治责任。

第二十一条 应当编制环境影响报告书的建设项目，实行工程环境监理制度。建设单位应当委托相关专业机构，对项目施工过程中防止和减少环境污染以及生态破坏措施的执行情况进行监督检查，对环境保护设施建设施工进行现场检查。

第四章 项目验收

第二十二条 建设项目主体工程投入生产或者使用前，建设单位应当按照法律、法规规定和环境影响评价文件及其审批意见，组织开展环境保护设施竣工验收；未通过验收的，建设项目的主体工程不得投入生产或者使用。

有下列情形之一的，建设项目不得通过验收：

（一）属于国家或者地方建设项目环评重大变动清单规定情形但是未依法重新报批的；

（二）未按照环境影响评价文件及审批意见落实生态环境保护和环境风险防控设施、措施及要求的；

（三）施工阶段造成重大生态破坏未修复的，或者存在环境安全隐患未整改到位的；

（四）其他不符合法律、法规规定的情形。

建设单位应当在验收通过之日起十五日内向社会公开验收报告。

第二十三条 建设项目所在地生态环境主管部门应当按照一定比例对辖区内建设项目环境保护情况进行随机抽查。

第二十四条 饮用水源保护区、自然保护区、风景名胜区等环境敏感区域的污染源，污染物排放不能稳定达到排放标准或者总量控制指标，没有委托专业机构代为运行环境保护设施或者代为处理污染物的，生态环境主管部门应当责令限期改正；拒不改正的，生态环境主管部门可以直接指定专业机构代为运行或者处理。相关费用由污染物产生单位支付；也可以由生态环境主管部门先行垫付，再由污染物产生单位偿付。

前款污染物排放单位，已经委托专业机构代为运行保护设施或者代为处理污染物，污染物排放不能稳定达到排放标准或者总量控制指标的，按照国家有关规定处理。

第二十五条 造成环境污染或者生态破坏的，生态环境主管部门和其他负有生态环境保护监督管理职责的部门应当责令建设单位消除污染、恢复原状。逾期未完成消除污染、恢复原状的，以及不能及时确认责任单位的，由生态环境主管部门指定其他单位代为履行。

代为履行的费用由污染物产生单位支付；也可以由生态环境主管部门先行垫付，再由污染物产生单位偿付。

第五章 公 众 参 与

第二十六条 公众对建设项目环境保护工作享有知情权、参与权和监督权。

建设单位和生态环境主管部门应当依照有关规定公开建设项目相关信息，认真听取公众意见，接受公众监督。

第二十七条 应当编制环境影响报告书的项目，建设单位应当在确定环境影响评价机构后十个工作日内，向公众公告下列信息：

（一）建设项目的名称及概要；

（二）建设单位的名称和联系方式；

（三）承担评价工作的环境影响评价机构的名称和联系方式；

（四）环境影响评价的工作程序和主要工作内容；

（五）征求公众意见的主要事项和方式。

第二十八条 建设单位或者其委托的环境影响评价机构，可以采取下列一种或者多种方式发布信息：

（一）在建设项目所在地的公共媒体上发布公告；

（二）免费发放包含建设项目有关信息的印刷品；

（三）其他便利公众知晓的信息公告方式。

第二十九条 环境影响评价机构在编写环境影响报告书的过程中，应当采取问卷调查、听证会等形式，公开征求公众意见。

第三十条 建设单位或者其委托的环境影响评价机构，应当认真考虑公众意见，并在环境影响报告书中附具对公众意见采纳或者不采纳的情况说明。

第三十一条 市生态环境主管部门受理环境影响报告书十个工作日内，应当在其工作网站或者以其他便利公众知晓的方式，公告环境影响报告书全文以及公众反映意见的方式和渠道。

第三十二条 生态环境主管部门可以组织专家咨询委员会，对环境影响报告书中有关公众意见采纳情况的说明进行审议，并提出合理建议。

第三十三条 市生态环境主管部门公开有关信息后，对意见分歧较大的建设项目，应当采取调查公众意见、座谈会、听证会等形式进一步征求公众意见。

第三十四条 生态环境主管部门认为必要时，可以对公众意见进行核实。

对公众提出的各种意见，生态环境主管部门应当认真研究，必要时予以说明。

公民、法人或者其他组织认为生态环境主管部门的审批决定侵犯其合法权益的，可以依法申请行政复议或者提起行政诉讼。

第三十五条 本章规定的公告期限不得少于十个工作日。生态环境主管部门公告和征求公众意见的时间不计算在审批时限内。

第六章 法律责任

第三十六条 违反本条例第八条规定，建设项目环境影响报告书、报告表未报生态环境主管部门审查或者经审查后未予批准，擅自开工建设的，由生态环境主管部门责令停止建设，根据违法情节和危害后果，按照以下标准处以罚款，并可以责令恢复原状：

（一）属于应当编制环境影响报告表的建设项目，处五万元以上二十万元以下罚款；

（二）属于应当编制环境影响报告书的建设项目，处二十万元以上一百万元以下罚款。

建设单位未依法备案的，由生态环境主管部门责令限期改正，并处五万元以下罚款。

第三十七条 违反本条例第九条第二款规定，建设单位或者专业机构违反国家和地方有关环境影响评价标准和技术规范等规定，致使其编制的建设项目环境影响报告书、环境影响报告表存在基础资料明显不实，内容存在重大缺陷、遗漏或者虚假，环境影响评价结论不正确或者不合理等严重质量问题的，依照《中华人民共和国环境影响评价法》第三十二条的规定予以处罚。

第三十八条 违反本条例第十七条规定，将土地、建筑物、构筑物出租或者出借给其他组织或者个人用于禁止建设的项目，或者将产生污染的设施转让、出租或者出借给无相应污染防治能力的组织或者个人使用的，由生态环境主管部门责令限期改正；逾期不改正的，并处一万元以上十万元以下罚款。

第三十九条 违反本条例第十八条规定，未按照要求配套建设第二款第二、三、四、五、六项规定的环境保护设施的，处二千元以上二万元以下罚款。

第四十条 违反本条例第十八条规定，建设单位未按照要求配套建设第二款第一项规定的环境保护设施，或者违反本条例第二十二条规定，需要配套建设的环境保护设施未建成、未经验收或者验收不合格，建设项目投入生产或者使用的，由生态环境主管部门责令限期改正，处二十万元以上一百万元以下罚款；逾期不改正的，处一百万元以上二百万元以下罚款，并可以责令恢复原状；对直接负责的主管人员和其他直接责任人员，处五万元以上二十万元以下罚款；造成重大环境污染或者生态破坏的，责令停止生产、使用或者恢复原状，或者报经有批准权的人民政府批准，责令关闭。

违反本条例第二十二条第三款规定，由生态环境主管部门责令限期改正，并处五万元以上二十万元以下罚款。

第四十一条 建设项目产生环境污染，对组织和个人造成损害的，建设单位应当依法承担民事责任。

重大环境污染损害组织或者个人民事权益的，检察机关可以支持受损害的组织或者个人向人民法院提起诉讼。

第七章 附则

第四十二条 对本条例规定的罚款处罚，市生态环境主管部门应当制定具体实施标准；具体实施标准与本条例同时施行。需要修订时，制定机关应当及时修订。

第四十三条 本条例自 2006 年 11 月 1 日起施行。

4.8 深圳市建筑废弃物管理办法

(2020年4月29日深圳市人民政府令第330号发布)

第一章 总 则

第一条 为了加强建筑废弃物管理，推进减排与综合利用，保护和改善生态环境，根据有关法律、法规规定，结合本市实际，制定本办法。

第二条 本办法适用于本市行政区域内建筑废弃物排放、运输、中转、回填、消纳、利用等处置活动及其监督管理。

本办法所称建筑废弃物，是指在新建、改建、扩建和拆除各类建（构）筑物、管网、交通设施以及装修房屋等工程施工活动中产生的各类废弃物，主要分为工程渣土、拆除废弃物、工程泥浆、施工废弃物、装修废弃物五类。

本办法所称建筑废弃物消纳场所，包括建筑废弃物固定消纳场、综合利用厂、临时消纳点、回填工地和水运中转设施。

法律、法规对建筑废弃物另有规定的，从其规定。

第三条 建筑废弃物处置应当遵循"谁产生、谁负责"的原则，并符合减量化、资源化、无害化的要求，依法实施扬尘防治等环境保护措施，防止环境污染。

第四条 市人民政府统筹、协调、指导全市建筑废弃物管理工作，制定全市建筑废弃物处置目标，并组织开展评价和考核。

区人民政府（含新区管委会，下同）负责制定辖区内建筑废弃物处置目标，落实建筑废弃物排放、运输、消纳等监管措施，统筹、协调、决策建筑废弃物管理工作中的重大、疑难问题。

第五条 市建设行政主管部门是建筑废弃物管理的主管部门，负责统筹建筑废弃物排放和消纳管理工作。

建设行政主管部门（以下简称建设主管部门）负责审批本部门监管的建设工程建筑废弃物排放核准，依法追究建设、施工等相关单位违法处置建筑废弃物行为的法律责任，监管工程施工现场并督促施工单位文明施工；会同规划和自然资源及相关部门制定消纳场所（临时消纳点、回填工地、水运中转设施除外）规划，负责对消纳场所消纳建筑废弃物、遵守联单制度等运营及管理情况进行监管。

第六条 交通运输管理部门（以下简称交通运输部门）负责审批本部门监管的建设工程建筑废弃物排放核准，监管工程施工现场并督促施工单位文明施工，负责对建筑废弃物运输单位及其运输车辆实行备案管理，对建筑废弃物运输单位及其运输车辆的道路运输违法行为和交通工程违法处置建筑废弃物的行为进行监管。

第七条 水务管理部门（以下简称水务部门）负责审批本部门监管的建设工程建筑废弃物排放核准，监管工程施工现场并督促施工单位文明施工，对在供排水设施、河道、水库、沟渠等管理范围内非法倾倒建筑废弃物和水务工程违法处置建筑废弃物的行为进行监管。

第八条 规划和自然资源行政主管部门（以下简称规划和自然资源部门）负责将建筑废弃物

消纳场所规划纳入国土空间规划并优先保障项目用地，对固定消纳场建设项目依法进行审批，优化建设项目规划设计，促进建筑废弃物减量排放。

第九条 城市管理和综合执法管理部门（以下简称城管和综合执法部门）负责对建筑废弃物处置过程中沿途撒漏、非法倾倒等污染市容环境卫生的行为和绿地、林地及所属公园范围内乱倒建筑废弃物的行为依法进行查处，对纳入城市管理综合执法的建筑废弃物执法事项开展执法活动。

第十条 公安机关交通管理部门（以下简称公安交警部门）负责对建筑废弃物运输车辆行驶禁行路段核发道路通行证，对建筑废弃物运输车辆在道路上的交通违法行为依法进行查处。

生态环境管理部门（以下简称生态环境部门）负责建筑废弃物环境污染防治的监督管理，会同有关部门对向饮用水源水体非法倾倒建筑废弃物的行为依法进行查处。

发展改革、财政、市场监管、工信、应急管理、海洋、土地监察等管理部门按照各自职责实施本办法。

第十一条 市建设主管部门应当会同市规划和自然资源、交通运输、水务、公安交警、城管和综合执法、生态环境等部门和各区人民政府建立建筑废弃物管理综合信息平台（以下简称信息平台）及相关管理制度。

市建设主管部门通过信息平台统筹开展建筑废弃物排放、运输、消纳管理工作，相关部门应当将建筑废弃物排放、运输、消纳等相关事项的审批、备案和处罚等监管信息录入信息平台，并将监管中发现的其他违法行为通知其主管部门进行查处，实现管理信息互联互通、即时共享。

第十二条 建筑废弃物处置实行电子联单管理制度。建筑废弃物排放核准或者综合利用厂排放备案信息录入信息平台后生成电子项目档案，在档案编号下依次排序生成电子联单编号。

单位使用其他车辆运输支撑梁等形状结构特殊的建筑废弃物以及工地间回用的工程泥浆等特殊建筑废弃物（以下简称特殊建筑废弃物）的，实行纸质联单管理。纸质联单格式由市建设主管部门统一制作。

联单应当附注排放单位、运输单位及运输车辆、车辆出场载重、行驶路线、消纳场所等必要管理信息，自运输车辆离开施工现场或者综合利用厂时开始运转，到达预定消纳场所时结束。施工单位、运输特殊建筑废弃物的运输单位和消纳场所应当分别指定监管员、驾驶员或者其他人员在各自负责环节进行联单信息核对、确认，各联单确认人是联单管理的直接责任人。

建设、交通运输、水务等部门通过信息平台对电子联单执行情况进行监管，依法查处违反联单管理制度的行为。

第二章 排 放 管 理

第十三条 新建、改建、扩建工程实行建筑废弃物排放限额制度，市建设主管部门负责制定建设工程建筑废弃物排放限额技术规范。

第十四条 建设、施工单位应当在工程招标文件、承发包合同、施工组织设计和设计合同中，明确施工现场建筑废弃物减量排放的要求和措施，明确施工单位在施工现场建筑废弃物规范排放、分类处理、禁止混合排放等方面的要求和措施，以及建筑废弃物综合利用产品的相关使用要求，并在合同中明确相应违约责任。

设计单位出具的施工图设计文件应当包含优化规划、项目范围内竖向标高和建设工程土方平衡设计、建筑废弃物减排设计等内容，落实建筑废弃物排放限额技术规范的要求。建设、交通运输、水务部门按照职责分工在施工图设计文件抽查工作中进行核查。

监理单位应当将前款规定的相关要求和措施纳入监理范围。

第十五条 新建、改建、扩建工程和拆除、装修工程，施工单位应当按照本市建筑废弃物减排与利用法规规章以及技术规范的要求，编制建筑废弃物排放处置计划。

建筑废弃物排放处置计划包括建设工程基本信息、建筑废弃物的种类和数量、建筑废弃物控制计划和减量措施、现场分类和综合利用方案、污染防治措施等内容。

第十六条 新建、改建、扩建工程和拆除、装修工程向施工场地外排放建筑废弃物的，施工单位应当在排放前按照部门职责分工分别向建设、交通运输、水务部门申请建筑废弃物排放核准。

施工单位申请建筑废弃物排放核准的，应当提交下列材料：

（一）规划和自然资源、建设、交通运输、水务等部门核发的土地使用、场地平整、建（构）筑物拆除、装修、建筑施工或者道路开挖的文件；

（二）建筑废弃物排放处置计划；

（三）与按照本办法规定备案的运输单位签订的运输合同，合同应当明确运输单位所属承运车辆的数量以及车牌号码等信息；需排放特殊建筑废弃物的，提交与其他运输单位签订的运输合同，合同中应当明确特殊建筑废弃物种类、数量以及承运车辆车型、数量、车牌号码等信息；

（四）消纳场所同意消纳的证明材料，但有本办法第四十二条、第四十三条规定情形的消纳场所开具的证明材料除外。

除第二款规定外，拆除工程施工单位还需提交按照本办法规定备案的建筑废弃物综合利用厂经营管理单位（以下简称综合利用企业）进行建筑废弃物综合利用的材料。

建设、交通运输、水务部门可以通过数据共享、网络信息核验等方式获取第二款规定材料的，施工单位通过签字、盖章等方式确认相关信息后，无需重复提交材料。

第十七条 建设、交通运输、水务部门应当自受理排放核准申请之日起十五个工作日内做出是否核准的决定。予以核准的，发放核准文件，并向排放特殊建筑废弃物的施工单位核发纸质联单格式文本；不予核准的，应当书面告知申请人理由。核准文件应当载明建筑废弃物种类及数量、运输单位及车辆号牌和消纳场所等信息。

施工单位应当按照核准文件处置建筑废弃物，并根据实际需要自行印制纸质联单。核准文件信息发生变更的，应当持相关材料办理变更手续，经核准部门核准后方可实施。

禁止涂改、倒卖、出租、出借或者以其他形式非法转让建筑废弃物排放核准文件。

第十八条 新建、改建、扩建工程和装修工程的施工单位应当按照下列规定，执行施工现场分类排放管理工作：

（一）施工全过程按照建筑废弃物排放处置计划中的现场分类方案，分类收集、运输工程渣土、工程泥浆、施工废弃物和装修废弃物，并建立分类排放管理台账；

（二）对工程泥浆实施浆水分离，进行现场沉淀、脱水干化处理；

（三）不能及时回填或者清运建筑废弃物的，应当落实防尘、防渗、防滑坡等措施。

施工单位进行管线铺设、道路开挖、管道清污、绿化等工程的，应当设置围栏，隔离作业，采取有效保洁措施，施工完毕四十八小时内应当清理遗留的建筑废弃物并运至消纳场所。

第十九条 拆除工程的施工单位应当按照下列规定，执行施工现场分类排放管理工作：

（一）施工全过程按照建筑废弃物排放处置计划分类收集、运输拆除废弃物，并建立分类排放管理台账；

（二）按照建筑废弃物排放处置计划落实综合利用措施；

（三）不能及时清运建筑废弃物的，应当采取防尘、防滑坡等措施。

第二十条 可综合利用的建筑废弃物，施工单位应当交由符合规定的综合利用企业处置。

具备现场综合利用条件的建设工程，应当进行建筑废弃物现场综合利用。综合利用企业开始现场综合利用建筑废弃物前，应当将建设单位同意开展现场移动处理的文件、现场移动处理生产设备数量型号及工艺等信息报送工程所在区的建设主管部门；综合利用企业应当将现场移动处理建筑废弃物的数量、类型、产出及产品流向等信息定期报送区建设主管部门。

第二十一条 综合利用企业排放无法再利用的建筑废弃物的，应当在排放建筑废弃物前持与按照本办法规定备案的运输单位签订的运输合同以及消纳场所同意消纳的文件等材料，向区建设主管部门申请排放备案。

符合备案要求的，区建设主管部门应当在十个工作日内发放备案文件；不符合备案要求的，区建设主管部门应当一次性告知需要补齐或者修正的材料。综合利用企业排放备案文件应当载明建筑废弃物种类及数量、运输单位及车辆号牌和消纳场所等信息。

备案文件中的信息发生变更的，综合利用企业应当自变更之日起十五日内办理变更备案。

第二十二条 施工单位、综合利用企业应当采取下列措施加强施工现场或者厂区周边和出入口的环境卫生管理：

（一）工地或者厂区出入口内侧应当进行硬化处理；

（二）设置冲水槽，配备高压冲洗设备并对驶离场（厂）地的车辆进行冲洗、查验，不得允许车身不整洁、车轮带泥或者车厢外挂泥、超限超载的车辆出场；确因现场条件限制不能按照标准设置冲水槽的，应当向工程监管部门提供情况说明及解决方案；

（三）设置排水和沉淀设施，防止泥浆、污水、废水外流，泥浆、污水、废水经处理达标后方能排入市政排水管道；

（四）工程泥浆和含水率超过百分之四十的工程渣土应当沉淀、晾干或者采取固化措施后方可运送至指定消纳场所，不得允许未经沉淀、脱水干化处理的上述建筑废弃物运出场（厂）地，工地间回用的工程泥浆除外。

施工单位、综合利用企业应当在工地或者厂区出入口配置视频监控系统、车辆自动识别系统，对建筑废弃物运输车辆出入情况进行实时监控，视频影像资料保存三个月。

第二十三条 施工单位、综合利用企业应当设置监管员对施工作业现场的建筑废弃物分类排放管理、车辆规范出场、车辆是否超限超载等进行管理，核对并确认电子联单信息。

使用纸质联单进行管理的，施工单位应当在建筑废弃物运出工地前如实填写联单内容，经监管员签字确认后交由运输单位随车携带，并在纸质联单运转结束后留存一联联单备查。

联单信息未经监管员确认的，建筑废弃物不得运出场（厂）地。

第三章 运输管理

第二十四条 个人不得从事建筑废弃物运输经营业务。单位从事建筑废弃物运输的，应当符合下列要求，并向交通运输部门备案：

（一）取得《道路运输经营许可证》；

（二）运输车辆取得《机动车辆行驶证》《道路运输证》和车辆检测合格证明，并符合本市建筑废弃物运输车辆技术规范及管理要求；

（三）运输车辆驾驶员数量与运输车辆数量相适应，并通过有关部门组织的交通安全培训；

（四）运输车辆驾驶员具有三年以上驾驶大型车辆的经历，无承担全部或者主要责任的致人死亡的道路交通事故记录；

（五）具备健全的企业管理制度，并得到有效执行。

符合备案要求的，交通运输部门应当在十五个工作日内发放备案文件；不符合备案要求的，应当一次性告知需要补齐或者修正的材料。交通运输部门应当通过信息系统及时推送、公示运输企业车辆以及驾驶员信息。

备案文件中的信息发生变更的，运输单位应当自变更之日起十五日内办理变更备案。

运输单位使用其他车辆运输特殊建筑废弃物的，无需备案。

运输单位、车辆和驾驶员的具体备案规定由市交通运输部门另行制定。

第二十五条 市交通运输部门会同市建设主管部门制定建筑废弃物运输车辆技术规范，按照规定报经批准后施行。

第二十六条 运输单位应当持建筑废弃物排放核准或者备案文件向市公安交警部门申请核定建筑废弃物运输路线，市公安交警部门根据道路交通流量、交通管理工作需要、企业交通安全管理等级以及生态环境部门提供的环境噪声污染防治信息等，在受理申请材料后七个工作日内予以核定。

市公安交警部门会同市建设、城管和综合执法、生态环境等有关部门确定并公布建筑废弃物运输车辆通行时间。

第二十七条 运输单位在运输建筑废弃物时应当符合以下规定：

（一）在道路行驶的运输车辆应当保持整洁，禁止车轮带泥、车厢外挂泥，不得沿途泄漏、遗撒；

（二）运输车辆按照规定的时间、路线行驶，不得超高超载超速；

（三）随车携带相关运输证照；

（四）建筑废弃物应当运输至联单记载的消纳场所；

（五）进入消纳场所后应当服从场内人员的指挥进行倾倒；

（六）运输特殊建筑废弃物的驾驶员应当核对确认联单信息；纸质联单经消纳场所签字确认后，自行留存一联联单备查，并将一联联单交还给施工单位，剩余联单移交给消纳场所；

（七）法律、法规、规章规定的其他要求。

第二十八条 建筑废弃物的水上运输单位应当遵守水上运输的相关规定。

建筑废弃物运输船舶应当符合载运技术条件，具备开体功能的船舶不得参与运输。运输船舶应当到具备合法手续的建筑废弃物倾倒区或者消纳点卸载，不得沿途泄漏、遗撒、倾倒建筑废弃物。

第二十九条 市交通运输部门应当定期向社会发布建筑废弃物运输经营者数量、运力规模、从业人员数量等市场状况，引导建筑废弃物运输市场健康发展。

建筑废弃物运输市场供给出现明显过剩时,市交通运输部门可以综合平衡全市建筑废弃物排放需求、道路交通安全管理形势等因素,对经营者和运力采取临时性调控措施。

第四章 消纳管理

第三十条 市建设主管部门应当会同市规划和自然资源部门编制建筑废弃物消纳场所专项规划,并按照法定程序报市人民政府批准。经规划确定的消纳场所用地,未经法定程序,不得改变用途。

区人民政府应当按照消纳场所专项规划编制所辖区域内消纳场所建设计划,并负责组织实施。

第三十一条 在城市规划建设用地范围内新建建筑废弃物固定消纳场的,按照建设项目管理模式审批监管。

规划建设用地范围外的场所用于消纳建筑废弃物的,由发展改革、规划和自然资源、水务、建设等部门按照职责分工负责审批管理,并纳入建设工程管理范畴;具体规定由市规划和自然资源部门会同市建设主管部门另行制定。

下列区域不得作为建筑废弃物固定消纳场的选址地:

(一)饮用水水源保护区;
(二)地下水集中供水水源地及补给区;
(三)洪泛区、泄洪道及其周边区域;
(四)活动的坍塌地带,尚未开采的地下蕴矿区、灰岩坑及溶岩洞区;
(五)其他依法不能设置固定消纳场的区域。

第三十二条 建筑废弃物固定消纳场建设,应当符合固定消纳场建设技术规范及相关规定。

固定消纳场建设单位应当建立安全监测预警系统,监测数据应当上传至信息平台。

第三十三条 单位或者个人不得占用、闲置建筑废弃物固定消纳场,不得擅自关闭建筑废弃物固定消纳场或者改变用途。

因达到设计堆填高度和容量等原因无法继续消纳需要关闭的,建筑废弃物固定消纳场建设单位应当在封场停止消纳三十日前报建设主管部门,经建设主管部门核实后向社会公布。

固定消纳场被列入封场名单的,建设单位应当组织开展安全稳定性评估,对堆体、挡土坝进行整体稳定性勘察及评价,按照专项设计实施封场复绿、复垦或者平整,并依法组织工程竣工验收。

第三十四条 建筑废弃物固定消纳场竣工验收后,建设单位应当委托第三方监测机构继续开展监测工作。监测确认固定消纳场已符合相关技术规范中安全稳定性要求的,由建设单位移交原土地权属单位管理。

第三十五条 综合利用企业消纳建筑废弃物前,应当持下列材料向区建设主管部门备案:

(一)土地使用文件;
(二)生态环境部门的批准文件;
(三)具有建筑废弃物分类利用的方案和生产工艺,配备与企业经营规模相适应的密闭化生产、消防、污染防治等设施设备的相关材料;
(四)厂区出入口路面实行硬底化、设置车辆自动识别系统的相关材料;

（五）建筑废弃物消纳量及消纳周期核算的相关材料；

（六）健全的企业运营、安全、卫生、质量管理制度材料；

（七）法律、法规、规章规定的其他材料。

符合备案要求的，区建设主管部门应当在十个工作日内发放备案文件；不符合备案要求的，区建设主管部门应当一次性告知需要补齐或者修正的材料。备案文件应当载明消纳建筑废弃物种类及年设计处理能力等信息。

备案文件中的信息发生变更的，综合利用企业应当自变更之日起十五日内持相关材料办理变更备案。

第三十六条 综合利用企业从事生产经营活动应当遵守下列规定：

（一）使用合格的计量器具，建立规范完整的生产台账，并定期将生产台账报送区建设主管部门；

（二）建立生产质量管理体系，综合利用产品应当符合产品质量标准，不得以其他原料代替建筑废弃物作为产品主要原料，不得采用列入淘汰名录的技术、工艺和设备生产建筑废弃物综合利用产品；

（三）法律、法规、规章规定的其他要求。

前款所称的生产台账，应当包括建筑废弃物来源、数量、类型、综合利用处理工艺、产出及产品流向等信息。

第三十七条 建设主管部门会同财政、发展改革等部门制定优惠政策，在财政补贴、用地安排、租金减免、政府采购等方面扶持和发展建筑废弃物减排和综合利用项目，鼓励新技术、新工艺、新材料、新设备的研究、开发和使用。

综合利用企业依法享受税费、信贷等方面的优惠和资金支持。

第三十八条 建筑废弃物综合利用产品实行产品认定制度。综合利用产品的生产和使用经第三方机构认定符合产品质量标准、应用技术规程等规定的，由市建设主管部门按照规定列入综合利用产品目录，并向社会公布。

第三十九条 市建设主管部门应当编制综合利用产品及适用部位目录。在技术指标符合设计要求及满足使用功能的前提下，政府投资工程的施工图设计文件应当体现综合利用产品及适用部位的内容并在工程中使用综合利用产品。鼓励社会投资工程按照目录优先使用综合利用产品。

第四十条 临时消纳点、回填工地和水运中转设施消纳建筑废弃物的，管理单位应当持下列文件向区建设主管部门备案：

（一）临时消纳点具有市、区人民政府或者相关部门核发的批准文件；回填工地具有建设、交通运输、水务部门核发的施工许可文件；水运中转设施具有交通运输部门或者区人民政府同意运营的文件以及异地合法消纳场所同意消纳的证明材料；

（二）场区出入口设置车辆自动识别系统的相关材料；

（三）场区按照规定配备摊铺、碾压、除尘、降噪等机械和设施，场区出入口路面实行硬底化、采取冲洗保洁措施，有健全的环境卫生和安全管理制度的相关材料；

（四）建筑废弃物消纳量及消纳周期核算的相关材料。

符合备案要求的，区建设主管部门应当在十个工作日内发放备案文件；不符合备案要求的，区建设主管部门应当一次性告知需要补齐或者修正的材料。临时消纳点、回填工地备案文件应当载明消纳种类和设计消纳量等信息，水运中转设施备案文件应当载明消纳种类、年设计运转能力和异地消纳场所等信息。

备案文件中的信息发生变更的，管理单位应当自变更之日起十五日内办理变更备案。

第四十一条 消纳场所应当遵守下列规定：

（一）按照联单信息核对确认建筑废弃物来源、种类和数量等信息无误后方可消纳建筑废弃物；纸质联单经签字确认后，消纳场所自行留存一联联单备查，并将剩余联单于每月月底前报区建设主管部门；

（二）未经批准不得消纳城市生活垃圾、危险废物、污泥、淤泥或者其他工业垃圾，固定消纳场不得消纳含水率高于百分之四十的工程渣土以及其他不符合设计要求的建筑废弃物；

（三）采取建筑废弃物分类措施，不得超高超量堆放；

（四）建立规范完整的建筑废弃物消纳台账，并定期向区建设主管部门报送；

（五）向社会公开主要污染物排放数据、环境监测数据等，接受监督；

（六）不得涂改、倒卖、出租、出借或者以其他形式非法转让备案文件；

（七）法律、法规、规章规定的其他要求。

第四十二条 市建设主管部门应当将消纳场所遵守安全生产、环境保护、质量管理、消纳规范等规定的情况纳入诚信综合评价体系进行管理。诚信评价不达标的，在规定期限内不得消纳建筑废弃物。

第四十三条 消纳场所有下列情形之一的，不得消纳建筑废弃物：

（一）达到设计堆填高度和容量的；

（二）以隐瞒真实情况、提供虚假证明等不正当手段，取得消纳备案文件的；

（三）涂改、倒卖、出租、出借或者以其他形式非法转让消纳备案文件的。

第五章 监督管理

第四十四条 建设、交通运输、水务、公安交警、城管和综合执法、生态环境等部门应当依据各自职责通过资料核查、现场检查等方式对建筑废弃物管理进行监督检查。

第四十五条 单位或者个人不得将生活垃圾、危险废物和建筑废弃物混合排放和回填。

单位或者个人不得在公共场所及其他非指定的场地消纳、倾倒、抛洒、堆放或者填埋建筑废弃物。

第四十六条 市交通运输、建设、水务部门按照各自职责组织建立健全建筑废弃物运输、建筑业企业和消纳场所的诚信综合评价体系。

相关单位违反本办法规定受到行政处罚的，市建设、交通运输、水务等部门应当作不良行为记录，并将记录纳入企业诚信综合评价体系同时上传至市公共信用信息服务平台。

第四十七条 建设、交通运输、水务、公安交警、城管和综合执法、生态环境等部门应当建立建筑废弃物处置信息公开制度，依法向社会公布建筑废弃物分类、排放、运输、综合利用、消纳、污染物排放监测等信息。

第四十八条 建设、施工、运输、市容环卫、综合利用等相关行业协会应当制定行业自律规范，督促会员单位加强建筑废弃物处置活动的管理；对违反自律规范的会员单位采取相应的自律惩戒措施。

第四十九条 单位或者个人可以通过市政府统一设立的举报热线对建筑废弃物处置违法活动进行举报和投诉。相关行政主管部门应当按照职责分工及时调查、处理，并在规定时间内将处理结果告知举报人或者投诉人。

第六章 法律责任

第五十条 施工单位违反本办法规定，有下列行为之一的，由建设、交通运输、水务部门按照职责分工予以处罚：

（一）违反本办法第十六条第一款规定，未经核准向施工场地外排放建筑废弃物的，责令停止违法行为，处十万元罚款；

（二）违反本办法第十七条第二款规定，未按照核准的内容处置建筑废弃物的，责令改正，处十万元罚款；违反本办法第十七条第三款规定的，责令改正，处三万元以上五万元以下罚款；

（三）违反本办法第十八条、第十九条规定，未按照规定执行施工现场分类排放管理工作的，责令限期改正；逾期未改正的，处三万元罚款；法律、法规另有规定的，从其规定；

（四）违反本办法第二十条第一款规定，未将可综合利用的建筑废弃物交由符合规定的综合利用企业进行利用的，责令限期改正；逾期未改正的，处五千元以上三万元以下罚款。

第五十一条 综合利用企业违反本办法规定，有下列行为之一的，按照下列规定予以处罚：

（一）违反本办法第二十一条第一款规定，未按照规定办理建筑废弃物排放备案的，由区建设主管部门责令改正，处三万元罚款；违反本办法第二十一条第三款规定，未按照规定办理变更备案的，由区建设主管部门责令改正，处两万元罚款；

（二）违反本办法第三十五条第一款规定，未按照规定办理建筑废弃物消纳备案的，由区建设主管部门责令改正，处三万元罚款；违反本办法第三十五条第三款规定，未按照规定办理变更备案的，由区建设主管部门责令改正，处两万元罚款；

（三）违反本办法第三十六条第一款第一项规定的，由区建设主管部门责令限期改正；逾期未改正的，处五千元以上两万元以下罚款；违反第一款第二项规定，采用列入淘汰名录的技术、工艺和设备生产建筑废弃物综合利用产品的，由相关管理部门依法处理；以其他原料作为主要原料替代建筑废弃物生产建筑废弃物综合利用产品的，由区建设主管部门责令限期改正，依法没收违法所得；逾期未改正的，处五万元以上十万元以下罚款；

（四）违反本办法第三十八条规定，以隐瞒真实情况、提供虚假证明等不正当手段，获得综合利用产品认定的，由市建设主管部门处五千元以上五万元以下罚款，认定产品自综合利用产品目录中移除。

第五十二条 施工单位、综合利用企业违反本办法规定，有下列行为之一的，由建设、交通运输、水务部门按照职责分工予以处罚：

（一）违反本办法第二十二条规定的，责令限期改正；逾期未改正的，处三万元罚款；法律、法规和规章对超限超载违法行为处罚另有规定的，从其规定；

（二）违反本办法第二十三条规定，未设置监管员对施工作业现场的建筑废弃物分类排放管理、车辆规范出场、车辆是否超限超载等进行监管的，责令改正，处三万元罚款；监管员未核对并确认电子联单信息的，责令改正，按照每次每车处五百元罚款；法律、法规和规章对超限超载违法行为处罚另有规定的，从其规定。

第五十三条 违反本办法第二十四条第一款规定,个人从事建筑废弃物运输经营业务的,由交通运输部门责令改正,依法没收违法所得,并处违法所得十倍的罚款;没有违法所得或者违法所得不足两万元的,处三万元以上十万元以下罚款。

第五十四条 建筑废弃物运输单位违反本办法规定,有下列行为之一的,按照下列规定予以处罚:

(一)违反本办法第二十四条第一款规定,未按照规定办理运输备案的,由交通运输部门责令改正,处三万元罚款;违反本办法第二十四条第三款规定,未按照规定办理变更备案的,由交通运输部门责令改正,处两万元罚款;

(二)违反本办法第二十七条第一项规定,建筑废弃物运输车辆车身不整洁,车轮带泥、车厢外挂泥的,由城管和综合执法部门责令改正,按照每次每车处五千元罚款;沿途泄漏、遗撒建筑废弃物污染道路的,由城管和综合执法部门、交通运输部门按照职责分工依法予以处罚;违反第二项、第三项规定的,由公安交警部门、交通运输部门按照相关规定予以处罚;违反第四项规定的,由建设、交通运输、水务部门按照职责分工按每次每车处五百元罚款;违反第五项规定的,由区建设主管部门责令改正,按每次每车处五千元罚款;违反第六项规定的,由交通运输部门按每次每车处五百元罚款;

(三)违反本办法第二十八条规定,使用开体功能或者不符合载运技术条件的船舶运输建筑废弃物的,由海事管理机构按每次每船处五万元罚款;沿途泄漏、遗撒,向水域非法倾倒建筑废弃物的,由海洋管理部门依法处理。

第五十五条 建筑废弃物固定消纳场的建设单位违反本办法规定,有下列行为之一的,按照下列规定予以处罚:

(一)违反本办法第三十一条规定,未经审批建设建筑废弃物固定消纳场的,由相关职能部门依法处理;

(二)违反本办法第三十二条规定的,由区建设主管部门责令限期改正;逾期未改正的,处一万元以上五万元以下罚款;法律、法规另有规定的,从其规定。

第五十六条 违反本办法第三十三条第一款规定,单位或者个人占用、闲置建筑废弃物固定消纳场或者擅自改变建筑废弃物固定消纳场用途的,由区建设主管部门责令改正,对单位处十万元罚款,对个人处一千元罚款;擅自关闭建筑废弃物固定消纳场的,由区建设主管部门责令改正,对单位处五千元以上五万元以下罚款。

第五十七条 违反本办法第四十条第一款规定,临时消纳点、回填工地和水运中转设施的管理单位未按照规定办理建筑废弃物消纳备案的,由区建设主管部门责令改正,处三万元罚款;违反本办法第四十条第三款规定,未按照规定办理变更备案的,由区建设主管部门责令改正,处两万元罚款。

第五十八条 消纳场所违反本办法规定,有下列行为之一的,由区建设主管部门按照下列规定予以处罚:

(一)违反本办法第四十一条第一项规定的,责令改正,按每次每车处五百元罚款;违反第二项规定的,责令停止违法行为,限期清理,按消纳其他废弃物每立方米处五十元罚款,罚款总额最高不超过十万元;违反第三项规定的,责令改正,处三万元以上五万元以下罚款;违反第四项、第五项规定的,责令限期改正;逾期未改正的,处三万元以上五万元以下罚款;违反第六项规定的,责令改正，处三万元罚款；

（二）违反本办法第四十二条、第四十三条规定，有限制、禁止消纳情形仍继续消纳建筑废弃物的，责令改正，消除安全隐患，处十万元罚款。

第五十九条 违反本办法第四十五条第一款规定，单位或者个人将生活垃圾、危险废物和建筑废弃物混合排放和回填的，由相关管理部门责令改正，对单位处三千元罚款，对个人处两百元罚款。

违反本办法第四十五条第二款规定，单位或者个人在道路、政府储备建设用地、水源保护区、供排水设施、河道、水库、沟渠、山地、林地、菜地、农田、公园、绿地、海域等公共场所或者其他非指定的场地消纳、倾倒、抛洒、堆放或者填埋建筑废弃物的，由相关管理部门责令其限期清理，对单位处十万元罚款，对个人处一千元罚款；法律、法规另有规定的，从其规定。

无法查明违法处置建筑废弃物行为人的，由被倾倒、抛洒、堆放或者填埋场所的产权单位或者管理单位负责组织清理，清理费用可以在明确违法行为人后追偿。

相关管理部门作为被倾倒、抛洒、堆放或者填埋场所的产权单位或者管理单位的，组织清理前应当制定处理方案，向市、区财政申请费用。

第六十条 规划和自然资源、建设、交通运输、公安交警、城管和综合执法、水务、生态环境等部门及其工作人员在监管过程中不履行职责或者不正确履行职责的，依法追究行政责任；涉嫌犯罪的，依法移送司法机关处理。

第七章 附 则

第六十一条 家庭或者门店内部装饰装修、修缮维护等依法不需要办理施工许可的装修活动产生的装修废弃物，由业主或者物业服务单位按照要求进行分类、收集，无需申请建筑废弃物排放核准。无污染的废弃砖渣、混凝土、陶瓷等建筑废弃物，可以运送至消纳场所处理。

生活垃圾处理厂、危险废物处理设施应当接收消纳场所分选产生的零星生活垃圾、危险废物。

法律、法规对家庭、门店装修废弃物等另有规定的，从其规定。

第六十二条 本办法所称"以上"、"以下"，均包含本数。

依照本办法规定对违法行为处罚计算罚款时，违法排放、造成污染、消纳的建筑废弃物以及违法消纳的其他废弃物不足一平（立）方米的，按一平（立）方米计算。

违法单位或者个人对建筑废弃物排放量测量、核定有异议的，可依法向查处部门提请复核，由查处部门委托有资质的第三方检测机构进行检测。

第六十三条 本办法下列用语的含义是：

（一）临时消纳点，是指依法不需要办理施工许可的生态修复、土地整理、园林绿化，基本农田和集体用地改造，报废水库、报废鱼塘、报废石场和废弃河道治理等建设活动而消纳建筑废弃物的场所。

（二）水运中转设施，是指通过水运中转建筑废弃物至异地处置的设施，包括码头、临时装船点。

（三）工程渣土，是指地下空间开挖、场地平整等施工过程中产生的弃渣、弃土。

（四）拆除废弃物，是指拆除各类建（构）筑物、管网等产生的废弃混凝土、砖瓦、沥青等。

（五）工程泥浆，是指钻孔桩基施工、地下连续墙施工、盾构施工、水平定向钻及泥水顶管等施工产生的泥浆。

（六）施工废弃物，是指新建、改建、扩建各类建（构）筑物、管网等工程产生的混凝土、砖瓦、陶瓷、木材、玻璃、金属、沥青以及塑料等轻物质。

（七）装修废弃物，是指房屋装修过程中产生的混凝土、砖瓦、陶瓷、木材、玻璃、金属、沥青以及塑料等轻物质。

第六十四条 本办法自 2020 年 7 月 1 日起施行。2013 年 11 月 29 日深圳市人民政府令第 260 号发布施行的《深圳市建筑废弃物运输和处置管理办法》同时废止。

4.9 关于加强建设工程安全文明施工标准化管理的若干规定

(深建规〔2018〕5号)

第一章 总 则

第一条 为贯彻"创新、协调、绿色、开放、共享"五大发展理念,进一步提升我市建设工程安全文明施工标准,打造与现代化国际化创新型城市相匹配的建设工地,根据《中华人民共和国安全生产法》《中华人民共和国建筑法》《中华人民共和国大气污染防治法》《建设工程安全生产管理条例》等法律、法规的规定,结合本市实际,制定本规定。

第二条 本规定适用于各类新建、扩建、改建的房屋建筑工程(包括与其配套的线路管道和设备安装工程、装饰工程)、市政基础设施工程、道路交通工程、水务工程、电力工程和拆除工程。

第三条 建设工程安全文明标准化管理工作应遵循"安全、绿色、美观、实用"原则:

(一)提高施工安全管理标准和设施设备安全性能标准,强化安全教育培训效能,提升建筑工地安全生产水平;

(二)贯彻绿色发展理念,优先使用可循环利用的材料及装配式产品,提升施工现场环境保护标准;

(三)提升现场设施设置标准,打造整洁、美观的外观形象,实现与城市景观的和谐统一;

(四)兼顾经济实用性和建设项目分类适用性,集成安全文明施工管理方面行之有效的技术、措施,推广智能化与信息化技术。

第四条 建设工程安全文明施工的具体标准,按《深圳市建设工程安全文明施工标准》(以下简称《安全文明施工标准》)执行。

市建设行政主管部门负责编制《安全文明施工标准》及其计价标准,根据需要动态调整;市交通、水务等部门可结合《安全文明施工标准》和本行业工程特征,制定相应实施细则。

第五条 建设、交通、水务等主管部门应按照各自职能,依照《安全文明施工标准》等标准规范对建设工程安全文明施工措施落实情况进行监督检查。

发改、财政、审计等部门在工程立项、工程款拨付、造价审计等过程中,应统筹考虑安全文明施工费用。

环境、食品安全、人力和社会保障、医疗卫生等主管部门按照各自职能,督促指导建设工地开展环境保护、食品安全、教育培训、职业健康等方面的标准化管理工作。

第二章 主体责任

第六条 建设单位对建设工程安全文明施工标准化管理负总体责任:

(一)在建设工程和建(构)筑物拆除工程招标或直接发包时,明确安全文明施工的要求和措施,按照建设主管部门和相关行业主管部门制定的安全文明施工管理和技术标准,依据市工程造价管理机构测定的相应费率和计价标准,合理确定并单列工程安全文明施工措施费。依法进行工程招投标的项目，安全文明施工措施费应作为不可竞争费。

（二）督促参建单位落实安全文明施工标准化管理的相关措施和要求，对安全文明施工措施费的专款专用进行核查。

（三）在现场周边张贴开工通告，通告应包括工程概况、施工计划、建设各方主体名称及项目负责人姓名、投诉举报电话等内容。对交通影响较大的城市道路占道施工工程，建设单位应制定交通组织疏导方案、应急预案和道路修复方案，并通过市级以上电视台、报纸、广播电台等媒体发布施工通告、公交临时调整等信息。

（四）其他法律法规所规定的建设工程安全文明施工管理责任。

第七条 施工单位对安全文明施工标准化管理负主要责任：

（一）按照行业现行的规范、标准，编制安全施工专项方案及文明施工专项方案，落实安全防护用品和设施配备、施工风险源管控、安全教育培训、应急管理等方面的安全生产标准化以及文明形象、环境保护、现场卫生、职业健康等方面的文明施工标准化。

（二）确保安全文明施工措施费专款专用，在财务管理中单独列出安全文明施工措施项目费用清单备查。

（三）施工总承包单位对建设工程安全文明施工措施费的使用负总责；建设工程采用工程总承包形式的，工程总承包单位对建设工程安全文明施工措施费的使用负总责。施工总承包单位或工程总承包单位（以下统称为"总承包单位"）应按照本规定及合同约定及时向分包单位支付安全文明施工措施费。总承包单位不按本规定和合同约定支付费用而造成分包单位不能及时落实安全防护措施导致发生事故的，由总承包单位负主要责任。

（四）其他法律法规所规定的建设工程安全文明施工管理责任。

第八条 监理单位对安全文明施工标准化管理负监理责任：

（一）对施工单位落实安全文明施工标准化管理情况进行现场监理，应将安全和文明施工专项方案是否符合标准要求纳入开工条件审查内容，并组织建设、施工单位进行开工条件验收。专项方案不符合标准要求或开工条件验收不合格的，不得签发开工令。

（二）对施工单位未落实的安全文明施工措施的，应责令其立即整改；对施工单位拒不整改或未按期限要求完成整改的，应及时向建设单位和主管部门报告，必要时责令其暂停施工。

（三）对施工单位已经落实安全文明施工措施的，总监理工程师或造价工程师应及时审查并签认所发生的费用。

（四）其他法律法规所规定的建设工程安全文明施工管理责任。

按照法律、法规规定不需要实施监理的工程，由建设单位履行本条规定的管理责任。

第三章 安 全 生 产

第九条 施工现场实行标准化安全防护。临边、洞口、安全通道、加工棚和防护棚等现场安全防护设施应采用工具式、定型化防护。工地脚手架外立面应采用密目式安全网封闭，临街面应增设防穿刺钢丝网。

起重机械吊臂回转半径内的安全通道和加工棚应设置双层硬质防护。吊装作业时，应在吊臂回转半径内设立临时安全警戒区。

第十条 工地用人单位应为员工、作业人员配备必要的劳动保护用品，并指导、督促正确使用。用人单位应建立和健全劳动防护用品的采购、验收、保管、发放、使用、更换、报废等管理制度。

第十一条 工地消防安全管理工作应立足于自防自救，合理引导作业人员生产生活习惯。消防安全管理应符合以下要求：

（一）应设置临时室内（外）消防给水系统。临时消防设施的设置应与工程施工同步。

（二）易燃易爆危险品存放、使用场所，可燃材料存放、加工及使用场所，动火作业场所、固定吸烟场所、厨房操作间、变配电室、办公房、宿舍等具有火灾危险的场所应配置灭火器。

（三）生活区用房实施电压分区，生活区宿舍采用36V以下低电压，禁止私自使用大功率电器。

（四）施工现场禁止流动吸烟。

第十二条 施工单位应加强对施工重大危险源的监测，充分利用现代化、信息化科技手段和数据分析成果，完善预警指标体系：

（一）大型起重设备使用过程中，应对超重、超载、限位装置、防坠装置、非持证上岗等关键指标信息进行监测。

（二）高大模板与支架、深基坑、高边坡、地下暗挖工程施工过程中，应对其主要结构支撑体系的受力、变形等情况进行监测。

（三）二级配电箱应进行线路过载、漏电监测。

（四）地下工程施工阶段应对周边建（构）筑物、重要管线、路面等的变形或位移情况进行监测。

（五）其他需要进行监测的危险源。

建设、设计、施工、监理、第三方监测等单位应共同明确大型起重设备、高大模板与支架、深基坑、高边坡、地下暗挖、电气线路等的主要监测指标，各方的监测数据均应实时上传，实现及时、自动预警。在现场技术条件许可的情况下，应优先采用监测数据自动化采集设备。

第十三条 施工单位应根据工程性质规模，建立现场视频采集系统，开展实时监控。

施工单位应当按照建筑从业人员实名制管理的相关要求，利用人脸、虹膜等生物活体信息技术，在工地出入口设立实名闸机通道，实行联网运行。

第十四条 施工单位应结合《安全文明施工标准》要求和工程规模，在工地设置班前讲评台、安全培训室、实体式安全体验馆或VR虚拟安全体验馆等必要的场所和设施，强化对工人的安全教育。

第十五条 施工单位应会同建设单位、监理单位等建立健全规范的应急体系：

（一）按要求编制应急预案，完善组织保障、技术保障、物资保障，规范应急处置工作流程，规范和加强现场安全事故、自然灾害、公共卫生、社会安全等不同类型事件的应急措施要求。每年应在工地开展不少于一次的综合性应急演练，每半年组织开展不少于一次的单项应急演练。

（二）在工地设置应急物资储备仓库。根据项目特点、施工阶段建立应急物资配备标准清单，定期检查、更新应急物资储备。

（三）应安排专人接收、处置气象预警信息。根据气象预警信息及政府通告，及时启动分级响应，落实灾害天气条件下的值班值守，强化信息报送。

第四章 文 明 施 工

第十六条 施工单位应结合现场实际情况合理确定施工总平面图，并按照下列要求设置相关设施：

（一）在醒目位置设置施工铭牌，并张贴有关许可证件。施工铭牌内容包括消防保卫、安全生产、环境保护、文明施工、工程概况和施工现场总平面图和监督投诉电话等。

（二）施工作业区与办公、生活区应分开设置，具有足够的安全距离，采取相应的隔离措施；危险施工区域设立警示标志，并采取警戒措施。

（三）建筑材料、构件、料具布置合理，堆放整齐，标明名称、品种、规格。

第十七条 施工单位应对工地主次入口大门、施工围挡、施工用房进行专项设计，保持外观风貌风格协调统一，与工程所在区域城市景观相匹配。并按以下要求实施：

（一）工地主次入口大门应采用钢结构形式，并设置门卫岗亭、实名制管理闸机、电子信息公示牌等配套设施。

（二）施工围挡根据工程类别、工期选用适当的材质及构造形式；砌筑式施工围挡应采用再生砌块砌筑。各类围挡高度统一为 2.5 米。围挡宣传画面应符合本市公益宣传要求，合理布置，不得擅自篡改、混搭。

（三）现场办公区推广使用模块化箱房，现场生活区可使用模块化箱房或拆装式板房。施工用房屋顶应采用保温隔热材料，办公用房宜使用封闭式走道和楼梯。

第十八条 施工单位应采取以下措施，控制施工扬尘：

（一）施工围挡应连续、封闭设置；脚手架外立面应全封闭；轨道交通工程竖井应采用厂棚式全封闭施工。

（二）出入口、主要道路、材料加工区应采用混凝土、预制混凝土板或钢板进行硬底化。

（三）工地车辆出入口应配备车辆自动冲洗设备和沉淀过滤设施。出工地车辆的车身、车轮、底盘冲洗干净后方可上路。

（四）沿围挡全覆盖设置围挡喷雾降尘装置。土石方开挖作业、机械剔凿作业、构筑物拆除作业、易产生扬尘的废弃物装卸作业，作业过程中应采用移动式雾炮机喷雾或水车喷洒等降尘。

（五）裸露泥地应及时采用防尘网、碎石覆盖，或种植速生植物绿化。水泥、石膏粉、腻子粉等易起尘物料应采用专用仓库、储藏罐等方式集中储存并采取覆盖措施。

（六）应在施工现场按要求设置具有浓度超限报警功能的总悬浮颗粒物监测系统，并与环保部门监控平台联网；监测终端设备应配备电子屏装置，即时公开监测数据；监测设备应保持正常使用。

第十九条 建设工程需办理临时排水许可手续。现场废、污水在排入市政雨、污水管网前应达到规定排放标准。场地含泥废水、雨水排入市政雨水管网前应经过三级沉淀池处理。生活污水排入市政污水管网前应经过化粪池、隔油池处理。

第二十条 建设单位应会同施工单位按照《深圳市建筑废弃物减排与利用条例》等要求制定建筑废弃物减量化计划，加强建筑废弃物的回收再利用。

不能回收再利用的建筑废弃物应及时覆盖，及时清运。生活区及办公区生活垃圾按照生活垃圾分类处理的有关规定处置。

第二十一条　施工单位应合理安排施工工序，严格执行施工噪声许可和信息公开制度。

混凝土浇筑振捣午间、夜间施工时应使用低噪声环保振捣棒；噪声敏感区附近混凝土输送泵应设置隔声罩。

第二十二条　推广使用新能源、密闭式新型泥头车；施工采用的非道路移动机械排放标准应不低于国家第三阶段非道路移动机械污染物排放标准，不符合排放标准的非道路移动机械应加装颗粒物捕集器；严禁使用不符合国家强制性标准和相关技术标准要求的涂料和胶粘剂。

第二十三条　工地生活设施应符合以下要求：

（一）工地食堂应依法取得餐饮服务许可手续，食堂工作人员应持证上岗，定期体检。厨房应按规范要求与生活区保持防火间距，远离污染源，并配备必要的卫生设施。

（二）生活区应配置独立开水间，实行热水或直饮水集中供应；施工现场应设置工人茶水间，并提供热水、凉茶等解暑类饮品。

（三）工地宜设置医务室，配备简单医疗器械和常见伤病治疗药物。施工单位可与正规医疗机构签署服务协议，处理日常医疗事宜，定期进行体检。

（四）办公区、生活区推广物业化管理。

第五章　监　督　管　理

第二十四条　建设、交通、水务等行政主管部门应将建设工程安全文明施工标准化管理情况纳入监督抽查范围，对未落实安全文明施工有关措施的违法违规行为，依据相关法律法规予以查处：

（一）建设单位未按本规定支付安全文明施工措施费的，建设、交通、水务行政主管部门依据《建设工程安全生产管理条例》第五十四条规定，责令限期整改；逾期未改正的，责令该建设工程停止施工。

（二）施工单位挪用安全文明施工措施费的，建设、交通、水务等行政主管部门依据《建设工程安全生产管理条例》第六十三条规定，责令限期整改，处挪用费用20%以上50%以下的罚款；造成损失的，依法承担赔偿责任。

（三）建设、交通、水务等行政主管部门对未按照规定和标准落实安全文明施工措施的建设工程，依据相关法律法规责令限期整改；逾期未改正的，责令该建设工程停止施工。

第二十五条　建设、交通、水务等行政主管部门应建立健全信用管理制度，对未落实安全文明施工标准化管理的建设、施工、监理等单位，除依据相关法律法规予以行政处罚外，应记录其不良行为，纳入诚信管理体系，并依据相关规定予以黄色、红色警示。有关黄色、红色警示的相关要求由市建设行政主管部门另行制定。

第二十六条　项目未按要求落实本规定标准化措施的，不予通过项目安全生产标准化评价，并不予推荐相关优质工程奖项的评选。

第六章　附　　　则

第二十七条　本规定所称施工安全生产标准化是指施工企业在施工活动中，贯彻执行施工安全法律法规和标准规范，建立企业和项目安全生产责任制，制定安全管理制度和操作规程，监控危险性较大分部分项工程，排查治理安全生产隐患，使人、机、物、环始终处于安全状态，形成过程控制、持续改进的安全管理机制。

本规定所称文明施工，是指在工程建设和建（构）筑物拆除等活动中，按照规定采取措施，保障施工现场作业环境、市容环境卫生和施工人员身体健康，并有效减少对周边环境不利影响的施工活动。

第二十八条 本规定自2018年6月1日起施行，有效期5年。

本规定实施前本市相关管理规定与本规定不一致的，以本规定为准。

4.10 深圳市建设工程扬尘污染防治专项方案

(深建质安〔2018〕70号)

为贯彻落实党的十九大精神,打赢深圳蓝天保卫战,做好工地扬尘污染防治,实现市政府提出的2018年$PM_{2.5}$年均浓度下降到26微克/立方米的目标。根据《深圳市大气环境质量提升计划》和《深圳市2017年大气污染防治强化方案》要求,制定本方案。

一、工作目标

(一)全市所有建设工程全面贯彻落实国家《大气污染防治法》《广东省建设工程施工扬尘污染防治管理办法(试行)》《深圳市扬尘污染防治管理办法》《建设工程扬尘污染防治技术规范》(SZDB/Z 247-2017)《深圳市大气环境质量提升计划》和《深圳市2017年大气污染防治强化方案》等关于工地扬尘污染防治措施的相关规定要求,实现"7个100%"的目标,即全市所有建设工程工地100%落实:施工围挡及外架100%全封闭、出入口及车行道100%硬底化、出入口100%安装冲洗设施、易起尘作业面100%湿法施工、裸露土及易起尘物料100%覆盖、出入口100%安装TSP在线监测设备。

(二)落实建设工程扬尘污染防治属地网格化管理机制,进一步加大对扬尘违法违规行为的打击力度。

二、工作任务

全面落实施工单位扬尘污染防治主体责任和工地扬尘属地管理责任,进一步加强工地文明施工管理,进一步强化工地泥头车带泥上路执法,切实解决工地扬尘污染问题。具体工作任务如下:

(一)落实扬尘防治技术措施

1. 施工围挡及外架100%全封闭。工地须按照我市有关建设工程施工围挡改造提升的工作要求和标准设置围挡,做到连续、坚固、稳定、整洁、美观。工地外脚手架须按规定安装密目式安全网进行密实封闭。

2. 出入口及车行道100%硬底化。工地出入口、主要场地、道路、材料加工区须按规定进行硬底化,并定期对路面进行冲洗,保持路面干净整洁。

3. 出入口100%安装冲洗设施。工地出入口须按规定配备车辆自动冲洗设备和沉淀过滤设施,保证出工地车辆的车身、车轮、底盘冲洗干净后方能上路。

4. 易起尘作业面100%湿法施工。工地内干燥易起尘的施工作业面须洒水维持表面湿润。施工现场主要道路、围挡和其他易产生扬尘污染的部位须安装固定喷雾、喷淋装置,拆除工程、基础施工及土方作业工地须每1000平方米配置一台移动雾炮设施,单个雾炮机覆盖半径不小于30米。

5. 裸露土及易起尘物料100%覆盖。裸露泥地须覆盖防尘网或者进行绿化,做到边施工、边覆盖、边绿化;水泥、石膏粉、腻子粉等易起尘物料应采用专用仓库、储藏罐等形式分类存放;砂石、建筑土方等细散颗粒物料应采用防尘网进行覆盖。

6. 出入口100%安装TSP在线监测设备。工地出入口应按规定安装TSP在线自动监测设施和视频监控系统。视频监控设备应能清晰监控车辆出场冲洗情况及运输车辆车牌号码等情况。TSP在线监测设备，应接入全市统一监测、监管平台。实现 TSP 数据实时监测、实时上传，及时监控并控制扬尘污染。扬尘污染防治的具体技术标准要求，按照《建设工程扬尘污染防治技术规范》（SZDB/Z 247-2017）执行。

上述六项措施内容纳入全市建设工程安全文明施工标准提升工作中，结合我市建设工程安全文明施工标准的全面提升，打造与现代化国际化创新型城市相匹配的建设工地。

任务分工：市住房和建设局牵头制定《深圳市建设工程安全文明施工标准提升工作方案》和《深圳市建设工程安全文明施工标准》，修订配套工程定额，在 2018 年二季度完成。

市人居环境委、市住房和建设局牵头开展 TSP 在线监测平台建设工作，在 2018 年二季度建成试运行。

各区政府督促辖区各在建工地严格落实上述技术措施；市交通运输委、市住房建设局、市水务局、市城管局等工程主管部门在各自领域内指导和配合各区落实技术措施。

（二）落实属地监管工作

明确市管工地扬尘污染防治属地管理的执法具体方式、操作程序等。各区政府出台建设工程扬尘污染防治属地管理专项方案，并按方案落实属地管理责任。

任务分工：2018 年 4 月 1 日前，市交通运输委、市住房建设局、市水务局、市城管局等工程主管部门会同市法制办，各自出台监管范围内市管工地扬尘污染防治属地管理和执法的指导性文件。

2018 年 4 月 1 日前，各区政府出台建设工程扬尘污染防治属地管理专项方案，明确建设工程扬尘污染防治属地监管部门（以下简称"属地监管部门"），细化目标，分解任务，落实责任；属地监管部门按方案要求落实日常监管工作。

（三）开展联合督查

市交通、建设、水务和城管等工程主管部门配合市环境主管部门每季度对各自领域内工地扬尘防治情况开展一次督查工作。

任务分工：市交通、建设、水务和城管等工程主管部门每季度组织各自领域内工地扬尘防治情况的督查工作，并请市人居环境委参与督查。市人居环境委每季度通报督查情况，并上报市政府。

（四）泥头车全密闭任务

推广应用全密闭泥头车，优先推广电动、天然气泥头车，柴油泥头车排放标准达到国 V 标准并加装 DPF。

任务分工：市住房和建设局牵头制定新型泥头车推广工作方案，经市政府批准后，在 1 年内完成泥头车更新工作。

三、工作要求

（一）落实工程各方主体责任

工程各方主体必须严格按照相关法律法规、规范性文件和技术规范有关工地扬尘污染防治的规定和要求，落实主体责任，落实防治措施。

1. 建设单位对施工扬尘治理负总责，必须将施工扬尘治理的费用列入工程造价，在工程承包合同中明确相关内容，并及时足额支付。必须督促施工单位编制建设工程施工扬尘污染防治专项方案，必须按照要求安装 TSP 监测设备，做好实时监测，并根据监测数据及时控制扬尘污染，落实各项扬尘污染防治措施。

2. 施工单位对施工扬尘治理负主体责任。必须建立施工扬尘治理责任制，指定专人负责扬尘防治工作。结合工程项目特点制定扬尘污染防治专项方案，并严格实施。扬尘污染防治费用必须专款专用。必须在建筑工地公示项目概况、施工扬尘治理措施、责任人、主管部门、投诉举报电话等信息，及时将扬尘治理措施落实情况报属地监管部门。

3. 监理单位必须将施工扬尘污染防治纳入监理范围，在监理规划中提出有针对性的监理措施，加强检查，并督促施工单位落实扬尘防治措施。发现施工单位有违反扬尘污染防治要求或者未按专项方案落实扬尘污染防治措施的行为，要立即责令予以整改，情节严重的必须要求施工单位暂时停止施工，并及时报告建设单位。拒不整改或者不停止施工的，监理单位必须向属地监管部门报告。

4. 渣土运输单位必须建立工程渣土（建筑垃圾）运输扬尘污染防治管理制度和相关措施，使用合规车辆和密闭车斗，加强对渣土运输车辆、人员管理。

5. 市管工地各参建单位必须接受和配合属地监管部门依法开展的监督检查和执法工作。

（二）落实属地管理责任

1. 各属地监管部门要落实监管责任，强化日常监督和执法力度。各属地监管部门、各级建设工程监督执法机构应将工地施工扬尘污染防治列入日常监管范围，定期组织扬尘污染防治专项检查，加强重点区域、重点工程、重点环节的巡查，应每月对重点扬尘工地至少进行一次现场检查。

2. 各级建设工程监督执法机构要将施工工地扬尘防治方案列入办理监督手续审查范围，未编制施工工地扬尘防治方案的，一律不予开工；对扬尘防治措施不符合要求的，一律停工整治；对工地未落实扬尘污染防治措施擅自开复工和日常监管中发现的违法违规行为进行严厉查处，顶格处罚，并予以黄色警示、记录不良行为，纳入诚信管理。

（三）加强联动执法

1. 加强部门联动，完善信息互通机制。市交通、建设、水务和城管等工程主管部门，各属地监管部门应指定专职联络人，与市环境主管部门对接工地扬尘污染信息报送工作；及时将在监工程信息推动至环境主管部门；配合市区环境主管部门开展联合执法检查和督查，及时查处环境部门通报的扬尘污染防治不力的工地，督促整改落实。

2. 加强市区联动，强化监管执法力度。市交通、建设、水务和城管等工程主管部门应督促各领域内区级主管部门和属地监管部门落实工地扬尘污染防治属地监管责任，及时将市管工程信息推送至区级主管部门和属地监管部门，对属地监管部门反映的不配合执法检查的市管工地采取约谈、警示、记录不良行为等措施，强化联动执法。

4.11 深圳市政府投资项目验收管理暂行办法

（深府办规〔2018〕2号）

第一条 为加强市政府投资项目验收管理，明确验收责任，规范验收行为，促进建设项目及时投入运营并发挥投资效益，根据《深圳经济特区政府投资项目管理条例》有关规定，制定本暂行办法。

第二条 本暂行办法所称市政府投资项目，是指利用市本级财政性资金在深圳市行政区域内进行的固定资产投资建设项目，不包括投资补助、贴息等方式投资的项目。

第三条 本暂行办法所称项目验收，是指对政府投资项目可行性研究报告、初步设计以及概算执行情况，工程验收执行和整改情况，工程结算、竣工决算情况以及项目试运营情况等方面进行的全面检查验收。

本暂行办法所称工程验收，包括政府投资项目工程竣工验收以及消防、环保、特种设备等有关工程专项验收。

本暂行办法所称项目单位，是指项目可行性研究报告、初步设计、项目总概算或者资金申请报告的组织编制和申报单位。

本暂行办法所称建设单位，包括政府投资工程项目统一建设管理单位、项目自建单位、代理建设单位、项目法人单位等。

第四条 市发展改革部门是市政府投资项目验收的统筹协调部门，负责市政府投资项目年度验收计划的编制和组织实施工作。

市交通运输、住房建设、水务等部门负责在各自职责范围内依法对市政府投资项目开展有关工程验收及备案工作，并按照年度项目验收计划安排配合市发展改革部门开展项目验收。

市规划国土、人居环境、消防、档案等部门负责在各自职责范围内依法对市政府投资项目开展有关专项验收工作，并按照年度项目验收计划安排配合市发展改革部门开展项目验收。

第五条 按照国家、省和我市有关规定，政府投资项目具备工程验收条件的，市交通运输、住房建设、水务等行业主管部门应当及时组织工程验收，或督促项目单位和建设单位做好工程验收和备案工作。

第六条 项目验收的主要依据：

（一）经批准的项目可行性研究报告、概算及概算调整文件；

（二）经批准的项目初步设计、施工图设计及变更设计文件；

（三）质量监督机构出具的工程质量监督报告；

（四）列入市预选中介机构库的社会中介机构出具的工程结算、竣工决算审核意见；

（五）其他行政主管部门的有关批复文件；

（六）有关工程技术标准、验收规范等。

第七条 项目单位和建设单位应当在列入市预选中介机构库的社会中介机构出具政府投资项目竣工决算报告审核意见后30个工作日内，向市发展改革部门申请项目验收。有特殊情况的，经市发展改革部门批准，可以适当延期。

项目验收前，项目单位和建设单位应当按照国家、省和我市有关规定，完成工程验收以及规划、档案等其他专项验收工作。经商有关部门同意，专项验收可与项目验收一并进行。

第八条 项目验收需提交的材料：

（一）项目验收申请报告，主要内容包括已批复的建设内容和建设标准实施情况、投资计划执行情况、项目组织实施和建设管理情况等；

（二）工程验收情况报告（包括对各参建单位的评价情况）；

（三）行业主管部门有关验收情况报告或备案回执；

（四）环保、消防、规划、安全、卫生、水土保持、节排水、节能（民用建筑）等专项验收情况报告及城建档案管理部门出具的档案移交凭据；

（五）列入市预选中介机构库的社会中介机构出具的工程结算、竣工决算审核报告；

（六）设计单位和施工单位按国家、省和我市有关规定编制的工程竣工图及编制说明；

（七）试运营或投入使用情况报告；

（八）相关法律法规规定的其他文件。

上述申报材料项目单位和建设单位可以电子文档或扫描件的形式提交，并对材料的真实性和完整性负责。

第九条 市发展改革部门在收到申请材料之日起45个工作日内完成项目验收工作。

概算总投资在2亿元以上（含2亿元）的项目，应成立项目验收委员会开展项目验收工作。项目验收委员会一般由市发展改革、规划国土、人居环境、消防、档案及其他有关部门组成。建设、设计、施工、监理、勘察以及接管等单位参加项目验收工作。

概算总投资在2亿元以下（不含2亿元）的项目，由项目验收组开展项目验收工作或委托相应的市行业主管部门、区政府（新区管委会）组织项目验收。受委托单位应在接受委托之日起30个工作日内完成项目验收工作，并将验收结果报市发展改革部门备案。

第十条 项目验收的主要内容：

（一）对照批复文件检查项目的建设内容、建设标准实施情况以及投资计划执行情况；

（二）检查工程验收执行和整改情况，包括工程质量、环保、消防、安全、卫生、规划、档案等专项验收的执行和整改情况；

（三）评价项目投资控制情况和项目达到预期建设目标情况；

（四）总结项目建设经验，对遗留问题提出处理建议。

第十一条 市发展改革部门可以根据项目验收工作需要，聘请有关专业技术人员参加验收工作，或委托具备相应资质的专业机构对项目验收涉及的专门性问题提供咨询服务。

第十二条 项目完成可行性研究报告、初步设计及概算批复的各项建设内容，按国家、省和我市有关规定完成工程验收及各项专项验收工作，工程结算、竣工决算手续完备，试运营情况良好的，由市发展改革部门出具项目通过验收的批复文件，作为项目单位和建设单位完成项目建设任务的依据；委托市行业主管部门或区政府（新区管委会）组织项目验收的，由受委托单位出具项目通过验收的批复文件，并报市发展改革部门备案。

第十三条 项目未通过项目验收的，市发展改革部门应及时将验收中发现的问题和未通过验收的理由书面通知项目单位和建设单位。项目单位和建设单位应按照通知要求及时进行整改，整改全部完成后方可重新申请项目验收。

第十四条 市政府投资项目验收所需经费由市财政予以保障。建设单位所需经费列入项目总概算，主管部门组织项目验收所需经费列入部门预算。

第十五条 建立市政府投资项目竣工验收稽查工作制度，定期对政府投资项目竣工验收工作情况和竣工验收整改情况开展稽查，加快推进项目验收工作。

第十六条 项目单位和建设单位有下列情形之一的，由市发展改革部门报请市政府通报批评并责令限期整改；情节严重的，依法追究项目单位和建设单位负责人和直接责任人的行政责任；违反建设管理法律法规的，依法移送有关行政主管部门处理；涉嫌犯罪的，依法移送司法机关处理：

（一）未按规定完成规划、环保、消防、安全、卫生、档案、水土保持、节排水、节能等专项验收工作的；

（二）未在规定的时间内向列入市预选中介机构库的社会中介机构报送工程结算报告、竣工决算报告的；

（三）未经工程验收及备案或工程验收不合格即交付使用或投入试运营的；

（四）未在规定的时间内申请项目验收的；

（五）对项目建设中存在的问题，不按要求进行整改或整改后仍不符合要求的；

（六）未经批准擅自变更项目建设内容、建设规模、建设标准或改变资金用途的；

（七）在项目验收过程中弄虚作假的。

第十七条 市发展改革部门、受委托单位及其工作人员，在政府投资项目验收过程中，滥用职权、玩忽职守、徇私舞弊的，依法追究其行政责任；涉嫌犯罪的，依法移送司法机关处理。

第十八条 市政府对政府投资项目验收工作有专门规定的从其规定。

第十九条 2015年3月1日前已完成工程竣工验收的项目，应按照国家、省和我市有关法律法规要求在规定期限内完成财务决算、产权登记和资产移交等手续；尚未开展工程竣工验收的项目，按照本暂行办法规定执行。

第二十条 利用市政府统筹融资资金进行建设的项目验收参照本暂行办法执行。

第二十一条 本暂行办法由深圳市发展和改革委员会负责解释。

第二十二条 本暂行办法自2018年1月19日起施行。

4.12 深圳市建设工程竣工联合（现场）验收管理办法

（深建规〔2020〕12号）

第一章 总 则

第一条 为了优化工程建设项目验收流程，全面提升验收工作效率，根据《国务院办公厅关于全面开展工程建设项目审批制度改革的实施意见》（国办发〔2019〕11号）和《深圳市进一步深化工程建设项目审批制度改革工作实施方案》（深府办函〔2019〕234号）等规定，结合本市实际，制定本办法。

第二条 本办法适用于在深圳市行政区域内开展的房屋建筑、市政基础设施（含水务、交通）等工程建设项目的竣工联合（现场）验收。

前款所称工程建设项目不包括交通、水利、能源等领域需报请省或国家审批的重大工程和油气库、油气长输管线、民爆仓库等重大危险源项目及保密工程。

第三条 本办法所称竣工联合（现场）验收，是指房屋建筑、市政基础设施（含水务、交通）等工程建设项目具备竣工验收条件后，建设单位提出申请，牵头单位组织相关主管部门对建设项目的规划、消防、民用建筑节能等按照"一家牵头，一窗受理，限时办结，集中反馈"的方式进行联合（现场）验收的行为。

第四条 建设工程竣工联合（现场）验收按照以下原则确定牵头单位：

（一）水务工程及其附属工程由市（区）水务主管部门作为牵头单位；

（二）新建、扩建、改建道路工程以及道路大中修工程（除高速公路外）由市交通主管部门以及各区建设主管部门根据各自职责作为牵头单位；

（三）电力工程由市电力企业作为牵头单位；

（四）社会投资房屋建筑和市政基础设施工程以及由企业代建的政府投资房屋建筑和市政基础工程由市（区）建设主管部门作为牵头单位；

（五）政府投资项目集中管理机构组织建设的工程，由该机构作为牵头单位。

（六）其他工程原则上由负责工程质量安全监督的主管部门作为牵头单位。

市、区按事权划分负责对应工作。市级行业主管部门负责指导区级行业主管部门做好相关工作。

第五条 市住房和建设部门负责协调各联合（现场）验收牵头单位制定、更新建设工程竣工联合（现场）验收办事指南，并通过省政务服务事项管理系统和市权责清单系统对外发布。

各联合（现场）验收牵头单位可以委托本单位下属的建设工程质量安全监督机构组织协调联合（现场）验收工作。

第六条 建设工程竣工联合（现场）验收按照以下原则确定参与联合（现场）验收的部门：

（一）城市更新类项目、棚户区改造项目规划验收由各区（新区）城市更新部门负责，其他建设工程规划验收由市（区）规划和自然资源部门负责；

（二）建设工程消防验收或备案抽查，以及民用建筑节能专项验收，由市（区）住房和建设

部门负责

参与联合（现场）验收的部门按照下列规定履行职责：

（一）会同或者配合市住房和建设部门制定、更新建设工程竣工联合（现场）验收办事指南和权责清单。

（二）精简本部门验收事项的申报材料。梳理出不适合电子化的资料（如施工中的过程表单、记录文件、产品合格证等），在办事指南中明确现场查验后需收取的纸质材料及份数，并对外公示。

（三）加强服务指导。结合自身行政职能和技术职责，主动做好项目建设实施过程中指导及竣工验收前检查检测，提高联合（现场）验收一次性通过率。

（四）加强事中事后监管。制定本部门对工程项目违法违规建设的监管处罚措施，依法将复验不合格项目的各方主体信用信息纳入建筑市场主体信用管理系统；

（五）成立验收工作组。确定本部门验收工作负责人及工作人员，明确各自职责，并将工作组名单汇总给牵头单位。按时参加联合（现场）验收，并按规定时限出具验收（备案）意见。

第七条 工程建设项目联合（现场）验收工作实行网上监督、实时预警、绩效考核。市政务服务数据主管部门按照集成服务要求，会同市建设主管部门完善投资项目在线审批监管平台（以下简称在线审批平台）联合（现场）验收相关功能，统一联合（现场）验收案件的申报入口。各部门的业务系统与在线审批平台双向实时数据交换，相关资料以及工作信息实时流转至在线审批平台。

第二章 申请程序

第八条 建设工程在申请竣工联合（现场）验收前，建设单位应当按照有关法律法规、技术规范或标准及基本建设程序规定组织勘察、设计、施工、监理等单位进行竣工验收（含水务工程合同完工验收，下同）。

设计单位、勘察单位、施工单位和监理单位应当履行施工过程质量控制职责，按照规定参加竣工验收，并对所提交的资料的真实性、完整性及合法性负责。质量安全监督机构依法实施监督。

由建设单位组织的竣工验收包含人防、水保、环评、档案、防雷、节水、排水、海绵城市、通信及其他需要与建设项目同时交付使用的相关配套设施等验收事项。竣工验收报告应当载明各验收事项合格或备案与否的结论。

第九条 建设单位、设计单位、勘察单位、施工单位和监理单位等项目负责人应当按照规定参加验收工作，并对工程质量承担终身责任。

第十条 工程建设项目完工后，申请竣工联合（现场）验收的，应当具备以下条件：

（一）已由具有测绘资质的第三方完成建设工程竣工测绘，且测绘报告经测绘成果审核机构审核通过；用地范围内的临时设施已拆除；按照规定配套公共设施应当移交政府的，已完成移交协议的签订；按照规定配建的保障性住房、创新型产业用房等政策性用房和公共设施应当移交政府的，已完成移交协议的签订，且具备建设工程规划验收条件。

（二）已按照建设单位告知承诺的施工图纸消防设计要求建成，并具备原建设工程消防验收或备案抽查条件。

（三）已完成工程设计和合同约定的各项内容，并按照已审核批准或者建设单位告知承诺的各专项施工图纸设计要求施工完成。

（四）已按照有关规定完成工程档案整理，并由建设单位组织施工、勘察、设计、监理及有关参建单位人员对建设工程档案完成验收。

（五）电梯等特种设备安装工程已按照规定完成施工，经特种设备安全监管部门检验合格，并出具特种设备安装监督检验报告。

（六）人防、水保、环评、档案、防雷、节水、排水、海绵城市、通信等专项验收或备案以及其他法律法规要求完成的事项已完成。

（七）根据工程分类，其他应当满足条件详见办事指南情形分类。

第十一条　具备联合（现场）验收条件的，经牵头部门同意，建设单位组织的竣工验收可以与竣工联合（现场）验收同时进行。

建设单位组织的竣工验收与联合（现场）验收同时进行的，联合（现场）验收实行容缺受理，但建设单位应当在现场验收后五个工作日内将竣工验收报告补齐。

第十二条　建设单位可以根据实际情况向各联合（现场）验收部门申请预验收服务。各联合（现场）验收部门可以自行开展预验收服务。

验收需要进行测量的，遵循"一次委托、统一测绘、成果共享"的工作原则，验收测量数据应当纳入在线审批平台。

第十三条　建设项目具备竣工联合（现场）验收条件的，建设单位应当通过在线审批平台"竣工联合（现场）验收事项"提出申请，并上传一套竣工图纸以及相应资料。

政府投资项目中具备独立功能且完工的单位工程，根据民生、公共服务等实际情况需要提前投入使用的，建设单位可以依法先行组织提前投入使用验收。项目符合竣工联合（现场）验收条件后，建设单位应当及时提起竣工联合（现场）验收申请。

第十四条　建设单位根据工程实际情况，按照规定在在线审批平台上选择需要联合（现场）验收的事项以及参与联合验收的部门。对不涉及本部门验收事项的项目，各部门在"资料审查"环节给予"不涉及"意见。

第十五条　建设单位上传竣工图纸以及相应资料后，参与联合（现场）验收的部门应当在三个工作日内进行形式审查。

经审查，申报资料不齐全或不符合法定形式的，参与联合（现场）验收的部门应当通过在线审批平台一次性告知其在五个工作日内补齐补正。未在规定的时间内补齐补正的，视为"不同意受理"项目。

参与联合（现场）验收的部门可以结合验收实际，对一般性材料采用容缺机制，给予"合格"意见后，系统自动保留上传资料及审核结果。建设单位应当在现场验收的时候补齐所缺材料。

第十六条　经审查，各参与联合（现场）验收的部门都给予"同意受理"意见后，视为资料审查通过，正式受理竣工联合（现场）验收申请。其中一个部门"不同意受理"的，视为联合（现场）验收"不同意受理"。

第三章　联合（现场）验收

第十七条　建设单位应当通过在线审批平台提前七日预约现场验收时间。因建设单位原因取消预约的,原则上两周内不得再预约。

竣工联合(现场)验收牵头单位根据建设单位的预约,结合实际确定现场验收时间。预约成功后,在线审批平台自动推送信息给各参与联合(现场)验收的部门。

第十八条 在现场验收前一个工作日,各参与联合(现场)验收的部门应当通过在线审批平台确定参验人员,并将人员名单以及联系电话反馈牵头单位。同时,平台自动短信提醒参验人员验收时间、地点等安排信息。

确定现场验收时间后,参与联合(现场)验收的部门因故无法参加现场验收的,应当根据时限规定与建设单位协商调整时间自行前往。

第十九条 由建设单位组织各参建单位进行的工程竣工验收报告,应当在现场验收后五个工作日内上传至在线审批平台。

各参与联合(现场)验收的部门(含自行前往验收的部门)在收到竣工验收报告后五个工作日内,通过在线审批平台填写验收意见:

(一)现场验收未发现不合格的,验收意见为"合格"。

(二)现场验收发现不合格的,通过在线审批平台一次性告知建设单位。建设单位应当根据整改意见和相关规定及时整改。

整改完成后,建设单位应当组织勘察、设计、施工、监理等单位组成验收组进行自验,形成自验报告。自验合格后,应当通过在线审批平台上传自验报告,提出复验申请。复验材料同步推送各参与联合(现场)验收的部门。已在平台上确认"验收合格"的部门,如果能够确认工程整改后不影响初次验收结论的,可以不参加复验;需要复验的部门在三至八个工作日内自行前往现场复验。

经复验未发现不合格的,验收意见为"合格";

(三)经复验发现仍不合格的,验收意见为"不合格",并详细列明不合格的具体问题。

(四)逾期未提交复验申请的项目,在线审批平台自动填写验收意见为"不合格"。

(五)逾期未填写复验验收意见的,在线审批平台自动填写验收意见为"合格"。

第二十条 各参与联合(现场)验收的部门意见齐全后,在线审批平台即时自动生成联合(现场)验收意见书:

(一)各参与联合(现场)验收的部门无"不合格"意见的,结论为"验收通过"。

(二)各参与联合(现场)验收的部门有"不合格"意见的,结论为"验收不通过",并详细列明不合格的具体问题。

建设单位牵头整改完成后,需重新提出联合(现场)验收申请。原已审查通过的材料不再重复提交,各参与联合(现场)验收的部门可以根据项目实际,自行决定职责范围内原已验收合格的专项验收结果是否继续有效。

联合(现场)验收意见书中应当列明所涉及的各专项验收事项及通过情况,并加盖各部门电子印章。

第二十一条 结论为"验收通过"的联合(现场)验收意见书即为联合(现场)验收合格的统一确认文件,不再办理工程竣工验收备案。

联合(现场)验收意见书应共享至各部门,建设单位凭"联合(现场)验收意见书"办理不动产登记、房屋销售等后续手续,原则上竣工联合(现场)验收之外,各部门不再进行核验。

第二十二条 竣工联合（现场）验收办理时限为十个工作日，自现场验收之日起计算，至在线审批平台填写意见结束。

如有整改，项目责任主体整改闭合工作期限最长为十五个工作日，各验收部门复查工作期限最长为三个工作日。

整改闭合工作和复查工作不计入竣工联合（现场）验收事项办理时限内。

第二十三条 联合（现场）验收合格后，在线审批平台自动生成竣工联合（现场）验收电子档案，电子文件归档标准按照有关规定执行。各行政主管部门按照规定进行纸质文件档案的收集和存档。

在线审批平台自动生成的竣工联合（现场）验收电子档案应当推送至各行政主管部门保存和管理，并向水电气等公共服务单位开放查询和使用权限，实现信息共享。

第二十四条 人防工程竣工验收实行告知性备案，由市人民防空办公室、区住房和建设局（人防办）对联合（现场）验收结果进行备案。

第二十五条 道路工程建设单位原则上要在联合竣工验收或交工验收前至少九十日向所在辖区实物接管单位书面发函通报拟移交工程概况。行政主管部门针对拟接管道路设施情况建立台账，实现道路设施从建设移交到管理养护环节的无缝对接。

建设单位应当按照规定办理移交手续，竣工联合（现场）验收或交工验收前应当具有工程质量保修书和接（管）养意见书。竣工联合（现场）验收或交工验收（需先行交付使用的）合格之日起，即正式接（管）养之日，视为实物移交。项目接（管）养单位应及时完善移交手续，并安排日常养护企业开展道路设施养护工作。

第二十六条 竣工联合（现场）验收涉及的信访投诉、行政复议及行政诉讼等，按照职责分工由相应的行政主管部门负责处理。

第二十七条 验收部门组织竣工联合（现场）验收所需经费列入部门预算，由财政予以保障。建设单位组织联合（现场）验收（含竣工或者完工验收以及其他专项验收）所需经费列入项目总概算，从建设管理费或者工程建设其他费用中列支。

验收部门、建设单位可以根据验收工作实际需要，委托独立第三方社会中介机构协助开展验收工作或者提供咨询服务。

第四章 附 则

第二十八条 市建设、交通、水务行政主管部门等联合（现场）验收牵头部门可以结合本行业实际情况，制定验收工作指引或实施细则。

第二十九条 本办法自 2020 年 9 月 1 日实施，有效期五年。

附件：深圳市建设工程竣工联合（现场）验收意见书（模板）

（附件详见深圳市住房和建设局官网）

第五篇

工程报建和档案管理

5.1 深圳市政府投资建设项目施工许可管理规定

(2020年4月28日深圳市人民政府令第328号公布)

第一章 总 则

第一条 为加快转变政府职能，建设服务型政府，营造最优营商环境，按照"投资服务需求、设计服从规划、保证质量安全"的要求，构筑政府管理和项目管理"双流程、双优化、共提效"的政府投资建设项目审批全流程，结合本市实际，制定本规定。

第二条 本规定适用于在深圳市行政区域内利用市财政性资金开展的房屋建筑、市政基础设施（含水务、交通）等工程项目，但是不包括交通、水利、能源等领域的需要上报省和国家审批的重大工程以及油气库、油气长输管线、民爆仓库等重大危险源项目和保密工程。

第三条 政府投资建设项目审批全流程遵循科学决策、规范管理，主动服务、优化审批，流程管控、注重绩效，信息共享、公开透明的原则。

第四条 各部门按照政府职能转变的要求，改善职权行使方式，简化审批受理材料，优化办理环节，加强各部门之间的协作，实行主办负责制，避免重复审批、重合管理，在审批过程中主动指导，协同推进，积极协调解决相关问题。

第五条 各部门要按照要求统一审批标准、简化业务流程，开放业务数据，提供工作指引，规范办理行为。改变坐等审批、以批代管的审批管理观念和模式，增强职能履行和职责意识，加强事中事后监管。

除法律、法规另有规定或者上级部门新下放的审批事项外，各部门严禁在公布的审批事项目录之外擅自增加（拆分）审批事项、许可条件和受理材料，严禁擅自延长办理时限。

凡实行告知性备案管理的事项，实行收件确认，项目单位对所申报备案材料的真实性、有效性负责，审批部门对备案内容承担检查管理职责。

第六条 市政务服务数据管理部门负责投资项目在线审批监管平台（工程建设项目管理系统，以下简称"在线平台"）的建设、运行维护和数据管理。在线平台是建设项目施工许可相关事项跨部门协同办理的平台，并作为广东政务服务网深圳行政区域的在线办理系统。在线平台应当满足审批部门、建设单位、中介机构等多方使用单位共同应用和数据共享的要求，各部门审批系统与在线平台对接，数据双向实时流转，在线平台实现审批事项、受理材料、批复文件、流转信息等的强制共享、结果互认，实现项目建设的全流程覆盖、全业务流转、全方位监管。

市规划和自然资源部门建立"多规合一"信息平台（以下简称"多规平台"），整合全市国民经济和社会发展、规划国土、交通运输、生态环境、海洋、林业、水务、气象、海绵城市、综合管廊等各领域空间性规划和相关信息，形成全市空间规划"一张蓝图"，为项目空间论证、策划生成提供平台支撑，不断提高"一张蓝图"统筹项目实施效率。各相关部门应当按照要求汇交、共享协调一致后的空间性规划和相关信息，保证相关数据的及时性、准确性、真实性、合法性、安全性，涉及空间性规划管控条件的，应当提供相应的管控内容、核查规则、法律依据等。

市发展改革部门负责建立深圳市投资项目登记平台（以下简称"登记平台"），通过登记平台对政府投资项目赋码，按照有关规定审批项目建议书，审批通过的出具项目建议书批复文件。项目单位首次办理政府投资项目相关审批事项前，应当通过登记平台登记项目基本信息，获取项目全生命周期唯一身份标识的项目代码。项目单位在申请项目代码时一并申报项目建议书审批的，发展改革部门同步办理。

各部门建立健全工程建设项目网上审批相关管理制度，应当加强信息共享，推进网上受理、并联审批和网上出件，通过视频会商、在线征求意见等方式加强部门沟通协调，实现工程建设项目网上全过程审批，推行"不见面"审批。

第七条 政府投资建设项目的建设时序包括项目策划生成和项目审批两大流程。项目策划生成是建设项目进入审批的必要条件，市政府另有规定除外。

项目策划生成是指项目单位提出建设意向、开展前期研究论证、初步落实建设条件并初步明确项目技术经济指标的阶段，主要包括项目建议书、可行性研究报告论证以及空间初步论证、详细论证。

市发展改革部门负责统筹管理项目策划生成并制定具体管理办法。项目单位应当提前谋划，组织开展前期研究工作并按照相关规定的内容和深度编制前期工作成果文件，按照程序申报项目策划生成论证。各相关部门应当按照要求完成论证生成工作，通过多规平台反馈空间论证正式意见，并负责解释论证意见和相关数据问题。项目在策划生成后，已提前介入的审批部门原则上不重复组织同类技术评审或者审查工作。

项目审批流程分为用地规划许可和可行性研究报告批复（以下简称"可研批复"）、建设工程规划许可和概算批复、施工许可、竣工验收四个阶段。项目审批的每个阶段内包括应当办理审批事项和可能涉及办理的审批事项，两类事项并行推进。各阶段内办理的审批事项均不互为前置，具备必要条件即可办理。政府投资建设项目审批流程图、各阶段具体事项由市政务服务数据管理部门依据本规定制定并公布目录。

第八条 项目建议书批复后即可向发展改革部门申请项目前期经费。市委常委会议和市政府常务会议审议通过的免于项目建议书审批的项目，可由发展改革部门按照程序安排项目前期经费。

前期经费按照项目总投资的3%~5%安排，对于重大项目或者需要开展场地平整、基坑开挖及基坑相关工程等施工前期准备工作的项目，根据项目实际需求下达经费。项目建议书批复前所需的前期基本研究经费从部门预算中列支。

第二章 用地规划许可及可研批复

第九条 对于房建类项目，将选址意见书、用地预审意见合并办理。建设项目用地预审与选址意见书、可研批复、用地规划许可（或者规划设计要点）并联办理，5个工作日内依次出具办理结果。建设项目用地预审与选址意见书，可作为项目审批的用地证明文件。

第十条 对于市政线性类项目，市规划和自然资源部门及其派出机构出具方案设计审查意见，再办理选址及用地预审手续。对于跨区域的市政线性类项目，由市规划和自然资源部门统筹协调。

交通类线性工程，由市交通运输部门与规划和自然资源部门同步对方案设计进行审查。

公园、护坡、河道治理类及非独立占地的管线类工程无需办理用地预审与选址意见书。

第十一条 若项目涉及土地整备、用地批准及国家、省事权的审批等原因暂时无法办理用地规划许可的，规划和自然资源部门及其派出机构先出具规划设计要点。公园、护坡、河道治理类及非独立占地的管线类工程无需办理用地规划许可（或者规划设计要点）。

第十二条 规划和自然资源部门及其派出机构在出具建设项目选址及用地预审意见书、出具规划设计要点时，即启动用地报批、项目报建工作。项目用地经市区级政府批准、理顺土地权属关系后，同步核发用地规划许可和国有土地划拨决定书。

第十三条 可研编制内容包括但是不限于项目背景、功能定位、投融资方案、全生命周期建设及运营维护管理分析、技术工艺方案、选址与建设工程方案、建设工期、节能节水措施、环境影响分析、招标与实施进度、社会效益评价、综合结论等内容，根据估算定额等测算项目估算总投资。

对于总投资5000万元以下的项目或者单纯装修装饰、设备购置、维修改造、绿化提升、公交停靠站、交通安全设施、城市照明等建设内容单一、投资规模较小、技术方案简单的项目，发展改革部门免于可研审批，直接审批项目总概算。

第三章　建设工程规划许可和概算批复

第十四条 建设工程规划许可核发（出具工程规划审查意见）10个工作日内办结，概算批复8个工作日内办结（不含技术审查）。

第十五条 对于房建类项目，项目单位在取得用地预审与选址意见书、用地规划许可（或者规划设计要点），完成设计方案后可向规划和自然资源部门申请办理建设工程规划许可。涉及国家、省事权的审批暂时无法办理建设工程规划许可的，先出具可以满足初步设计需要的建设工程规划审查意见。

对于市政线性类项目，项目单位在取得划拨土地决定书或者土地使用权出让合同（或者用地预审与选址意见书）、用地规划许可（或者规划设计要点）、涉及空间部分施工图设计完成后可向规划和自然资源部门及其派出机构申请核发建设工程规划许可。根据相关规定，需要由行业主管部门进行初步设计审查的，从其规定。

在项目设计过程中，需要查询地下管线信息或者档案的，项目单位凭选址意见或者规划设计要点向规划和自然资源部门及其派出机构或者档案部门查询，规划和自然资源部门及其派出机构或者档案部门应当予以支持。

第十六条 若项目涉及国家安全、文物保护、地质灾害、压覆重要矿产、机场、水务、危险品、燃气、电力、轨道交通、配建公共服务设施等各项需要取得主管部门、运营单位及公共服务设施接收单位批准同意的，规划和自然资源部门依据上述主管部门、运营单位及公共服务设施接收单位在在线平台的批复（意见）核发建设工程规划许可。涉及国家、省事权及保密的审批事项除外。

第十七条 规划和自然资源部门及其派出机构的建设工程设计方案核查、地名批复（建筑物命名/公共设施名称核准/专业设施名称备案）与建设工程规划许可事项合并办理，分别核发相关证件；开设永久路口审批与市政管线接口审批合并办理，依次核发相关证件。

交通运输部门不再办理开设永久路口审批及交通影响评价审查。占用挖掘道路、开设临时路口由交通运输部门和公安交警部门从产权管理和交通秩序管理方面分别办理，统一出证。

对于非轨道交通类综合性交通枢纽场站工程，规划和自然资源部门及其派出机构可视需要征求交通运输部门意见。涉及国家、省事权的审批暂时无法办理建设工程规划许可的，先出具可以满足初步设计需要的建设工程规划审查意见。

第十八条 项目总概算编制内容包括编制说明、土建工程、安装工程、室外配套工程、其他工程、工程建设其他费、预备费等内容，根据概算定额等测算项目概算总投资，并科学明确建设工期。经发展改革部门核定的投资概算是控制政府投资项目总投资的依据。

初步设计提出的投资概算超过经批准的可研提出的投资估算10%的，项目单位应当向发展改革部门报告，发展改革部门可以要求项目单位重新报送可研。

第十九条 项目单位完成方案设计后，人防主管部门根据项目单位申请对自建、免建及易地修建人防工程的项目提出人防工程建设要求。

第二十条 除可以免于办理水土保持审批的建设项目外，生态控制线以外的建设项目实施告知性备案管理。

项目单位在可研或者初步设计阶段同步申请办理建设项目水土保持方案审批（或者备案）、建设项目用水节水评估报告告知性备案。如涉及滩涂开发利用方案审批（不跨市级行政区划的珠江河口）、河道范围内工程建设方案审批、水利工程范围内工程建设方案审批、拆除改动城镇排水与污水处理设施审批的也同步办理。

第四章　施　工　许　可

第二十一条 施工许可在3个工作日内办结。

第二十二条 对于工程投资额在100万元以下或者建筑面积在500平方米以下的房屋建筑和市政基础设施工程，免于办理施工许可，限额以下小型工程由各区按照零星及小散工程相关规定办理手续。

第二十三条 取消房屋建筑及市政基础设施工程施工图审查，各项行政许可均不得以施工图审查合格文件作为前置条件。

项目单位在施工报建时采用告知承诺的方式，承诺提交全套施工图设计文件符合公共利益、公众安全和工程建设强制性标准，并满足建设用地规划许可（或者规划设计要点）、建设工程规划许可等要求。项目单位和设计单位依规定对设计质量进行把关。

市住房建设部门应当建立健全市勘察设计管理系统，项目单位应当将施工图设计文件（含勘察文件，以下简称"施工图"）上传至市勘察设计管理系统，并对其上传的施工图的完整性、真实性和时效性负责。上传至勘察设计管理系统的施工图信息共享，可供施工质量安全监督、联合测绘、竣工联合验收和城建档案归档等环节使用。

第二十四条 对于按照规定应当进行消防设计审查的特殊建设工程，应当在主体开工前通过消防设计审查并取得消防设计审查意见书。项目单位将满足施工需要的消防设计图纸、技术资料和承诺书上传至勘察设计管理系统后，在申报施工许可时无需提交相关证明材料。

探索消防技术审查和行政审批相分离，住房建设主管部门可以委托第三方为消防设计审查提供技术服务和支持，市、区财政应当给予足额经费保障。

第二十五条 环境影响报告书（表）应当在项目开工前取得环保部门批准或者完成备案，在此之前可以开展地质勘探、平整场地、基坑支护、桩基、拆除旧有建筑物、临时建筑、施工用临时道路、通水、通电等工作。

第二十六条　法律、法规规定必须办理的各类许可证件或者批复文件，项目单位应当及时办理，对于因国家、省事权以及土地整备和用地报批等客观原因暂时无法完成的，须在房建类项目主体开工前或者市政线性类项目实体开工前办理完毕。凡需要报国家、省审批的事项，市对口部门负责与上级部门主动协调，项目单位积极协助。

第二十七条　建设项目实行招投标告知性备案，尊重项目单位自主权，招标人全面负责招标工作，体现公平、公正、公开和择优原则。住房建设部门应当做好指导，加强监管。

需要尽快开展实质性工作的民生实事工程及其他工期紧急工程，依法采取简易程序进行快速发包。

第二十八条　房建类项目取得用地预审与选址意见书或者用地规划许可（或者规划设计要点）、依规定确定施工单位、监理单位及采取保证工程质量安全措施且完成了基坑支护工程、土石方工程或者桩基础工程施工图设计的，可以向住房建设部门申请办理基坑支护工程或者土石方工程或者桩基础工程施工许可（含质量安全监督登记）。

市政线性类项目依规定确定施工单位、监理单位，临时设施搭建（含临时施工便道）、交通疏解、管线和绿化迁改方案经相关主管部门批复同意的，交通运输部门合并办理施工许可（专项）及质量安全监督登记手续。

第二十九条　完成施工图设计后，确定施工、监理单位，有保证工程质量安全措施的，按照审批事项目录要求进行施工许可报建，住房建设、交通运输、水务等行业主管部门合并办理施工许可及质量安全监督登记手续。

第三十条　项目单位书面承诺后，办理施工许可无需提供工伤保险参保证明、劳务工工资分账协议，无需核验安全生产许可证、人员资格证书等原件。

第五章　配套措施

第三十一条　竣工联合验收办理时限为10个工作日，市住房建设部门牵头制定联合验收管理办法。统一验收竣工图纸、统一验收标准、统一出具验收意见。对于验收涉及的测量工作，实行一次委托、统一测绘、统一成果审核、统一汇交管理、实现成果共享。

第三十二条　鼓励政府投资类项目推行全过程工程咨询服务，提高全过程工程咨询的供给质量和能力，扩大全过程工程咨询的影响力，充分发挥政府投资类项目的示范引领作用。有关费用按照国家、省、市有关规定计取。

第三十三条　凡符合下列条件之一的建设项目，在项目可研中加入对项目能源利用情况、节能措施情况和能效水平分析等相关内容，发展改革部门不再另行进行节能审查：

（一）抽水蓄能电站、水利、城市道路、公路、电网工程、输油管网、排水管网、供水管网、输气管网、综合管廊等项目；

（二）年综合能源消费量不满1000吨标准煤，且年电力消费量不满500万千瓦时的项目。

第三十四条　涉及市政管线临时迁改工程建设项目，规划和自然资源部门免于办理市政管线迁改设计方案核查。供水、供电、燃气、排水、通信等市政公用服务企业应当规范管线迁改设计方案核查程序，公布办理流程，明确办理时限，通过在线平台受理。

第三十五条　取消核发建设工程噪声作业施工意见书，改由工程监理单位对噪声作业及夜间施工工艺、持续时间合理性进行核定出具意见。

第三十六条 项目单位取得土地权属证明、竣工验收合格证明、竣工测绘报告、竣工财务决算批复后，应当及时申请办理产权登记。房建类项目完成不动产登记作为在线平台建设项目审批办结信息，市政基础设施项目以竣工验收作为建设项目审批办结信息。无正当理由未及时办理产权登记的，建设单位或者产权单位及项目负责人须承担相应责任。

第三十七条 供水、供电、燃气、排水、通信等市政公用基础设施报装提前到施工许可核发前办理，但是不作为前置条件，在施工阶段完成相关设施建设，联合竣工验收前完成接入事宜。

供水、供电、燃气、排水、通信等市政公用服务企业入驻市行政服务大厅，规范简化报装程序，公布办事流程，明确办理时限，公开各项费用。

第三十八条 在市政府确定的区域内，各行业主管部门出台区域评价指引，明确区域评价办理指南，区域管理部门组织开展环境影响、节能、地质灾害、压覆矿产资源、气候可行性、水务、海绵城市、考古调查勘探等事项的区域评估评审，编制区域评价报告，明确评价成果适用范围、条件、效力。对符合区域化评估评审结果适用条件的区域内单个投资项目，无需单独开展相关评估评审工作。

第三十九条 审批事项涉及的技术审查与行政审批分别管理，强化方案设计、技术审查机构的主体责任，方案设计、技术审查人员对其出具的结论终身负责。对已有独立技术审查意见的，审批部门原则上只进行形式性审查。

第四十条 建设项目应当严格执行国家、省、市制定的行业技术标准和安全、质量规范。

各部门对职能范围内给水排水、交通运输、人防、燃气、节能（绿色建筑）、海绵城市等技术审查内容，结合审查技术要求，分类制定通用性的技术标准和安全、质量规范。

市住房建设部门牵头梳理各部门通用性技术标准和安全、质量规范，消除标准规范适用不统一问题。

第四十一条 项目单位按照建设项目办事指南规定的内容和要求准备申报材料，行政服务大厅统一受理，即时转审批部门办理。除以下情形外，审批部门不得拒收、退件：

（一）申报材料与建设项目事项办事指南要求不符的；

（二）项目情况或者申报材料明显不具备许可条件的；

（三）项目单位主动申请要求撤回的；

（四）伪造申报材料的。

申报材料不具备许可条件或者内容深度达不到审批要求，但是能补齐补正的，审批部门通过在线平台一次性明确告知项目单位补齐补正要求。审批部门已经组织过同类或者相关技术审查工作的，应当将审查结果相关材料通过在线平台一并反馈项目单位。需要补齐补正申报材料的，以完善材料后为正式受理时间。

项目单位收到补齐补正通知后20个工作日内未补齐补正材料的，予以退件处理。做退件处理的，在线平台纳入报件质量统计。

申报材料和审批结果的收发及流转、办事信息的推送，按照"一门一网"相关业务规则执行。

第四十二条 全面推行电子签章应用。加载电子签章的电子材料、模型、表单与加载实物签章的纸质材料具有同等法律效力。

全面实施审批材料电子归档，包括对业务办理过程中的材料、设计图纸、技术文件、申请表单、各类回执、各类证照信息等内容电子化，实行统一编码、统一管理、统一归档，形成电子档案并留存。各部门在权限范围内可进行电子档案的查询、下载、打印，并获取有关统计分析数据。

第四十三条 市发展改革部门统筹协调，并组织开展项目验收工作，按照有关规定选择有代表性的已建成政府投资项目进行后评价工作。项目验收和项目后评价结果原则上应当通过在线平台公开。各有关部门要加强项目验收和后评价成果运用，不断完善投资项目管理机制。

第四十四条 市政务服务数据管理部门依托在线平台，对项目审批全流程的审批服务事项、审批环节、审批时限以及项目报建等实行网上监督、实时预警、绩效考核。

第四十五条 对主办部门未履行职责，不按照本规定的流程、时限实施审批的，或者没有提供明确意见，导致项目审批迟滞的，按照相关规定进行问责。

第六章 附 则

第四十六条 本规定所称的前期经费是指市发展改革部门下达可用于项目的项目建议书、可研、项目概算编制和评审，规划论证、环境影响评估、勘察、设计、工程监理、五通一平、生活临建设施建设、场地平整、基坑开挖及基坑相关工程等施工前期准备工作的费用。

第四十七条 本规定所称的房屋建筑工程项目（简称"房建类"），主要包括公共教育、医疗卫生、社会保障、文体设施、保障性住房、产业园区及其配套等建设项目。

本规定所称的市政基础设施工程项目（简称"市政类"），主要包括公路、市政道路、桥梁、隧道及附属工程、地下综合管廊、市政管网、河道综合整治等线性建设项目，以及非轨道交通类综合性交通枢纽场站、立体停车库、市政园林、污泥处置厂、水厂、水质净化厂、排涝泵站、边坡加固及维护、水库管养用房等市政非线性建设项目。

第四十八条 市政非线性类工程施工许可办理流程参照房建类办理流程执行。

政府投资建设项目的不动产登记和小型低风险建设项目按照《深圳市社会投资建设项目报建登记实施办法》相关规定执行。

市委常委会议和市政府常务会议明确的应急工程参照抢险救灾工程办理。

其他市政府投资项目及各区（含新区、合作区）政府投资项目参照本规定执行。

第四十九条 本规定自2020年7月1日起施行。2018年7月9日发布的《深圳市政府投资建设项目施工许可管理规定》（深圳市人民政府令第310号）同时废止。

规划设计要点的主要内容

一、基本信息

1. 用地单位；2. 用地位置；3. 地块编号；4. 用地项目名称；5. 用地性质；6. 总用地面积，其中：建设用地面积，绿地面积，道路用地面积，其他用地面积。

二、建设用地项目规划设计满足下列要求

（一）建设用地面积计算指标。

1. 规定容积率；2. 建筑覆盖率；3. 建筑间距；4. 建筑限高；5. 规定建筑面积：（地下车库、设备用房、民防设施、公众交通、不计规定容积率）。

（二）总体布局及建筑退红线要求。

1. 建筑退红线要求；2. 总体布局要求。

（三）市政设施要求。

1. 车辆出入口；2. 人行出入口；3. 机动车泊位数、非机动车泊位数；4. 室外地坪标高；5. 市政管网接口。

（四）其他要求（备注）。

1. 绿色建筑要求；2. 海绵城市要求；3. 新能源推广要求；4. 轨道交通工程要求；5. 公共设施配套（公交场站、幼儿园、中小学、市政设施、社康中心、垃圾站、警务室、社区服务站、文化站等）要求；6. 其他告知性事项。

三、市政线性类工程规划设计要点依据项目类型出具

5.2 深圳市建设用地开工竣工管理办法（试行）

（深规土规〔2018〕11号）

为加强土地供应批后监管，规范建设用地开工、竣工管理，提高土地利用效率，遵循"以用为先、依法进行、分类处理、节约集约"的原则，制定本办法。

第一条 本办法所称开工，是指土地使用权人依法取得施工许可证后，需挖深基坑的项目，基坑开挖完毕；使用桩基的项目，打入所有基础桩；其他项目，地基施工完成三分之一。保障性安居工程开工按照保障性住房建设相关规定执行。

本办法所称竣工，是指土地使用权人依法取得整宗地的规划验收合格证明或建设工程竣工验收备案证明。

第二条 本办法适用于已取得划拨决定书或已签订土地使用权出让合同（以下简称"出让合同"）的建设用地开工、竣工管理。

政府投资类项目用地的开工、竣工延期按照本办法有关规定办理。

第三条 根据项目用地性质、建筑高度和建筑规模的不同，对划拨和出让用地的开工、竣工期限作如下规定。

（一）主体功能为住房类建设项目应在划拨决定书签发之日或出让合同签订之日起1年内开工建设，自划拨决定书签发之日或出让合同签订之日起4年内竣工（具体竣工期限按实际建筑体量确定）。

（二）主体功能为非住房类建设项目的开工、竣工期限按下表规则确定。

建筑高度（H）	建筑面积（L）	开工期限（年内）	竣工期限（年内）
$H \leq 100m$	$L \leq 50000m^2$	1	3
	$50000m^2 < L \leq 100000m^2$	1.5	3.5
	$L > 100000m^2$	1.5	4
$H > 100m$	$L \leq 50000m^2$	2	4.5
	$50000m^2 < L \leq 100000m^2$	2	5
	$L > 100000m^2$	2.5	6

注：表格所称开工期限、竣工期限，均自划拨决定书签发之日或出让合同签订之日起算。

（三）非住房类建设项目地下室≥3层的，其开工日期可以在前款规定基础上再延长6个月，竣工期限相应顺延。

（四）项目按时开工后，在竣工前经批准提高容积率（增加建筑面积）的，签订补充协议时，按总建筑面积参照上表重新核定竣工期限；在项目竣工后经批准提高容积率（增加建筑面积）的，签订补充协议时，增加部分建筑面积按上表核定竣工期限。

（五）出让用地存在地质条件特别复杂等其他特殊情形的，土地使用权出让方组织论证后，可对用地的开工、竣工期限再另行规定、约定。

第四条 土地使用权人应当在项目开发建设期间，及时向土地使用权出让方报告项目开工、建设进度、竣工等情况。土地使用权人确实无法按划拨决定书或出让合同的规定、约定按时开工、竣工的，可按照本办法申请延长开工、竣工期限，并对不能按时开工、竣工原因进行说明并举证。

第五条 政府、政府有关部门行为的原因（非土地使用权人自身原因）包括：

（一）因未按划拨决定书或出让合同规定、约定的期限和条件将土地交付给土地使用权人，致使项目无法按时开工、竣工的；

（二）因土地利用总体规划、城乡规划依法修改，造成土地使用权人不能按划拨决定书或出让合同规定、约定的用途、规划和建设条件按时开工、竣工的；

（三）因政府出台相关政策，需要对规定、约定的规划和建设条件进行修订的；

（四）因处置土地上相关群众信访事项等无法按时开工、竣工的；

（五）因军事管制、文物保护等无法按时开工、竣工的；

（六）政府、政府有关部门对特定区域或特殊类型的建设项目开发建设有其他强制性要求及其他行为，致使项目无法按时开工、竣工的。

因自然灾害等不可抗力导致无法开工、竣工的，按照前款规定办理。

第六条 土地使用权人主张无法按时开工、竣工属本办法第五条规定原因的，应当提供原因说明材料和市、区主管部门出具的书面证明。书面证明应如实说明对地块施工的实际影响及影响的期间。

市、区主管部门按各自职责分工出具影响开工、竣工的书面证明。其中：属市级部门职责权限的，由市级主管部门出具书面证明；属区级部门职责权限的，由区级主管部门出具书面证明。因情况特殊或职权划分不清的，可报请区政府（新区管委会）协调或指定有关部门出具书面证明。

第七条 因本办法第五条规定情形导致建设项目用地不能按时开工或竣工，土地使用权人申请延长开工、竣工期限的，土地使用权出让方应对未按时开工、竣工的原因进行认定，认定后按程序办理延期手续，签订补充协议重新约定开工、竣工期限。如土地使用权人对认定结果提出异议或存在其他特殊情形的，由土地使用权出让方报区政府（新区管委会）审定。

按前款规定延长开工期限的，不计收违约金，每次延期不得超过1年，竣工期限相应顺延。

第八条 除本办法第七条规定情形外，土地使用权人应当在划拨决定书或出让合同的规定、约定期限内按时开工，开工期限不予延期。超过规定、约定的开工期限未动工开发造成土地闲置的，按照闲置土地相关规定处理。

土地使用权人申请竣工延期的，应在竣工期届满前3个月内提出申请，并按申请延长竣工的期限缴纳违约金。违约金标准为每延长3个月，按合同地价的1.5%计收；不足3个月的，按1.5%计收。申请延期只可延期1次且最长不得超过2年。土地使用权人按规定缴纳违约金后，竣工期限按原出让合同约定的竣工期限顺延。

土地使用权人未申请竣工延期但实际竣工逾期的，逾期2年以内按照前款规定标准缴纳违约金。逾期满2年（含2年）的，土地使用权出让方可按合同地价的20%计收违约金，如实际逾期期限按照前款规定测算应缴纳违约金的比例高于20%的，按实际测算的比例计收；也可以按划拨决定书或出让合同的规定、约定无偿收回土地使用权及地上建筑物、附着物。

土地使用权人缴清违约金后，由土地使用权出让方办理延长竣工期限的手续，签订补充协议重新约定竣工期限。

第九条 划拨决定书或出让合同规定、约定分期开发建设并规定、约定了各分期的竣工期限的，竣工延期的违约责任按划拨决定书或出让合同规定、约定分别确定逾期竣工的期限和面积。划拨决定书或出让合同未规定、约定分期开发建设的，以整宗地竣工的时间确定逾期竣工的期限。

第十条 为切实加强建设用地供后开发利用监管，土地使用权出让方应进一步做好预警提醒工作，通过现场核查、闲置土地处置、竣工验收、开发建设进度跟踪管理等手段，构建土地利用全过程动态监管机制。

第十一条 政府有关部门在受理土地使用权人申请办理建设工程规划验收手续时，应核查申请用地是否在划拨决定书或出让合同规定、约定的竣工期限内竣工。逾期竣工的，受理部门应告知土地使用权人在办理延长土地竣工期限手续后，方可办理有关规划和用地手续。

第十二条 本办法实施前已签订出让合同但还未竣工的建设项目，除涉及闲置土地或已经闲置土地处置延长开工、竣工期限以及已办理开工、竣工期限延期的项目外，土地使用权人可申请按照本办法规定调整开工、竣工期限。经批准调整开工、竣工期限的，应按照本办法规定在补充协议中重新约定未按时开工、竣工的违约责任。

土地使用权人未申请调整开工、竣工期限，因无法按时竣工申请竣工延期或实际竣工逾期的，违约责任按出让合同约定执行；出让合同未约定的，按照本办法执行。实际逾期竣工满 2 年（含 2 年）的，土地使用权出让方可根据实际情况，与土地使用权人协商一致后，按土地使用权出让金的 20% 计收违约金；也可以按出让合同约定，无偿收回土地使用权及地上建筑物、附着物。

第十三条 本办法自发布之日起实施，有效期 5 年。本办法实施前我市发布的有关规定与本办法不一致的，以本办法规定为准。

5.3 深圳市建设工程项目人员实名制管理办法

(深建规〔2018〕7号)

第一章 总 则

第一条 为加强建设工程项目管理，提升工程质量安全水平，推动建筑市场信用体系建设，保障从业人员合法权益，根据《建设工程安全生产管理条例》、《关于全面治理拖欠农民工工资问题的意见（国办发〔2016〕1号）》等规定，结合本市实际，制定本办法。

第二条 本办法适用于本市行政区域内由建设行政主管部门监管的建设工程项目人员的实名制管理。

第三条 本办法所称建设工程项目人员，包括：

（一）建设单位的项目管理人员，包括项目负责人、质量负责人、安全负责人等；

（二）施工单位的项目管理人员及工作人员，包括项目经理、技术负责人、质量负责人、安全负责人及其他项目工作人员；

（三）监理单位注册监理工程师及其他项目工作人员；

（四）劳务工人。

本办法所称实名制管理，是指利用实名制信息管理系统，采集建设工程项目人员身份信息、居住信息、劳动关系、工资发放、考勤信息、工作经历、良好行为及不良行为、执业证书、安全培训证书等基本信息，建立现场人员的信息档案，对建设工程项目人员进行组织化、信息化管理的制度。

本办法所称施工单位，包括施工总承包单位、专业承包单位。

第四条 市建设行政主管部门（以下简称"市主管部门"）负责统筹全市实名制管理工作；建立全市统一的实名制信息管理系统，并提供信息管理系统终端设备技术标准，开放数据接口；负责市管建设工程实名制情况的监督管理。

区建设行政主管部门（以下简称"区主管部门"）按照职责分工，负责辖区内建设工程的实名制管理。

第五条 实名制信息管理系统应当逐步与人力资源和社会保障部门、公安部门、银行、征信单位等系统对接，实现数据共享。

第二章 主体责任

第六条 建设单位对本单位投资建设工程的实名制情况进行统筹管理，落实经费保障，履行以下责任：

（一）在招标文件和工程发包合同中列明实施实名制管理的条款；

（二）协调、检查、督促施工单位落实实名制管理的各项规定和措施；

（三）建设工程开工前，在实名制信息管理系统录入建设单位、监理单位项目人员的相关信息。

第七条 施工单位应当对所承包工程的实名制工作负总责,履行以下责任:

(一)建立健全项目人员登记、考勤、劳动合同签订、工资发放等劳务用工管理相关制度;

(二)在实名制信息管理系统录入第三条第(二)项、第(四)项中建设工程项目人员的相关信息;

(三)建设工程开工前,配备实名制管理员对项目人员进行管理;

第八条 施工总承包单位依法将建设工程分包给其他单位的,分包单位的用工管理纳入总承包单位的用工管理范畴。

第九条 监理单位负责对施工现场各参建单位的实名制管理工作进行监理,履行以下责任:

(一)主动及时向建设单位提供注册监理工程师等人员的真实信息;

(二)每月至少组织一次对施工单位实名制管理工作检查,检查内容包括现场人员信息采集情况、考勤记录、工资发放等;

(三)对未按本办法实施实名制管理工作的施工单位,及时督促整改并向建设单位和主管部门报告。

第十条 建设工程项目人员应当积极配合建设单位、施工单位(以下简称"信息采集单位")落实实名制管理工作,如实提供个人的身份等基本信息。

第三章 信 息 采 集

第十一条 信息采集录入实行诚信申报,由信息采集单位负责。

实名制采集信息包括:人员信息、个人近期证件照(3个月内)、居住信息、移动电话、劳动关系、工资发放、考勤信息、工作经历及业绩、良好行为及不良行为、执业(岗位)资格证书或者职称证书、安全培训证书、工种、特种作业证号等。

第二款所称人员信息,是指人脸、虹膜、指纹、掌型、二代身份证等个人信息。

第十二条 人员信息识别设备,由建设单位通过购买或者租赁等方式选定,费用在安全文明措施费中列支,施工单位应当专款专用。

政府投资在建项目配备人员信息识别设备的费用,按照规定程序增加。

第十三条 建设工程开工前,信息采集单位通过施工现场门禁系统、人员信息识别设备采集相关信息,并将采集的信息上传至实名制信息管理系统。

施工现场门禁系统、人员信息识别设备应当与实名制信息管理系统对接,实现数据共享。

第十四条 施工单位应当在建设工程开工前,依法与招用的劳务工人签订劳动合同并严格履行,及时将考勤情况实时上传至实名制信息管理系统。

施工单位应当组织班组、劳务工人签订进场承诺书、退场确认书。

第十五条 施工单位组织劳务工人进行岗前安全培训、三级教育培训及继续教育培训的,应当将培训考核等信息存档,并及时录入实名制信息管理系统。

第四章 应用与管理

第十六条 建设工程项目人员实行实名制管理的时间,从项目实际开工之日开始,到项目实际竣工之日终止。

建设工程项目人员实名制管理信息应当保存2年以上,从工程实际竣工之日起计算;工程实际竣工日期与工资结清日期不一致的，以工资结清之日起计算。

第十七条 录入实名制信息管理系统的信息可以作为工资发放、工伤保险理赔、劳资纠纷处理、转包挂靠行为认定的重要参考。

第十八条 建设单位应当对录入实名制信息管理系统的各项信息进行动态检查，确保信息的全面、真实、准确。

施工单位应当利用实名制信息管理系统对进出施工现场人员进行校验，强化施工现场考勤管理，禁止身份信息未通过校验人员进入施工现场。

第十九条 信息采集单位、项目人员等发现项目实名制信息管理设备发生故障的，应当及时告知主管部门，并及时进行维修。

维修期间，主管部门及其质量安全监督机构应当加强对在建工程的巡查。

第二十条 实名制信息管理设备维修期间，可以使用备份设备采集相关信息。

无备份设备的，由建设单位、施工单位、监理单位三方共同确认项目人员信息情况。设备维修完成后，施工单位应当及时补录相关信息。

第二十一条 实名制信息管理系统应当与劳务工人工资分账管理系统对接，实现信息共享。

实名制信息管理系统可以设置拖欠劳务工人工资预报警功能，以及劳务工人安全教育培训预警功能。

实名制信息管理系统可以对项目负责人、专职安全员、特种作业操作人员设置资格证件过期提示功能，以及对身份信息未通过校验的现场人员设置警报功能。

第二十二条 市、区人力资源和社会保障部门、公安部门等可以按照授权，查询实名制信息管理系统的相关信息，依法合理使用相关信息，并对个人隐私信息予以保密。

建设工程项目人员可以在实名制信息管理系统中查阅本人考勤记录、工资记录等信息，主管部门应当予以配合。

第二十三条 主管部门负责实名制管理的抽查工作，并实行差异化的管理：

（一）对按照本办法落实实名制管理的建设工程，对参建单位及其负责人在政府资金支持、政府采购、招投标、生产许可、资质审核、融资贷款、市场准入、税收优惠、评优评先等方面依法依规予以优先支持；

（二）对未按照本办法落实实名制管理的建设工程，责令整改，对参建单位及其负责人按规定予以不良信用记录，加大检查的频率，并在政府资金支持、政府采购、招投标、生产许可、资质审核、融资贷款、市场准入、税收优惠、评优评先等方面依法依规予以限制。

第五章 法律责任

第二十四条 建设单位未按本办法要求开展实名制管理工作的，由主管部门将相关情况通报行业主管部门。

建设单位属于行政机关、国有企业或者事业单位的，由主管部门通报其上一级行业主管部门。

第二十五条 施工单位未按本办法要求开展实名制管理工作或者在实施过程中弄虚作假的，由主管部门责令限期改正；逾期未改正的，主管部门将相关情况进行通报，并可以约谈主要负责人，同时按规定纳入信用管理。

第二十六条 施工单位未按本办法及相关规定开展实名用工管理的，由人力资源和社会保障部门责令限期改正；逾期未改正的，根据《广东省工资支付条例》第五十五条规定处以五万元以上十万元以下的罚款。

第二十七条 监理单位未按本办法要求开展实名制管理工作的，责令限期改正；逾期未改正的，主管部门将相关情况进行通报，并可以约谈主要负责人，同时按规定纳入信用管理。

第二十八条 对因未落实实名制、现场管理混乱引发劳务工工资纠纷事件、安全事故或者造成其他不良社会影响的，相关管理部门可以依法依规从重、从快处理，并可以将处理结果在网上公布。

第六章 附 则

第二十九条 交通运输、水务、通信、铁路、电力等有关专业建设工程的实名制管理工作，由相关行业主管部门参照本办法另行制定。

第三十条 本办法自发布之日起施行，有效期5年。

5.4 深圳市住房和建设局关于进一步规范项目经理、项目总监任职锁定和解锁程序的补充通知

（深建规〔2015〕7号）

各有关单位：

按照《关于印发〈深圳市规范项目经理和项目总监任职行为的若干规定〉的通知》（深建规〔2014〕3号，以下简称《若干规定》）精神，为进一步完善《若干规定》，现对项目经理（即施工单位项目负责人，下同）和项目总监（即项目总监理工程师，下同）的任职锁定和解锁程序予以规范，现将有关事宜通知如下：

一、任职锁定程序

（一）对于招标投标建设工程，市、区建设主管部门自招标人提交招标投标情况报告备案之日起，锁定中标项目的项目经理、项目总监的任职资格（即依法暂停其再投标或者承接工程的资格，下同）；对于直接发包工程，自办理施工许可证之日起锁定在施工单位拟任职的项目经理、项目总监的任职资格；对于提前介入质量安全监督（以下简称"提前介入"）的直接发包工程，自批准提前介入之日起锁定在施工单位拟任职的项目经理、项目总监的任职资格。

（二）被锁定任职资格的项目经理，不得在其他项目中任职项目经理。项目总监最多可以同时兼任3个非重大或者非重点建设工程项目；项目总监可以在1个重大或者重点建设工程项目任职；已经任职非重大或者非重点建设工程项目的项目总监，不得再承接或者投标重大或者重点建设工程项目。

重大或者重点建设工程项目由市发改部门认定。

（三）对于提前介入的直接发包工程，建设单位在网上办理施工许可证（以下简称"办证"）时，办证系统需要对已被锁定任职资格的项目经理或者项目总监进行解锁，完成办证后再锁定该项目经理或者项目总监，上述解锁与锁定的时间间隔不得超过6小时。建设单位在办证过程中应当提交由施工单位出具的该项目经理不得参与其他工程投标活动的书面承诺；若该工程为重大或者重点建设工程项目，还需要提供由监理单位出具的该项目总监不得参与其他工程投标活动的书面承诺。书面承诺内容为"该项目经理（或者项目总监）不得参与其他工程投标活动，否则，自愿放弃中标资格，依法承担相应的法律责任"。

（四）对于直接发包项目，被锁定任职资格的项目经理或者项目总监如出现离职、生病、调离等情形，可以办理项目经理（应当提供建设单位、施工单位、监理单位同意的证明）或者项目总监（应当提供建设单位、监理单位同意的证明）的变更手续，变更后的项目经理或者项目总监的任职资格应当立即被锁定；变更前的项目经理或者项目总监的任职资格无需被锁定。

（五）对于招标投标项目，被锁定任职资格的项目经理或者项目总监如出现离职、生病、调离等情形，可以办理项目经理（应当提供建设单位、施工单位、监理单位同意的证明）或者项目总监（应当提供建设单位、监理单位同意的证明）的变更手续，变更后的项目经理或者项目总监的任职资格应当立即被锁定；原项目经理或者项目总监的原任职资格自变更之日起继续锁定6个月。

（六）为确保工程质量安全，同一个项目的项目经理或者项目总监原则上变更次数不超过2次（含2次）；工期两年以上的重大或者重点建设工程项目的项目经理或者项目总监变更次数不超过3次（含3次）。

二、解锁程序

（一）工程已经通过竣工验收备案，计算机系统自动对项目经理或者项目总监解锁或者由企业提供竣工验收备案回执后办理项目经理或者项目总监解锁手续。

（二）单独办理施工许可证或者提前介入的直接发包专业工程已经通过验收的，提供各方责任主体签章的专业工程质量验收记录以及建设单位同意解锁证明后，可以办理项目经理或者项目总监的解锁手续。

（三）工程已经通过竣工验收，非因施工或者监理单位原因导致暂时无法办理竣工验收备案手续的，提供质量安全监督机构向建设行政主管部门提交的质量监督报告以及建设单位同意解锁证明后，可以办理项目经理或者项目总监的解锁手续。

（四）非因施工或者监理单位原因导致出现以下三种情形之一的，提供施工或者监理单位告知建设单位项目经理或者项目总监需要另行任职的书面函件后，可以办理项目经理或者项目总监的解锁手续。

1. 办理施工许可证后未开工；

2. 工程中标后超过120天仍未办理施工许可手续；

3. 已经在建设行政主管部门办理停工登记手续的建设项目。

三、工作保障

（一）技术保障。市、区建设工程实现项目经理和项目总监任职信息共享。自2015年6月1日起，市、区建设行政主管部门应当开展对项目经理和项目总监任职人员锁定及解锁信息共享工作，可以两种方式之一执行：一是直接使用市建设行政主管部门的业务系统（IP地址：http：//192.168.53.6/index.jsp），账号、密码及操作方式由市建设行政主管部门信息中心提供（联系电话：83466848）；二是调用及提供接口服务，具体技术方案与市建设行政主管部门信息中心联系。

（二）分工原则。根据"谁经办、谁锁定、谁解锁"的原则，市、区建设行政主管部门负责各自监管工程的项目经理和项目总监任职锁定及解锁工作。解锁经办人由单位指定专人负责，并设A、B角。单纯因招投标产生的锁定和解锁工作由招投标管理部门负责办理。

（三）未按照本通知规定开展项目经理和项目总监任职锁定和解锁工作的，依法予以查处；相关部门及其工作人员未按照本通知规定履行职责或者不正确履行职责的，依法予以处分。

5.5 深圳市住房和建设局关于明确招标工程项目负责人更换事项的通知

(深建标〔2017〕11号)

各有关单位：

鉴于现阶段工程项目数量与注册执业人员数量的实际情况，为提高建设工程招标投标效率，促进注册执业人员的高效配置，现将招标工程涉及项目负责人更换的相关事项明确如下：

一、在工程招投标阶段，不再将项目负责人（指项目经理和项目总监理工程师，下同）任职数量作为投标文件否决性条款；在工程实施阶段，项目负责人任职数量仍应符合《深圳市规范项目经理和项目总监任职行为的若干规定》（深建规〔2014〕3号）的有关规定。

二、招标人应在招标文件中明确，是否允许中标人更换项目负责人。如是，中标后可以更换；如否，项目负责人从投标承诺至竣工验收之前均不得更换，但符合《关于建设工程招标投标改革的若干规定》（深府〔2015〕73号，以下简称"73号文"）第五十四条第（一）至第（三）、第（五）、（六）、（八）款约定情形的除外。

三、将项目负责人资历、能力、信誉等情况作为定标考虑因素的，原则上招标人不应允许中标人更换项目负责人；允许中标人更换项目负责人的，原则上也不得将项目负责人资历、能力、信誉等情况作为定标考虑因素。

四、招标投标过程不再锁定项目负责人，办理施工许可证时锁定。

五、中标后不得更换项目负责人的情形，如因拟派项目负责人任职数量超过限额导致不能满足办理施工许可证条件的，招标人应取消其中标资格，通过重新招标或参照73号文有关规定重新确定中标人，建设、交通部门应将该投标人纳入不良信用评价体系。

特此通知。

深圳市住房和建设局
2017年11月13日

关于项目负责人更换事项的温馨提示

一、为确保承包人良好履约，建议重大或技术复杂招标项目应将项目负责人情况列为定标依据。招标人在定标之前应审核投标人拟派项目负责人在深圳及国内其他地区的任职情况，评估拟派项目负责人能否到位履职，并在定标时综合考虑上述因素。

二、建议非重大或技术复杂招标项目不将项目负责人情况列为定标依据。招标人可在招标文件中明确项目负责人应当具备的资历、能力、信誉等要求，并作为合同签订前确定项目负责人的依据。投标人不能派出符合要求的项目负责人时，招标人可以取消其中标资格。招标人在截标之后，不得再将项目负责人情况列为定标依据。

三、参加"中标后不能更换项目负责人"的项目投标时，投标人必须确保拟派项目负责人在办理施工许可时任职项目数量未达到规定限额，否则应自行承担被招标人取消中标资格的责任。

四、在同一时间段内，投标人应谨慎派出同一人员参加多个"中标后不能更换项目负责人"项目投标。一经中标且项目负责人任职项目数量达到规定限额的，投标人应立即书面通知其他相关招标人，避免对其造成不利影响。

5.6 深圳市房屋拆除工程管理办法

(深建规〔2017〕8号)

第一章 总 则

第一条 为加强我市房屋拆除工程施工及建筑废弃物处置管理，保障城市公共安全，促进循环经济发展，根据《建设工程安全生产管理条例》《深圳市建筑废弃物减排与利用条例》等规定，结合我市实际，制定本办法。

第二条 本办法适用于本市行政区域内房屋拆除工程的监督管理。

涉及保密、军用、抢险救灾、临时建筑，以及建筑面积500平方米以下小型房屋工程的拆除，不适用本办法。

第三条 本办法所称房屋拆除工程，是指对全部或部分建成的房屋及其附属设施进行整体拆除的工程。本办法所称建筑废弃物，是指在房屋拆除工程中产生的废弃砖瓦、混凝土块、建筑余土，以及其他废弃物。

第四条 市建设行政主管部门对各区（含新区，下同）房屋拆除工程施工、建筑废弃物处置监督管理活动进行指导。

各区建设行政主管部门按照属地管理原则，负责辖区房屋拆除工程备案和施工管理、建筑废弃物综合利用管理。督促房屋拆除实施主体安全文明施工，防治扬尘污染。各区建设行政主管部门可委托区质量安全监督机构、街道办事处具体实施。

各区安全生产监督管理部门负责指导协调、监督检查各区房屋拆除工程的安全施工，牵头对拆除过程中发生的安全事故进行调查处理。

规划国土、城管、环保、交通运输、水务、公安等部门按照各自职责对房屋拆除工程实施监督管理。

第五条 各区建设行政主管部门应当建立房屋拆除工程信息统计报告制度，每月向市建设行政主管部门上报房屋拆除工程备案项目数量、拆除面积、建筑废弃物处理数量等信息。

第二章 房屋拆除工程备案管理

第六条 房屋拆除工程开工前，建设单位应取得相关主管部门出具的有关房屋拆除文件或拆除决定，并向区建设主管部门申请拆除备案。未在规定期限备案的，由区建设主管部门责令改正；拒不改正的，区建设主管部门可将其行为纳入建筑市场不良行为记录。

土地整备、城市更新、违法建筑查处以及规划国土部门应督促建设单位办理房屋拆除备案手续。

第七条 房屋拆除备案应提交如下材料：

（一）相关主管部门出具的房屋拆除文件或拆除决定。其中，城市更新所涉房屋拆除工程，应提供与各区城市更新部门签署项目实施监管协议；违法建筑、危险房屋及其他房屋拆除工程，应提供由违法建筑查处部门、规划国土等部门按规定作出的拆除决定；

（二）施工合同及建筑废弃物综合利用合同；

（三）监理合同；

（四）施工单位资质证书、安全生产许可证及项目经理、注册监理工程师资格证明文件；

（五）经监理单位审核确认的《房屋拆除施工组织方案》；

（六）现场施工人员意外伤害保险凭证；

（七）《建筑废弃物减排及综合利用方案》；

（八）需实施爆破作业的，应提交公安部门核发的《爆破作业单位许可证》及《爆破作业项目行政许可决定书》；

（九）燃气或其他管线的三方监管协议；

（十）法律、法规规定的其他材料。

第八条 《房屋拆除施工组织方案》应包括以下主要内容：

（一）拆除工程任务情况；

（二）主要施工方法，施工进度计划，施工人员、机具及部署；

（三）施工技术措施，包括安全保障、扬尘噪声污染控制、临时用电等各项技术措施，以及对拆除工程可能危及毗邻建（构）筑物、市政设施等的保护措施；

（四）施工平面布置图；

（五）实施方案，包括设置围护和各类警示标志等专项安全防护措施，施工人员安全防护措施，人员撤离、垃圾清运、消防安全、加固和拆除措施、安全事故应急预案等；

（六）其他事项。

第九条 《建筑废弃物减排及综合利用方案》应包括以下主要内容：

（一）建筑废弃物排放处置计划，包括工程任务情况、综合利用单位、建筑废弃物种类和数量、分类拆除的方法、综合利用方式，以及污染防治措施；

（二）建筑废弃物现场专职管理人员、工作职责及分工；

（三）现场处理利用的，应对建筑废弃物现场处理设备能力、建筑废弃物再生产品种类、数量及使用计划予以说明；

（四）固定厂综合利用或不能综合利用的废弃物，应对运往固定厂或其他处置场所的运输路线、数量及处置地点予以说明；

（五）建筑废弃物清理时间安排；

（六）法律规定的其他内容。

第十条 各区建设行政主管部门对申请人提交的拆除备案材料进行审核，材料齐全的，应在3个工作日内予以备案；材料不齐全的，应一次性告知建设单位需要补正的内容，并重新提交备案。

各区建设行政主管部门应结合房屋拆除备案管理的需要和实际情况，编制备案指南，并向社会公布。

各区建设行政主管部门完成备案手续后，应及时将备案回执分别抄送环保、规划国土、水务、城管、交通运输、安监、公安等相关职能部门和拆除工程所在街道办事处。相关职能部门和街道办事处收到备案材料后，应依据职责分工严格按照规定对房屋拆除工程进行监管。

第三章 房屋拆除作业管理

第十一条 房屋拆除工程的建设单位是房屋拆除工程安全生产第一责任人,依法承担相应的责任和义务。

第十二条 建设单位应按照规定委托具有相应资质的施工单位实施房屋拆除工程。

按照规定需要进行监理的,建设单位应当委托具有相应资质的监理单位监理房屋拆除工程。

第十三条 建设单位应向施工单位提供施工现场及毗邻区域的地上地下管线资料、燃气管道等地下工程资料、相邻建筑物或构筑物资料,并保证所提供资料的真实、准确、完整。

建设单位应当督促施工单位安全文明施工,做好建筑废弃物运输与综合利用工作;协助施工单位做好相关管线的迁移和保护工作。

第十四条 施工单位应依法施工,承担房屋拆除工程安全生产主体责任。

施工单位应按规定编制、报审安全专项方案,并落实各项安全技术措施。超过一定规模的、危险性较大的分部分项工程安全专项方案,应组织专家进行论证,并取得认可意见。

第十五条 施工单位应设立安全生产管理机构,并配备安全生产专职管理人员。

安全生产专职管理人员负责现场安全生产管理,按规定对作业人员进行安全教育培训及安全技术交底,及时组织排除事故隐患,制止违章指挥和违章操作行为,报告重大事故隐患。

第十六条 施工单位应按规定编制应急救援预案,在房屋拆除工程施工中发生重大险情或安全事故时,及时启动应急救援预案,排除险情、组织抢救、保护事故现场,并向有关部门报告。

第十七条 房屋拆除施工现场应按照规定进行围挡,对毗邻建筑物、构筑物、地下管线等设施采取专项防护措施。房屋拆除施工危及周边安全的,应立即停工;采取相应整改措施并确认安全后,方可恢复施工。

第十八条 施工单位应按规定编制环境污染防治实施方案,切实做好房屋拆除作业现场扬尘、噪声等污染的防控,并接受建设行政主管部门及环保部门的监督管理。

第十九条 监理单位应依法实施监理,并对房屋拆除工程安全生产承担监理责任。

第二十条 监理单位应对《房屋拆除施工组织方案》及《建筑废弃物减排及综合利用方案》进行审查,并督促施工单位按照方案实施。

第二十一条 监理应制定监理方案,对房屋拆除工程实施旁站监理。

第二十二条 监理过程中发现存在安全隐患的,监理单位应要求施工单位整改或停止施工,施工单位拒不整改或停止施工的,监理单位应及时向区建设行政主管部门报告。

第四章 建筑废弃物综合利用管理

第二十三条 实行房屋拆除、建筑废弃物综合利用及清运一体化管理。房屋拆除工程承包单位应具有相应施工资质及建筑废弃物综合利用能力。不具备建筑废弃物综合利用能力的施工企业,应与具备该能力的企业联合承包房屋拆除工程。

建设单位应对承包单位的建筑废弃物综合利用业绩、设备和人员等情况进行核实。

第二十四条 鼓励建筑废弃物现场处理利用。现场无法处理利用的,应运至建筑废弃物综合利用厂进行集中处理利用。

无法再利用或再生利用的生活垃圾、工业垃圾、危险废弃物、有毒有害废弃物等,应按照相关法律的规定妥善处置。

第二十五条 建筑废弃物的处理利用，应采取安全防护措施和环境污染防护措施。

现场处理利用的，移动式现场处理设备应具有分拣、破碎、筛分、除尘等功能。处理能力应不小于1000吨/天，资源化利用率≥95%。

固定厂处理利用的，处理能力应不小于100万吨/年，资源化利用率≥95%。

第二十六条 建筑废弃物的运输应遵守相关运输法律规定。

第五章 附 则

第二十七条 各区建设行政主管部门、规划国土、环保、城管、交通运输等部门应对房屋拆除活动及其建筑废弃物综合利用情况进行监督检查，发现违法行为的，按照有关规定进行查处。

第二十八条 各区可结合工作实际，制定本区房屋拆除工程管理的实施细则。

第二十九条 本办法自公布之日起施行，有效期5年。

第六篇

财政管理和土地管理

6.1 深圳经济特区政府投资项目审计监督条例

（2004年6月25日深圳市第三届人民代表大会常务委员会第三十二次会议通过，根据2012年6月28日深圳市第五届人民代表大会常务委员会第十六次会议《关于修改〈深圳经济特区政府投资项目审计监督条例〉的决定》第一次修正，根据2018年1月12日深圳市第六届人民代表大会常务委员会第二十二次会议《关于修改〈深圳经济特区政府投资项目审计监督条例〉的决定》第二次修正）

第一章 总 则

第一条 为了加强对政府投资项目的审计监督，规范投资行为，提高投资效率，促进科学决策，充分发挥政府投资项目的社会效益和经济效益，根据《中华人民共和国审计法》及其他有关法律、法规的规定，结合深圳经济特区的实际，制定本条例。

第二条 市、区人民政府审计机关（以下简称审计机关）对政府投资项目的项目前期审计、项目预算执行审计和项目竣工决算审计，以及对建设、施工、勘察、设计、监理、采购等单位与项目建设有关的财务收支的真实、合法、效益情况的审计监督，适用本条例。

本条例所称政府投资项目（以下简称项目），是指利用财政性资金所进行的固定资产投资建设项目，包括财政性资金占项目总投资的比例超过百分之五十，或者占项目总投资的比例在百分之五十以下，但政府拥有项目建设、运营实际控制权的固定资产投资建设项目。与政府投资相关联或者政府以其他各类资源参与投资的项目，可以由审计机关依照本条例进行审计监督。

第三条 审计机关应当加强对社会审计机构、工程造价咨询机构、内部审计机构等单位承办的与项目审计相关的业务质量的监督检查。

第四条 投资来源是市本级的或者主要是市本级的项目，由市审计机关实施审计监督；投资来源是区级的或者主要是区级的项目，由区审计机关实施审计监督；对审计管辖有异议的，由市审计机关确定审计管辖。

市审计机关可以将其审计管辖范围内的项目授权区审计机关审计，也可以直接审计区审计机关审计管辖范围内的项目。

第五条 审计机关依法独立行使项目审计监督职权，不受其他行政机关、社会团体和个人的干涉。

审计机关履行项目审计监督职责所必需的经费，应当由本级人民政府予以安排，列入财政预算。

第六条 政府部门以及其他与项目建设有关的单位和个人应当配合并协助审计机关对项目的审计监督工作。

第七条 审计机关应当按下列规定对项目进行审计监督：

（一）对投资额在市、区人民政府规定的限额以上或者虽然在限额以下但关系到辖区国计民生的项目，审计机关应当进行全面审计；

（二）对其他项目，审计机关应当进行项目竣工决算审计，并按照突出重点、优化程序、提高效率的要求和项目的特点以及年度审计计划，有选择地进行项目前期审计或者项目预算执行审计；

（三）对政府投资的应急工程项目，审计机关应当进行同步跟踪审计。

第八条 审计机关应当按照本条例第七条的规定编制年度审计项目计划，并将其内容和调整情况告知有关部门以及被审计单位。项目的审计监督应当按计划进行。

第九条 项目审计报告应当征求被审计单位的意见，征求意见时间不计入审计时限。

第十条 审计机关作出的审计决定，被审计单位应当执行。

审计机关作出的其他审计结论性文书，对被审计单位具有约束力。

第十一条 审计机关出具的审计结论性文书应当载明认定的事实及其理由、依据等事项。

被审计单位对审计结论性文书有异议的，应当以书面形式向审计机关提出。审计机关应当自收到异议之日起三十日内向被审计单位作出书面答复。

第十二条 市、区人民政府应当将项目审计监督情况每年向同级人民代表大会常务委员会报告。

审计机关应当依照有关规定将项目审计结果向有关部门通报，并可以向社会公布。

审计机关通报或者公布审计结果，应当依法保守国家秘密和被审计单位的商业秘密，遵守国家的有关规定。

第十三条 审计机关和审计人员办理审计事项，应当客观公正、实事求是、廉洁奉公、保守秘密。

承办审计业务的审计人员应当熟悉有关的法律、法规和政策，具备必要的专业知识和业务能力。

第十四条 审计机关根据工作需要，可以聘请具备相关专业知识的人员或者相关专业机构协助项目审计工作。审计机关应当加强对聘请人员和机构的监督管理。

审计机关不得以任何名义向被审计单位收取费用。

第二章　项目前期审计

第十五条 本条例所称项目前期审计，是指审计机关在项目开工前对其前期准备工作、前期资金运用情况、建设程序、施工图预算（总预算、分项预算或者单项工程预算）的真实性、合法性、效益性及一致性进行的审计监督。

第十六条 项目计划主管部门下达项目计划时，应当将项目投资规模和标准、年度投资安排和建设内容、总概算和分项概算等内容抄送审计机关。

第十七条 列入年度审计项目计划应当进行项目前期审计的，建设单位应当按照审计机关的要求报送下列资料：

（一）项目审批文件、计划批准文件和项目分项概算、总概算；

（二）项目前期财务支出等有关资料；

（三）施工图预算（分项预算或者单项工程预算）及其编制依据；

（四）与项目前期审计相关的其他资料。

本条例所称分项预（概）算是指按照项目建设内容和招投标计划编制的分部分项工程预（概）算。

第十八条 项目前期审计的主要内容：

（一）项目建设规模、内容和标准是否符合经批准的项目计划；

（二）项目总预算、分项预算是否符合总概算、分项概算；

（三）项目征地拆迁、勘察、设计、监理、咨询服务等前期工作及其资金运用的真实性、合法性。

第十九条 审计机关进行项目前期审计，应当在被审计单位交齐本条例第十七条规定的材料之日起三十日内出具审计结论性文书，送达被审计单位、项目审批机关及其他有关部门。

第三章 项目预算执行审计

第二十条 本条例所称项目预算执行审计，是指审计机关对在项目实施过程中涉及的工程造价、现场签证、设计变更、设备材料采购、工程结算以及与项目有关的财务收支的真实性、合法性和效益性进行的审计监督。

第二十一条 审计机关进行项目预算执行审计时，被审计单位应当按照审计机关的要求报送下列资料：

（一）本条例第十七条规定的资料；

（二）有关招投标文件、评标报告、合同文本；

（三）项目管理中涉及工程造价的有关资料，包括设备材料采购单、工程计量单、设计变更、现场签证、有关指令和会议纪要等；

（四）项目结算造价资料，包括造价书、工程量计算书、有关计价文件以及计价依据等；

（五）与项目预算执行审计相关的其他资料。

第二十二条 审计机关对工程结算进行审计监督的主要内容：

（一）是否高估冒算，虚报工程款；

（二）是否重复计算，增大工程量；

（三）是否随意变更工程内容，提高造价；

（四）单项工程结算是否符合单项工程预算。

审计机关应当在被审计单位交齐结算资料之日起四十五日内，对单项工程进行结算审计，出具审计结论性文书。单项工程结算（分项结算）超过预算的，审计机关应当建议本级政府及有关部门和单位查明责任，暂缓拨付超额部分款项。

第二十三条 建设单位在订立与项目有关的各项合同时，应当约定保留一定比例的待结价款。保留的待结价款在列入市预选中介机构库的社会中介机构结算审核后结清。

第二十四条 审计机关对被审计单位在项目预算执行过程中的财务收支情况进行审计监督的主要内容：

（一）建设成本的归集；

（二）待摊投资的核算；

（三）单项工程成本的计算。

审计机关对财务收支情况的审计程序和审计处理，依照国家有关法律、法规的规定执行。

第二十五条 审计机关可以根据需要审查项目设计、施工各个环节财务政策的执行情况以及项目内部控制制度的建立和执行情况。

第四章 项目竣工决算审计

第二十六条 项目完成后应当进行项目竣工决算审计。

第二十七条 建设、施工等与项目建设相关的单位,应当在项目完成竣工验收之日起九十日内,向审计机关提交下列资料:

(一)本条例第二十一条规定的资料;

(二)竣工资料,包括工程竣工图、竣工验收报告;

(三)工程竣工决算报表;

(四)与项目竣工决算审计相关的其他资料。

第二十八条 项目竣工决算审计的主要内容:

(一)竣工决算报表和竣工决算说明书的真实性、合法性;

(二)项目建设规模及总投资控制情况、资金到位情况以及对项目的影响程度;

(三)征地、拆迁费用支出和管理情况;

(四)建设资金使用的真实性、合法性,有无转移、侵占、挪用建设资金和违法集资、摊派、收费情况;

(五)项目建筑安装工程核算、设备投资核算、待摊投资的列支内容和分摊以及其他投资列支的真实性、合法性;

(六)交付使用资产的真实性、合法性、完整性;

(七)项目基建收入的来源、分配、上缴和留成使用的真实性、合法性;

(八)项目投资包干指标完成的真实性和包干结余资金分配的合法性;

(九)项目尾工工程未完工程量和预留工程价款的真实性。

第二十九条 审计机关进行项目竣工决算审计,应当自被审计单位交齐本条例第二十七条规定的资料之日起四十五日内出具审计结论性文书。

确有必要延长审计期限的,应当经审计机关负责人批准。延长时间不得超过十五日。

第三十条 项目经过列入市预选中介机构库的社会中介机构结算审核和财政部门竣工财务决算批复,方可办理产权登记和移交手续。

第五章 绩 效 审 计

第三十一条 本条例所称绩效审计,是指审计机关在对项目的有关经济活动的真实性、合法性进行审计的基础上,重点审查项目的经济性、效率性、效果性,并对其进行分析、评价和提出改进意见的专项审计行为。

第三十二条 审计机关进行绩效审计时,被审计单位应当按照审计机关的要求报送下列资料:

(一)项目的可行性研究报告、环境影响评价报告、概算审批文件、计划主管部门立项审批文件;

(二)项目招投标文件、定标文件;

(三)建筑设计合同、施工图、建设施工合同等有关资料;

(四)银行开户资料、会计凭证、会计账簿、会计报表等财务资料;

（五）与绩效审计相关的其他资料。

第三十三条 项目绩效审计的主要内容：

（一）经济性，包括项目立项、招标、设计、施工等各环节的质量、投入和项目造价控制；

（二）效率性，包括项目立项、招投标、设计、施工等各环节的管理政策、原则、制度、措施、组织结构、资金利用及其执行情况；

（三）效果性，包括项目的预期目标、经济效益、社会效益以及环境保护设施与工程建设的同步性、有效性。

第三十四条 审计机关进行绩效审计时，评估、勘察、设计、施工、监理等单位应当配合审计机关的工作。

第三十五条 审计机关应当对项目可行性、投资管理、资金使用、投资效果等事项进行审计评价，向本级政府提交绩效审计结果报告。绩效审计结果报告应当作为政府进行投资决策以及管理的参考依据。

审计机关认为应当提出改进意见和建议的，可以在对审计事项作出评价的基础上，向被审计单位出具审计意见书。被审计单位应当依据审计意见和建议进行改进，提高投资效益。

第六章 法律责任

第三十六条 被审计单位违反本条例第十七条、第二十一条、第二十七条和第三十二条的规定，不按照审计机关的要求提供有关资料或者提供虚假资料的，由审计机关依照《中华人民共和国审计法实施条例》第四十九条的规定追究责任。

第三十七条 因勘察、设计单位的过错而造成项目重大预算失控和投资损失的，审计机关应当报告政府并责成建设单位或者项目法人依法追究勘察、设计单位的赔偿责任；情节严重的，应当建议有关部门降低其资质等级或者依法吊销其资质证书。

第三十八条 建设单位擅自扩大建设规模、提高建筑装饰和设备购置标准以及建设计划外工程的，审计机关应当建议有关部门对负有直接责任的主管人员和其他直接责任人员给予行政处分。

设计变更、现场签证未经法定程序审批的，审计机关应当建议有关部门对负有直接责任的主管人员和其他直接责任人员给予行政处分。

第三十九条 审计监督中发现工程结算中多计工程款项的，审计机关应当责令被审计单位限期收回。

审计监督中发现建设工程偷工减料、虚报冒领工程款金额较大，情节严重的，依照前款规定处理，并依法追究责任单位或者直接责任人的行政责任。

第四十条 改变项目资金用途，转移、侵占和挪用项目建设资金的，审计机关应当予以制止，责令有关单位限期收回。

应计、应缴而未计、未缴各种税费的，审计机关应当督促有关单位补计、补缴，并依据有关法律、法规的规定进行处理。

第四十一条 对虚报投资完成、虚列建设成本、隐匿结余资金行为的，审计机关应当责成有关责任单位按照国家有关规定和现行会计制度予以纠正。

第四十二条 工程造价咨询机构有下列行为之一的，审计机关应当建议建设行政主管部门依据相关法律、法规的规定给予行政处罚：

（一）超越资质证书规定的业务范围从事工程造价编制和咨询活动的；

（二）故意少算、高估冒算工程造价的；

（三）串通虚报工程造价的；

（四）涂改、出租、转让资质证书的；

（五）编制工程结算文件，其工程造价高于或者低于按规范编制价格百分之五以上的。

第四十三条 对不属于审计机关法定职权范围内的有关事项，审计机关应当向有关主管部门移送相关证据材料，有关主管部门应当依法及时作出处理。

对审计中发现的问题，审计机关认为涉及有关部门职责范围的，应当向有关部门提出审计建议，有关部门应当依法及时作出决定，并将结果书面通知审计机关。

第四十四条 对项目审计过程中发现的其他违法违纪行为，由审计机关或者其他有关部门依据相关法律、法规和规章的规定进行处理。

第四十五条 审计机关违反本条例第十四条第二款的规定或者不按照本条例规定履行审计监督职责的，对负有直接责任的主管人员和其他直接责任人员依法给予行政处分。

第四十六条 审计人员有下列行为之一的，应当给予行政或者纪律处分；构成犯罪的，依法追究刑事责任：

（一）明知与被审计单位或者审计事项有利害关系而不主动回避并产生不良后果的；

（二）泄露国家秘密或者被审计单位商业秘密的；

（三）索贿、受贿或者接受可能影响公正执行职务的不当利益的；

（四）隐瞒被审计单位违反国家财经法纪行为的；

（五）滥用职权、徇私舞弊、玩忽职守的；

（六）有违反法律、法规的其他行为的。

第四十七条 被审计单位对审计机关作出的审计决定不服的，可以依法提请政府裁决、申请行政复议或者提起行政诉讼。

被审计单位不履行审计决定的，审计机关应当责令限期执行；逾期仍不执行的，审计机关可以依法申请人民法院强制执行，并建议有关主管机关、单位对直接负责的主管人员和其他直接责任人员给予处分。

第七章 附 则

第四十八条 市政府可以根据本条例制定实施细则。

第四十九条 本条例自 2004 年 10 月 1 日起施行。1998 年 6 月 26 日市政府发布的《深圳市政府投资项目审计监管暂行规定》同时废止。

6.2 深圳市市级财政专项资金管理办法

（深府规〔2018〕12号）

第一章 总 则

第一条 为加强和规范市级财政专项资金的管理，提高财政专项资金的使用效益，根据《中华人民共和国预算法》和《广东省省级财政专项资金管理试行办法》（粤府〔2016〕86号）等有关规定，结合深圳市实际，制定本办法。

第二条 本办法所称市级财政专项资金（以下简称"专项资金"），是指为支持深圳市经济社会各项事业发展，由市级财政预算安排，具有专门用途和绩效目标的资金。

第三条 专项资金实行目录清单制，目录清单内的专项资金管理适用本办法。专项资金目录由资金主管部门在编制年初预算前提出，报市财政部门汇总发布目录清单。专项资金目录清单包括专项资金名称、主管部门、设立年限、资金规模、绩效目标、主要用途等内容。专项资金目录清单一经确定，年度执行中原则上不作调整。

第二章 管理原则

第四条 专项资金管理应当目标明确、绩效优先、标准科学、管理规范、公正透明。专项资金应当按规范程序设立，并根据资金绩效进行调整、管理和动态统筹。积极推进"一个部门一个专项资金"。

第五条 专项资金投入方式实施分类管理。对分配对象为企业的专项资金，主要按市场化方式，包括：政府投资引导基金设立的产业基金投资及跟投、中小微企业贷款资金池风险补偿、贷前增信、融资风险分担、银行贷款贴息、融资租赁贴息、融资担保费用补贴、贷款保险保费补贴等；对于分配对象为事业单位、社会组织和个人的，主要按无偿资助方式；市政府有专门规定的，从其规定。

第六条 专项资金项目的审核、评价应确保标准科学、规范公开。专项资金项目审核、评审应当充分参考专业机构的意见，对于市政府发布政策规定的重大项目的分配，应公开征求社会公众意见。运用专家评审机制的，专家的领域、资格和能力应与被评项目匹配。项目审核、评价意见应向申报单位（即申请使用专项资金的企业、事业单位、社会组织或者个人，以下简称"申报单位"）反馈。

第七条 资金主管部门的专项资金预算应与部门预算同步编报，并落实到具体项目，在部门预算批复后应达到可执行状态。属于应急、抢险类项目的，以及资金主管部门报市政府审定以"悬赏制"方式组织项目的，在预算编报阶段可以不落实到项目单位。

第八条 资金主管部门和项目承担单位应对专项资金形成的国有资产和国有权益加强管理，分类核算，保证国有资产和国有权益安全完整。

第九条 专项资金应实行全过程绩效管理。财政部门、专项资金主管部门按职责建立专项资金生命周期绩效管理制度、年度预算执行绩效管理制度和专项资金项目绩效管理制度。

第三章 相关部门（个人）职责

第十条 市财政部门是专项资金的统筹协调部门，主要职责如下：

（一）负责起草市本级专项资金管理制度，指导资金主管部门制定具体专项资金管理办法；

（二）负责审核专项资金设立、续期、压缩和撤销，按程序报市政府审批；

（三）负责专项资金中期财政规划的组织编制、审核汇总、综合平衡，以及专项资金整体调度和统筹安排；

（四）负责专项资金目录清单的汇总、编制、调整和发布；

（五）组织实施专项资金财政监督，部署专项资金绩效管理，组织绩效目标申报，审核续期绩效评价报告，根据需要组织开展重点专项资金项目绩效评价和再评价，牵头专项资金银行监管制度改革；

（六）职能范围内的其他工作事项。

第十一条 资金主管部门是专项资金的管理执行部门，主要职责如下：

（一）负责建立健全本部门专项资金具体管理制度，规范审批程序，完善内部管理制度，加强内部监管；

（二）加强对专业机构、有关中介组织以及专家的管理，依法制定相应惩戒措施，确保项目评审规范、资金安全；

（三）负责本部门专项资金设立和续期申请，开展续期评价，清理期满退出或者被撤销的专项资金，编制本部门专项资金目录、中期财政规划和预算，提出专项资金调整意见，执行已批复的专项资金预算；

（四）负责在市级财政专项资金管理系统集中发布专项资金管理相关信息，实行专项资金项目从申报指南（通知）发布到专项资金项目申报、审核、资金拨付、资金退出的全周期管理；

（五）负责专项资金项目储备，受理并审核具体项目申报，办理资金拨付，组织专项资金项目验收，跟踪、检查专项资金的使用和项目实施情况，组织实施专项资金监督和绩效评价工作，并配合市财政部门开展重点专项资金项目绩效评价和再评价；

（六）负责按照政府信息公开的要求，开展专项资金信息公开工作；

（七）职能范围内的其他工作事项。

第十二条 其他部门（个人）职责：市审计部门负责对专项资金管理和使用情况进行审计监督；申报单位应对申报事项完整性和真实性负责，并配合资金主管部门、财政部门和审计部门完成相关统计、监督、检查工作，承担专项资金使用责任；受资金主管部门委托的专业机构、中介组织、依法确定的机构（以下简称"法定机构"）等，按约履责，并按规定做好相关信息的安全管理和保密工作。

第四章 专项资金设立、调整和撤销

第十三条 设立专项资金应当符合以下条件：

（一）具有明确的政策依据，符合国家法律法规规定，符合市委、市政府决定部署，符合事权与支出责任相适应原则及公共财政投入方向；

（二）具有明确的主管部门，原则上每个专项资金明确一个资金主管部门，避免多头管理，确需两个或者以上资金主管部门的，应当确定一个牵头部门；

（三）具有明确的存续期限，专项资金首次设立期限不超过 5 年，确需续期的，每次续期期限不超过 5 年；

（四）具有明确的管理要求，专项资金的绩效目标、资金规模、支持对象、支持范围、支出标准和具体用途等科学、合理，满足预算管理要求和财力保障可能；

（五）符合市场规律，市场竞争机制能够有效调节的，不得设立专项资金；

（六）不得重复设立，不得增设与现有专项资金用途相同的专项资金。

第十四条 专项资金按以下程序设立：

（一）资金主管部门组织专家论证，编写可行性研究报告，严格按照有关规定进行公平竞争审查，并通过政府网站或新闻媒体向社会公开征求意见，以正式文件（含公平竞争书面审查结论）向市财政部门提出申请；

（二）市财政部门对专项资金设立申请进行前置性审核，根据本办法第十三条规定，对专项资金的设立依据、规模、期限、具体用途、支持对象、支持范围和绩效目标提出审核意见；

（三）经审核符合设立条件的，由市财政部门会同资金主管部门报市政府审议；

（四）市政府审议批准后按本办法第二十条规定纳入专项资金目录清单。

设立专项资金应当专题研究，专文申请，不得在其他文件中附带提出设立专项资金的申请。

第十五条 专项资金经市政府批准设立后，由资金主管部门会同财政部门制定具体专项资金管理办法，对专项资金申报指南（通知）发布、项目申请、受理、评审、验收、中介组织服务、跟踪管理等进行规范，按程序报市政府批准后公布施行。

经批准续期的专项资金应当及时修订管理办法。

第十六条 资金主管部门应当在存续期限届满 1 年之前进行绩效评价和专项审计，并将评价和审计结果报市财政部门。

第十七条 资金主管部门研究认为专项资金确需续期的，应当在专项资金存续期限届满 6 个月之前按照专项资金设立程序向市财政部门提出申请，并提交绩效评价报告。市财政部门审核同意后，由资金主管部门会同财政部门按照设立程序报请市政府审议。

第十八条 资金主管部门会同市财政部门对存续期间内的专项资金进行不定期评估和清理，专项资金有下列情形之一的，应当向市政府提出压缩或撤销的调整建议：

（一）专项资金设立时的目标任务已完成，或者因经济社会发展情况发生变化、目标不符合现实需要或者已不存在的，应当撤销专项资金或压缩资金规模；

（二）设立依据已被调整或者废止的，应当撤销专项资金或压缩资金规模；

（三）在监督检查、专项审计或者绩效评价中发现违法违纪问题，或者绩效评价结果与原设立的目标任务差距较大的，应当撤销专项资金或压缩资金规模；

（四）由于专项资金的原因造成资金主管部门连续两年预算支出进度绩效考核未达标的，应当压缩专项资金规模。

第十九条 专项资金实行到期退出制度。专项资金存续期限届满不再续期或者在存续期内被撤销的，财政部门不再安排资金预算，资金主管部门和市财政部门应当做好专项资金的清理和后续管理工作。

第五章 专项资金预算编制

第二十条 资金主管部门应当按照年度预算编制程序,结合上一年度专项资金预算执行情况、绩效目标完成情况和下一年度任务目标,提出本部门下一年度专项资金目录,并按照预算编制要求,在编制年初预算前报送市财政部门。

市财政部门结合有关部门的监督检查、专项审计和绩效评价结果,对下一年度专项资金需求提出审核意见,汇总编制下一年度专项资金目录清单,并在政府门户网站上发布。

专项资金目录清单编制完成后,如因新增专项资金、调整资金规模等原因需要调整,按照本条规定的程序进行调整。

第二十一条 资金主管部门应当按照《国务院关于实行中期财政规划管理的意见》(国发〔2015〕3号)和《深圳市实行中期财政规划管理实施方案》(深府办〔2016〕50号)的规定,测算分年度资金需求,编制专项资金中期财政规划。

第二十二条 资金主管部门应当按照《中华人民共和国预算法》等规定,以执行为导向,统筹规划,突出重点,根据专项资金目录清单和中期财政规划编报专项资金预算,纳入本单位部门预算。未列入专项资金目录清单的,不安排预算。

第二十三条 按照预算管理要求,开展专项资金预算编制工作。

(一)资金主管部门将专项资金预算随同其部门预算一并报送市财政部门(以下称"一上");

(二)市财政部门审核资金主管部门"一上"数据,并下达预算编报控制数(以下称"一下");

(三)资金主管部门根据"一下"控制数,按规定格式和要求将专项资金预算、绩效目标随同其部门预算草案再次报送市财政部门(以下称"二上");

(四)市人大审议通过部门预算草案后,由市财政部门批复下达(以下称"二下"),资金主管部门按批复的预算执行。

第二十四条 市财政部门根据市委、市政府指示,结合专项资金执行情况,对专项资金实行动态统筹。

第六章 专项资金项目管理

第二十五条 资金主管部门应当在全市统一的专项资金管理平台进行申报指南(通知)发布、申报受理、项目评审、项目公示、计划下达、信息公开等项目的全流程管理。

第二十六条 资金主管部门应当按照具体专项资金管理办法以及相关依据,制定申报指南(通知)并按规定提前向社会公开发布。申报指南(通知)应当明确专项资金的支持对象、用途范围、申报时间、申报条件、申报程序等内容。

第二十七条 申报单位应当符合以下条件:

(一)符合专项资金管理办法、申报指南(通知)规定的要求和条件;

(二)项目计划或者实施方案切实可行,项目预期效益或者绩效目标明确清晰、合理、可考核;

(三)申报单位不得以同一事项重复申报或者多头申报市级专项资金,同一事项确因政策允许需申报多项专项资金的,应当在申报材料中予以标明并注明原因;

（四）申报单位应当对申报材料的真实性、合法性负责，不得弄虚作假、套取、骗取专项资金。

第二十八条　专项资金项目审核应当符合以下要求：

（一）集体研究决策，专项资金的规划布局应由资金主管部门集体研究决策，内设监察部门的，监察部门应当参与研究；

（二）专业机构管理，融资风险分担、融资成本补偿类资金，由社会金融机构负责融资项目审核管理；公共服务平台、创新载体、科技基础设施、关键共性技术研究类资金，逐步由法定机构管理；基础研究、应用基础研究、公益性研究等类资金，探索设立自然科学基金，注重同行评议和专业机构意见，按自然科学基金分配管理；

（三）严格资质核查，资金主管部门或专业机构应当按照有关规定对申报单位和项目进行核查，申报单位存在影响资金安全的失信行为的，不予核查通过；

（四）审核独立科学，资金主管部门应当保证专业机构对专项资金项目审核的独立性，专业机构应当完善内控制度，制定审核办法，建立责任追究机制，保证专项资金项目审核客观科学、公平公正；

（五）加强监督考核，资金主管部门应当建立对专业机构的监督考核机制，考核结果作为选择专业机构的重要依据。

第二十九条　资金主管部门应当在部门预算"一上"前组织完成专项资金项目审核，编制项目分年度预算；在"二上"前对申报单位为预算管理单位的通知按要求编入单位部门预算。

第三十条　资金主管部门应当按照预算管理要求，对专项资金项目进行收集储备、分类筛选、择优排序后编报部门预算。

第三十一条　在"二下"后，资金主管部门根据市财政部门对专项资金的预算批复发文立项。

对于事前资助项目，资金主管部门应当在立项时通过项目专项资金使用合同或者项目任务书、项目预算批复文件等形式明确项目预算明细。

对于需要"一事一议"的特殊项目，资金主管部门报市政府批准后发文立项。

对于已获得国家、省财政专项资金支持的项目，市本级专项资金在立项时应当予以统筹考虑。

第三十二条　专项资金的支出实行国库集中支付。

申报单位为市级预算管理单位的，由市财政部门在"二下"后下达指标，申报单位按部门预算管理制度支出。因应急需要或者突发情况确需在年中安排的，由市财政部门办理指标调剂划转给申报单位后，由申报单位按部门预算管理制度支出。

申报单位为非预算管理单位的，由资金主管部门在"二下"后根据预算管理制度办理国库集中支付。需委托商业银行进行专项资金使用监管的，按照监管办法办理。监管办法由市财政部门另行制定。

申报单位为区级预算管理单位的，按预算编制要求编入区级预算单位的部门预算，并按相关规定支出。

第三十三条　专项资金的相关信息应当向社会公开，资金主管部门应当在全市统一的专项资金管理平台公开以下信息：

（一）具体专项资金管理办法；

（二）专项资金申报指南（通知），包括申报条件、扶持范围、扶持对象、审批单位、经办部门、经办人员、查询电话等内容；

（三）专项资金分配结果，包括专项资金名称和类别、申报单位名称、扶持金额、项目简介、绩效目标。对未立项的项目应告知申报单位不通过的原因；

（四）投诉受理以及处理情况，包括投诉事项和原因、投诉处理情况等内容；

（五）其他按规定应当公开的内容。

专项资金相关信息确因保密需求无法公开的，按照国家保密制度办理。

第三十四条 申报单位应当按规定使用专项资金，按要求配合市财政部门和资金主管部门的检查，接受监管。申报单位对专项资金实行专账管理、专款专用、单独核算。

对于事前资助项目，申报单位应当定期向资金主管部门报告项目进展情况和资金使用情况。

第三十五条 申报单位应当在项目完成后按资金主管部门要求申请项目验收。

资金主管部门应当对验收要求、完成时限等明确规定并及时组织对专项资金使用情况的过程监督和项目验收（结题）。项目验收时应当就专项资金的使用情况、绩效目标完成情况进行专项审计和评价，并在项目验收（结题）报告中反映。对非预算管理单位的项目剩余资金，应当在项目验收（结题）报告中明确处理意见。

资金主管部门应当对专项资金形成的国有资产和知识产权转化应用加强管理、准确核算，依法依规妥善处置。

第七章 绩 效 管 理

第三十六条 资金主管部门应当在部门预算编制阶段向市财政部门报送专项资金绩效目标，绩效目标作为专项资金预算执行、项目运行跟踪监控和绩效评价的依据。

部门预算批复后，绩效目标原则上不予调整。确需调整的，资金主管部门应当按照预算绩效目标调整程序有关规定报市财政部门，并说明绩效目标调整依据。

第三十七条 资金主管部门负责开展专项资金绩效评价，并将评价结果报送市财政部门。市财政部门根据工作需要组织开展重点专项资金项目支出绩效评价和再评价。

评价结果作为下一年度专项资金预算安排的重要依据。

第三十八条 资金主管部门应当加强对专项资金项目的跟踪监控和后期管理，发现与原定绩效目标发生偏离，或者申报单位自筹资金未如期到位等情形的，应当及时采取措施，提高专项资金使用效益，确保专项资金使用安全。

第八章 监 督 检 查

第三十九条 申报单位、专业机构、中介组织及其工作人员等在专项资金的申请、评审、使用过程中，存在利用不正当手段骗取或协助骗取专项资金等情形的，由资金主管部门按照市政府失信联合惩戒有关规定予以处理，并按照有关法律、法规、规章的规定追究相应责任；涉嫌犯罪的，依法移送司法机关处理。

因申报单位虚假申报骗取专项资金的，以及因申报单位不履行或不正确履行职责造成专项资金损失的，由资金主管部门会同财政部门收回专项资金。

市财政部门、资金主管部门及其工作人员，在专项资金管理活动中滥用职权、玩忽职守、徇私舞弊，或者未执行本办法规定的各项职责的，按照《深圳市行政过错责任追究办法》（深圳市人民政府令第206号）有关规定追究行政责任；涉嫌犯罪的，依法移送司法机关处理。

第四十条 市财政部门会同资金主管部门建立专项资金申报使用失信联合惩戒制度。

申报单位、专业机构、中介组织及其相关人员在专项资金申报、评审、使用过程中受到行政处罚的，由市财政部门或者资金主管部门列入专项资金失信黑名单，并通过市级财政专项资金管理系统向社会公开。

申报单位、专业机构、中介组织及相关主要责任人员在专项资金申报、评审、使用过程中存在以下情形之一但未达到行政处罚标准的，列入专项资金失信风险提示名单，并在市级财政专项资金管理系统中向市财政部门和专项资金主管部门通报：

（一）拒不执行信息报告制度的；

（二）违反规定多头申报专项资金的；

（三）无正当理由不按期办理项目验收或者验收时提供材料不真实的；

（四）其他违反专项资金管理制度的行为。

专项资金申报使用失信联合惩戒具体办法由市财政部门会同资金主管部门另行制定。

第九章 附 则

第四十一条 国务院和财政部批准设立的政府性基金，按照国家的有关规定进行管理。

第四十二条 各区人民政府（含新区管理机构）可以参照本办法制定各区专项资金管理办法。

第四十三条 本办法由市财政部门负责解释。

第四十四条 本办法自2018年8月6日起施行，有效期5年。《深圳市市级财政专项资金管理暂行办法》（深府办〔2007〕68号）同时废止。

6.3 深圳市财政性基本建设资金直接支付暂行办法

（深府规〔2018〕2号）

第一章 总 则

第一条 为规范深圳市财政性基本建设资金的拨付管理，加强财政监督，保证资金的安全和合理使用，提高资金投资效益，根据《中华人民共和国预算法》《中华人民共和国预算法实施条例》《深圳市政府投资项目管理条例》的有关规定，制定本暂行办法。

第二条 本暂行办法适用于深圳市本级财政性基本建设资金的支付和监督管理。

本暂行办法所称财政性基本建设资金包括：本级财政预算安排用于基本建设的资金；本级纳入财政预算管理的专项资金中用于基本建设的资金；其他用于基本建设的财政性资金；上级拨入的财政性基本建设资金。

第三条 财政部门依照本暂行办法对市本级财政性基本建设资金的管理和监督履行下列职责：

（一）负责所有用于基本建设项目投资的财政性资金拨付；

（二）编制基本建设支出预算；

（三）在本级年度基本建设投资项目计划编制过程中就财政性资金安排向发展改革部门提出意见；

（四）核查基本建设项目工程预（结）算和竣工财务决算情况；

（五）对基本建设项目的财务活动实施全过程的管理和监督。

第四条 使用财政性基本建设资金的建设单位（以下简称"建设单位"）负责本单位基本建设项目的组织实施工作，审核基本建设资金申报的相关资料，进行基本建设资金的会计核算和财务管理，确保基本建设资金的安全和合理使用。

基本建设项目主管部门负责本部门基本建设项目的统一规划、申报和协调，协助财政部门加强对基本建设资金的财务管理和监督检查。

第五条 审计机关应当对基本建设资金的使用与管理依法实施审计监督。

第二章 拨款的依据与程序

第六条 使用财政性基本建设资金的建设项目必须严格按照基本建设程序办理。

第七条 本级年度基本建设投资项目计划和支出预算是财政部门拨付基本建设资金的基本依据。

建设单位向财政部门申办基本建设资金拨款时，应提交以下资料：

（一）经批准立项和开工的有关文件；

（二）设计方案及概算的批准文本；

（三）年度基本建设投资项目计划申请表及说明；

（四）年度资金用款计划；

（五）工程预算、施工合同、工程进度表及工程监理等部门的签署意见；

（六）有其他建设资金来源的项目，须提供配套资金落实情况资料；

（七）财政部门要求提供的其他资料。

第八条 财政性基本建设资金按照下列程序实行直接支付：

（一）设计、监理单位凭相关合同资料向建设单位提出用款申请，建设单位审核并签署意见后报财政部门，财政部门核定后将资金拨付到设计、监理单位。

（二）施工单位凭监理单位签署的工程进度审核意见向建设单位提出用款申请，建设单位审核并签署意见后报财政部门，财政部门核定后将资金拨付到施工单位。

（三）对安排前期费用的项目或300万元以下的补助性项目，项目单位凭相关的资料向财政部门提出用款申请，财政部门核定后将资金拨付到项目单位。

（四）实行政府采购的设备款拨付，由建设单位凭签订的政府采购合同资料向财政部门提出用款申请，财政部门核定后将资金拨付到设备供应单位。

（五）建设单位管理费的拨付，由建设单位在规定的标准范围内根据建设项目的用款进度向财政部门提出申请，财政部门审核批准后将资金拨付到建设单位。

（六）实行项目法人责任制的项目，项目法人单位凭监理单位签署的工程进度审核意见，经审核并加签意见后向财政部门提出用款申请，财政部门核定后将资金拨付到项目法人单位。项目法人单位应当按合同规定和工程建设进度及时划拨资金，不得占压应付设计、施工、监理单位的建设资金。

第九条 办理财政性基本建设资金用款申请手续，统一由建设单位指定专人到财政部门办理。一经确认，不得随意变更经办人员。

第十条 使用财政性基本建设资金的单位须实行银行账户专户核算、专户管理。银行账户的开设、变更或撤销须报经财政部门批准。

第十一条 为确保财政性基本建设资金专款专用和安全支付，施工单位的名称和银行账户必须与工程招投标时中标单位的名称相一致。

第十二条 建设单位应严格遵守国家基本建设会计制度和财务管理规定，加强对基本建设项目的成本核算和规范管理。应按规定向财政部门报送基建财务报表及资金使用情况表等财务资料，做好本单位的年终基本建设财务决算。

第十三条 财政部门可按经批准的项目总投资预算预留3%的建设资金作为质量保证金，以督促建设单位在项目建设完工后尽快办理竣工财务决算，防止超付工程款。

前款预留建设资金待工程交付使用缺陷责任期满，并经列入市预选中介机构库的社会中介机构审核后结清。

自2018年1月19日至2018年12月31日为过渡期，过渡期前已报审完毕的项目，其工程结算、竣工决算由审计机关出具审计报告；过渡期内项目的工程结算、竣工决算由列入市预选中介机构库的社会中介机构出具审核报告，经建设单位审查后，报财政部门办理工程价款结算；过渡期后，一律按新管理模式实施。

第十四条 建设单位在项目工程完工之后应及时办理工程竣工决算、竣工验收及产权登记。建设资金有结余的，建设单位应在规定的时间内将结余资金上缴财政部门。

第十五条 建设单位管理费的使用应在批准的概算投资和年度基本建设投资项目计划范围

内，严格按照国家有关规定执行。

管理费的开支标准及管理办法由市财政部门另行制定。

第十六条 施工单位需要材料储备的，财政部门可根据合同规定拨付一定的备料款。备料款一般不超过当年建筑安装工程所需资金的25%。备料款应根据工程建设的实际情况，陆续抵扣工程款。

财政部门应按照工程实际完成量支付进度拨付建筑安装工程款。

第十七条 设备采购货款的拨付，应按采购合同规定分期办理，待设备安装、调试、验收完毕后结清货款。

设备采购手续按《深圳经济特区政府采购条例》的规定执行。

第十八条 政府投资项目配套资金的支付与管理按照有关财务制度以及基建程序要求，依据同比例拨付的原则，由建设单位负责审核支付。

第三章 拨款的管理与监督

第十九条 财政部门应加强基本建设资金的管理，严格审核拨付资金，建立健全财务制度及内部监督制约机制。

第二十条 财政部门应加强对基本建设项目的监督检查，检查的内容包括：项目单位遵守基本建设财务制度及财经纪律情况；内部各项管理制度建立情况；项目资金使用情况等。

财政部门对基本建设项目进行检查时，建设项目主管部门和建设单位应予积极配合，如实反映项目建设情况，及时提供有关基本建设的计划、设计、会计账册、凭证及其他文件资料。对被检查出来的问题，建设单位应及时纠正和整改。

建设单位对基本建设项目的组织实施、建设资金的申报审核负有经济和法律责任。

第二十一条 财政部门在对建设项目管理过程中，发现有下列情形之一的，有权停止支付并收回建设资金：

（一）未经批准超概算、预算的；

（二）建设单位审核不严或提供虚假请款资料的；

（三）占压、挪用、转移建设资金的；

（四）配套资金不落实的；

（五）未经批准变更设计方案的；

（六）不按时向财政部门报送财务报表等资料的。

对上述情况造成经济损失的，应依法追究有关单位责任人的责任；构成犯罪的，由司法机关依法追究其刑事责任。

第二十二条 财政部门应对基本建设项目的概算、预算执行情况进行考核，并按照概算控制预算、预算控制决算的原则进行投资效益分析。

第四章 附 则

第二十三条 各区财政性基本建设资金的直接支付按照本暂行办法执行。

第二十四条 本暂行办法自2018年1月19日起施行。

6.4 深圳市发展和改革委员会专项资金管理办法

（深发改规〔2019〕2号）

第一章 总 则

第一条 为加强和规范深圳市发展和改革部门所负责的市级财政专项资金管理，提高专项资金使用效益，根据《中华人民共和国预算法》《广东省省级财政专项资金管理试行办法》（粤府〔2016〕86号）和《深圳市市级财政专项资金管理办法》（深府规〔2018〕12号）等有关规定，结合深圳市实际，制定本办法。

第二条 本办法所称深圳市发展和改革部门专项资金（以下简称专项资金），是指深圳市发展和改革部门（以下简称市发展改革部门）负责主管使用，由市级财政预算安排，具有专门用途和绩效目标的资金。

第三条 专项资金实行目录清单制，目录清单内的专项资金管理适用本办法。市发展改革部门在编制年初预算前提出专项资金目录清单，报市财政部门发布。专项资金目录清单包括专项资金名称、扶持计划类别或事项名称、设立年限、资金规模、绩效目标、主要用途等内容。

第四条 专项资金管理遵循公开透明、依法依规、目标明确、绩效优先、管理规范、统筹安排的原则。

第二章 职责及分工

第五条 市发展改革部门是专项资金的管理执行部门，主要职责为：

（一）会同市财政部门制定或修订专项资金管理办法，制定配套实施细则或操作规程，完善内部业务管理制度，规范审批程序，加强对权力运行各环节的廉政风险防控。

（二）加强对专业机构、有关中介组织以及专家的管理，依法制定相应惩戒措施，确保项目评审规范、资金安全。

（三）负责办理专项资金的设立和续期申请，开展续期评价，清理期满退出或被撤销的专项资金，编制专项资金目录清单、中期财政规划和部门预算，提出专项资金调整意见，执行已批复的专项资金预算。

（四）负责项目资金（含股权投资等各类资助项目）的拨付、回收和清算等工作。

（五）在政府网站上发布专项资金管理相关信息，编制并发布申报指南（通知），负责产业扶持资金的项目受理审核、收集储备、监督检查、验收评价等全流程项目管理工作，负责物资储备承储资格认定、下达储备计划、监督管理、费用结算等管理工作，对专项资金使用情况和政策执行情况开展绩效管理，配合市财政部门开展专项资金重点绩效评价和再评价。

（六）按照政府信息公开的要求，依法依规办理产业扶持资金信息公开，包括专项资金分配结果、资助项目信息以及公开接受、处理投诉情况等。

（七）职能范围内的其他工作事项。

第六条 市财政部门是专项资金的统筹协调部门,主要职责为:

(一)配合市发展改革部门制定或修订部门专项资金管理办法。

(二)审核专项资金的设立和续期,发布专项资金目录清单。

(三)组织开展专项资金中期财政规划编制,统筹平衡专项资金预算规模,做好专项资金整体调度。

(四)组织实施专项资金预算绩效管理,根据需要对专项资金实施重点绩效评价和再评价。

(五)职能范围内的其他工作事项。

第七条 产业扶持资金申报单位应对申报事项和申报材料的真实性、合法性和有效性负责,履行项目批复或合同(协议)的有关承诺和约定内容,对专项资金实行专账管理、专款专用、单独核算,建立完善档案资料,配合市发展改革部门、财政部门和审计部门等有关部门完成相关监督检查、验收评价、调研统计等工作,承担专项资金使用责任。

承担物资储备任务的承储单位应按时完成政府储备任务、落实实施条件,根据储备计划或委托承储合同的要求组织实施储备物资购买、储存、轮换、销售等活动。

第三章 专项资金设立、调整和撤销

第八条 专项资金按照以下程序设立:

(一)市发展改革部门组织专家论证,编写可行性研究报告,按照有关规定进行公平竞争审查,并通过政府网站或新闻媒体向社会公开征求意见,以正式文件向市财政部门提出申请。

(二)市财政部门对专项资金设立申请进行前置性审核,对专项资金的设立依据、规模、期限、具体用途、支持对象、支持范围和绩效目标提出审核意见。

(三)经审核符合设立条件的专项资金,由市财政部门会同市发展改革部门提请市政府审议,经市政府审议批准后纳入全市财政专项资金目录清单。

政策性风险资金另有规定的,按照其相关规定执行。

第九条 市发展改革部门在专项资金存续期限届满1年之前进行绩效评价和专项审计,并将评价和审计结果报送市财政部门。经研究认为专项资金确需续期的,市发展改革部门在专项资金存续期限届满6个月前向市财政部门提出续期申请,并提交绩效评价报告。经市财政部门审核同意后,市发展改革部门会同市财政部门按照设立程序报请市政府审议。

第十条 市发展改革部门负责对存续期间内的专项资金进行评估和清理,专项资金有下列情形之一的,应在征求相关部门的意见后向市政府提出压缩或撤销的调整建议:

(一)专项资金设立时的目标任务已完成,或因经济社会发展情况发生变化、目标不符合现实需要或已不存在的,应撤销专项资金或压缩资金规模。

(二)设立依据已被调整或废止的,应撤销专项资金或压缩资金规模。

(三)在监督检查、专项审计或绩效评价中发现违法违纪问题,或绩效评价结果与原设立的目标任务差距较大的,应撤销专项资金或压缩资金规模。

(四)由于专项资金的原因造成市发展改革部门连续两年预算支出进度绩效考核未达标的,应压缩专项资金规模。

第十一条 专项资金实行到期退出机制。专项资金存续期限届满不再续期或在存续期内被撤销的,市财政部门不再安排资金预算,由市发展改革部门做好专项资金的清理和后续管理工作。

第四章 预 算 管 理

第十二条 专项资金经市政府批准设立后，市发展改革部门按照年度预算编制程序，结合上一年度专项资金预算执行情况、绩效目标完成情况和下一年度任务目标，提出下一年度专项资金目录清单，在年初预算编制前报送市财政部门。专项资金目录清单编制完成后，如因新增扶持计划或事项等原因须调整目录的，市发展改革部门应按照规定程序进行调整。

未列入专项资金目录清单的资金需求，市财政部门不予安排预算。

第十三条 市发展改革部门按照预算管理要求及相关规定编制专项资金预算，并将专项资金预算纳入部门预算。

（一）市发展改革部门根据专项资金目录和中期财政规划编报专项资金预算，将专项资金预算纳入部门预算一并报送市财政部门，市财政部门审核后下达专项资金预算编报控制数。

（二）根据专项资金预算编报控制数，市发展改革部门进一步细化资金分配方案和对应项目，按规定格式编入部门预算草案并再次报送市财政部门；涉及跨年资金安排的，应按照当年度实际需要编报预算。

（三）市人大审议通过市发展改革部门部门预算草案后，市财政部门批复下达部门预算，市发展改革部门按照批复下达的预算执行。

（四）专项资金预算编报过程中，对项目单位为预算管理单位的，市发展改革部门负责通知项目单位将资助资金编入其部门预算。

第十四条 市发展改革部门根据市财政部门批复下达的部门预算，编制当年专项资金支出进度计划，跟踪预算支出情况，将专项资金纳入年度部门决算，并依法依规向社会公开。

第十五条 专项资金的拨付实行国库集中支付制度。

（一）申报单位为市级预算管理单位的，在市财政部门批复申报单位部门预算、市发展改革部门下达扶持计划后，申报单位按扶持计划和部门预算管理制度支出。对于因特殊情况未编入年初本单位预算的项目，由市发展改革部门发文通知市财政部门办理预算指标划转。

（二）申报单位为非预算管理单位的，在市财政部门批复下达市发展改革部门部门预算后，市发展改革部门按照国库集中支付制度办理资金拨付，可通过与项目单位签订项目资金合同等方式，对具备条件的项目实施进度管理。

（三）申报单位为区级预算管理单位的，市发展改革部门应组织各区发展改革部门办理资金拨付和管理。在市财政部门按照市、区转移支付有关规定下达指标后，申报单位按扶持计划和预算管理制度办理支出。

市政府对资金拨付另有规定的，按其规定办理。

第五章 资 金 使 用

第十六条 市发展改革部门根据市政府以及上级部门出台的相关规划、政策和措施，结合部门职责分工，确定专项资金重点使用范围，主要包括新兴产业、总部经济、循环经济与节能降耗、新能源汽车推广、物资储备等领域，市政府或上级部门部署的重点工作任务，以及批准设立的新增专项资金重点支持领域。

第十七条 专项资金支持的新兴产业领域包括以下方面：

（一）围绕新一代信息技术、高端装备制造、绿色低碳、生物医药、数字经济、新材料、海洋经济等战略性新兴产业重点领域，支持相关单位组织实施创新能力建设、前沿领域中试、关键技术和重大装备研制、产业化、新产品新技术应用示范推广、市场准入认证、产业配套服务体系建设等项目，以及对国家和省发展改革部门支持的战略性新兴产业项目予以配套，推动我市战略性新兴产业高质量发展。

（二）围绕创意设计、新媒体及文化信息服务、文化软件及游戏、数字出版、高端工艺美术、高端印刷、高端文化设备等文化创意产业重点领域，支持相关单位组织实施核心技术研发、公共技术服务平台建设等项目。

（三）支持集成电路、新型平板显示等对产业链具有显著带动和支撑作用的高新技术重大项目建设，推动新兴产业结构优化升级，形成产业集聚发展效应。

第十八条　专项资金支持总部经济领域发展。对符合条件的总部企业在总部落户、贡献奖励、租用和购买办公用房等方面给予支持，进一步促进总部经济发展，吸引和鼓励优质总部企业落户，增强我市作为全国经济中心城市的辐射带动作用。

第十九条　专项资金支持循环经济与节能降耗领域发展。对循环经济和节能降耗领域的示范试点、重点工程、公共服务平台、基础能力建设、相关活动开展等项目予以支持，对国家和省发展改革部门支持的循环经济与节能降耗项目予以配套，推动节能降耗，促进绿色循环发展。

第二十条　专项资金支持新能源汽车推广领域发展。根据有关规定，对符合条件的企业在新能源汽车推广应用、充电设施建设、动力蓄电池回收等方面给予补贴，进一步完善新能源汽车使用环境，扩大我市新能源汽车推广应用规模。

第二十一条　专项资金支持物资储备领域发展。对承担政府物资储备任务、执行政府应急调用储备物资的单位给予补贴，对承担商业储备的企业给予支持，用于增强各类政府储备安全保障能力，保障政府储备宏观调控功能的实现，提高应对自然灾害或其他突发事件的应对能力。

第二十二条　市发展改革部门根据分类管理的需要，可以采取直接资助、贷款贴息、股权投资等多元化扶持方式，分阶段对专项资金资助项目实施管理：

（一）事前事中资助类。对创新能力建设、基础能力建设、前沿领域中试、关键技术和重大装备研制、国家/省配套等类别项目，主要采取事前事中资助方式，资金分期拨付；对资助金额较大、关键节点指标较为明确的项目，应实施里程碑式考核，并将考核结果作为资金拨付的依据。

（二）事后奖补类。对产业化、市场准入认证、新技术新产品应用示范推广、新能源汽车推广应用、总部企业等类别项目，建立由市场决定资金分配的扶持机制，根据申报项目的技术档次、资金投入、建设规模、推广应用力度、专项费用支出金额等因素的一定比例或相应标准予以事后奖励或补贴。

市政府或上级部门有明确要求的扶持方式，按照相关规定办理。政策性风险资金资助方式另行规定。

第六章　项目管理

第二十三条　市发展改革部门根据专项资金重点使用范围和具体支持领域，按规定制定或修订配套实施细则或操作规程，明确申报条件、资助标准、业务流程等内容。配套实施细则或操作规程应结合专项资金实施效果，按照相关规定进行动态调整。

第二十四条 市发展改革部门根据配套实施细则或操作规程等，制定年度申报指南（通知），细化重点支持对象、用途范围、申报时间、申报条件、申报材料编制要求、具体审核程序等内容。

第二十五条 市发展改革部门在政府网站对外发布申请指南（通知），符合条件的申报单位可按照相关规定和申报指南（通知）要求提交申请。

第二十六条 申报单位应符合以下基本条件：

（一）申报单位为在深圳市管理区域内依法登记注册、具备独立法人资格的企事业单位或其他社会组织，符合申报指南（通知）规定的要求和条件。

（二）项目计划或实施方案切实可行，项目预期效益或绩效目标明确清晰、合理、可考核。

（三）申报单位原则上不得以同一事项重复或多头申报市级专项资金，同一事项确因政策允许需申报多项专项资金的，应在申报材料中予以标明并注明原因。

（四）申报单位应对提交的申报材料真实性、合法性、有效性负责，不得弄虚作假、套取、骗取专项资金。

第二十七条 项目审核立项一般按照以下程序实施：

（一）市发展改革部门对申报单位进行资质审查，对其提交的申报材料进行审核，申报单位符合申报条件且材料符合要求的，予以受理；申报单位符合申报条件但材料不齐备的，一次性告知申报单位在规定期限内补齐材料；申报单位不符合申报条件或申报材料不符合要求的，不予受理并告知申报单位项目未通过原因。

（二）市发展改革部门在进行审核时，可根据需要委托第三方专业机构按照有关规定对申报单位和项目组织专家评审、资料查验、现场核查以及专项审计，第三方专业机构将形成的项目审查报告或专项审计报告提交市发展改革部门。

（三）市发展改革部门在进行审核时，结合项目审查报告或专项审计报告，提出项目初步审核意见和资金分配方案，可根据需要向相关部门征求意见，并将征求意见无异议拟予审核通过的项目提交委主任办公会议集体研究决策。

（四）经集体研究决策确定的拟资助项目，除涉及保密要求的内容外，应按规定向社会公示，公示时间不少于5个工作日；对于按照市政府明确要求扶持方式确定的资助项目，经集体研究决策后报市政府审定，经市政府审定同意后予以立项。

（五）公示期满后，对公示无异议和经核查异议不成立的项目，市发展改革部门经收集储备、分类筛选、择优排序后分年度编入项目库并纳入部门预算草案；对于异议成立的项目暂缓资助，待调查处理结果明确后另行处理。

（六）市发展改革部门应在部门预算"一上"时基本完成项目审核并编报专项资金预算，"二上"前按要求细化专项资金预算，并通知预算管理单位按规定将当年度项目资金编入单位部门预算。

（七）市财政部门批复下达部门预算后，市发展改革部门下达专项资金扶持计划，可根据需要下达项目批复文件或与申报单位签订合同（协议），明确项目预算明细并按规定办理资金拨付手续。

（八）市政府和上级部门有相关规定的，按其规定办理。

第二十八条 除涉密事项内容外，市发展改革部门应积极在规定信息平台向社会公开产业扶持资金的相关信息。

第二十九条 产业扶持资金实行项目单位定期报告制度，项目单位应按要求定期向市发展改革部门报告项目进展和专项资金使用情况，配合市发展改革部门和其他相关部门开展项目和专项资金评估检查。

市发展改革部门在项目跟踪管理过程中，若发现项目单位违反规定使用专项资金、项目实施进展和资金使用与原定绩效目标发生偏离、项目单位自筹资金未如期到位、项目发生重大变更调整或无法继续实施等情形的，应及时停止专项资金拨付，并采取责令整改、变更、撤项、中止等处理措施，视情况收回全部或未使用部分的专项资金。

第三十条 市发展改革部门应在配套的操作规程中明确项目验收的完成时限。申报单位在项目实施完成后按要求向市发展改革部门申请项目验收，市发展改革部门可自行或委托第三方专业机构组织项目验收。

验收报告应明确专项资金使用、结余资金处置、绩效目标完成情况等内容。市发展改革部门应监督项目单位根据验收意见按照相关规定处置结余资金。

第七章 绩 效 管 理

第三十一条 市发展改革部门在部门预算编制阶段向市财政部门报送专项资金绩效目标，绩效目标作为专项资金预算执行、项目运行跟踪监控和绩效评价的依据。绩效目标须调整的，市发展改革部门按照规定程序报送市财政部门。

第三十二条 资金使用单位应按照要求对项目实施和资金使用情况开展绩效自评。

市发展改革部门可自行或委托第三方专业机构对专项资金整体使用情况和政策执行情况进行绩效评价，并将绩效评价情况报送市财政部门，专项资金和政策绩效评价结果作为市发展改革部门内部预算统筹和下一年度专项资金预算安排及政策调整完善的重要依据。

市财政部门可以根据需要组织开展专项资金重点绩效评价和再评价。

第三十三条 市发展改革部门建立重大政策、项目绩效监控机制，按照项目进度和绩效情况拨款，对存在严重问题的要暂缓或停止预算拨款。

第八章 监 督 检 查

第三十四条 专业机构、中介组织和专家应按约履责，按规定做好相关信息的安全和保密工作。

委托专业机构、中介组织和专家评审、核查、管理、验收的项目，市发展改革部门应采取定期检查、不定期抽查、事后评价等方式，对项目实施情况和工作质量进行检查和监督。监督结果作为选择专业机构、中介组织和专家的重要依据。

第三十五条 项目单位、专业机构、中介组织及其相关人员在专项资金的申报、使用等过程中，存在利用不正当手段或协助骗取、截留、挤占、挪用专项资金等行为的，按照《深圳市市级财政专项资金管理办法》（深府规〔2018〕12号）第三十九条处理。

第三十六条 项目单位、专业机构、中介组织及其相关人员在专项资金申报、评审和使用过程中受到行政处罚的，按照《深圳市市级财政专项资金管理办法》（深府规〔2018〕12号）第四十条第二款处理。

第三十七条　项目单位、专业机构、中介组织及其相关主要责任人员在专项资金申报、评审和使用过程中存在多头申报、申报材料数据不真实、拒不执行信息报告制度的，以及无正当理由不按期申请项目验收或提供的验收材料不真实的，按照《深圳市市级财政专项资金管理办法》（深府规〔2018〕12号）第四十条第三款处理。

第三十八条　按照"谁审批、谁负责"和"谁使用、谁负责"的原则，市发展改革、财政等相关部门工作人员在专项资金审核、分配及下达等过程中存在利用不正当手段套取资金、违反规定分配资金等行为的，以及滥用职权、玩忽职守、徇私舞弊、索贿受贿等违法违纪行为的，按照《中华人民共和国预算法》《中华人民共和国公务员法》《中华人民共和国行政监察法》《财政违法行为处罚处分条例》《深圳市行政过错责任追究办法》等有关规定追究相应责任；涉嫌犯罪的，依法移送司法机关处理。

第九章　附　　则

第三十九条　专项资金管理费用按照有关规定列入市发展改革部门年度部门预算安排。

第四十条　上级归口管理部门转移支付资金纳入市发展改革部门专项资金预算统一管理，上级部门有管理规定的从其规定，未予明确规定的事项按照本办法管理。

第四十一条　因保密需求无法采用公开受理和信息公示的项目，按照国家、省、市保密制度以及上级部门相关文件要求办理。

第四十二条　本办法由市发展改革部门会同市财政部门负责解释。

第四十三条　本办法自2019年7月22日起施行，有效期5年。市发展改革部门主管使用的既有专项资金管理规定与本办法不一致的，适用本办法。

6.5 深圳市发展和改革委员会专项资金失信行为认定惩戒管理暂行规定

（深发改规〔2020〕5号）

第一章 总 则

第一条 为贯彻《国务院关于建立完善守信联合激励和失信联合惩戒制度加快推进社会诚信建设的指导意见》（国发〔2016〕33号）《深圳市公共信用信息管理办法》（深圳市人民政府令第297号）《深圳市市级财政专项资金管理办法》（深府规〔2018〕12号）等文件精神，进一步规范和加强深圳市发展和改革委员会（以下简称市发展改革委）专项资金失信行为认定与惩戒管理工作，制定本规定。

第二条 本规定适用于实施和参与市发展改革委专项资金（以下简称专项资金）支持项目（以下简称项目）的相关责任主体，包括项目实施责任主体、项目第三方服务责任主体和项目咨询专家。

第三条 项目实施责任主体，是指项目承担单位、申报单位及其法定代表人、项目负责人。

项目第三方服务责任主体，是指项目管理服务机构、评审服务机构、验收服务机构、绩效评价机构、专项审计机构等为市发展改革委提供项目管理服务的第三方服务机构及其法定代表人、项目负责人。

项目咨询专家，是指受市发展改革委或第三方服务机构委托，参与项目咨询、评审和验收的管理人员和专业技术人员。

第四条 市发展改革委负责对相关责任主体在项目申报、评审、实施、管理和验收等全过程的失信行为进行认定和记录，承担专项资金失信名单的管理、对相关失信责任主体实施信用惩戒等工作。

第二章 失信行为认定

第五条 失信行为分为一般失信行为和严重失信行为。

第六条 项目实施责任主体有以下行为之一的，属于失信行为：

（一）一般失信行为

1. 申报或验收材料提供的单位财务状况、资金到账证明、项目投资、技术工艺指标以及经济效益指标完成情况等相关重要信息与实际情况不符，但不影响项目立项或验收结果的。

2. 违反规定委托中介代为申报，但不影响项目立项结果的。

3. 在规定项目建设期结束后六个月以上（不含六个月）、九个月以内（含九个月）未申请验收的。

4. 在同一个项目中，未按项目批复文件或合同书相关要求向市发展改革委报送项目实施情况累计三次以上（不含三次），被责令限期整改，未按期完成整改的。

5. 因组织不力或管理不善等主观因素造成项目建设进度严重滞后，被责令限期整改，未按期完成整改的。

6. 未经批准对项目批复文件或合同书规定的建设内容和指标进行重大调整，被责令限期整改，未按期完成整改的。

7. 未经批准擅自改变专项资金用途，被责令限期整改，未按期完成整改的。

8. 以同一事项重复申报市发展改革委负责的专项资金的；或者以同一事项向市有关部门多头申报，涉及市发展改革委负责的专项资金的。

9. 其他未按要求履行职责，并造成不良后果或影响的行为。

（二）严重失信行为

1. 在规定项目建设期结束后九个月以上（不含九个月）仍未申请验收的。

2. 纪检监察机关认定在市发展改革委专项资金支持项目申报或实施过程中存在行贿等违法违规行为的。

3. 法院生效判决书确认在市发展改革委专项资金支持项目申报或实施过程中构成单位行贿罪、行贿罪等的。

4. 拒不配合市发展改革委进行项目监督检查，对相关处理意见拒不整改的。

5. 经市发展改革委认定，在项目申报或实施过程中抄袭他人科研成果；或者经有权机关认定，在项目申报或实施过程中故意侵犯他人知识产权，严重违背科研伦理和道德的。

6. 伪造、篡改相关合同文本、资金到账证明、会计凭证与发票、技术工艺指标等相关资料，使项目达到申报或验收条件的。

7. 在市发展改革委专项资金支持项目申报或实施过程中因存在弄虚作假、骗取冒领等违规行为，被审计部门查处并通报的。

8. 虚构项目，项目未真实实施的。

9. 截留、私分、套取、转移、挪用专项资金的。

10. 享受市发展改革委总部企业支持政策的企业，违反承诺在深圳市经营期少于十年的；或者享受购房补助的总部自用办公用房，在购房十年内租售或者改变办公用途的。

11. 市发展改革委作出追回资助资金的处理决定后，拒不按要求退还资助资金的。

12. 同一责任主体连续两年内累计有两项以上（含两项）本条所列一般失信行为的。

13. 其他违反专项资金和项目管理规定，并造成严重后果和恶劣影响的。

第七条 项目第三方服务责任主体有以下行为之一的，属于失信行为：

（一）一般失信行为

1. 因组织不力或管理不善等主观因素，导致出具的评审报告、评估报告、专项审计报告、验收意见书等与实际不符，或对重大不符事项未作出披露，对项目咨询、评审、验收、监管等过程或结果造成不良影响的。

2. 与项目承担单位、申报单位或相关人员之间存在利益关系，未主动声明并回避的。

3. 未按服务合同要求对本单位工作人员、项目咨询专家进行有效监督，导致对项目咨询、评审、验收、监管等过程或结果造成不良影响的。

4. 无正当理由一年内不按时完成市发展改革委委托的项目管理服务工作两次以上（含两次）的。

5. 因工作失职导致一年内被项目承担单位、申报单位有效投诉两次以上（含两次）的。

6. 其他未按要求履行职责，并造成不良后果或影响的行为。

(二)严重失信行为

1. 利用项目管理和服务职能,为本单位、项目承担单位或申报单位及人员谋取不正当利益的。

2. 索取或者收受项目利益相关单位或人员的礼品、礼金、消费卡和有价证券、股权、其他金融产品等财物,或者接受宴请、旅游、健身、娱乐等活动安排及其他形式利益输送的。

3. 出具虚假项目评审报告、评估报告、专项审计报告、验收意见书等的。

4. 泄漏项目管理服务过程中需保密的专家名单、专家意见、评审结论等相关信息的。

5. 泄露或使用项目相关商业秘密、技术秘密以及其他不宜公开的信息的。

6. 纪检监察机关认定在市发展改革委专项资金支持项目管理和服务过程中存在行贿、串通投标等违法违规行为的。

7. 法院生效判决书确认在市发展改革委专项资金支持项目管理和服务过程中构成单位行贿罪、行贿罪、串通投标罪等的。

8. 在市发展改革委专项资金支持项目管理和服务过程中因存在弄虚作假等违规行为,被审计部门查处并通报的。

9. 同一责任主体连续两年内累计有两项以上(含两项)本条所列一般失信行为的。

10. 其他违反专项资金和项目管理规定,并造成严重后果和恶劣影响的。

第八条 项目咨询专家有以下行为之一的,属于失信行为:

(一)一般失信行为

1. 接受邀请后无正当理由不参加项目咨询活动,且未及时告知相关工作人员,影响项目咨询活动开展的。

2. 一年内迟到三次以上(含三次)或在项目咨询活动中擅离职守,影响工作正常进展的。

3. 未按照规定的程序、标准和方法开展项目咨询活动,经劝告仍不改正的。

4. 一年内未按照规定时间完成项目咨询工作两次以上(含两次),影响项目咨询活动开展的。

5. 因项目咨询工作失职导致一年内受到有效投诉两次以上(含两次)的。

6. 隐瞒个人情况,不主动执行回避制度的。

7. 其他未按要求履行职责,并造成不良后果或影响的行为。

(二)严重失信行为

1. 索取或者收受项目利益相关单位或人员的礼品、礼金、消费卡和有价证券、股权、其他金融产品等财物,或者接受宴请、旅游、健身、娱乐等活动安排及其他形式利益输送的。

2. 弄虚作假、隐瞒事实真相、与项目承担单位或申报单位串通作弊的。

3. 接受"打招呼"、请托、游说等事项,出具不当咨询评审意见的。

4. 泄露或使用项目相关商业秘密、技术秘密以及其他不宜公开的信息的。

5. 以专家身份从事有损政府公信力活动的。

6. 对有关监督管理部门的调查取证工作不予协助配合的。

7. 同一责任主体连续两年内累计有两项以上(含两项)本条所列一般失信行为的。

8. 其他违反专项资金和项目管理规定,并造成严重后果和恶劣影响的。

第三章 失信行为惩戒措施

第九条 根据情形严重程度,对存在失信行为的项目实施责任主体采取相应惩戒措施:

（一）一般失信行为惩戒措施

1. 责任主体有第六条第一项第 1 至 3 点所列行为之一的，两年内停止其申报市发展改革委负责的各类专项资金资格。

2. 责任主体有第六条第一项第 4 至 7 点所列行为之一的，停止后续资助资金拨付，收回相关项目已拨付未使用资助资金及孳息，两年内停止其申报市发展改革委负责的各类专项资金资格。

3. 责任主体有第六条第一项第 8 点所列行为的，停止后续资助资金拨付，两年内停止其申报市发展改革委负责的各类专项资金资格，申报项目此前未获其他市级专项资金资助的，收回相关项目已拨付未使用资助资金及孳息；申报项目此前已获其他市级专项资金资助的，收回相关项目全部资助资金及孳息。

4. 责任主体有第六条第一项第 9 点所列行为的，根据情形严重程度，可采取上述一种或多种惩戒措施。

（二）严重失信行为惩戒措施

1. 责任主体有第六条第二项第 1 至 3 点所列行为之一的，停止后续资助资金拨付，五年内停止其申报市发展改革委负责的各类专项资金资格，收回相关项目全部资助资金及孳息。第 1 点行为系因经营业务停止、破产清算等原因未申请验收的，第 2、3 点行为不影响项目正常实施的，可以收回相关项目已拨付未使用资助资金及孳息。

2. 责任主体有第六条第二项第 4 至 10 点所列行为之一的，停止后续资助资金拨付，收回相关项目全部资助资金及孳息，五年内停止其申报市发展改革委负责的各类专项资金资格。

3. 责任主体有第六条第二项第 11 点所列行为的，通过司法途径依法追回应追缴资助资金，并永久停止其申报市发展改革委负责的各类专项资金资格。

4. 责任主体有第六条第二项第 12、13 点所列行为之一的，根据情形严重程度，可采取上述一种或多种惩戒措施。

第十条 根据情形严重程度，对存在失信行为的项目第三方服务责任主体采取相应惩戒措施：

（一）一般失信行为惩戒措施

责任主体有第七条第一项所列行为之一的，两年内停止其参与市发展改革委负责的各类专项资金支持项目评审、管理、验收、专项审计资格。

（二）严重失信行为惩戒措施

责任主体有第七条第二项所列行为之一的，解除相关政府购买服务合同，不再拨付合同剩余款项，收回部分或者全部已支付的政府购买服务费用，五年内停止其参与市发展改革委负责的各类专项资金支持项目评审、管理、验收、专项审计资格。

第十一条 根据情形严重程度，对存在失信行为的项目咨询专家采取相应惩戒措施：

（一）一般失信行为惩戒措施

责任主体有第八条第一项所列行为之一的，两年内停止其参与市发展改革委负责的各类专项资金支持项目评审、管理、验收、专项审计资格。

（二）严重失信行为惩戒措施

责任主体有第八条第二项所列行为之一的，永久停止其参与市发展改革委负责的各类专项资金支持项目评审、管理、验收、专项审计资格。

第四章 失信行为认定和记录程序

第十二条 市发展改革委在认定失信行为时,应以《失信行为认定告知书》形式书面告知失信行为责任主体。《失信行为认定告知书》一般应当包括失信行为责任主体名称(包括统一社会信用代码或居民身份证号)、失信行为情形、失信行为认定依据、拟对失信行为责任主体的惩戒措施、异议权的行使方式和期限等。

第十三条 失信行为责任主体收到《失信行为认定告知书》后,应在七个工作日内反馈意见,未反馈意见的,视为无异议;有异议的,可向市发展改革委提出书面陈述申辩意见并提供支持异议的相关证据。

市发展改革委应在收到书面申诉后的二十个工作日内对异议事项予以核实并书面答复失信行为责任主体,情况特殊的,可以适当延长核实时限。对无异议或核实后认定异议不成立的失信行为按程序将失信行为责任主体正式列入专项资金失信名单;经核实后认定异议成立的,应撤销《失信行为认定告知书》或予以重新认定。

第十四条 市发展改革委在将失信行为责任主体正式列入专项资金失信名单后,应及时以《列入失信名单决定书》形式书面告知失信行为责任主体。《列入失信名单决定书》一般应当包括失信行为责任主体名称(包括统一社会信用代码或居民身份证号)、失信行为情形、失信行为认定依据、对失信行为责任主体的惩戒措施、列入日期及惩戒实施期限等。

第十五条 失信行为责任主体对列入名单决定有异议的,可向市发展改革委提交异议申请,也可依法申请行政复议或者提起行政诉讼。异议处理、复议以及诉讼期间,不影响失信行为的认定与惩戒措施实施。

第十六条 建立市发展改革委专项资金失信行为信息库,对失信行为实施信息化管理,并推动与市相关部门实现信用信息交换共享。

第十七条 市发展改革委在作出《列入失信名单决定书》后的七个工作日内,应将列入决定相关信息在市发展改革委专项资金失信行为信息库中予以记录。

第十八条 失信行为记录实行动态调整机制。失信行为记录保存期限为相关惩戒措施实施期限,惩戒实施期限届满时失信行为责任主体如无其他专项资金失信行为,自动移出市发展改革委专项资金失信行为信息库。失信记录保存期限以及惩戒实施期限均从《列入失信名单决定书》记载的列入日期起开始计算。

第十九条 探索建立失信相关责任主体信用修复机制,信用修复具体适用条件、范围等按照有关规定执行。

第五章 附 则

第二十条 本规定实施后,市发展改革委专项资金支持项目批复文件或合同书应体现本规定的内容。

第二十一条 对国家、省下达我市且由市发展改革委负责管理的中央预算内投资以及专项资金项目,如无相关规定的,参照本规定执行。

第二十二条 此前市发展改革委发布的有关规定或办法与本规定不一致的,以本规定为准。

第二十三条 本规定自 2020 年 8 月 24 日起实施,有效期三年。

6.6 深圳经济特区规划土地监察条例

（1995年11月3日深圳市第二届人民代表大会常务委员会第四次会议通过，根据2001年7月27日深圳市第三届人民代表大会常务委员会第八次会议《关于修改〈深圳经济特区规划土地监察条例〉的决定》第一次修正，根据2005年2月25日深圳市第三届人民代表大会常务委员会第三十六次会议《关于修改〈深圳经济特区规划土地监察条例〉的决定》第二次修正，2013年12月25日深圳市第五届人民代表大会常务委员会第二十六次会议修订，根据2017年4月27日深圳市第六届人民代表大会常务委员会第十六次会议《关于修改〈深圳经济特区规划土地监察条例〉的决定》第三次修正，根据2019年10月31日深圳市第六届人民代表大会常务委员会第三十六次会议《关于修改〈深圳经济特区人体器官捐献移植条例〉等四十五项法规的决定》第四次修正）

第一章 总　　则

第一条　为了加强规划土地监察工作，规范规划土地监察执法行为，保障城市规划的实施，保护土地资源，根据有关法律、行政法规的基本原则，结合深圳经济特区（以下简称"特区"）实际，制定本条例。

第二条　特区规划土地监察工作适用本条例。

本条例所称规划土地监察，是指规划土地监察机构对公民、法人和其他组织遵守、执行城市规划和土地管理法律、法规、规章的情况进行监督检查，并依法对违反城市规划法律、法规、规章的行为（以下简称"规划违法行为"）和违反土地管理法律、法规、规章的行为（以下简称"土地违法行为"）进行查处的行政执法活动。

第三条　规划土地监察工作应当遵循严格、规范、公正、文明的原则。查处规划违法行为和土地违法行为，应当做到事实清楚、证据确凿、程序合法、适用法律正确。

第四条　规划土地监察实行市、区、街道三级管理，市、区两级执法的工作机制。

市、区、街道规划土地监察机构是履行规划土地监察职责的专门机构，依法开展规划土地监察工作。

第五条　市规划和自然资源部门指导、监督各级规划土地监察机构依法履行规划土地监察职责。

住房建设、交通运输、水务、市场监管、城管和综合执法等有关部门，应当在各自职责范围内协助开展规划土地监察工作，配合规划土地监察机构调查取证、实施行政强制措施、执行行政处罚决定。

区人民政府、街道办事处负责组织、协调辖区内规划土地监察工作。

第六条　公安机关应当指定专门机构，协助和配合规划土地监察机构开展规划土地监察工作，对阻碍规划土地监察机构依法执行职务的行为应当及时制止，并依法处理。

探索建立规划土地监察机构和公安机关证据收集、信息共享、执法联动的协作机制。

第七条　鼓励公民、法人和其他组织举报规划违法行为和土地违法行为。

鼓励新闻媒体加强对规划违法行为、土地违法行为和规划土地监察工作的舆论监督。

第八条 鼓励开发建设单位、业主大会、业主委员会预防和控制物业管理区域内的规划违法行为和土地违法行为。对本物业管理区域内的规划违法行为和土地违法行为，业主委员会、物业服务企业应当进行劝阻和制止，并及时向所在街道办事处规划土地监察机构报告。

第二章 职责与管辖

第九条 规划土地监察机构履行下列监察职责：

（一）对公民、法人和其他组织遵守、执行规划土地法律、法规、规章的情况进行检查，向有关单位和个人了解情况，查阅、复制或者调取与监察事项有关的文件、资料；

（二）对规划违法行为和土地违法行为进行调查，责令停止违法行为，责令有关单位和个人就监察事项所涉及的问题作出解释和说明；

（三）依法实施行政强制措施；

（四）对规划违法行为和土地违法行为依法实施行政处罚；

（五）依法对规划违法行为产生的违法建筑物、构筑物、设施实施强制拆除；

（六）依照本条例对违法抢建的建筑物径行拆除。

第十条 市规划土地监察机构履行下列职责：

（一）制定规划土地监察政策并组织实施和监督执行；

（二）接受规划违法行为和土地违法行为的投诉、举报；

（三）组织查处跨区的或者市人民政府以及上级主管部门指定的规划违法行为和土地违法行为重大案件；

（四）组织区、街道规划土地监察机构开展跨区和重大执法行动；

（五）监督、指导和检查考核各区、街道办事处的规划土地监察工作；

（六）建立规划土地监察统一信息平台，为全市规划土地监察提供科技手段，实现全市规划土地监察信息共享；

（七）市人民政府确定的其他规划土地监察职责。

第十一条 区规划土地监察机构履行下列职责：

（一）接受辖区内规划违法行为和土地违法行为的投诉、举报；

（二）查处辖区内规划违法行为和土地违法行为案件；

（三）协调和执行辖区内违法用地清理和违法建筑物、构筑物、设施的强制拆除工作；

（四）督促辖区内街道办事处规划土地监察机构开展日常巡查等工作，指挥、调度辖区内街道办事处规划土地监察机构开展联合执法、交叉检查；

（五）承办市规划土地监察机构、区人民政府交办的其他规划土地监察事项。

第十二条 街道办事处规划土地监察机构履行下列职责：

（一）对公民、法人和其他组织遵守有关城市规划、土地管理法律、法规、规章的情况进行日常巡查；

（二）制止辖区内规划违法行为和土地违法行为并报告区规划土地监察机构；

（三）以区规划土地监察机构的名义开展规划土地监察工作；

（四）承办市、区规划土地监察机构交办的其他规划土地监察事项。

第十三条 规划违法行为和土地违法行为的查处实行属地管辖。除跨区的或者市人民政府以及上级主管部门指定的重大案件由市规划土地监察机构管辖外，其他案件由区规划土地监察机构管辖。案件管辖的具体标准由市人民政府另行制定。

市规划土地监察机构根据需要可以将其管辖的案件交由案件发生地的区规划土地监察机构办理，也可以办理由区规划土地监察机构管辖的案件。

区规划土地监察机构之间对案件管辖发生争议的，由市规划土地监察机构指定管辖。

第十四条 建设工程违反城市规划、土地管理法律、法规、规章，同时违反施工管理法律、法规、规章的，规划土地监察机构和住房建设部门应当分别依法查处。

第三章 调查与处理

第十五条 规划土地监察机构应当通过卫星遥感监测、航拍、电子监控和监察人员巡查等方式，及时发现规划违法行为和土地违法行为。

规划和自然资源、住房建设、城管和综合执法、人口和房屋综合管理等部门或者机构在办理行政许可、验收、备案或者监管过程中发现规划违法行为和土地违法行为的，应当按照规定及时告知规划土地监察机构。

第十六条 规划土地监察机构应当建立定期检查制度，对遵守和执行城市规划和土地管理法律、法规、规章的情况进行全面检查。检查应当作出书面记录或者录音、录像。

第十七条 建立健全规划违法行为和土地违法行为举报制度。

举报可以采取书面、口头或者其他方式。举报采取口头或者其他方式的，规划土地监察机构应当作详细记录。

第十八条 规划土地监察机构对规划违法行为和土地违法行为投诉、举报的受理以及案件的办理，应当通过全市统一的规划土地监察平台进行，并按照政府信息公开的有关规定予以公开。

第十九条 规划违法行为和土地违法行为符合下列条件的，规划土地监察机构应当予以立案：

（一）有证据证明违法行为已经发生；

（二）依法应当追究行政法律责任；

（三）属于规划土地监察机构管辖范围。

符合立案条件的，应当自受理之日起十个工作日内立案。不符合立案条件的，不予立案，并将理由告知案件移送单位或者举报人。

第二十条 规划土地监察机构在履行监察职责时，应当有两名以上规划土地监察人员（以下简称"监察人员"）到场，并出示执法证件。不按照前述规定行使职权的，被监察人有权拒绝接受监察。

第二十一条 监察人员是案件的当事人、当事人的近亲属或者与案件有利害关系的，在案件办理过程中应当回避。

监察人员的回避，由本级规划土地监察机构决定；规划土地监察机构负责人的回避，由上一级规划土地监察机构决定，但是市规划土地监察机构负责人的回避，由市规划和自然资源部门决定。

规划土地监察机构应当书面告知当事人有申请监察人员回避的权利。当事人申请监察人员回避的，决定机关应当在五个工作日内作出是否回避的决定；当事人对决定不服的，可以在三个工作日内向决定机关申请复核一次，决定机关应当在五个工作日内作出复核决定。

第二十二条 立案后，监察人员应当及时对案件进行调查取证。收集、调取的证据范围包括书证、物证、视听资料、证人证言、当事人陈述、鉴定结论、勘验笔录等。

第二十三条 监察人员可以收集、调取与案件有关的原始凭证。原始凭证可以复制，但是应当与原件核对无误，并由原件出具人签名或者盖章。

第二十四条 在案件办理过程中，规划土地监察机构可以向当事人、证人发出调查询问通知书，通知当事人在规定期限内接受调查询问。

监察人员可以询问案件当事人、证人，并制作笔录。笔录经核对无误后由监察人员和被询问人员分别签名或者盖章；被询问人拒绝签名或者盖章的，监察人员应当在笔录上予以注明。

第二十五条 对专门性问题需要进行鉴定的，规划土地监察机构应当委托具有鉴定资质的鉴定机构。

鉴定机构有权查阅鉴定所需的案件材料、询问当事人和证人。

鉴定机构应当就鉴定事项作出鉴定结论，并向规划土地监察机构提交书面鉴定报告。鉴定报告由鉴定人员签名并加盖鉴定机构的印章。

鉴定费用由规划土地监察机构承担。

第二十六条 监察人员有权进入现场进行勘验或者委托专业机构进行勘验。

勘验现场应当制作勘验笔录。

第二十七条 监察人员发现规划违法行为或者土地违法行为正在实施或者可能继续实施的，应当及时向当事人发出停止违法行为通知书。

停止违法行为通知书应当包括下列内容：

（一）当事人的姓名或者名称；

（二）违法行为发生的地址等基本情况；

（三）违反法律、法规、规章的事实和证据；

（四）停止违法行为的要求和依据；

（五）不停止违法行为的法律后果；

（六）作出停止违法行为通知书的规划土地监察机构印章和作出日期。

当事人姓名或者名称暂时难以确定的，可以表述为违法建设行为人或者违法用地行为人。

第二十八条 停止违法行为通知书已经送达而违法行为人继续抢建的，规划土地监察机构可以对抢建部分径行拆除。

第二十九条 案件调查结束后，规划土地监察机构应当按照下列方式分别处理：

（一）无违法事实或者主要证据不足的，不得给予行政处罚；

（二）违法事实清楚、证据确实充分的，依法作出行政处罚；

（三）违法行为轻微，不予行政处罚的，可以通过录像等方式予以记录并跟踪监管。

规划土地监察机构作出行政处罚决定之前，应当依法告知当事人享有陈述、申辩以及要求举行听证的权利。当事人申请听证的，按照听证的有关规定办理。

第三十条 规划土地监察机构对规划违法行为和土地违法行为的处罚种类包括：

（一）罚款；

（二）限期拆除违法建筑物、构筑物、设施；

（三）没收违法建筑物、构筑物、设施；

（四）没收违法所得；

（五）法律、行政法规规定的其他处罚。

第三十一条 行政处罚决定书包括下列内容：

（一）当事人的基本情况；

（二）违法事实；

（三）处罚依据；

（四）处罚内容；

（五）申请行政复议的期限以及复议机关；

（六）向人民法院提起诉讼的期限以及有管辖权的人民法院；

（七）规划土地监察机构印章和作出决定的日期。

第三十二条 规划土地监察机构对违法建筑物、构筑物、设施作出限期拆除的行政处罚决定后，应当依法送达并在三个工作日内将决定书内容予以公告。公告应当张贴在拟拆除违法建筑物、构筑物、设施的显著位置。

第三十三条 规划土地监察机构送达有关法律文书，应当直接送达。受送达人是法人或者其他组织的，交其法定代表人、负责人或者收发部门签收；受送达人是自然人的，交其本人签收，本人不在的，可以交其同住成年家属签收。

受送达人拒绝签收的，送达人可以邀请有关基层组织或者受送人所在单位的代表到场，说明情况，在送达回证上记明拒收事由和日期，由送达人、见证人签名或者盖章，将文书留在当事人的收发部门或者住所，即视为送达；也可以把文书留在当事人的住所，并采用拍照、录像等方式记录送达过程，即视为送达。

对已经书面确认送达地址或者依法可以确定住所的被送达人，可以邮寄送达。被送达人、被送达人成年家属或者被送达人收发部门签收的，即视为送达。无法邮寄送达的，可以按照本条规定的其他送达方式送达。

对于有关违法建筑物、构筑物、设施的法律文书，采用本条第一款规定的方式无法送达的，规划土地监察机构将相关法律文书张贴在该违法建筑物、构筑物、设施的显著位置，并抄送违法建筑物、构筑物、设施所在地有关基层组织，即视为送达。

采取上述方式无法送达的，经本级规划土地监察机构负责人批准，可以在本市主要报刊公告送达。自公告发布之日起三十日，即视为送达。

第三十四条 违法案件的调查处理，应当自立案之日起三个月内完成。因特殊情况不能完成的，经本级规划土地监察机构负责人批准，可以适当延长，但是每次延长的期限不得超过一个月。

规划土地监察机构应当在批准延期后将延期事项告知当事人或者利害关系人。

第三十五条 对未经批准或者未按照批准内容进行建设的临时建筑物、构筑物、设施以及超过批准期限未拆除的临时建筑物、构筑物、设施，由规划土地监察机构责令限期拆除。

规划土地监察机构拆除违法临时建筑物、构筑物、设施，可以按照以下程序进行：

（一）书面通知当事人限期自行拆除，并将限期拆除通知张贴在临时建筑物、构筑物、设施的显著位置；

（二）当事人逾期不拆除的，由违法临时建筑物、构筑物、设施所在区的规划土地监察机构予以拆除。

第三十六条 因行政处罚需要对建筑物、构筑物、设施进行价值评估的，由市、区规划土地监察机构招标确定的评估机构或者市人民政府设立的评估机构实施。评估费用由规划土地监察机构承担。

第三十七条 违法加建、改建的当事人以拒绝入户等方式阻碍监察人员进行现场检查、勘验等执法活动的，处五万元罚款。

第三十八条 规划土地监察机构在履行监察职责时，发现向违反城市规划或者土地管理法律、法规、规章的建设工程供水、供电或者出售预拌混凝土的，应当书面通知实施上述行为的单位或者个人停止供水、供电或者出售预拌混凝土。单位或者个人收到通知后未按照要求配合执法的，处每场所五万元罚款。

第三十九条 对涉及规划违法行为或者土地违法行为的房地产，规划土地监察机构可以作出决定，限制其首次登记或者转移、抵押登记。不动产登记机构收到规划土地监察机构限制房地产权利的决定后应当及时办理。

违法状态消除或者当事人履行有关行政处罚决定后，规划土地监察机构应当作出决定，并及时通知不动产登记机构解除对有关房地产的权利限制。

第四章 强制措施与执行

第四十条 规划土地监察机构在查处违法行为过程中，对与违法行为有直接关系的场所、设施或者财物，可以依法实施查封、扣押等行政强制措施。

第四十一条 规划土地监察机构实施查封、扣押行政强制措施的，应当向当事人发出经本级规划土地监察机构负责人签发的查封、扣押决定书，并可以向有关单位发出协助执行通知书。

规划土地监察机构实施查封、扣押时，应当制作查封、扣押清单一式两份，由监察人员、当事人或者见证人签名后，由当事人和规划土地监察机构分别保存。

第四十二条 被查封的财物，由规划土地监察机构加封封条，并妥善保管。规划土地监察机构也可以委托第三人保管，保管费用由规划土地监察机构承担。

被扣押的财物，规划土地监察机构应当妥善保管。

第四十三条 查封、扣押的期限不得超过三十日；情况复杂的，经规划土地监察机构负责人批准，可以延长，但是延长期限不得超过三十日。法律、行政法规另有规定的除外。

第四十四条 当事人对行政处罚决定逾期不履行的，规划土地监察机构应当依法催告当事人履行义务。经催告，当事人仍不履行，且未在法定期限内申请行政复议或者提起行政诉讼的，按照下列方式分别处理：

（一）依照城市规划法律、法规、规章作出的限期拆除行政处罚，由违法建筑物、构筑物、设施所在区的规划土地监察机构作出行政强制执行决定予以拆除；依照土地管理法律、法规、规章作出的限期拆除行政处罚，由作出处罚决定的规划土地监察机构申请人民法院强制执行。

（二）其他行政处罚，由作出处罚决定的规划土地监察机构申请人民法院强制执行。

规划土地监察机构应当在申请行政复议的法定期限或者提起行政诉讼的法定期限届满之日起三个月内申请人民法院强制执行；当事人对行政处罚决定提起行政复议或者行政诉讼的，规划土地监察机构应当在行政复议决定或者人民法院裁判文书生效之日起三个月内申请人民法院强制执行。

第四十五条 对于市规划土地监察机构依照城市规划法律、法规、规章作出的限期拆除的行政处罚决定，符合强制执行条件的，由违法建筑物、构筑物、设施所在区的规划土地监察机构作出行政强制执行决定予以拆除。

前款所称符合强制执行条件，是指经依法公告、催告，当事人未在法定期限内申请行政复议或者提起行政诉讼，或者行政复议决定、行政诉讼判决维持原行政处罚决定的。

第四十六条 规划土地监察机构在实施强制拆除前，应当对拟拆除的违法建筑物、构筑物、设施进行勘验并制作勘验笔录。

勘验笔录应当包括违法建筑物、构筑物、设施的名称、地点、结构、建筑面积、装修标准等内容。

第四十七条 规划土地监察机构实施强制拆除时，应当通知当事人到场。当事人不到场的，不影响强制拆除的执行。

强制拆除的费用，由当事人承担。

第四十八条 规划土地监察机构实施强制拆除时，应当根据实际需要，通知公安、交通运输、卫生健康、市场监管、城管和综合执法、消防救援等部门和机构以及物业管理、通讯、供水、供电等单位派员到场协助实施强制拆除。有关部门和单位在收到协助执行通知书后，应当派员到场并按照规定履行各自的职责。

规划土地监察机构实施强制拆除时，区人民政府、街道办事处应当根据需要对拆除行动进行组织协调。

第四十九条 违法建筑物、构筑物、设施被拆除时，对于敷设其上的设备，应当一并拆除。室内未搬迁的物品，由规划土地监察机构代为搬迁，并交予当事人。所搬出的财物无法交予当事人的，由规划土地监察机构在有关基层组织见证下登记造册，并妥善保管，公告当事人认领。

三个月后仍无人认领的，按照确认无主财产的法律程序处理。

第五十条 有下列情形之一的，规划土地监察机构应当中止强制拆除：

（一）人民法院裁定或者复议机关决定中止执行强制拆除的；

（二）第三人对执行标的提出异议，经审查认为确有理由的；

（三）规划土地监察机构认为需要中止强制拆除的其他情形。

中止强制拆除的情形消失后，应当立即恢复实施强制拆除。

第五十一条 有下列情形之一的，规划土地监察机构应当终结强制拆除：

（一）人民法院判决或者复议机关决定撤销强制拆除决定的；

（二）当事人自行拆除违法建筑物、构筑物、设施的；

（三）规划土地监察机构认为需要终结强制拆除的其他情形。

第五十二条 强制拆除执行人员应当制作执行笔录。执行笔录应当包括下列内容：

（一）当事人姓名、住所或者名称、法定代表人或者负责人姓名、职务等；

（二）被执行强制拆除物的名称、地点；

（三）强制拆除的时间、过程及结果；

（四）执行强制拆除人员、见证人员签名；

（五）制作执行笔录时间。

第五十三条 违法建筑物、构筑物、设施被依法没收的，由市、区人民政府指定的部门或者机构与当事人或者人民法院办理交接手续。

被依法没收的违法建筑物、构筑物、设施需要办理产权登记的，由接收单位依法补办相关手续后凭行政处罚决定书或者人民法院强制执行法律文书以及有关材料向不动产登记机构提出申请，市不动产登记机构应当予以办理。

第五十四条 当事人拒不履行规划土地监察机构作出的行政处罚决定的，规划土地监察机构应当通知征信机构载入行为人信用记录。

第五十五条 当事人对规划土地监察机构作出的行政处罚、行政强制等具体行政行为不服的，可以依法申请行政复议或者提起行政诉讼。

不服区规划土地监察机构作出的具体行政行为提起行政复议的，由区人民政府或者市规划土地监察机构受理；不服市规划土地监察机构作出的具体行政行为提起行政复议的，由市规划和自然资源部门受理。

当事人对拆除违法建筑物、构筑物、设施的强制执行决定申请行政复议或者提起行政诉讼的，不停止强制拆除的执行，但是法律另有规定的除外。

第五章 执法监督

第五十六条 市、区人民政府应当建立健全查处规划违法行为和土地违法行为工作责任制、行政问责制和共同责任考核制，将规划违法和土地违法行为的查处工作作为绩效考核的重要内容。

第五十七条 市人民政府应当建立规划土地工作督察制度，对市有关部门和区人民政府执行城市规划和土地管理法律、法规、规章的情况以及规划土地监察机构的执法工作进行监督检查，并根据需要向区人民政府、街道办事处派驻规划土地工作督察员。规划土地工作督察员代表市人民政府履行规划土地监督检查职责。

第五十八条 任何组织或者个人有权检举、控告规划土地监察机构在履行规划土地监察职责中的违法行为，有关机关应当依法予以查处，并将处理结果按照规定告知举报人、控告人。

第五十九条 上级规划土地监察机构应当对下级规划土地监察工作的下列事项进行监督：

（一）重大执法行动的部署、措施的组织和执行情况；

（二）巡查制度的落实及案件的调查处理情况；

（三）执法证件、标识、设备及其他执法装备的使用情况；

（四）规划土地监察机构队伍纪律、廉政建设及其监察人员遵守纪律、廉洁自律情况；

（五）群众通过信访、投诉反映的涉及监察人员违法违纪的情况；

（六）其他规划土地监察机构及其监察人员行使职权、履行职责和遵守纪律的情况。

在监督检查中发现问题的，上级规划土地监察机构应当采取通知、建议等方式进行纠正和督办。

第六十条 监察人员有下列情形之一的，其所在单位、上级行政机关或者监察机关应当责令改正，并依法给予处分：

（一）接到规划违法行为或者土地违法行为投诉、举报后不按照规定受理、登记的；

（二）在责任地段内不履行日常巡查职责，未能及时发现规划违法行为或者土地违法行为，情节严重的；

（三）发现规划违法行为或者土地违法行为不制止、不报告，情节严重的；

（四）对规划违法行为或者土地违法行为不依法处理，情节严重的；

（五）其他不依法履行职责的。

第六十一条 负有协助查处规划违法行为或者土地违法行为职责的有关单位或者个人，不配合规划土地监察机构的执法工作，其所在部门或者单位、上级行政机关或者监察机关应当责令主管人员和其他直接责任人员改正；情节严重的，依法给予处分。

第六十二条 审计部门应当加强对违法建筑物、构筑物、设施没收工作的监督检查。

对依法没收的违法建筑物、构筑物、设施，市、区人民政府指定的部门或者机构怠于与当事人或者人民法院办理交接手续，致使执行工作受阻或者国有资产损失的，对有关机构和部门主管人员和其他直接责任人员依法给予处分。

第六十三条 规划和自然资源等相关部门及其工作人员在行政管理活动中，违反规定作出规划土地审批、许可或者其他行政行为，依法追究行政责任；构成犯罪的，依法追究刑事责任。

规划土地监察机构在查处规划违法行为和土地违法行为过程中发现前款规定的规划土地审批、许可或者其他行政行为涉嫌违法的，应当及时提请有关机关处理；构成犯罪的，依法追究刑事责任。

第六章 附 则

第六十四条 对农村城市化历史遗留违法建筑的处理另有规定的，从其规定。

第六十五条 市人民政府可以依据本条例制定实施细则。

第六十六条 本条例自 2014 年 3 月 1 日起施行。

6.7 关于规范已出让未建用地土地用途变更和容积率调整的处置办法

(深府办规〔2019〕3号)

第一条 为加强土地用途变更和容积率调整管理,依法妥善解决历史遗留问题,盘活存量土地,保障公共利益,促进城市高质量发展,根据相关法律、法规,结合我市实际,制定本办法。

第二条 本办法适用于在2015年10月9日前经生效法定图则变更土地用途或者调整容积率的已出让未建用地的处置。

已出让未建用地申请按照本办法处置的,需不属于闲置土地或者虽属于闲置土地但已依法处置完毕,可以由土地使用权人继续开发建设。

第三条 本办法所称已出让未建用地,是指以协议方式出让并已签订土地使用权出让合同,但尚未动工开发建设的项目用地,不包括招标、拍卖、挂牌出让用地。

本办法所称动工开发,是指建设项目依法取得施工许可证后的下列情形之一:

(一)需挖深基坑的项目,基坑开挖完毕;

(二)使用桩基的项目,打入所有基础桩;

(三)其他项目,地基施工完成三分之一。

本办法所称变更土地用途,是指《深圳市城市规划标准与准则》规定的用地分类大类之间的用途变更。

第四条 土地用途变更和容积率调整的处置应当遵循规划先行、土地节约集约利用、利益共享等基本原则,优先保障城市基础设施、公共服务设施实施。

第五条 已出让未建用地申请土地用途变更或者容积率调整后继续开发建设的,应当无偿移交生效法定图则规划的城市基础设施和公共服务设施用地,但按照本办法第八条第一款第二项规定处置的除外。

第六条 市规划和自然资源主管部门(以下简称"市主管部门")负责统筹、协调和监督已出让未建用地土地用途变更和容积率调整处置工作。

市主管部门辖区派出机构(以下简称"派出机构")负责已出让未建用地土地用途变更和容积率调整的处置及具体审批工作。

市住房主管部门负责按照本办法建设的人才住房的相关管理工作。

第七条 生效法定图则变更已出让未建用地土地用途的,原土地使用权人可以选择以下方式申请对原土地使用权进行处置:

(一)继续开发建设。用途变更后的用地可由社会资本投资建设的,按照生效法定图则确定的规划指标继续开发建设,但城市基础设施和公共服务设施用地变更为其他用途的,按照本条第一款第三项规定处置。

(二)公开转让土地使用权。用途变更后的用地可由社会资本投资建设的,通过政府指定的公开交易平台,按照生效法定图则确定的规划指标以招拍挂方式转让土地使用权。土地用途变更为居住用地的,应按照本办法有关规定建设人才住房。

公开交易时,以生效法定图则确定的规划指标的市场价格作为底价。成交后,溢价部分扣除相关税费及交易成本后的 50% 和原土地使用权出让合同约定土地用途剩余年期的市场价格归原土地使用权人所有，其余归政府所有。

（三）纳入土地整备。根据现行有关规定，以收购、土地置换和依法收回土地使用权等方式进行处置。

以协议方式出让给行政机关的用地，以及法律、法规或者土地使用权出让合同明确规定变更土地用途应当收回土地使用权的，不得申请变更土地用途，依法收回土地使用权。

第八条 原土地使用权人申请按照本办法第七条第一款第一项规定变更土地用途的，除本条第一款第二项规定情形外，应先行无偿移交生效法定图则规划的城市基础设施和公共服务设施用地，并按照以下规定进行处置：

（一）由商业服务业用地变更为居住用地的，按照生效法定图则确定的容积率核算建筑面积。其中，超出原合同约定建筑面积的部分建设为可销售的人才住房，其余建设为普通商品住房和相关配套设施（含商业）。原土地使用权人也可申请将该用地住宅部分均建设为可销售的人才住房，配套商业部分按照有关管理规定建设和销售。

除上述情形外，由工业、物流仓储用地等变更为居住用地的，按照生效法定图则确定的容积率核算建筑面积。其中，住宅部分均建设为可销售的人才住房，配套商业部分按照有关管理规定建设和销售。

（二）由其他用途用地变更为文体设施、医疗卫生、社会福利、社会停车场（库）、加气站、充电站和训考场用地的，经征得市级相关行政主管部门同意后，可以由原土地使用权人按生效法定图则继续开发建设。

（三）除上述情形外，其他各类用途之间的变更，按照生效法定图则确定的容积率核算建筑面积。其中，由工业、物流仓储用地变更为商业服务业用地的，应将超出原合同约定建筑面积部分的 20%（须为办公用房或生效法定图则未规划的公共配套设施用房）无偿移交政府。由居住、工业、物流仓储用地变更为商业服务业用地的，在符合《深圳市城市规划标准与准则》等规定的条件下，经专题研究论证，也可按法定图则调整程序申请将该地块调整为居住用地，其住宅部分建设为可销售的人才住房，配套商业部分按照有关管理规定建设和销售。

按照前款规定核算继续开发建设的建筑面积后，不足原土地使用权出让合同约定建筑面积部分除按照第十三条规定扣减地价外，不再做任何补偿。

第九条 生效法定图则将已出让未建用地规划为多个不同用途地块的，除城市基础设施和公共服务设施用地外，原宗地范围内相邻不同用途地块按照《深圳市城市规划标准与准则》规定可混合开发建设的，直接建设；需分别独立开发建设的，应同时办理分宗手续；因用地面积过小无法独立开发建设的地块，无偿收回土地使用权，但其与原宗地范围内可独立开发建设地块的规划用途相同或可混合开发建设的，该地块的建筑面积可按照生效法定图则确定的容积率和规划用途转移至该独立开发建设地块，不再个案调整法定图则。主管部门应当同时建立台账，将该类情形纳入城市规划"一张图"管理。

第十条 已出让未建用地生效法定图则确定的用途与原土地使用权出让合同约定用途一致，或部分用途变更为公共服务设施和城市基础设施用地但主导用途一致，因容积率调整增加建筑面积的，原土地使用权人可以申请按照以下规定处置：

（一）商业用地增加建筑面积的，除无偿移交需建设的城市基础设施和公共服务设施用地外，还应将超出原合同约定建筑面积部分的20%（须为办公用房或生效法定图则未规划的公共配套设施用房）无偿移交政府。

（二）居住用地增加建筑面积的，除无偿移交需建设的城市基础设施和公共服务设施用地外，超出原合同约定建筑面积的部分均建设为可销售的人才住房。

（三）城市基础设施和公共服务设施用地增加建筑面积的，无偿移交规划的其他城市基础设施和公共服务设施用地后，直接按照法定图则继续开发建设。

（四）工业、物流仓储用地增加建筑面积的，由市政府或市主管部门另行规定。

原土地使用权人无偿移交生效法定图则规划的城市基础设施和公共服务设施用地后，按照法定图则继续开发建设的建筑面积低于原土地使用权出让合同约定建筑面积的，在符合《深圳市城市规划标准与准则》等规定的条件下，经专题研究论证，可按法定图则调整程序申请按照原土地使用权出让合同约定的建筑面积开发建设。确实无法按照原土地使用权出让合同约定的建筑面积开发建设的，按照相关规定予以补偿。

第十一条 原土地使用权出让合同只约定用地面积但未约定建筑面积的，按照居住用地容积率1.8，商业服务业用地容积率2.0，工业、物流仓储用地及城市基础设施、公共服务设施等其他用途用地容积率1.0，核算其原合同约定建筑面积。

生效法定图则将已出让未建用地规划为多个地块的，原土地使用权出让合同约定建筑面积按照不同地块占原宗地用地面积比例分摊至各地块。

第十二条 土地用途变更后的土地使用权期限按照法律规定的最高年期确定。土地使用权起始日期维持原土地使用权出让合同约定不变，但变更后宗地的土地用途仅为居住用地且住宅部分均建设为可销售的人才住房的，土地使用权起始日期可重新计算。

容积率调整但不涉及土地用途变更的，土地使用权期限和起始日期维持原土地使用权出让合同的约定不变。

第十三条 土地用途变更和容积率调整应当依法完善相关处置手续并缴纳地价。

按照本办法第八条规定处置后由原土地使用权人继续开发建设的，以继续开发建设部分剩余年期市场价格与原土地使用权出让合同约定用途剩余年期市场价格的差值补缴地价。差值为负的，按差值予以补偿，但补偿金额不得超过已缴纳地价的剩余年期残值，补偿金额在土地整备计划中列支。其中，可销售人才住房的地价暂按商品住房用地市场价格的30%确定，如我市地价测算规则对此进行调整的，从其规定。

按照本办法规定移交政府的建筑面积产权归政府，不缴地价。

本办法对应缴地价未作具体规定的，按照我市地价测算规则的相关规定执行。

第十四条 派出机构受理已出让未建用地土地用途变更和容积率调整申请，审定处置方案后核发建设用地方案图和建设用地规划许可证，并签订土地使用权出让合同补充协议。

除法律、法规、规章另有规定外，拟审定的已出让未建用地土地用途变更和容积率调整处置方案应在部门门户网站公示征求意见，公示时间不得少于7个工作日，公示的时间和地点应在深圳特区报或深圳商报上发布。

第十五条 按照本办法无偿移交的城市基础设施和公共服务设施用地，其地下空间也一并无偿移交。

按照本办法建设的人才住房由市住房主管部门直接纳入安居工程计划。市住房主管部门统筹人才住房的供应和配售工作，也可根据需要指定市人才住房专营机构按照配售价格优先购买人才住房。在签订土地使用权出让合同补充协议前，由土地使用权人与市住房主管部门或者其委托单位签订建设和管理任务书。

按照本办法移交的办公用房应相对集中布局，以栋、层等固定界限为基本单元移交区政府（新区管委会）指定部门作为创新型产业用房。在签订土地使用权出让合同补充协议前，由土地使用权人与区政府（新区管委会）指定部门签订物业监管协议，物业监管协议中应约定移交政府办公用房的面积，具体位置（楼层）、有关设计要求等内容。

第十六条 市主管部门应当健全监督检查制度，落实监管措施，建立台账，加强对土地用途变更和容积率调整处置的批后监管。

第十七条 已出让未建用地经生效法定图则变更土地用途和调整容积率，原土地使用权人未在本办法有效期内申请处置的，不再受理相关申请，依法收回土地使用权。

第十八条 城市更新、土地整备、征地返还用地和非农建设用地等涉及土地用途变更和容积率调整的，不适用本办法。

前海合作区、保税区涉及土地用途变更和容积率调整，法律、法规或市政府另有规定的，适用其规定。

第十九条 已出让未建用地经派出机构按照《关于规范已出让未建用地土地用途变更和容积率调整的处置办法（试行）》（深规土〔2015〕588号）的规定，于2017年10月9日前审定处置方案的，可按照原处置方案处理。

已出让未建用地在本办法实施前申请土地用途变更或者容积率调整获得批准且已签订土地使用权出让合同补充协议的，不适用本办法。

第二十条 本办法自公布之日起施行，有效期5年。

6.8 深圳市房屋征收与补偿实施办法（试行）

（2013年3月18日深圳市人民政府令第248号发布，根据2016年12月23日深圳市人民政府令第292号《深圳市人民政府关于修改〈深圳市房屋征收与补偿实施办法（试行）〉的决定》修改）

第一章 总 则

第一条 为保障被征收房屋所有权人的合法权益，维护公共利益，规范本市房屋征收与补偿活动，根据《中华人民共和国物权法》《国有土地上房屋征收与补偿条例》（以下简称《条例》），结合本市实际，制定本办法。

第二条 本办法适用于本市行政区域内因公共利益的需要实施房屋征收以及给予被征收房屋所有权人（以下简称"被征收人"）补偿的活动。

第三条 区人民政府（以下简称"区政府"）负责本辖区内房屋征收与补偿工作。跨区的项目由所涉区政府分别负责房屋征收与补偿工作，确有必要由市人民政府（以下简称"市政府"）统筹的，须经市政府批准后，由市政府责成有关区政府或者相关部门具体负责房屋征收与补偿工作。

市规划国土部门负责对本市房屋征收与补偿工作的实施进行指导、监督与管理，履行下列职责：

（一）依法制定和完善本市房屋征收补偿政策体系、规范准则、运行规则与保障机制；

（二）依法制定和完善产权调换房的规划、建设、调配、产权制度等配套政策措施；

（三）在房屋征收决定作出前，组织对未经登记建筑的调查、认定和处理；

（四）建立房屋征收的评估、测绘机构预选库，并对从事房屋征收价格评估、面积测绘的评估、测绘机构进行监督管理；

（五）负责受理对征收工作的举报并及时依职权处理；

（六）其他房屋征收指导、监督、管理职责。

第四条 深圳市土地整备机构（以下简称"市房屋征收部门"）负责组织实施由市政府确定的房屋征收与补偿工作。

区政府依法确定的房屋征收部门（以下称"区房屋征收部门"）负责组织实施本辖区内的房屋征收与补偿工作，其中本辖区内设置有新区管理机构的，区政府应当另行确定新区房屋征收部门。

市、区房屋征收部门（以下简称"房屋征收部门"）履行如下职责：

（一）拟定房屋征收补偿方案；

（二）组织对房屋征收范围内房屋的权属、区位、用途、建筑面积等情况进行前期调查；

（三）确定房屋征收范围后发布征收提示，在房屋征收决定公告后书面通知有关部门暂停办理房屋征收范围内的征收行为限制事项的受理、审批、登记等相关手续；

（四）专户存储、拨付与监管房屋征收补偿费用，提供周转用房或者安置房，对签约期限内达不成补偿协议的，负责报请政府作出补偿决定并予以公告；

（五）自行或者委托房屋征收实施单位实施签订补偿协议、组织选定房屋征收评估、测绘机构等征收与补偿的相关具体工作；

（六）负责房屋征收补偿档案的管理，公布分户补偿情况；

（七）负责对房屋征收工作人员进行培训和管理，做好房屋征收及补偿的宣传、解释工作，保障被征收人的合法权益；

（八）市、区政府交办的其他房屋征收与补偿工作。

第五条 房屋征收实施单位受房屋征收部门的委托，承担下列房屋征收与补偿的具体工作：

（一）对房屋征收范围内的房屋权属、区位、用途、建筑面积等情况进行前期调查；

（二）与被征收人就房屋征收补偿进行协商谈判；

（三）开展被征收人选取房屋征收评估、测绘机构的具体组织工作；

（四）依法拆除被征收的房屋及其附属设施；

（五）房屋征收部门委托实施的其他房屋征收和补偿工作。

房屋征收实施单位不得以营利为目的。建设单位和以营利为目的的房地产开发公司、物业管理公司等法人和其他组织，均不得接受委托成为房屋征收实施单位，也不得与房屋征收实施单位存在投（出）资、被投（出）资的关系。

房屋征收部门应当对房屋征收实施单位的房屋征收与补偿行为进行监督，并对其在委托范围内实施的行为后果承担法律责任。

第六条 新区管理机构、街道办事处以及各级发展改革、财政、住房建设、人居环境、市场监管、公安、税务、侨务、劳动和社会保障、经贸信息、审计、城管、教育等部门，应当根据《条例》、本办法及政府规定的职责分工，充分履职，相互配合，联动协调，为房屋征收与补偿工作提供协助。

第七条 任何组织和个人对违反《条例》及本办法规定的行为，都有权向市、区政府和规划国土部门、房屋征收部门及其他有关部门举报。市、区政府和规划国土部门、房屋征收部门及其他有关部门接到举报后，应当及时核实、处理并对举报人信息进行保密，将核实、处理情况及时书面告知实名举报人。

监察部门应当加强对参与房屋征收与补偿工作的有关部门或者单位及其工作人员的监督检查。

第二章 房屋征收决定

第八条 为了保障国家安全、促进国民经济和社会发展等公共利益的需要，有下列情形之一，确需征收房屋的，按照本办法规定纳入全市年度房屋征收计划后，由辖区政府实施房屋征收：

（一）国防和外交的需要；

（二）由政府组织实施的能源、交通、水利等基础设施建设的需要；

（三）由政府组织实施的科技、教育、文化、卫生、体育、环境和资源保护、防灾减灾、文物保护、社会福利、市政公用等公共事业的需要；

（四）由政府组织实施的保障性安居工程建设的需要；

（五）由政府依照城乡规划法有关规定组织实施的对危房集中、基础设施落后等地段进行旧城区改建和城市更新的需要；

（六）法律、行政法规规定的其他公共利益的需要。

因政府土地整备确需征收房屋的，应当符合《条例》、本办法的规定，并纳入全市土地整备年度计划。全市土地整备年度计划对土地整备涉及房屋征收的计划安排，与全市年度房屋征收计划具有同等法律效力。

第九条 区（含新区）房屋征收部门应当按照国民经济和社会发展规划、近期建设和土地利用规划年度实施计划以及本办法第八条的规定，编制本区年度房屋征收计划草案，并于每年11月1日前将本区下年度的房屋征收计划草案送市房屋征收部门。

市房屋征收部门汇总各区下年度房屋征收计划草案形成全市年度房屋征收计划草案后，应当在每年12月1日前报市规划国土部门。市规划国土部门应当征求市发展改革部门意见进行审核，在每年12月31日前报市政府批准。

全市房屋征收计划经批准后，确有必要调整的，应当报市政府批准。

未列入全市年度房屋征收计划或者全市土地整备年度计划的，不得实施房屋征收。

第十条 项目建设单位应当根据年度房屋征收计划，开展项目立项、选址等工作，取得规划选址与土地预审相关文件，并在取得规划选址与土地预审相关文件后3个工作日内提交房屋征收部门。

房屋征收部门根据规划选址与土地预审相关文件规定的用地范围，结合房屋产权等实际情况，确定拟征收房屋的具体范围（以下简称"房屋征收范围"）；城市更新项目确需征收房屋的，房屋征收部门应当按照经批准生效的城市更新单元规划确定房屋征收范围；土地整备需征收房屋的，房屋征收部门应当按照经批准的土地整备项目实施方案确定房屋征收范围。

第十一条 房屋征收范围确定后3个工作日内，房屋征收部门应当在房屋征收范围、政府网站以公告形式发布征收提示，告知自公告之日起至房屋征收决定公告之日止，因下列行为导致增加房屋征收补偿费用的，对增加部分将不予补偿：

（一）新建、改建、扩建、装修房屋；

（二）改变房屋和土地用途；

（三）已依法取得建房批准文件但尚未建造完毕的房屋的续建；

（四）新签订租赁期限截止日在征收提示发布之日起1年以后的房屋租赁合同；

（五）除婚姻、出生、回国、军人退伍转业、刑满释放和解除劳动教养等必须办理户口迁入、分户之外的其他户口迁入和分户；

（六）以被征收房屋为注册地址办理工商注册登记、变更手续；

（七）其他不当增加补偿费用的行为。

征收提示公告后1年内尚未作出房屋征收决定，次年度房屋征收计划仍对房屋征收作出计划安排的，房屋征收部门应当在计划批准后3个工作日内再次发布征收提示。

房屋征收决定作出后，对违反本条第一款与第二款规定的征收提示、不当增加征收补偿费用的，对不当增加部分不得给予征收补偿。房屋征收补偿评估时，应当以征收提示发布之日作为评估的依据之一。

第十二条 房屋征收范围确定后，房屋征收部门应当组织对房屋征收范围内房屋权属、用途、面积等进行前期调查，并委托市政府确定的承担评估职能的非营利性机构编制房屋征收预算方案，对房屋征收项目费用进行概算。

房屋征收预算方案的编制费用列入房屋征收补偿费用，按照国家关于房地产中介服务收费有关咨询服务的收费标准执行。

前期调查和编制房屋征收预算方案，应当自房屋征收范围确定后30日内完成。

第十三条 房屋征收部门应当在房屋征收范围确定后30日内，结合前期调查和项目费用概算，拟定房屋征收补偿方案报辖区政府。

对新区房屋征收部门拟定的房屋征收补偿方案，区政府可以委托新区管理机构组织本办法规定的论证、征求意见、听证等活动。

第十四条 房屋征收补偿方案应当包括以下内容：

（一）房屋征收范围、补偿内容、补偿方式、补偿标准、项目补偿费用概算；

（二）作为产权调换的安置房的区位、数量、安置房调换标准、套型面积和结算基本价格、过渡方式、临时安置用房标准等；

（三）拟定的签约期限和提前搬迁奖励期限；

（四）奖励与补助标准；

（五）房屋征收补偿费用账户；

（六）其他应当纳入补偿方案的内容。

第十五条 辖区政府应当组织财政、发展改革、监察、审计等部门对房屋征收补偿方案进行论证。

辖区政府应当在房屋征收范围、政府网站将房屋征收补偿方案予以公布，并征求公众意见，征求意见期限不少于30日。

房屋所有权人有异议的，应当持本人身份证明、委托代理证明和房屋权属证明等文件，在征求意见期限内向房屋征收部门提交书面意见。

辖区政府应当在征求意见期满后30日内，将征求意见情况和根据公众意见对房屋征收补偿方案进行修改的情况，在房屋征收范围、政府网站及时公布。

第十六条 因本办法第八条第（五）项的需要征收房屋的，房屋征收范围内占房屋总建筑面积1/2以上、且占房屋总所有权人数1/2以上的房屋所有权人认为征收补偿方案不符合《条例》、本办法规定的，辖区政府应当组织房屋所有权人和公众代表，按照本市行政听证有关规定组织召开听证会，并根据听证会情况修改方案。

计算房屋所有权人数时，房屋共同共有或者按份共有的全体共有人按一个所有权人计算。

第十七条 房屋征收决定作出前，房屋征收部门应当依据广东省、本市有关社会稳定风险评估、重大决策专家咨询的有关规定，制定社会稳定风险评估方案和论证规程，在本办法第十五条第二款规定的征求意见期内同步组织有关部门和专家、学者对房屋征收范围内房屋征收的社会稳定风险进行评估论证。

经评估论证后，房屋征收部门应当出具风险评估报告，风险评估报告应当作出房屋征收风险等级评价，并提出可实施、暂缓实施或者不可实施的建议。

第十八条 房屋征收补偿费用实行专户存储、专款专用、专人管理、及时拨付原则。

房屋征收决定作出前，房屋征收部门应当会同有关部门落实房屋征收补偿费用，确保房屋征收补偿费用足额到位。

财政、审计部门应当依法对征收补偿费用使用情况进行监督和审计。

第十九条 因本办法第八条第（一）、（二）、（三）、（六）项征收房屋的，应当同时具备下列条件：

（一）拟征收房屋项目符合国民经济和社会发展规划的要求，并取得发展改革部门对项目建议书或者可行性研究报告的批复；

（二）拟征收房屋项目符合城市规划的要求，并取得规划选址与土地预审相关文件；

（三）已按程序进行社会稳定风险评估、征求意见；
（四）房屋征收补偿费用已足额到位，专户存储；
（五）具备符合本办法规定的征收补偿方案。

因本办法第八条第（四）项征收房屋的，应当同时具备前款规定条件，且建设项目已纳入辖区国民经济和社会发展年度计划。

因本办法第八条第（五）项征收房屋的，应当同时具备本条第一款第（一）、（三）、（四）、（五）项规定条件，且建设项目已纳入辖区国民经济和社会发展年度计划，并具有已经批准生效的城市更新单元规划。

政府实施土地整备确需征收房屋的，除应当符合本办法第八条、本条第一款第（一）、（三）、（四）、（五）项规定外，还应当符合土地整备年度计划的要求，并具有经市房屋征收部门审核的土地整备项目实施方案。

第二十条 房屋征收部门应当自本办法第十九条规定条件具备之日起3个工作日内，提请辖区政府或者报经新区管理机构核准后作出房屋征收决定。

辖区政府决定实施房屋征收的，应当在决定作出之日起5个工作日内在房屋征收范围、政府网站或者深圳特区报、深圳商报，将房屋征收决定公告3日，公告日不得为节假日。

房屋征收决定自公告之日起生效，规划国土部门不再另行作出收回被征收房屋对应的国有土地使用权的决定；根据房屋征收决定对被征收房屋进行的补偿，包括收回被征收房屋对应的国有土地使用权的补偿。

第二十一条 房屋征收决定公告应当载明项目名称、征收范围、征收补偿方案、征收实施单位、征收实施期限及征收行为限制、现场接待地点和联系方式、监督举报方式和行政复议、行政诉讼权利等事项。

前款所称征收行为限制，是指征收实施期限内，任何单位和个人不得在房屋征收范围内实施房屋转让和本办法第十一条第一款所列行为。被征收人违反规定的，对不当增加部分不予补偿。

第二十二条 房屋征收决定公告后，作出房屋征收决定的辖区政府及其房屋征收部门应当做好房屋征收与补偿的宣传、解释工作。

房屋征收部门应当在房屋征收决定公告当日，书面通知规划国土、建设、户籍、产权登记、房屋租赁管理、抵押担保、市场监管等部门和单位暂停办理征收行为限制所列事项的受理、审批、登记等相关手续。

暂停办理相关手续的书面通知应当载明暂停期限。暂停期限最长不得超过1年。

第三章 房屋征收补偿和安置

第二十三条 作出房屋征收决定的辖区政府对被征收人以及符合规定的合法使用人给予的补偿包括：

（一）被征收房屋价值（含已经取得的合法国有土地使用权的价值）的补偿；
（二）因征收房屋造成的搬迁、临时安置的补偿；
（三）因征收房屋造成的停产停业损失的补偿。

搬迁费、临时安置费、停产停业损失补偿等标准根据本办法附件《深圳市房屋征收补偿规则》确定。

第二十四条 房屋征收可以采取货币补偿、产权调换以及货币补偿和产权调换相结合的补偿方式。除本办法及市政府另有规定外，征收非住宅房屋以及房屋以外的构筑物、其他附着物等实行货币补偿。

征收被征收人居住的住宅房屋，被征收人可以选择货币补偿、产权调换、货币补偿与产权调换相结合的方式进行补偿。因本办法第八条第（五）项的需要征收个人住宅，被征收人选择在城市更新地段进行房屋产权调换的，房屋征收部门应当提供在城市更新项目或者单元内的房屋，在城市更新项目或者单元内无法提供的，房屋征收部门可以就近提供。

第二十五条 对住宅房屋以产权调换方式进行征收补偿的，作出房屋征收决定的辖区政府应当提供相应的住宅进行调换，并按照下列规定结算差价：产权调换房屋套内建筑面积超过被征收房屋套内建筑面积的，超出面积部分以市场评估价结算差价；被征收房屋市场评估价格高于产权调换房屋市场评估价格的，以市场评估价的差额结算差价。

以非商品性质住宅房屋进行房屋产权调换的，其所调换房屋的产权仍受相应限制。符合相关规定的，被征收人可以补交规定差价后转为商品性质。

根据《深圳经济特区处理历史遗留违法私房若干规定》、《深圳经济特区处理历史遗留生产经营性违法建筑若干规定》（以下简称"两规"）、《深圳市人民代表大会常务委员会关于农村城市化历史遗留违法建筑的处理决定》（以下简称《决定》）及其配套政策处理取得非商品性质房地产权证书的住宅房屋，以住宅房屋的房地产权证书为产权调换基本单位，按照下列规定进行补偿：

（一）符合原村民非商品住宅建设用地标准的，不超过建筑面积480平方米的部分给予产权调换，超出部分按照本办法附件有关规定给予货币补偿。所建房屋建筑面积未达到480平方米的，可按照建筑面积480平方米给予产权调换，差额部分面积由被征收人按产权调换房屋的成本价购足；被征收人选择货币补偿的，以建筑面积480平方米的标准计算被征收房屋的价值，扣减10%的公告基准地价后予以补偿；

（二）被征收人为非原村民的，不超过建筑面积150平方米的部分给予产权调换；被征收人选择货币补偿的，按照被征收房屋的价值扣减10%的公告基准地价予以补偿。超出部分按照本办法附件有关规定给予货币补偿。

第二十六条 对被征收房屋价值的补偿，不得低于房屋征收决定公告之日被征收房屋类似房地产的市场价格。被征收房屋的补偿价格由具有相应资质的房地产价格评估机构依法评估确定，但本办法另有规定除外。

市房屋征收部门发布房屋征收补偿基准价格。被征收房屋的价值以房地产价格评估机构评估确定的价格或者房屋征收补偿基准价格确定。

住宅房屋的被征收人选择货币补偿，但被征收房屋经评估的补偿价格低于该房屋在产权调换情况下本次房屋征收提供的所有产权调换房屋的平均市场评估价格的，房屋征收部门应当将该价差部分作为置业补助支付给被征收人。

对房屋以外的构筑物、其他附着物等货币补偿的金额，由征收当事人协商确定；协商不成的，可以委托房地产价格评估机构以重置价评估确定。

第二十七条 被征收房屋的建筑面积（包括套内建筑面积）与房屋用途的认定，以房地产权证书、房地产登记簿记载的面积和用途为准；但房地产权证书记载与房地产登记簿记载不一致的，以房地产登记簿记载为准。

房地产权证书、房地产登记簿未记载或者记载不明的,可以根据合法有效的竣工测绘报告认定房屋建筑面积(包括套内建筑面积),根据合法有效的规划证明文件认定房屋用途。

根据前款规定仍无法认定被征收房屋的建筑面积(包括套内建筑面积)的,应当根据本办法第五章的规定进行测绘。

第二十八条 房屋征收部门应当与被征收人在征收补偿方案确定的签约期限内订立征收补偿协议。

征收补偿协议内容应当包括:补偿方式、补偿金额和支付期限、用于产权调换房屋的地点和面积、交付时间、搬迁费、临时安置费或者周转用房、停产停业损失、产权注销方式、搬迁期限、过渡方式和过渡期限、相关奖励或者补助等事项。

征收补偿协议书示范文本由市房屋征收部门依法编制并予以公布。

征收补偿协议订立后,一方当事人不履行补偿协议约定义务的,另一方当事人可以依法提起诉讼。

第二十九条 征收需整村搬迁、集体安置的住宅房屋,可以在征求被征收人意见基础上,依照城市规划要求并按规定程序决定进行异地重建安置。

征收原有公共基础设施或者公益事业用房,应当依照有关法律法规的规定和城市规划的要求予以重建;不能或者无需在原地重建的,按照原性质和规模予以异地重建或者按照重置价评估给予货币补偿。

第三十条 征收个人住宅房屋,被征收人选择货币补偿的,被征收房屋不记录为住房保障申请条件中的自有住房,被征收人符合《深圳市保障性住房条例》规定的住房保障条件的,可以依法申请住房保障。

第三十一条 征收产权性质为非经营性房屋或者工业用途房屋、但已依法取得营业执照的经营性用房,按照原合法用途予以补偿。

第三十二条 被征收房屋室内自行装修装饰费补偿,由征收当事人协商确定;协商不成的,按照评估确定的重置成新价给予补偿。

室内装修装饰由承租人投资的,出租人与承租人无约定或者不能达成协议的,房屋征收部门应当向出租人支付装修装饰补偿费;出租人与承租人有约定或者达成协议的,按约定或者达成的协议处理。

第三十三条 房屋征收范围内未经产权登记的建筑,属于《决定》第二条规定范围,尚未进行处理的,按照下列规定进行补偿:

(一)原村民所建的住宅类建筑,符合原村民非商品住宅建设用地标准的,不超过建筑面积480平方米的部分可参照本办法第二十五条第三款第(一)项的规定给予产权调换或者货币补偿。符合原村民非商品住宅建设用地标准且超出480平方米的部分以及不符合原村民非商品住宅建设用地标准的多栋部分,按照本办法附件有关规定给予货币补偿;

(二)原农村集体经济组织或者其继受单位为解决原村民居住问题统一建设的未经产权登记的住宅类建筑,或者以住宅为主的多种用途的建筑,经规划国土部门批准建设的部分,给予产权调换;被征收人选择货币补偿的,按照本办法附件有关规定给予货币补偿。未经批准建设或者超出批准建设的部分,按照本办法附件有关规定给予货币补偿;

(三)非原村民所建住宅类建筑在缴纳本办法附件规定的罚款和地价后,以一户一栋为产权调换基本单位,参照本办法第二十五条第三款第(二)项的规定给予产权调换或者按照本办法附件有关规定给予货币补偿；

（四）原农村集体经济组织继受单位所建的生产经营性、商业办公类建筑，位于非农建设用地范围内的，对被征收建筑物所占土地予以土地置换，相应建筑物按照重置价扣减本办法附件规定的罚款后给予补偿；被征收人选择货币补偿的，按照本办法附件有关规定给予货币补偿；

（五）除本款第（四）项规定情形外的其他生产经营性、商业办公类建筑，按照本办法附件有关规定给予货币补偿。

对经区规划土地监察机构审查属于依法应当拆除或者没收的历史遗留违法建筑，不予补偿；但具有下列情形之一，且建设行为发生在土地用途依法确定前的，参照可以处理确认的历史遗留违法建筑的补偿标准给予货币补偿：

（一）占用基本农田；

（二）占用一级水源保护区用地；

（三）占用高速路、快速路、主干路、广场、城市公园绿地、高压走廊及现状市、区级公共设施等用地；

（四）压占原水管蓝线；

（五）不符合橙线管理要求；

（六）位于土地利用总体规划规定的禁止建设区内。

属于房地产登记历史遗留问题处理情形的，不再补办房地产登记手续，按照合法建筑扣减补办房地产登记手续的地价、相关税费后予以补偿。

第三十四条 下列原农村集体经济组织继受单位的被征收房屋，依照规定分别处理：

（一）在非农建设用地指标范围、征地返还用地内所建工业用途房屋，符合本市产业导向的，经市政府批准后按"工业进园"的规定给予安排用地，房屋及构筑物、其他附着物等按照重置价评估给予货币补偿；

（二）在非农建设用地指标范围、征地返还用地内的商业用途房屋，按本办法第二十六条的规定给予货币补偿或者按已批准的统建方案与住宅一起以统建安置的形式进行产权调换；

（三）在非农建设用地指标范围、征地返还用地内所建房屋，不符合本款第（一）、（二）项规定的，可以按照等价值原则进行土地置换，置换后的土地用途可以与置换前的用途不同。

征收国有出让土地上工业用房的，经市产业主管部门评估属鼓励发展项目的，可以按"工业进园"的规定给予安排用地，房屋及构筑物、其他附着物等按照重置价评估给予货币补偿。

本条规定的被征收人选择货币补偿的，依照本办法相关规定给予货币补偿。

第三十五条 征收未超过批准期限的临时建筑，只给予货币补偿。

临时使用土地合同已有约定的，按约定处理。没有约定的，补偿金额根据临时使用土地合同或者临时建设工程规划许可文件规定的使用性质和剩余使用期限及土地使用人支出的土地开发成本、收益等实际情况，经评估后确定。

第三十六条 征收华侨房屋的，按本办法有关规定予以补偿，国家、广东省另有规定的，从其规定。

征收华侨房屋的，在房屋征收决定公告后，房屋征收部门应当同时书面通知被征收人或者其代理人。被征收人或者其代理人接到通知后，应当在规定时间内与房屋征收部门办理房屋征收相关手续。因特殊情况不能按照规定期限办理的，被征收人或者其代理人应当在期限届满前向房屋征收部门提出延期申请。逾期不办理或者无法通知的，由房屋征收部门办理证据保全手续后，按照本办法第四十六条的规定报请作出房屋征收决定的辖区政府依法作出补偿决定，并在房屋征收范围内予以公告。

本办法所称的华侨房屋包括：

（一）华侨、归侨的私有房屋；

（二）中华人民共和国成立后用侨汇建造的私有房屋；

（三）依法继承华侨、归侨的私有房屋。

第三十七条 外国领事馆房屋、军事设施、教堂、寺庙、文物古迹、历史文化保护区内的建筑物等特殊房屋的补偿，根据国家、广东省有关规定执行。

第三十八条 征收设有抵押的房屋（包括在建工程），执行国家有关担保的法律、法规的规定。

被征收人应当与抵押权人就重新设立抵押权或者偿还债务签订相关协议，并按规定注销原抵押权登记。

被征收人与抵押权人达成书面协议的，房屋征收部门应当按照协议对被征收人给予补偿。达不成协议，房屋征收部门对被征收人实行货币补偿的，应当将补偿款向公证机构办理提存并通知被征收人；对被征收人实行房屋产权调换的，抵押权人可以变更抵押物。

第三十九条 市房屋征收部门根据房屋征收的需要制订安置房建设储备年度计划。房屋征收补偿实行产权调换的，可以根据被征收人的意愿优先从已建好的安置房中安排。

安置房建设、供应和管理的具体办法，由市政府另行制定。

第四十条 房屋征收补偿协议签订时，被征收人应当按照协议的约定向房屋征收部门提交被征收房屋房地产权证书及注销房地产权证书委托书；没有房地产权证书的，应当提交相应的产权证明文件及放弃房地产权利的声明书。房屋征收部门应当及时向房地产登记机构办理注销手续。

征收被查封的房地产的，房屋征收部门应当将征收事项通知查封机关。查封机关解除查封后，房屋征收部门应当及时向房地产登记机构办理注销等房地产登记手续。

第四十一条 因征收生产经营性房屋造成停产停业的，房屋征收部门应当给予适当补偿。具体补偿金额依照本办法附件的规定确定。

第四十二条 房屋征收部门应当按照本办法附件的规定，在征收补偿协议约定或者补偿决定确定的期限内向被征收人支付搬迁费。

选择房屋产权调换的，安置房交付前，房屋征收部门应当提供周转用房或者向自行过渡的被征收人支付临时安置费。搬迁费及临时安置费由征收当事人协商确定；协商不成的，按照本办法附件的规定确定。

第四十三条 被征收人在征收决定所规定的时限内签订补偿协议，按期腾空、交付房屋的，房屋征收部门应当区分不同情况给予不同的奖励。具体奖励规则由房屋征收决定确定，奖励总金额不超过房屋征收补偿协议确定的补偿金额的5%。

第四十四条 被征收人属于生活特别困难人员的，其被征收住宅房屋每户建筑面积小于45平方米（在本市内有其他住宅用房的合并计算），选择产权调换方式的，按家庭人口2人以下建筑面积不小于45平方米，3人以上建筑面积不小于60平方米的标准，由征收人提供成套住宅房屋作为产权调换房屋，规定面积以内部分不结算差价，超出部分按建筑成本结算差价；选择货币补偿的，按规定面积基数以本次房屋征收提供的所有产权调换房屋的平均市场评估价格给予补偿。

被征收人属于生活特别困难人员的，除依法给予征收补偿外，可以给予适当的补贴，但补贴金额不得超过房屋征收补偿协议所确定的补偿金额的5%。

本条所称的生活特别困难人员，是指按照有关规定享受最低生活保障待遇的本市户籍居民；被征收住宅房屋每户建筑面积，按照房屋征收决定公告时被征收人的户籍证明和房地产权证书或者其他合法房产凭证确定。

第四十五条 房屋征收部门不得擅自延长约定的过渡期限，周转房的使用人应当按约定的期限腾退周转房。

因房屋征收部门的责任延长过渡期限的，对自行安排住处的被征收人，应当自逾期之日起增加临时安置费；使用房屋征收部门提供的周转房的，有权在延长过渡期限内使用周转房。

被征收人不按约定的期限腾退周转房的，应当按同区域、同类型房屋的市场租金支付逾期租金。

第四十六条 房屋征收部门与被征收人在征收补偿方案确定的签约期限内达不成征收补偿协议的，或者被征收房屋所有人不明确的，由房屋征收部门报请作出房屋征收决定的辖区政府作出补偿决定，并在房屋征收范围内予以公告。

补偿决定应当包括补偿方式、被征收房屋补偿金额、用于产权调换房屋的地点、面积和房地产评估价格、搬迁费、临时安置费或者周转用房、停产停业损失、搬迁期限、过渡方式、过渡期限以及补偿费用支付期限等事项。

第四十七条 因被征收人不同意评估、测绘机构进场等原因导致房屋征收的评估、测绘无法正常进行的，房屋征收部门应当依法进行证据保全后，会同依照本办法确定的评估、测绘机构以实测占地面积、目测房屋层数等合理方式估定相关评估、测绘参数，以相关参数作为房屋征收的评估、测绘工作依据，最终确定被征收房屋补偿金额并作出房屋征收补偿决定，有类似被征收房屋的也可以比照类似被征收房屋的补偿金额予以确定。

第四十八条 房屋征收应当先补偿、后搬迁。

作出房屋征收决定的辖区政府对被征收人给予补偿后，被征收人应当在征收补偿协议约定或者补偿决定确定的搬迁期限内完成搬迁。

任何单位和个人不得采取暴力、威胁或者违反规定中断供水、供热、供气、供电和道路通行等非法方式迫使被征收人搬迁。

第四十九条 被征收人在法定期限内不申请行政复议或者不提起行政诉讼，在补偿决定规定的期限内又不搬迁的，由房屋征收部门就被征收房屋的有关事项依法进行证据保全后，辖区政府应当在法定起诉期限届满之日起3个月内依法申请人民法院强制执行。

人民法院裁定准予执行，并交由作出征收补偿决定的辖区政府组织实施的，房屋征收部门应当将人民法院准予执行的裁定及限期自行搬迁的通知在房屋征收范围、被征收房屋进行张贴。被征收人逾期仍未搬迁的，辖区政府应当组织城市管理、公安、工商、税务、水电、交通、通讯、消防、物业管理等部门和单位实施强制搬迁和拆除。室内未搬迁的物品无法交予当事人的，由辖区房屋征收部门妥善保管，并公告当事人认领。

3个月后仍无法交予当事人或者无合法所有人认领的，按确认无主财产的法律程序处理。无主财产按有关规定拍卖或者进行其他处理，所得款项扣除保管、拍卖、变卖等费用后仍有剩余的，缴交市财政。

人民法院裁定准予执行并组织实施的，辖区政府应当予以协助。

第四章　房屋征收评估

第五十条　房屋征收评估包括被征收房屋（含国有土地使用权）、构筑物、其他附着物和搬迁费、临时安置费、征收经营性房屋所造成停产停业补偿费、被征收房屋室内自行装修装饰费以及产权调换安置房的评估等。

第五十一条　从事房屋征收评估工作的房地产价格评估机构，应当具备估价机构资质主管部门颁发的房地产（土地、资产）估价机构资质证书，取得市规划国土部门出具的在本市从事评估业务的备案凭证，并向市规划国土部门申请纳入房屋征收评估机构预选库。

第五十二条　市规划国土部门应当按照房地产价格评估机构的资质等级、评估业绩、信用档案、评估技术水平及人员结构等情况进行公开选取，建立房屋征收评估机构预选库，并向社会公示预选库名录。

房屋征收评估机构预选库每2年更新一次。

房屋征收评估机构预选库建立和管理的具体办法由市规划国土部门依照规定程序另行制定。

第五十三条　房屋征收决定公告后，房屋征收部门应当组织被征收人在公布的预选库名录中协商选定房屋征收评估机构。

房屋征收决定公布之日起5日内，房屋征收部门应当在房屋征收范围内公布评估机构名录。

在评估机构名录公布后10日内，被征收人应当以书面形式提交评估机构选取意向书。

协商选取房屋征收评估机构，须经半数以上被征收人同意；房屋征收部门应当委托被征收人协商选取的房屋征收评估机构进行评估。

第五十四条　房屋征收评估机构无法在第五十三条第三款规定的期限内通过协商选定的，房屋征收部门应当在公布的名录中采取摇号方式确定房屋征收评估机构。

房屋征收部门应当在摇号前5日在房屋征收范围内公告摇号时间和地点。摇号过程与结果应当有公证机关现场公证。

第五十五条　房屋征收评估机构确定后，房屋征收部门应当与其签订委托评估合同，并将受委托的房地产价格评估机构的资质证书、营业执照、注册估价师注册证、执业登记牌等复印件在房屋征收范围内现场公示。

评估费用由房屋征收部门承担。房屋征收评估费用按照政府价格主管部门规定的收费标准执行；未规定的，市估价行业组织可以制定相关收费指引进行引导。

第五十六条　房屋征收部门应当将评估机构形成的分户初步评估结果向被征收人公示，公示期不得少于7日，并安排注册估价师进行现场说明解释，听取意见。

公示期满后15日内，房屋征收部门应当将房屋征收评估机构提交的、经修正的分户评估报告转交被征收人，由被征收人签收；被征收人不签收的，房屋征收部门应当载明不签收的原因，将评估结论张贴于房屋征收范围以及被征收房屋。

第五十七条　房屋征收评估机构不得迎合征收当事人的不当要求，采取虚假宣传、承诺评估价格、给予回扣、诋毁他人抬高自己、虚假申报评估人员等不正当手段承揽房屋征收评估业务。

第五十八条　市估价行业组织应当成立深圳市房地产评估专家委员会（以下简称"评估专家委员会"），负责受理房屋征收评估技术鉴定。

评估专家委员会由房地产（土地、资产）估价师以及价格、房地产、土地、城市规划、法律等方面专家组成，其中房地产价格评估技术类委员不得少于委员总数的2/3。房地产价格评估技术类委员须具有注册房地产（土地、资产）评估师资格，并执业10年以上；或者取得硕士以上学位，从事房地产评估工作5年以上。

评估专家委员会管理办法和运作规则由市估价行业组织起草报市规划国土部门备案后实施。

第五十九条 被征收人或者房屋征收部门对评估报告有疑问的，房屋征收评估机构应当作出解释说明。被征收人或者房屋征收部门对评估结果有异议的，应当自收到评估报告之日起10日内，向房屋征收评估机构书面申请复核评估。

原房屋征收评估机构应当自收到书面复核评估申请之日起10日内对评估结果进行复核。复核后，改变原评估结果的，应当重新出具评估报告；评估结果没有改变的，应当书面告知复核评估申请人。

房屋征收评估机构进行复核不得收费。

第六十条 被征收人或者房屋征收部门对房屋征收评估机构的复核结果仍有异议的，可以自收到复核结果之日起10日内，向评估专家委员会申请技术鉴定。

评估专家委员会应当自收到鉴定申请之日起10日内对申请进行审查，同意受理的应当指派3人以上单数成员组成鉴定组承担鉴定工作，不同意受理的应当书面答复鉴定申请人。鉴定组组成人员中房地产（土地、资产）估价师应当超过半数。

鉴定费用由鉴定申请人承担。但鉴定结论认为评估报告存在技术问题的，鉴定费用由原房地产价格评估机构承担。鉴定费用按照政府价格主管部门规定的收费标准执行，未规定的，市估价行业组织可以制定相关收费指引进行引导。

第六十一条 评估专家委员会应当对申请鉴定的评估报告的评估程序、评估依据、技术路线、方法选用、评估假设、评估结果确定方式等评估技术问题提出书面鉴定意见。

鉴定意见认为评估报告不存在技术问题的，评估专家委员会应当出具维持评估报告的技术鉴定结论；鉴定意见认为评估报告存在技术问题的，评估专家委员会应当责成房屋征收评估机构改正错误并重新出具评估报告。重新出具的评估报告已改正错误的，评估专家委员会应当出具技术鉴定结论。

评估专家委员会的技术鉴定结论不得复核、重新鉴定，征收当事人无法达成协议的，由房屋征收部门按照本办法第四十六条规定报请作出房屋征收决定的辖区政府作出补偿决定。

第五章　房屋征收测绘

第六十二条 从事房屋征收补偿查勘、测绘工作的测绘机构应当具备房产测绘的资格，并向市规划国土部门申请纳入房屋征收测绘机构预选库。

第六十三条 市规划国土部门应当根据测绘机构的资格、业绩、社会信誉、仪器设备配置水平、人员结构及内部管理等情况进行公开选取，建立房屋征收测绘机构预选库，并向社会公布预选库名录。

房屋征收测绘机构预选库每2年更新一次。

房屋征收测绘机构预选库建立和管理的具体办法由市规划国土部门依照规定程序另行制定。

第六十四条 根据本办法第二十七条规定可以确定被征收房屋建筑面积（含套内面积）的，

不得申请测绘，不得纳入测绘范围。

房屋征收决定公告后，根据本办法第二十七条规定无法确定被征收房屋建筑面积（含套内面积）的，被征收人应当在征收决定确定的期限内向房屋征收部门申请查勘、测绘。

房屋征收决定确定的申请测绘期限截止后，房屋征收部门应当统计申请数量，核实是否需要进行测绘，公告测绘机构名录并告知被征收人协商选取测绘机构。

在测绘机构名录公告后10日内，被征收人应当以书面形式提交测绘机构选取意向书。

协商选取房屋征收测绘机构，须经占符合测绘申请条件的全部申请人半数以上被征收人同意；房屋征收部门应当委托被征收人协商选取的房屋征收测绘机构进行测绘。

第六十五条 房屋征收测绘机构无法在第六十四条第四款规定的期限内通过协商选定的，房屋征收部门应当在公布的名录中采取摇号方式确定房屋征收测绘机构。

房屋征收部门应当在摇号前5日在房屋征收范围内公告摇号时间和地点。摇号过程与结果应当有公证机关现场公证。

第六十六条 测绘机构确定后，房屋征收部门应当与受托房屋征收测绘机构签订书面房产测绘合同并将受托房屋征收测绘机构的资质证书、营业执照、测绘人员执业登记牌等复印件在房屋征收范围内现场公示。

测绘费用由房屋征收部门承担。

第六十七条 市测绘行业自律组织应当组织成立深圳市房屋征收测绘专家委员会（以下简称"测绘专家委员会"），负责对有争议的房屋测绘成果的合法性、规范性、准确性进行鉴定。

测绘专家委员会由本市从事房屋测绘教学、科研和实务工作的学者、专家和专业人士组成。

测绘专家委员会管理办法和运作规则由市测绘行业自律组织起草报市规划国土部门备案后实施。

第六十八条 房屋征收当事人对房屋测绘成果有争议的，可以在收到房屋测绘成果之日起10日内向出具房屋测绘成果的房屋征收测绘机构书面申请复核。

原房屋征收测绘机构应当自收到书面复核申请之日起10日内对房屋测绘成果进行复核。经复核，房屋征收测绘机构变更房屋测绘成果的，应当重新出具房屋测绘成果；房屋测绘成果未改变的，应当书面告知复核申请人。

房屋征收测绘机构进行复核不得收费。

第六十九条 房屋征收当事人对房屋征收测绘机构的复核结果有异议的，应当自收到复核结果之日起10日内，向测绘专家委员会申请鉴定。

测绘专家委员会应当自收到鉴定申请之日起10日内对申请进行审查，同意受理的应当指派3人以上单数成员组成鉴定组承担鉴定工作，不同意受理的应当书面答复鉴定申请人。

鉴定费用由鉴定申请人承担。但鉴定结论认为测绘成果不合法、不规范或者不准确的，鉴定费用由原房屋征收测绘机构承担。鉴定费用按照政府价格主管部门规定的收费标准执行；未规定的，市测绘行业自律组织可以制定相关收费指引进行引导。

第七十条 经鉴定认为测绘成果合法、规范、准确的，测绘专家委员会应当出具维持测绘成果的鉴定结论。经鉴定认为测绘成果不合法、不规范或者不准确的，测绘专家委员会应当责成房屋征收测绘机构重新出具房屋测绘成果，并对重新出具的房屋测绘成果出具鉴定结论。

测绘专家委员会出具的鉴定结论不得复核、重新鉴定，当事人对其不服的，由房屋征收部门按照本办法第四十六条规定报请作出房屋征收决定的辖区政府依法作出补偿决定。

第六章 法律责任

第七十一条 被征收人对房屋征收决定、征收补偿决定不服的，可以依法申请行政复议或者提起行政诉讼。

第七十二条 市、区政府和规划国土部门、房屋征收部门、房屋征收实施单位、相关部门及其工作人员在房屋征收与补偿工作中不履行职责或者不正确履行职责的，依法追究行政责任；涉嫌犯罪的，移送司法机关依法处理；造成损失的，依法承担赔偿责任。

贪污、挪用、私分、截留、拖欠征收补偿费用的，责令改正，追回有关款项，并依法追究行政责任；涉嫌犯罪的，移送司法机关依法处理；造成损失的，依法承担赔偿责任。

第七十三条 采取暴力、威胁或者违反规定中断供水、供热、供气、供电和道路通行等非法方式迫使被征收人搬迁，造成损失的，依法承担赔偿责任；对直接负责的主管人员和其他直接责任人员，依法追究行政责任；构成违反治安管理行为的，依法给予治安管理处罚；涉嫌犯罪的，移送司法机关依法处理。

第七十四条 采取暴力、威胁等方法阻碍依法进行的房屋征收与补偿工作，造成损失的，依法承担赔偿责任；构成违反治安管理行为的，依法给予治安管理处罚；涉嫌犯罪的，移送司法机关依法处理。

违反本办法第十一条、第二十一条规定，不当增加房屋征收补偿费用同时涉及其他违法行为的，依法给予行政处罚，涉嫌犯罪的，移送司法机关依法处理。

第七十五条 在房屋征收评估、测绘活动中，房地产价格评估机构及其从业人员、房地产测绘机构及其从业人员有违法违规行为的，由市规划国土部门或者其他行政主管部门依法查处，并记入其信用档案。

第七章 附 则

第七十六条 《条例》实施前已依法取得房屋拆迁许可证且现仍在有效期内的项目，继续沿用原有的规定办理。

《条例》实施前依法取得房屋拆迁许可证但现已失效的，原拆迁人可以参照本办法规定的补偿标准或者市场价格与原未签订拆迁补偿协议的被拆迁人协商达成民事补偿或者收购协议，不能达成的不得继续拆迁；符合《条例》、本办法规定的，应当依法征收。

第七十七条 本办法附件《深圳市房屋征收补偿规则》与本办法同时公布实施，市规划国土部门可以根据法律、法规、政策的变动和本办法的规定结合市场实际情况对其进行调整，报市政府批准后实施。

依法有偿收回国有土地使用权时，对地上建筑物、构筑物、其他附着物及相应国有土地使用权的补偿，可以参照本办法的补偿标准执行。

第七十八条 本办法自 2013 年 5 月 1 日起施行。2007 年 2 月 17 日深圳市人民政府公布、2007 年 3 月 15 日起施行的《深圳市公共基础设施建设项目房屋拆迁管理办法》同时废止。

深圳市房屋征收补偿规则

第一部分:各类房屋补偿方式

各类型非商品房货币补偿的计算方式 表1

	产权证明资料	房屋类型	货币补偿金额计算方式	备注
1	《房地产证》(非市场商品房)	私房	被征收房屋的价值－10%公告基准地价	
2		行政划拨用地性质的房屋	被征收房屋的价值－35%公告基准地价×年期修正系数	
3		房改房	被征收房屋的价值－土地收益金(房改购买价的1%)	其他应当补交的费用按相关规定办理
4		其他协议出让土地的房屋	被征收房屋的价值－应补交的地价	
5	《房屋所有权证》(含原宝安县级以上政府发放的权属证书)		被征收房屋的价值－10%公告基准地价(无土地使用年限)	
6	《集体土地使用权证》		被征收房屋的价值－10%公告基准地价(无土地使用年限)	其他应当补交的费用按相关规定办理,其中应当补交的规划建设管理费用不超过单项工程土建总造价的10%
7	《国有土地使用证》		被征收房屋的价值	

说明:
1. 本表《房屋所有权证》、《集体土地使用权证》、《国有土地使用证》需经产权登记、规划国土等相关部门认定。
2. 根据《深圳经济特区处理历史遗留违法私房若干规定》、《深圳经济特区处理历史遗留生产经营性违法建筑若干规定》、《深圳市人民代表大会常务委员会关于农村城市化历史遗留违法建筑的处理决定》取得非商品性质房地产证的,适用本部分规定补偿标准。

各类未经产权登记房屋的补偿方式 表2

类型			补偿方式及补偿金额计算		备注
住宅类	原村民符合非商品住宅建设用地标准,不超过480m²的部分		产权调换		非商品性质
			货币补偿:被征收房屋的价值－10%公告基准地价		
	原村民符合非商品住宅建设用地标准,超过480m²的部分	符合"两规"处理条件	被征收房屋的价值－20元/m²罚款－100%公告基准地价		
		不符合"两规"但符合《决定》处理条件	被征收房屋的价值－30元/m²罚款－100%公告基准地价		
	原村民不符合非商品住宅建设用地标准的多栋部分	经批准建设的部分	被征收房屋的价值－100%公告基准地价		
		未经批准或者超过批准建设的部分	符合"两规"处理条件	被征收房屋的价值－50元/m²罚款－2倍公告基准地价	
			不符合"两规"但符合《决定》处理条件	被征收房屋的价值－100元/m²罚款－2倍公告基准地价	
	非原村民所建私房	不超过建筑面积150m²的部分	产权调换:缴纳100元/m²罚款以及50%公告基准地价		非商品性质
			货币补偿:被征收房屋的价值－100元/m²罚款－100%公告基准地价		
		超过建筑面积150m²的部分	被征收房屋的价值－150元/m²罚款－3倍公告基准地价		

续表

类型			补偿方式及补偿金额计算	备注
住宅类	原农村集体经济组织所建统建楼	经规划国土部门批准建设	产权调换	非商品性质
			货币补偿：被征收房屋的价值—10% 公告基准地价	
		未经规划国土部门批准或者超过批准建设	被征收房屋的价值 — 100元/m² 罚款—2 倍公告基准地价	
生产经营性、商业办公类	原农村集体经济组织继受单位所建	位于非农建设用地范围内	产权调换：土地予以土地置换，地上建筑物按重置价扣减 10元/m² 罚款予以货币补偿	非商品性质
			货币补偿：被征收房屋的价值—10元/m² 罚款—10% 公告基准地价	
		位于非农建设用地范围外	被征收房屋的价值—20元/m² 罚款—100% 公告基准地价	
	原村民、其他企业单位或者非原村民所建	—	被征收房屋的价值—30元/m² 罚款—100% 市场评估地价	

第二部分：搬迁费

一、按被征收房屋本体的建筑面积计算，参照以下标准给予搬迁费：

序号	类型	搬迁费
1	住宅房屋（含宿舍、公寓、工业配套宿舍）	每平方米40元
2	厂房	每平方米40元
3	办公	每平方米40元
4	商业	每平方米60元

二、被征收人不同意参照搬迁费标准的，可以委托具备法定资质的评估机构对须搬迁的生活用品、办公用品、机器设备和库存产品的搬迁费用进行评估。不能搬迁或者拆除后无法恢复使用的，按评估确定的重置成新价给予补偿。

三、对非政府投资的市政公共设施、管线，征收后给予还建且产权仍归原投资单位的，不予另行补偿。

四、征收住宅或者生产经营性房屋，征收人以期房产权调换或者征收人认可需要二次搬迁的，应当给予二次搬迁费用，并一次付清。

第三部分：临时安置费和过渡期限

一、临时安置费

（一）实行产权调换的住宅房屋，被征收人自行安排住处临时过渡的，征收人应当参照同类房屋市场租金按月支付临时安置费，支付临时安置费的计算期限为，自搬迁之日至产权调换房屋交付使用之日，另外再加3个月装修期临时安置费。

实行产权调换的非住宅房屋，支付临时安置费的计算期限为，自搬迁之日至产权调换房屋交付之日，另外再加6个月装修调试期安置费。

实行土地置换的非住宅房屋，支付临时安置费的计算期限为，自搬迁之日至被征收人与政府签订土地出让合同之日，另外再加12个月临时安置费。

因征收人的责任，延长过渡期限的，应当自逾期之月起增发临时安置费，逾期1至3个月时按原临时安置费标准增发50%，逾期4至8个月时按原临时安置费标准增发70%，逾期9个月以上时按原临时安置费标准增发100%。

（二）实行货币补偿的，给予3个月市场租金的临时安置费。

（三）被征收人使用征收人提供的周转房的，征收人不支付临时安置费。

二、过渡期限

产权调换房屋未建成的，征收人与被征收人应当在房屋征收补偿协议中明确过渡期限。在过渡期限内，被征收人及相关人可以自行安排住处临时过渡，自行安排住处确有困难的，征收人应当提供周转房。周转房应当具备基本居住条件。

过渡期限从房屋征收补偿协议签订后的搬迁之日起按照36个月计算。

第四部分：停产、停业补偿费和擅改经营性用途适当补偿

一、因征收引起的停产、停业的补偿费

（一）能提供与征收决定发布日期间隔3个月以上时间有登记、备案凭证的房屋租赁合同的住宅房屋，按市场租金给予6个月的一次性租赁经营损失补偿。无登记、备案凭证的房屋租赁合同的出租住宅房屋，不给予租赁经营损失补偿。

（二）征收合法经营性房屋引起停产、停业的，根据被征收房屋的区位和使用性质，按照下列标准给予一次性停产、停业补偿费：

能依据完税证明提供利润标准的，给予6个月税后利润补偿；不能提供利润标准的，按上年度同行业月平均税后利润额计算或者按同类房屋市场租金，给予6个月的补偿。

（三）征收加油站、码头、矿山、采石场等特许经营项目的房屋及构筑物、其他附着物等引起停产、停业的，停产停业补偿费以经营期内税后平均利润或者行业平均税后利润为标准，许可证剩余期限超过36个月的按36个月计算，不足36个月的按实际月数计算。

二、擅自改为经营性用途的适当补偿

征收产权性质为非经营性用途或者工业用途房屋，未经规划国土部门批准擅自改为经营性用途，但已依法取得营业执照的，除按照原用途予以补偿外的适当补偿标准：

（一）能提供与征收决定发布日期间隔3年以上的工商营业执照的，补偿：（现经营性用途房屋租赁市场租金－原用途房屋租赁市场租金）×擅改部分建筑面积×36月（即3年）。

（二）能提供与征收决定发布日期间隔不到3年的工商营业执照的，补偿：（现经营性用途房屋租赁市场租金－原用途房屋租赁市场租金）×擅改部分建筑面积×间隔月份（不足1个月的按1个月计算）。

6.9 深圳市人民政府关于农村城市化历史遗留产业类和公共配套类违法建筑的处理办法

（2018年9月4日深圳市人民政府令第312号发布）

第一章 总 则

第一条 为了保障城市规划实施，拓展产业发展空间，完善城市公共配套，根据《深圳市人民代表大会常务委员会关于农村城市化历史遗留违法建筑的处理决定》（以下简称《决定》），制定本办法。

第二条 本办法适用于农村城市化历史遗留产业类违法建筑（以下简称产业类历史违建）和农村城市化历史遗留公共配套类违法建筑（以下简称公配类历史违建）的安全纳管、处理确认、依法拆除或者没收。

本办法所称产业类历史违建，包括生产经营性和商业、办公类历史违建。生产经营性历史违建，是指厂房、仓库等实际用于工业生产或者货物储藏等用途的建筑物及生活配套设施。商业、办公类历史违建，是指实际用于商业批发与零售、商业性办公、服务（含餐饮、娱乐）、旅馆、商业性文教体卫等营利性用途的建筑物及生活配套设施。

本办法所称公配类历史违建，是指实际用于非商业性文教体卫、行政办公及社区服务等非营利性用途的建筑物及生活配套设施。

第三条 市查违办负责历史违建处理工作的统筹、协调和指导，规范处理程序、操作流程，统一格式文书，完善历史违建处理系统。

第四条 区政府（含新区管理机构，下同）负责统筹辖区内历史违建的处理，组织开展辖区历史违建安全纳管、规划土地审查、基本生态控制线内历史违建核查、原农村集体经济组织或者其继受单位认定等相关工作，规划土地审查部门由各区自行确定。区政府应当保障处理工作的组织领导、机构人员以及工作经费。各区可以结合辖区实际，就历史违建处理工作制定实施细则，实施细则应当报市查违办备案。

街道办事处（含新区设立的办事处，下同）负责历史违建初审，实施历史违建安全纳管，开展宣传工作。社区工作站负责配合街道办事处开展历史违建处理相关工作。

区查违办负责组织开展历史违建分类审查及简易处理，核发处理文书。区规划土地监察机构负责依法对历史违建实施行政处罚。

第五条 规划国土部门负责组织制定历史违建规划土地审查操作指引，指导、监督历史违建的测量、地质灾害安全隐患排查与治理、规划土地审查和基本生态控制线内历史违建核查。

第六条 建设部门负责组织制定历史违建房屋结构安全隐患排查、检测鉴定及委托等相关程序规则，对房屋结构安全隐患排查和检测鉴定活动进行指导、监督，通过招标等公开方式建立历史违建房屋安全鉴定机构目录，并对房屋安全鉴定合格报告进行备案。

第七条 消防监管部门负责组织制定消防安全隐患排查技术规范、消防安全评价技术规范和消防监督管理办法，办理历史违建消防验收或者备案手续并实施消防监管，加强对消防技术服务机构的监督管理。

第八条 发展改革、财政、经贸信息、科技创新、市场监管、人居环境、交通、卫生、教育、公安、监察、民政、司法、劳动、文化、水务、城管、安监、房屋租赁、侨务、银监等相关职能部门以及供水、供电、供气等单位按照各自职责参与历史违建的处理工作。

第九条 原农村集体经济组织或者其继受单位应当积极配合历史违建安全纳管、处理确认、依法拆除或者没收等工作，积极主动申请处理，带动和鼓励其他历史违建当事人或者管理人接受处理。

第二章 安全纳管

第十条 区政府负责组织开展辖区产业类和公共配套类历史违建的安全纳管，符合安全纳管要求的方可临时使用。

安全纳管是指为消除安全隐患，改善生产和生活环境，对历史违建的房屋结构、消防、地质灾害等进行排查、整改和日常监管的活动。

第十一条 区政府负责组织开展历史违建的房屋结构、消防、地质灾害等安全隐患排查，并以栋为单位建立排查档案。

房屋结构、消防、地质灾害等安全隐患排查可以委托第三方机构开展，委托方式由区政府依法自行确定。

第十二条 经排查存在房屋结构、消防安全隐患的，区政府应当责令历史违建当事人限期整改。整改涉及房屋安全鉴定、消防安全评价的，按照本办法第二十八条规定执行。

规划国土部门应当根据地质灾害防治规划及时将地质灾害易发区图件印发各区政府，区政府负责对位于地质灾害易发区内的历史违建进行隐患排查并组织采取有效防治措施。地质灾害排查或者调查机构应当具备地质灾害危险性评估、地质灾害治理工程勘查、设计、施工或者监理资质。

本条第一款、第二款中属于《决定》第九条第一款第（一）项规定情形的，应当依法予以拆除。

第十三条 房屋无法满足安全使用要求的，不得出租、进行经营性活动，街道办事处应当在其显著位置悬挂安全警示标识。住房建设、消防监管、市场监管、房屋租赁、安全生产以及其他负有安全监管职责的部门予以重点监管。

第十四条 市规划国土、建设、消防监管部门分别负责建立历史违建地质灾害、房屋结构、消防安全排查和整改信息管理系统，并与历史违建处理系统进行对接。各区应当将排查、整改、房屋安全鉴定或者消防安全评价情况录入相关信息管理系统，并动态更新。

第十五条 历史违建安全隐患排查及其公共配套设施整改所需经费纳入财政预算予以保障。

历史违建安全纳管情况应当纳入查处违法用地和违法建筑工作共同责任考核内容。

第三章 审查程序

第十六条 历史违建当事人或者管理人应当持身份证明等相关资料文件向辖区街道办事处申请处理。

历史违建管理人，是受历史违建当事人书面委托的历史违建管理主体。

第十七条 历史违建当事人应当与历史违建所在原农村集体经济组织或者其继受单位共同出具承诺书,承诺同意征地或者转地并且不再需要政府支付征转地补偿款、与历史违建有关的经济利益关系已自行理清、自行承担相关法律责任等,并向街道办事处提供。

区政府可以就承诺书的出具制定操作办法。

第十八条 街道办事处负责历史违建处理的初审,包括建设时间核查、历史违建当事人身份确认、权属调查和分宗定界、建筑物现状用途核实。对于地质灾害未消除或者未采取有效防治措施以及占用河道堤防的历史违建不予通过初审。

街道办事处在进行初审工作时,相关主管部门及其所在辖区的分支机构应当予以配合、协助和支持。水务部门应当根据河道管理的规定将河道堤防的图件印发各区政府。

第十九条 街道办事处应当主动开展历史违建建设时间核查,可以结合地形图、航拍资料、卫星资料、房屋编码信息、历史违建所属社区工作站和原农村集体经济组织或者其继受单位证明等情况综合确定。有航拍资料、卫星资料的,应当以航拍资料、卫星资料作为历史违建建设时间核查的主要依据。

第二十条 街道办事处应当组织测量机构现场测量,填写权属调查及分宗定界表,由历史违建当事人签字认可,并经原农村集体经济组织或者其继受单位盖章及负责人签字确认。测量机构由街道办事处通过招标等公开方式委托,测量费用从历史违建处理经费中列支。

街道办事处应当在收到测量机构出具的测量报告、房屋面积查丈报告及相关电子数据后5个工作日内将权属调查及分宗定界表在历史违建所在社区公示10日;公示期间有异议的,应以书面形式提出,街道办事处暂停处理;公示期满无异议或者异议经妥善处理的,街道办事处应当将相关处理材料移送区查违办。

本办法施行前,街道办事处已按照本市相关规定对申请资料进行核查、公示,历史违建当事人身份、权属调查和分宗定界、建筑物现状用途均已明确的,不再进行初审;有不明确的,应当补充核查后公示10日,方可按照本条第二款规定办理。

第二十一条 区查违办收到街道办事处移送的材料后,经审查材料不齐全的,应当在3个工作日内一次性告知街道办事处需要补充的材料,并将相关资料退回街道办事处;经审查材料齐全的,应当设立卷宗,并在10个工作日内按照下列规定完成全部审查工作:

(一)对不属于产业类、公配类历史违建处理范围的,书面答复历史违建当事人并说明理由;

(二)属于产业类、公配类历史违建处理范围的,向辖区规划土地审查部门发出征询处理意见函。

第二十二条 《决定》第九条第一款第(一)项规定的"存在严重安全隐患",包括下列情形:

(一)位于山体崩塌、滑坡、泥石流、地面塌陷、地裂缝、地面沉降等与地质作用有关的灾害危险区;

(二)房屋安全不符合结构安全和抗震设防标准、规范;

(三)不符合历史违建消防安全技术规范;

(四)有其他严重安全隐患的。

第二十三条 规划土地审查部门应当在收到征询处理意见函之日起15个工作日内出具规划土地审查意见书。规划土地审查主要核查历史违建是否存在下列情形:

（一）非法占用已完成征转地补偿手续的国有土地；

（二）占用基本农田；

（三）占用一级水源保护区用地；

（四）占用规划高速路、快速路、主干路、广场、城市公园绿地、高压走廊及现状市、区级公共设施等用地；

（五）压占原水管渠蓝线；

（六）不符合橙线管理要求；

（七）位于土地利用总体规划规定的禁止建设区内。

不存在前款规定情形的，规划土地审查部门按照街道办事处核查的用途予以规划现状确认。

第二十四条　规划土地审查部门予以规划现状确认的，应当在规划土地审查意见书中载明下列内容：

（一）建筑物的用地范围、建筑覆盖率以及土地使用年限。建筑覆盖率原则上按照公配类历史违建50%以上，产业类历史违建60%以上确定，土地使用年限自2009年6月2日起算，按照法定最高使用年限确定；

（二）历史违建处理确认应当补缴的地价；

（三）涉及占用农用地、未利用地的，载明处理确认须先行补办农用地、未利用地转用手续；涉及占用基本生态控制线的，予以注明；

（四）其他相关内容。

规划土地审查部门不予规划现状确认的，应当在规划土地审查意见书中载明规划土地审查结果和土地用途、规划用途依法确定的时间等内容。

第二十五条　规划土地审查意见书予以规划现状确认的历史违建，不涉及占用基本生态控制线，或者涉及占用基本生态控制线，但建设时间在2005年11月1日前，或者因基本生态控制线局部调整被调入线内的，区查违办应当在5个工作日内书面告知历史违建当事人或者管理人办理房屋安全鉴定、消防验收或者备案手续。历史违建已取得房屋安全和消防安全的有效证明的，无需重复办理。

第二十六条　规划土地审查意见书予以规划现状确认的历史违建，涉及占用基本生态控制线的，建设时间在2005年11月1日后的，除第二十五条规定的局部调整情形外，区查违办应当在5个工作日内向发展改革、经贸信息、人居环境、水务、城管等主管部门发出征询意见函；各主管部门应当根据基本生态线管理的有关规定及相关法律、法规在5个工作日内出具处理意见；区查违办根据各部门意见予以留用的，应当在5个工作日内书面告知历史违建当事人或者管理人办理房屋安全鉴定、消防验收或者备案手续。

第二十七条　规划土地审查意见书不予规划现状确认的历史违建，或者涉及占用基本生态控制线、区查违办根据各部门意见不予留用的历史违建，区规划土地监察机构应当依法实施行政处罚。

第二十八条　历史违建当事人或者管理人在建设部门确定的房屋安全鉴定机构名录中委托房屋安全鉴定机构进行鉴定的，凭房屋安全鉴定机构出具的房屋安全鉴定合格报告到建设部门办理备案手续。

历史违建当事人或者管理人委托建筑物的设计、施工单位或者消防技术服务机构按照历史违建消防技术规范就现状进行消防安全评价的，取得消防安全合格意见后，报消防监管部门验收或者备案，消防监管部门应当予以验收或者备案。

第二十九条　符合本办法第二十五条、第二十六条情形的历史违建已办理房屋安全鉴定、消防验收或者备案手续，或者已取得房屋安全和消防安全的有效证明，并且已按照本办法规定提交相应承诺书的，区规划土地监察机构依法出具罚款缴纳通知书，区查违办应当在 10 个工作日内核发地价缴纳通知书。

第三十条　罚款、地价缴纳后，历史违建当事人或者管理人可以持缴费凭证到区查违办申请办理《深圳市农村城市化历史遗留违法建筑处理证明书》（以下简称《处理证明书》）。

符合下列条件的，区查违办应当自历史违建当事人或者管理人提交前款规定资料之日起 5 个工作日内出具《处理证明书》：

（一）已缴纳罚款，本办法规定不予或者免于罚款的情形除外；

（二）已缴纳地价，本办法规定免缴地价的情形除外；

（三）已取得经建设部门备案的房屋安全鉴定报告等相关有效证明文件；

（四）已取得消防验收或者备案凭证等相关有效证明文件；

（五）未受地质灾害影响或者已采取有效防治措施。

《处理证明书》的格式和内容由市查违办统一规定。

罚款、地价等费用按照规定缴纳后，规划土地审查部门应当在 5 个工作日内出具宗地图。

第三十一条　历史违建当事人、市、区政府或者其指定机构可以持下列材料向不动产登记机构申请办理国有建设用地使用权及房屋所有权首次登记：

（一）申请书；

（二）身份证明；

（三）《处理证明书》；

（四）宗地图；

（五）测量报告。

第三十二条　历史违建经处理确认为非商品性质房地产的，不得改变用途，不得抵押、转让、互换、赠与。

第三十三条　历史违建当事人或者管理人可以委托城市更新单元计划申报主体向街道办事处提出简易处理申请。

历史违建通过街道办事处初审后，由街道办事处将初审材料移送区查违办。经审查符合初审要求和本办法第二十四条第一款第（一）项规定的，区查违办应当设立卷宗，并在收到承诺书后 5 个工作日内向区城市更新职能部门发出《深圳市农村城市化历史遗留违法建筑简易处理征询意见函》。

拟申报城市更新单元计划并且权属清晰的合法土地达到一定比例的，由区城市更新职能部门受理计划申报并核发《深圳市农村城市化历史遗留违法建筑简易处理意见书》，并答复区查违办。

区查违办收到同意简易处理的答复后，核发《深圳市农村城市化历史遗留违法建筑简易处理通知书》（以下简称《简易处理通知书》）。计划申报主体及时提交给区城市更新职能部门，用于城市更新单元计划申报后续手续办理。

区查违办应当在城市更新项目实施主体确认后，土地使用权出让合同签订前将《简易处理通知书》转至区规划土地监察机构和规划土地审查部门，由上述部门分别测算罚款和地价。

第三十四条　已取得本办法第三十三条规定《简易处理通知书》的历史违建及其用地，在其所在的城市更新单元实施拆除重建时，视为权属清晰的合法建筑物及土地，涉及缴纳的罚款和地价应当在城市更新项目实施主体签订土地使用权出让合同前缴清。城市更新单元计划未经批准的，或者经批准的城市更新单元拆除范围不包括已经简易处理的历史违建的，《简易处理通知书》自动失效。

已取得《简易处理通知书》的历史违建，也可以按照本办法相关规定进行处理确认。

土地整备（含房屋征收、土地使用权收回）活动涉及历史违建的，可以参照本条进行简易处理。

第三十五条　历史违建当事人或者管理人可以向政府申请收购或者统筹使用其历史违建。

根据房屋实际状况，政府可以收购或者统筹历史违建用作产业配套用房和创新型产业用房等，按照有关规定进行收购后，区查违办可以将历史违建直接处理确认给市、区政府或者其指定机构。具体实施办法由区政府会同相关主管部门制定。

第四章　罚款和地价

第三十六条　公配类历史违建处理确认至原农村集体经济组织或者其继受单位、市、区政府或者其指定机构的，不予罚款、免缴地价，确认为非商品性质房地产，不扣减非农建设用地指标。处理确认至其他主体的，按照商业、办公类历史违建缴纳罚款和地价后，确认为非商品性质房地产。

第三十七条　生产经营性历史违建，按照下列规定缴纳罚款、地价后，确认为非商品性质房地产：

（一）对原农村集体经济组织或者其继受单位按照建筑面积每平方米罚款10元，位于原农村非农建设用地红线内的免缴地价，位于原农村非农建设用地红线外的按照公告基准地价的25%缴纳地价；

（二）对原村民、其他企业单位或者非原村民按照建筑面积每平方米罚款30元，按照公告基准地价的50%缴纳地价。

商业、办公类历史违建，按照下列规定缴纳罚款、地价后，确认为非商品性质房地产：

（一）对原农村集体经济组织或者其继受单位按照建筑面积每平方米罚款10元，位于原农村非农建设用地红线内的免缴地价，位于原农村非农建设用地红线外的按照公告基准地价的25%缴纳地价；

（二）对原村民、其他企业单位或者非原村民按照建筑面积每平方米罚款30元，按照公告基准地价缴纳地价。

第三十八条　申报时尚未竣工的历史违建，按照《决定》施行时的状态封顶后依照本办法处理；擅自续建、加建的，整栋建筑物均不予处理确认。

第三十九条　历史违建位于原农村非农建设用地红线外的，按照下列规定办理：

（一）可以调整至原农村非农建设用地红线内或者扣减非农建设用地、征地返还用地指标的，按照位于原农村非农建设用地红线内的标准缴纳地价；

（二）不能调整或者未扣减非农建设用地、征地返还用地指标的，但属于占用未完善征转地手续的用地的，应当完善征转地手续后，按照本办法相关规定缴纳地价，政府不再支付征转地补偿款。

历史违建占地跨越原农村非农建设用地红线的，按照红线内外各自占地面积分别计算应缴纳地价。

历史违建按照本办法以扣减征地返还用地指标方式处理的，征地返还用地折算的比例按照我市有关规定执行。

第四十条 符合下列条件的历史违建，可以直接申请为商品性质房地产，也可以在国有建设用地使用权及房屋所有权首次登记办理为非商品性质房地产后，按照本市有关规定申请转为商品性质：

（一）原农村集体经济组织或者其继受单位所建产业类历史违建，位于原农村非农建设用地红线内或者以非农建设用地、征地返还用地指标扣减处理的，按照申请办理为商品性质时的市政府有关非农建设用地和征地返还用地土地使用权交易的有关规定补缴地价；

（二）本款第（一）项情形之外的生产经营性历史违建，按照申请办理为商品性质时市场评估地价的 50% 补缴地价；商业、办公类历史违建，按照申请办理为商品性质时的市场评估地价补缴地价。

第五章 拆除或者没收

第四十一条 本办法施行前，产业类和公配类历史违建当事人或者管理人未按规定向历史违建所在辖区街道办事处申报的，由街道办事处在建筑物显著位置、所在社区主要公共场所以及市、区政府网站公告 3 个月。

公告期满前获得历史违建当事人或者管理人联系地址、联系方式的，还应当在公告的同时书面通知历史违建当事人或者管理人。

第四十二条 公告内容主要包括：

（一）历史违建的具体位置；

（二）补充申报的截止时间；

（三）未补充申报的法律后果。

公告期间，任何单位和个人不得污损、撕毁或者采取其他方式破坏街道办事处的书面公告。

第四十三条 历史违建当事人或者管理人在公告期满后仍不申报的，依法予以拆除或者没收。

第四十四条 历史违建当事人根据本市征地返还用地的有关规定，以征地返还用地指标置换的，不属于《决定》第九条、第十条所称"非法占用已完成征转地补偿手续的国有土地"，缴纳地价标准按照本办法有关原农村非农建设用地红线内的标准执行。

第四十五条 历史违建拆除和没收程序按照《深圳经济特区规划土地监察条例》的相关规定执行。

第四十六条 具有本办法第二十三条第一款第（二）项至第（七）项规定情形之一的历史违建，建设行为发生在土地用途依法确定前的，依法拆除时参照可以处理确认的历史违建的征收补偿标准给予货币补偿。

前款规定的历史违建依法拆除或者没收后，占地属未完善征转地手续的，完善手续后纳入国有土地管理。

第四十七条 基本农田、一级水源保护区、禁止建设区，依照法定程序批准生效之日为土地用途依法确定的时间。

高速路、快速路、主干路、广场、城市公园绿地、高压走廊、原水管渠蓝线、橙线等规划用途确定时间由规划土地审查部门认定。

第六章 法律责任

第四十八条 历史违建当事人提供虚假材料或者利用隐瞒、欺骗手段获得历史违建处理确认，未发生房地产转移、抵押等涉及不动产权利处分登记行为的，由区查违办撤销《处理证明书》并书面告知登记机构，区规划土地监察机构对历史违建当事人处以国有建设用地使用权及房屋所有权首次登记所缴纳罚款和地价总额20%的罚款，已收取的罚款、地价不予退还，登记机构依法撤销国有建设用地使用权及房屋所有权首次登记；已经发生房地产转移、抵押等涉及不动产权利处分登记行为的，由区规划土地监察机构对违法当事人处以原国有建设用地使用权及房屋所有权首次登记所缴纳罚款和地价总额200%的罚款，已收取的罚款、地价不予退还；涉嫌犯罪的，移送司法机关依法处理。

第四十九条 历史违建当事人或者管理人阻碍执法人员执行公务的，由公安机关依照《中华人民共和国治安管理处罚法》的规定予以处罚，采取暴力、威胁等方式阻碍执法涉嫌犯罪的，移送司法机关依法处理。

第五十条 违反本办法第十三条规定，擅自出租、进行经营性活动的，由房屋租赁、市场监管等部门依职权责令历史违建当事人或者管理人停止违法行为并限期整改。拒不整改的，对个人处以1000元罚款，对法人或者其他组织处以100000元罚款，并将监管信息纳入我市公共信用信息管理系统。

对存在重大安全隐患的历史违建，由负有安全生产监管职责的部门依照《中华人民共和国安全生产法》的有关规定责令停产停业；被处罚对象拒不执行的，可以依法通知供电单位停止供电；涉嫌犯罪的，移送司法机关依法处理。

消防监管部门对存在严重威胁公共安全火灾隐患的历史违建，依照《深圳经济特区消防条例》的规定作出临时查封决定，临时查封逾期未消除火灾隐患的，责令停产停业或者停止使用。

第五十一条 历史违建当事人或者管理人有下列情形之一的，由街道综合执法机构责令限期改正，逾期不改正的，对个人处以1000元罚款，对法人或者其他组织处以50000元罚款；情节严重的，可以依照《中华人民共和国安全生产法》的有关规定责令停产停业；涉嫌犯罪的，移送司法机关依法处理：

（一）故意遮挡、覆盖或者污损安全警示标识的；
（二）擅自更改安全警示标识内容的；
（三）擅自制作、拆除、移动安全警示标识的；
（四）不按规定位置或者阻止在规定位置安装安全警示标识的；
（五）有其他人为损坏安全警示标识行为的。

第五十二条 在处理历史违建过程中，确需对依法应当拆除、没收或者具有严重安全隐患的历史违建实施停水、停电、停气的，由区查违办或者街道办事处将历史违建的具体名称、地址以及停止供应点等信息书面通知供水、供电、供气单位；需恢复供应时，应当书面通知各供应单位。

供水、供电、供气单位停止向历史违建供水、供电、供气后，历史违建当事人违法私拉乱接的，由水、电、气主管部门依据相关法律、法规责令停止违法行为，并对私拉乱接的双方当事人进行处理，相关法律、法规未规定罚款的，由水、电、气主管部门对个人处以1000元罚款，对法人或者其他组织处以50000元罚款。

第五十三条 相关行政管理部门及其工作人员在历史违建处理工作中出现违法行为的，由上级主管部门或者监察机关依法追究责任；涉嫌犯罪的，移送司法机关依法处理。

第七章 附 则

第五十四条 经区政府批准复工的建筑物，按照批准用地面积、功能和建筑面积建设且历史违建当事人自愿的，可以参照本办法处理，免予罚款；不按照批准用地、功能或者建筑面积建设的，依照本办法处理。

第五十五条 《决定》施行前历史违建通过人民法院强制执行程序转让的产业类、公配类历史违建，买受人应当持相关执行文书、拍卖等买受成交文书、买受人身份证明文件、建筑物《用地测点报告》或者规划国土部门认可的其他测绘报告等材料向街道办事处申请处理；本办法施行前买受人已按照本市有关规定向街道办事处申报的，买受人补交建筑物《用地测点报告》或者规划国土部门认可的其他测绘报告后由街道办事处直接移送区查违办。

区查违办及相关行政主管部门应当按照下列规定，对前款规定建筑物进行处理：

（一）除依法拆除或者没收的以外，免予罚款；

（二）买受人不再提交原农村集体经济组织或者其继受单位出具的理清经济利益关系、征转地关系的承诺书；

（三）买受人按照拍卖等买受成交文书订立时的市场评估地价标准缴纳地价；

（四）符合本办法第三十条第二款第二项、第三项和第四项规定条件的，核发《处理证明书》并确认为商品性质房地产；

（五）整栋建筑部分属于前款规定建筑，部分属于其他情形的历史违建的，依照相关规定分别进行处理。符合处理确认条件的，依法办理国有建设用地使用权及房屋所有权首次登记。

第五十六条 历史违建当事人或者管理人拒绝签收行政处理文书的，或者行政处理文书无法直接送达的，区查违办应当在历史违建显著位置、所在社区及市、区政府网站公告30日；公告期满，视为已经送达。

第五十七条 1999年3月5日之前所建的历史违建，符合《深圳经济特区处理历史遗留生产经营性违法建筑若干规定》（以下简称《若干规定》）处理条件的，按照下列规定进行处理：

（一）已按照《若干规定》进行申报但尚未处理的，参照《若干规定》罚款、地价标准及本办法规定程序进行处理；

（二）已按照《若干规定》进行申报且已进入《若干规定》处理程序、但尚未处理完毕的，仍按照《若干规定》处理标准及规定程序进行后续处理；

（三）已取得《若干规定》缴费通知书且历史违建现状未发生变化，历史违建当事人自本办法施行后1年内未补缴地价的，地价按照公告基准地价重新测算；已取得《若干规定》缴费通知书但历史违建现状已经发生变化且符合《决定》第二条规定的，历史违建当事人应当按照本办法进行处理。

第五十八条　产业类和公配类之外的历史违建应当参照本办法实施安全纳管，同时可以参照本办法开展补申报工作。

第五十九条　除第四十条外，本办法规定的公告基准地价按照深圳市2006年通告的公告基准地价标准执行。

第六十条　本办法自2018年10月10日起施行。2013年12月30日发布的《〈深圳市人民代表大会常务委员会关于农村城市化历史遗留违法建筑的处理决定〉试点实施办法》（市政府令第261号）同时废止。

附表

历史遗留违法建筑处理确认的罚款、地价标准

违法建筑类型		罚款	地价	
			非商品性质缴纳地价	商品性质补缴地价
公共配套类	原农村集体经济组织或者其继受单位、市、区政府及其指定机构	不予罚款	免缴地价	不予转为商品性质
	原村民、其他企业或非原村民	同商业办公类	同商业办公类	
生产经营性	原农村集体经济组织或者其继受单位	10元	位于非农建设用地红线内的免缴地价；位于红线外的缴纳公告基准地价的25%	位于原农村非农建设用地红线内或者以非农建设用地、征地返还用地指标扣减处理的，按照申请办理为商品性质时的市政府有关非农建设用地和征地返还用地土地使用权交易的有关规定补缴地价；除此之外的按照申请办理为商品性质时的市场评估地价的50%补缴地价
	原村民、其他企业或非原村民	30元	公告基准地价的50%	按照申请办理为商品性质时的市场评估地价的50%补缴地价
商业办公类	原农村集体经济组织或者其继受单位	10元	位于非农建设用地红线内的免缴地价；位于红线外的缴纳公告基准地价的25%	位于原农村非农建设用地红线内或者以非农建设用地、征地返还用地指标扣减处理的，按照申请办理为商品性质时的市政府有关非农建设用地和征地返还用地土地使用权交易的有关规定补缴地价；除此之外的按照申请办理为商品性质时的市场评估地价标准补缴地价
	原村民、其他企业或非原村民	30元	公告基准地价	按照申请办理为商品性质时的市场评估地价标准补缴地价

备注：1. 本表罚款和地价标准均指建筑面积每平方米；
　　　2. 本表所称补缴地价包括两种情形：一是直接办理商品性质时所需缴纳的相关地价；二是非商品性质房地产在转为商品性质时，按照第一种情形缴纳的地价扣除直接办理非商品性质时缴纳地价的差额部分。

6.10 关于做好没收违法建筑执行和处置工作的指导意见

(深规土规〔2018〕10号)

为严格落实《中共深圳市委深圳市人民政府关于严查严控违法建设的决定》等查违"1+2"文件，解决没收违法建筑执行和处置的难点问题，加快消减存量违建，结合我市实际，对没收违法建筑的执行和处置工作，提出以下指导意见。

一、指导思想和原则

全面贯彻党的十九大精神，以习近平新时代中国特色社会主义思想为指导，深入贯彻习近平总书记对广东重要指示批示精神，结合强区放权的改革要求，直面问题、勇于担当、痛下决心、动真碰硬，破解没收违法建筑的执行和处置难题，拓展城市发展空间，提高城市治理能力，切实保障人民群众生命财产安全和城市公共安全，促进经济社会健康可持续发展。

坚持实事求是，依法处理。充分认识落实没收违法建筑执行和处置工作的重要性和任务的艰巨性，保持查违高压态势，落实巡查防控，严格执行要求，确保处置到位，同时从实际出发，先易后难，试点先行，依法依规，逐步解决。

坚持科学管理，分步处置。明晰没收行政处罚执行各环节的工作内容，明确接收单位，分步开展登记造册、安全排查整治等工作，区分国有土地和未完善征转手续土地等不同占地类型，推进没收违法建筑处置。

坚持综合施策，标本兼治。推动解决土地历史遗留问题，从根本上解决没收违法建筑执行和处置难题，通过征收、出让、参照利益统筹等多种方式完善土地征转手续，构建土地开发增值利益共享机制。探索通过纳入人才住房和保障性住房体系，纳入土地整备、城市更新项目，纳入产业用地、养老服务设施用地等多种路径予以处理。

二、执行措施

(一)严格依法执行没收行政处罚。

本指导意见所称没收违法建筑是指违反土地管理或者城乡规划法律法规进行违法建设，由规划土地监察机构依法查处并没收的建筑物、构筑物及附属设施。没收行政处罚的执行是指当事人自觉履行行政处罚决定，移交涉案建筑物，或者当事人不履行生效的行政处罚决定，行政机关申请法院强制执行，强制当事人移交涉案建筑物。

市、区财政主管部门是没收违法建筑的接收单位。

严格落实没收行政处罚执行程序。行政处罚决定书生效后，对当事人逾期不履行行政处罚决定的，当事人在法定期限届满不起诉又拒不配合移交或者申请行政复议、提起行政诉讼，行政处罚决定被维持、诉讼请求被驳回的，由作出行政处罚决定的规划土地监察机构依法申请法院强制执行。人民法院裁定准予强制执行的，由区政府(含新区管理机构，下同)组织具体执行工作，人民法院派员参加，相关行政机关派员协助。

依法移交没收违法建筑。当事人主动配合行政处罚执行的，规划土地监察机构应当填写《非法财物移交书》，并附《行政处罚决定书》《非法财物清单》、现状现场勘查照片和视频等材料。《非法财物移交书》由当事人、作出没收行政处罚决定的规划土地监察机构和接收单位共同签署并分别保管。向人民法院申请强制执行且人民法院裁定准予强制执行的，作出行政处罚决定的规划土地监察机构应当配合人民法院填写《非法财物移交书》，并附《行政处罚决定书》《非法财物清单》、准予执行的裁定书等司法文书和现状现场勘查照片和视频等材料。《非法财物移交书》由人民法院、接收单位和作出行政处罚决定的规划土地监察机构共同签署并分别保管。

（二）登记造册建立没收违法建筑档案。

没收执行后的违法建筑属于国有资产，应当由接收单位实际控制。各区政府应当对没收违法建筑进行登记造册，将土地和地上建筑物统一登记入库，载明建筑位置、建筑面积、占地面积等相关内容，并对《行政处罚决定书》等案卷材料、人民法院作出的裁定书等司法文书、《非法财物移交书》等移交文书进行造册存档。

（三）落实安全排查整治。

各区政府要按照属地管辖原则，组织辖区各相关单位开展没收违法建筑的房屋结构、消防、地质灾害等安全隐患排查，并以栋为单位建立排查档案。

经排查存在房屋结构、消防安全隐患的，应当责令没收违法建筑接收单位或者当事人限期整改。经整改后，房屋仍无法满足安全使用要求的，不得出租、进行经营性活动，街道办事处应当在其显著位置悬挂安全警示标识。住房建设、公安消防、市场监管、房屋租赁、安全生产以及其他负有安全监管职责的部门按职责重点监管。

没收违法建筑安全隐患排查所需经费纳入财政预算予以保障，限期整改所需费用根据我市有关房屋安全、消防安全的政策执行。

三、没收资产处置

没收违法建筑的资产处置以区政府为主导，区别国有土地和未完善征转手续土地两种情形，参照我市现行土地政策、产业用房、人才住房和保障性住房政策，统筹制定分类处置方案。不影响规划实施且符合工程质量、消防安全、地质安全条件，是建筑物依法进行资产处置的前提。处置过程中，应当选定具有资质的评估机构，根据《国有资产评估管理办法》的规定对没收建筑物价格进行评估。处置工作经费纳入相关部门预算安排，处置收入在抵扣符合规定的相关税费后，按照政府非税收入管理规定上缴国库。各区政府可以根据有关法律、法规和本指导意见，结合辖区实际制定处置没收违法建筑的具体实施细则。

（一）国有土地上没收违法建筑的处置。

对于非法占用国有土地或者不按照批准的用途使用国有土地的，由规划国土部门责令退还土地或者依法无偿收回土地。已出让国有土地上仅因规划违法被没收的违建，因公共利益需要，由规划国土部门报经原批准用地人民政府或者有批准权的人民政府批准，可以依照法定程序有偿收回国有土地使用权，可以遵循等价值原则给予货币补偿，具体标准可以参照市政府征地补偿有关规定执行。收回土地后，规划国土部门可以根据实际情况、建筑现状制定出让方案，并对地上建筑物进行评估，评估价格应当作为土地及房产出让价格的组成部分。

（二）未完善征转手续土地上没收违法建筑的处置。

1. 征收模式。对于未完善征转手续土地，可以参照市政府征地安置补偿的相关标准，采取货币补偿方式解决征转地遗留问题。

2. 出让模式。没收违法建筑区域内有非农建设用地指标或者征地返还用地指标落地的，参照市政府有关原农村集体经济组织非农建设用地和征地返还地用地土地使用权交易若干规定进行出让。以出让方式处理的，应向政府确定的接收单位缴纳没收建筑物评估价格等价值的货币。

3. 统筹模式。原村集体没有非农建设用地指标或者征地返还地指标落地的，可以参照市政府土地整备利益统筹或者"社区土地入市"的方式进行处置。参照土地整备的整村统筹方式处置的，在核算留用土地、物业返还的规模和收益分成时，应当扣减与没收建筑物的评估价格等价值的留用土地、物业面积或者金额。参照"社区土地入市"模式处置的，所得收益在根据相关政策分配时，应当扣减与没收违法建筑地上建筑物的评估价格等价值的物业面积或者金额。

四、保障措施

（一）加强组织领导。各级各部门要高度重视没收违法建筑执行和处置工作，将其摆在突出位置重点推进。市查违和城市更新工作领导小组负责统筹、指导全市开展没收违法建筑的执行和处置工作。各区政府要成立专项工作小组，由区领导牵头挂帅，负责组织、协调、落实辖区没收违法建筑执行和处置工作。各相关职能部门应当统一认识，加强沟通，建立健全信息共享、协同联动等机制，保障工作落实。

（二）落实责任分工。各区政府要落实属地管辖主体责任，对没收违法建筑行政处罚不到位的要严格执法到位，对执行不到位的要坚决执行到位；要加强政策统筹，在落实安全隐患排查工作的基础上，结合辖区实际研究制定没收违建依法分类处置方案，综合施策、先行先试，在试点经验成熟后再全面推开，同时做好舆情应对、政策宣讲、矛盾排查等工作，确保处置工作有序推进；对执行、处置过程中阻挠执法、暴力抗法的，要按照扫黑除恶专项斗争的工作部署，坚决依法严惩。查违共同责任单位要落实行业监管指导职责，积极配合处置工作。辖区规划土地监察机构要做好没收违法建筑的巡查、防控，确保履职到位。

（三）加强监督检查。市规划国土部门要加强对没收违法建筑工作的监督指导，定期开展监督检查，将没收违法建筑的处罚落实情况纳入查违共同责任考核。各区政府对相关部门怠于履行职责，致使执行工作受阻或者国有资产损失的，应当责令有关部门改正；情节严重的，移送本级监察机关依法追究有关部门和人员的责任。审计部门要加强对没收违法建筑执行和处置工作的审计，确保国有资产安全管理。

本指导意见自公布之日起施行，有效期5年。

第七篇

深圳市大鹏新区规范性文件

7.1 大鹏新区小散工程安全生产纳管实施细则

(深鹏办规〔2019〕2号)

第一章 总 则

第一条 为进一步加强新区小散工程安全生产管理，落实小散工程安全生产主体责任，规范小散工程安全生产纳管工作流程，根据《中华人民共和国安全生产法》《建设工程安全生产管理条例》《深圳市小散工程和零星作业安全生产纳管暂行办法》(深府办规〔2018〕10号)等相关文件，结合新区实际，特制定本实施细则。

第二条 本实施细则适用于在大鹏新区范围内从事小散工程新建、改建、扩建和拆除等有关活动及其监督管理。

第三条 本实施细则所称的小散工程，是指按规定无需办理或无法办理施工许可证的小型建设工程（含土木工程、建筑工程、线路管道和设备安装工程及装修工程）。具体包括：

（一）工程投资额在30万元以下或者建筑面积在300平方米以下（以下统称"限额以下"）的小型房屋建筑工程（包括房屋建筑及其附属设施的建造和与其配套的线路、管道、设备的安装）；

（二）限额以下的水务、道路交通、城市管理等市政基础设施工程；

（三）限额以下的各类地下管线施工工程；

（四）限额以下的公共建筑、商铺、办公楼、厂房等非住宅类房屋装饰装修；

（五）限额以下的历史遗留违法建筑二次装修工程（不含加建、改建、扩建）；

（六）竣工验收合格后的住宅室内装饰装修；

（七）建筑面积在500平方米以下的房屋拆除工程；

（八）因城市建设需要对外接受工程弃土，消纳量在20万方以下的零星受纳工程；

（九）其他由市政府决定纳入小散工程予以安全生产监管的建设活动。

相关法律、法规、规章对施工许可限额予以调整的，按相关规定执行。

对于限额以上的历史遗留违法建筑二次装修工程（不含加建、改建、扩建）以及限额以上但暂未纳入深圳市施工许可范围的建设工程安全生产，参照《深圳市小散工程和零星作业安全生产纳管暂行办法》进行纳管，由新区相关责任部门按照《深圳市大鹏新区综合办公室关于进一步明确党政部门及有关单位安全管理工作职责的通知》(深鹏办发〔2017〕2号)相关规定予以执行。依法依规应予禁止或应当控停的违法建设活动除外。

第四条 下列情形不适用本实施细则：

（一）深圳市相关国家机关、事业单位作为建设单位的小散工程，由相关国家机关、事业单位按照业主负责制原则，依法自行履行安全生产统一协调、管理职责；

（二）依法应纳入施工许可等相关许可管理范围的建设工程生产安全，由新区住房建设、水务、交通等法定主管部门按职责分工依法进行监督管理；

（三）新区临时建设工程安全生产工作依据《深圳市临时用地和临时建筑管理规定》(深圳市人民政府令第149号)和《深圳市大鹏新区临时用地和临时建筑管理实施细则（试行）》(深鹏综

执规〔2018〕1号）等相关规定进行监督管理；

（四）对违法占有、使用、转让土地使用权等土地违法行为，以及未取得建设工程规划许可证或未按建设工程规划许可证的规定进行建设的规划违法行为，由新区规划土地监察局依法进行查处；

（五）在公共区域进行的存在高处坠落、触电、物体打击、坍塌等特定安全风险且依法无需许可审批的小规模非工程建设类生产作业经营活动，统称为零星作业，按深圳市零星作业安全生产相关管理规定进行监督管理。

第五条 小散工程安全生产纳管应遵循"全面纳管与分类纳管相结合""社区网格化巡查为主，物业服务企业巡查为辅""属地管理和行业督导相结合"的原则。

第二章 属地管理职责

第六条 各办事处履行以下职责：

（一）负责具体组织实施辖区小散工程安全生产管理工作和落实常态化监管；

（二）细化完善辖区小散工程安全生产管理机制，建立"安全生产备案，日常安全巡查，组织执法查处"等链条清晰、分工明确的工作流程；

（三）负责结合辖区小散工程安全管理实际工作需要，将小散工程安全管理经费纳入年度预算，并向新区发展和财政部门申请经费保障，以充实辖区基础网格员（以下简称"网格员"）力量或通过购买服务等形式，进一步加强日常安全巡查和执法力量，并落实相关激励机制，具体激励标准由各办事处结合自身实际自行制定；督促指导辖区物业服务企业建立健全工作机制，落实物业管理区域的安全生产备案服务以及日常安全巡查等要求；

（四）细化完善辖区小散工程安全生产备案服务制度，组织和指导委托的社区工作站和物业服务企业设立一站式备案服务窗口，受理小散工程安全生产备案申请和推广使用安全防护工具及用品；按要求定期收集汇总委托的社区工作站和物业服务企业上报的备案信息、日常安全巡查信息和隐患整改、宣传培训等情况，并及时报送至新区住房和建设局；建立辖区小散工程管理台账，全面掌握辖区小散工程动态；

（五）建立辖区各社区、网格日常安全巡查制度，指导委托的物业服务企业建立日常安全巡查制度，组织落实巡查要求和安全生产违法行为移送查处要求；

（六）组织相关单位对小散工程安全隐患及时进行整治；

（七）组织有权执法机构依据执法事项和执法权限，依法查处小散工程中存在的安全生产违法行为和其他违法行为；对超出执法权限的执法事项，及时报送相关部门查处；

（八）组织开展辖区小散工程安全生产宣传教育培训工作，督促指导建设各方依法严格履行安全生产主体责任；

（九）受理有关小散工程违法行为和安全隐患的投诉，及时组织核查处理；

（十）其他法律、法规、规章以及上级规范性文件规定的职责。

第七条 各社区工作站履行以下职责：

（一）按照办事处统一部署，具体负责社区范围小散工程备案服务；落实小散工程安全生产备案服务制度，设立社区备案服务窗口，指定专人具体负责小散工程备案申请；

（二）配合办事处组织开展的日常安全巡查；

（三）负责收集汇总本社区工作站受理备案信息和本社区范围的日常安全巡查信息，建立社区小散工程台账；

（四）组织开展社区小散工程安全生产宣传教育培训工作，指导建设单位按照有关规定和技术指引开展小散工程活动；

（五）其他法律、法规、规章以及上级规范性文件规定的职责。

第八条 接受办事处委托受理安全生产备案的物业服务企业履行以下职责：

（一）根据所在办事处委托，负责物业管理区域内小散工程的安全生产备案服务，配合办事处等有关部门开展日常安全巡查工作，并定期将小散工程备案信息、日常安全巡查信息等上报所在办事处城建办、抄送社区工作站；

（二）将小散工程的有关注意事项、禁止行为、安全生产指引等内容提前告知备案申请人；

（三）建立健全日常安全巡查制度，及时组织巡查物业管理区域内小散工程施工活动；

（四）配合新区有关部门、办事处开展物业管理区域内小散工程安全生产宣传教育；

（五）其他法律、法规、规章以及上级规范性文件规定的职责。

第三章 部门职责分工

第九条 新区住房建设、水务、交通等建设工程主管部门依各自职责分工，分别负责具体协调指导本辖区内相关小散工程安全生产监督管理工作。

新区其他相关行业主管部门根据"管行业必须管安全、管业务必须管安全、管生产经营必须管安全"的要求，依各自职责分工履行各自行业领域小散工程安全生产监督管理职责。

第十条 新区各职能部门或办事处决定实施建筑面积在500平方米以下房屋拆除工程的，应按"谁决定、谁负责"的原则履行小散工程安全生产监督管理职责，指导和督促有关单位依法依规开展此类房屋拆除工程安全生产活动。

第十一条 新区规划土地监察机构应加强限额以上的历史遗留违法建筑二次装修工程的安全生产监督管理工作。

第十二条 小散工程安全生产的执法查处职责纳入新区各办事处综合执法职责范围，由办事处执法队根据建设工程安全生产管理方面的法律、法规、规章对小散工程安全生产违法行为进行查处。

第十三条 新区发展和财政部门负责具体根据办事处提出的资金需要计划，核拨专项经费予以支持。

第四章 纳管工作流程

第十四条 小散工程具体纳管工作流程主要包括"开工登记备案申请""备案申请受理""现场核查""安全巡查""完工核销"等环节。

第十五条 小散工程实行安全生产开工登记备案服务制度，由办事处具体承担备案服务职责，办事处可根据具体情况委托辖区社区工作站或物业服务企业代为受理备案。建设单位在开工前，应到办事处或受其委托的社区工作站、物业服务企业（以下统称"备案受理单位"）办理备案手续。

第十六条 办事处委托辖区社区工作站或物业服务企业代为受理备案应遵循以下原则：

（一）对于物业管理区域外、没有物业服务企业的物业管理区域内或物业服务企业自行组织实施的小散工程，可以委托所在社区工作站代为受理备案并予公告；

（二）对于有物业服务企业的物业管理区域内的小散工程，可以通过购买服务等形式委托相关物业服务企业代为受理备案并予公告。

第十七条 安全生产备案属于告知性备案，仅作为安全生产纳管的依据，不作为确认相关小散工程建设活动合法性的依据，不视为对违法建设施工的许可。

第十八条 小散工程备案时，备案申请人应提供以下材料：

（一）备案申请人身份证复印件；施工单位法人证明、法定代表人身份证复印件；施工负责人身份证复印件；所有参与小散工程的施工人员身份证复印件；有职业技能证书的，应一并提交职业技能证书复印件；

（二）施工单位营业执照、资质证书（需有符合施工内容的资质类别）、安全生产许可证等复印件；

（三）与施工单位签订的书面合同（非合同双方法定代表人签订时，需提供法定代表人的授权委托证明、被委托人身份证明）。合同中需包含小散工程项目名称、地点、施工内容、施工期限、合同金额、建筑面积、签订合同双方信息、联系方式以及合同双方应负的安全生产职责等必要内容；

（四）涉及特种作业的，需提供特种作业操作人员的特种作业操作证复印件；

（五）其他应提交的材料。

第十九条 备案受理单位受理备案申请时，应于当日对备案申请人提交的材料进行形式审查。对符合备案规定的，予以备案；对不符合备案规定的，应当一次性告知并予以修改完善，经修改完善后符合规定的予以备案。

在备案时，备案申请人应如实填写《大鹏新区小散工程安全施工开工备案登记表》，签署《履行小散工程安全施工责任承诺书》；备案受理单位通过发放《小散工程施工安全风险告知书》和《大鹏新区小散工程安全生产指引（试行）》等方式，督促引导备案申请人按照本实施细则规定落实安全生产主体责任。

鼓励各办事处加大对安全生产备案服务制度的配套政策支持力度，在办理备案手续时，一并为备案申请人免费或优惠提供相关安全生产防护用品或工具。备案完成后，备案受理单位应向备案申请人发放《大鹏新区小散工程安全施工开工备案登记回执》。

第二十条 备案受理单位在备案过程中发现有以下几种不属于小散工程纳管情形的，应分别作相应处理：

（一）属于依法应申请施工许可或其他许可的，立即告知备案申请人依法向主管部门申请取得相关许可后方可开工，并在当日内上报办事处城建办转新区住房建设、水务、交通部门组织人员跟进检查，防止未经许可擅自开工；

（二）属于依法依规应予禁止或应当控停的违法建设活动的，立即告知备案申请人不得开工建设，并在当日内上报办事处城建办转办事处执法队跟进处理；

（三）属于其他不符合备案规定情形的，应在当日内依法上报办事处城建办进行后续处理。

第二十一条 日常安全巡查工作按以下分工进行：

（一）办事处负责受理备案的小散工程，由办事处城建办组织属地网格员或委托的机构开展日常安全巡查工作；

（二）社区工作站代为受理备案的小散工程，应当自备案通过之日起 1 个工作日内上报所辖办事处城建办，由办事处城建办组织属地网格员或委托的机构开展日常安全巡查工作；

（三）物业服务企业代为受理备案的小散工程，应当自备案通过之日起 1 个工作日内上报所辖办事处城建办，由办事处城建办委托其组织开展日常安全巡查工作。

第二十二条 各办事处城建办应在收到社区工作站或物业服务企业上报的备案信息之日起 1 个工作日内组织属地网格员、办事处委托的第三方机构或物业服务企业巡查人员（以下统称"巡查人员"）对新办理备案登记的小散工程进行现场核查。如发现有违规以小散工程名义完成备案的，应当场予以制止并立即告知备案受理单位，同时按照本实施细则第二十三条相关规定进行处理；备案受理单位在收到通知后应立即核销其备案登记，同时做好记录；巡查人员在后续日常安全巡查工作中应重点加强对此类工程的监督巡查。

第二十三条 巡查人员应按照《大鹏新区小散工程安全生产巡查工作指引（试行）》和《大鹏新区小散工程安全生产核查工作指引（试行）》相关规定，对巡查发现的问题及时进行处理：

（一）发现未办理安全生产备案手续、擅自进行小散工程建设的，应立即制止，督促指导其补办备案手续，并在当日内上报所辖办事处城建办；对拒不执行的，按照本实施细则第二十五条依法进行处理；

（二）发现已备案小散工程未按照相关安全技术标准施工的，未配备、使用必要安全防护用品工具的，未采取必要安全防护措施的，应立即制止，督促整改，并在当日内上报所辖办事处城建办；对拒不执行的，按照本实施细则第二十五条依法进行查处；

（三）发现存在《深圳市小散工程和零星作业安全生产纳管暂行办法》所述及其他违法违规行为的，应在当日内上报办事处城建办，并由后者按职责分工转新区相关责任部门依据建设工程方面的法律、法规、规章进行处理。

第二十四条 对小散工程进行执法检查时，执法人员应当根据现场具体情况，依据建设工程方面的法律、法规、规章依法予以处理。

第二十五条 对拒不执行整改要求的，由巡查人员上报办事处城建办，并由办事处城建办转办事处执法队依据建设工程安全生产管理方面的法律、法规、规章进行查处；超出办事处执法队执法权限或安全隐患突出的，由办事处城建办按执法事权上报新区相关部门依法依规查处。

第二十六条 小散工程竣工验收完工后，备案申请人应及时告知备案受理单位，由备案受理单位办理完工备案核销；巡查人员发现已完工但未办理完工核销的小散工程，应及时告知备案受理单位予以核销。

第二十七条 新区住房建设、水务、交通等建设工程主管部门负责加强对办事处执法队的业务培训、指导和监督考核，明确对小散工程安全生产违法行为查处工作的执法指引。

第二十八条 各办事处城建办负责在每月 28 日之前将本辖区小散工程备案数据、宣传教育培训开展情况、日常巡查检查情况、发现隐患及整改结果等相关信息汇总后报送至新区住房和建设局。

第五章 主体责任

第二十九条 小散工程各方责任主体应按照本实施细则要求，落实各方主体责任。

第三十条 建设单位应在小散工程开工前,按本实施细则规定办理安全生产备案手续,依法接受安全生产监督管理及相关安全指导。

第三十一条 小散工程的建设单位应依法履行以下安全生产主体责任:

(一)应当依法将小散工程委托给具备相应资质的生产经营单位进行施工,并与其签订书面合同,明确双方关于安全生产方面的权利义务;

(二)应依法履行安全生产统一协调、管理职责,督促承包小散工程的生产经营单位严格落实小散工程安全生产法律法规和相关技术标准。发现存在安全隐患或安全生产违法违规行为的,应当立即制止;

(三)应将小散工程备案回执、安全生产责任承诺书、风险告知书等内容张贴在小散工程施工现场醒目位置,依法自觉接受、配合有关部门的监督管理,不得拒绝、阻碍有关部门依法依规对施工活动进行监督检查。支持和鼓励建设单位委托监理单位对小散工程进行工程监理。

第三十二条 承接小散工程的施工单位对小散工程负安全生产主体责任,应当严格按照国家法律、法规及相关技术标准、规范开展小散工程活动,加强施工管理,确保施工安全,自觉接受、积极配合监管单位的监督管理,并依法落实以下要求:

(一)施工作业前,应对施工作业人员进行安全生产交底,保证施工作业人员充分了解施工中的安全风险、注意事项、禁止行为和应急措施;制定安全可靠的小散工程施工作业方案,严格落实各项安全生产措施;

(二)涉及特种作业的,应安排依法取得特种作业操作证人员从事相关特种作业;

(三)保障安全生产经费的投入,使用合格的工具、器材和设备设施。配备符合规范标准的安全防护用品和防护装置,督促进入现场及现场作业的人员正确穿戴和坚持使用安全防护用品、工具;

(四)依法严格落实对地铁隧道、油气管线等影响公共安全的公共设施设备的安全保护措施;

(五)加强施工现场安全管理,配备专人负责施工现场安全管理工作,及时排查整改事故隐患,纠正施工作业人员的违法违规行为;

(六)依法为从业人员缴纳工伤保险费,鼓励为涉危施工作业人员购买意外伤害保险;

(七)小散工程施工现场应按有关规定设置消防通道、消防水源、配备消防设施和灭火器材等;

(八)其他法律法规规定的要求。

第三十三条 任何单位和个人不得从事小散工程违法建设与施工活动。

第六章 惩处与考核

第三十四条 小散工程发生死亡1人以上或重伤3人以上安全事故,或施工现场存在重大安全隐患未按期整改,或被责令停工后拒不停工的,由所辖办事处执法队依法查处,并报送新区建设工程主管部门依据市、新区有关规定采取公开曝光、约谈、限制或禁止市场准入等惩戒措施。

第三十五条 小散工程发生安全事故的,应依法调查处理,依法严肃追究相关责任单位或人员的责任;涉嫌犯罪的,移送司法机关依法追究刑事责任。

第三十六条 存在下列失信行为的,按照《深圳市贯彻落实守信联合激励和失信联合惩戒制度实施方案》(深府〔2017〕57号)等有关规定,纳入全市失信联合惩戒体系,对相关责任单位或个人实施联合惩戒：

（一）未按照相关安全技术标准施工、作业，对较大以上生产安全事故以及造成人员死亡的一般生产安全事故负有责任的；

（二）被责令停止施工或作业，但拒不执行的；

（三）施工活动存在严重安全生产违法行为，危及公共安全的；

（四）其他法律法规规定的失信行为。

第三十七条 新区有关部门、办事处及其工作人员违反相关法律、法规及本规定，不履行或不正确履行小散工程安全生产管理职责的，依法依规予以问责处理。

第三十八条 鼓励群众通过12350热线等渠道监督、举报小散工程安全事故隐患和违法违规行为。任何单位或个人都有权检举、控告、投诉小散工程中存在的安全事故隐患和相关安全生产违法违规行为。

第七章 附 则

第三十九条 本实施细则所称的建设单位，是指投资进行小散工程的任何单位或个人。

第四十条 本实施细则具体条款内容由新区住房和建设局负责解释。如实施细则所依据相关文件、规定有所变化，则从其规定。

第四十一条 本实施细则自2019年4月8日起施行，有效期3年。原《大鹏新区关于进一步加强零星工程安全管理工作方案》（深鹏城建〔2018〕15号）即行废止。

7.2　大鹏新区应急工程管理办法

（深鹏办规〔2020〕6号）

第一章　总　　则

第一条　为规范大鹏新区应急工程认定、发包、建设、监督和管理工作，根据《深圳市人民政府关于印发深圳市特殊工程认定和发包办法的通知》（深府〔2012〕46号）及相关法律、法规、规章和上位规范性文件，结合新区实际，制定本办法。

第二条　本办法适用于大鹏新区范围内利用政府财政性资金投资的应急工程认定、发包、建设、监督和管理活动。

属于《大鹏新区抢险救灾工程管理办法》（深鹏住建规〔2019〕1号）认定范围的，不适用本办法。

第三条　应急工程管理应遵循统一领导、分类管理、属地负责、注重效率的原则。

第二章　应急工程的认定

第四条　本办法所称应急工程是指客观上必须限期交付使用，但实际可利用建设工期明显短于依据相关施工标准、规范确定的工期，按正常建设程序难以按时竣工的建设工程。

第五条　新区建设行政主管部门应当严格控制应急工程的认定。除市政府另有规定或者批准同意外，下列建设工程不得被认定为应急工程：

（一）已列入政府投资项目计划，按正常建设程序可以按时竣工的工程。

（二）房地产开发建设项目。

（三）已开工建设或已完工的建设工程。

第六条　应急工程按以下程序认定：

（一）建设单位或使用单位向新区建设行政主管部门提交申请书（详见附件1），内容包括工程基本情况、申请认定的理由和依据、工程估算价、拟采用发包方式等。

（二）新区建设行政主管部门对申请书进行审核。审核时可根据工程复杂性组织专家论证。

（三）工程估算价在400万元以下的，由新区建设行政主管部门审核后直接出具认定意见；工程估算价在400万元以上且1000万元以下的，经新区建设行政主管部门审核并提出认定建议，由新区分管建设行业的领导召开会议审议；工程估算价在1000万元以上的，由新区建设行政主管部门提出认定建议，经新区分管建设行业的领导审核后，报新区管委会常务会议审议。

新区建设行政主管部门（认定部门）应在收到申请书之日起5个工作日内（专家论证、提请新区会议审议时间不计入在内）出具认定或不予认定的意见（详见附件2）。对不符合认定条件的，应当向申请人说明理由。

第七条　专家论证意见作为认定或不予认定意见的参考。

参加专家论证会的专家应当为5人以上单数，并在市建设行政主管部门设立的相关专业资深专家库中随机抽取。资深专家库中无相关专业或者相关专业专家数量少于20名的，可由新区建设行政主管部门直接指定。

专家出具论证意见应当遵循依法依规、实事求是和科学审慎的原则。

第三章 应急工程的发包

第八条 应急工程按以下方式发包：

（一）单项合同估算价在 400 万元以下的施工发包及 100 万元以下的服务类发包，建设单位应通过深圳交易集团有限公司（深圳公共资源交易中心）大鹏分公司平台按照《大鹏新区小型建设工程发包管理办法》（深鹏住建规〔2020〕1 号）进行发包。

（二）单项合同估算价在 400 万元以上的施工发包、100 万元以上的服务发包，依法进行公开招标。

如国家、省、市对发包方式另有规定的，按相关规定执行。

第四章 应急工程的经费

第九条 应急工程费用由新区财政部门从政府财政资金中统筹安排，资金支付按照《大鹏新区基本建设资金管理办法》（深鹏发财规〔2018〕5 号）有关规定执行，实行财政集中支付。

第十条 建设单位应加强投资控制，项目投资原则上不得超过已批准的项目概算，但因国家政策调整、建设期价格大幅上涨、地质条件发生重大变化等因素导致项目预算超过项目总概算的，按照《深圳市大鹏新区政府投资项目管理办法》（深鹏办规〔2019〕4 号）有关规定执行。

第十一条 因责任事故引发的应急工程，所需资金由事故责任单位或责任人承担；由财政性资金垫付的，项目单位依法向事故责任单位或者责任人追偿；无项目单位的，由项目行业主管部门依法进行追偿。

第五章 应急工程的建设

第十二条 应急工程无需编制项目建议书及可行性研究报告。经认定的应急工程，项目单位或建设单位可直接开展初步设计和概算编制，编制初步设计及概算时应当增加对项目建设必要性、可行性、建设规模、建设内容、建设标准论证的内容。新区发展改革部门应在 15 个工作日（申报材料满足评审要求的情况下）内完成概算审批，并依据项目建设单位申请下达项目投资计划。

第十三条 已认定的应急工程开工前应依法办理报建手续，各有关部门应当开通绿色通道，在职权范围内依法对相关审批程序予以简化。建设单位应加强项目工期管理，统筹建设进度，合理组织施工，确保项目在规定时限内开工建设，在规定时限内完成工程建设。

第十四条 应急工程参建各方应落实工程质量和安全生产责任制。严格遵守房屋市政工程建设强制性标准，使用符合设计要求或者施工安全要求的建筑材料、配件和设备，涉及应由电力、燃气、消防等专业部门审查的，按照相关规定进行审查。施工单位应落实安全管理措施，及时消除安全隐患。

第十五条 建设单位应当严格按照国家有关档案管理的规定，及时收集、整理应急工程项目各环节的文件资料，包括建设全过程的照片、录像、录音等电子数据，建立、健全项目档案，并在工程竣工验收合格后，及时将相关档案移交新区建设行政主管部门或其他有关部门。

第十六条 应急工程完工后，建设单位应及时组织竣工验收，并根据《深圳经济特区审计监督条例》《深圳经济特区政府投资项目审计监督条例》《深圳经济特区政府投资项目管理条例》等相关规定尽快开展项目结（决）算审核等工作。

第六章 监督管理

第十七条 新区发改、建设、审计等相关行政管理部门应当依职责加强应急工程监督管理，依法依规从严查处应急工程发包和建设中的规避招标、串通投标、弄虚作假、转包挂靠、违法分包、虚假工程变更和签证、抬高标底和结算价等违法违规行为，确保工程质量和投资效益。

第十八条 承包商无正当理由未能实施或拒绝实施应急工程的，由新区建设行政主管部门按《深圳市建筑市场主体信用管理办法》（深建规〔2020〕3号）相关规定进行处理。建设单位应按照《深圳市大鹏新区政府投资工程承包商履约评价管理办法》（深鹏住建规〔2020〕2号）对承包商进行评价。

第七章 责任追究

第十九条 相关单位及其工作人员有下列情形之一的，依法追究其相关责任：

（一）因建设单位自身原因未按要求办理相关手续和备案工作的；

（二）因项目单位、建设单位或者有关部门拖延工程建设的前期工作，人为造成应急工程的；

（三）使用单位或建设单位在应急工程的申请认定材料中弄虚作假、隐瞒或者歪曲事实的；

（四）有关部门违反规定认定应急工程或者批准工程发包方式的；

（五）有关部门、单位或者个人插手干预应急工程的认定和发包活动，影响正常行政决策的；

（六）认定为应急工程后，使用单位或建设单位在3个月内不开工，拖延建设工期的；

（七）非客观原因或不可抗力，工程未按时竣工或交付时间滞后造成恶劣影响的；

（八）因滥用职权、徇私舞弊、弄虚作假或者工作失误，造成工程质量低劣、投资失控、损失浪费或责任事故；

（九）应急工程认定、发包和建设工程中出现的其他违法违规违纪行为。

第八章 附则

第二十条 本办法所述"以上"含本数，"以下"不含本数。

本办法中的"项目单位"是指项目建议书、可行性研究报告、初步设计、项目总概算或者资金申请报告的组织编制和申报单位。

第二十一条 本办法由新区建设行政主管部门负责解释。

第二十二条 本办法自2021年1月18日施行，有效期三年。法律、法规、规章及上级规范性文件与本办法有不同规定的，从其规定。

附件：1. 大鹏新区应急工程认定申请表
　　　2. 大鹏新区应急工程认定意见书

附件1

大鹏新区应急工程认定申请书

申请时间	××××年××月××日		
工程名称			
工程地点			
实际可用工期			
申请单位（加盖公章）		工程估价	万元
		联系人	
		联系方式	
拟采用发包方式			
申请理由（认定依据）	1. 客观条件，工程背景，现场情况； 2. 依据相关施工标准、规范确定的工期与实际可利用工期； 3. 是否已列入政府投资项目计划； 4. 是否属于房地产开发建设项目； 5. 其他理由。		

注：1. 依据本办法第六条，申请单位为建设单位或使用单位；
　　2. 申请表的"工程估价"为暂定价，最终以合同签订金额为准。

附件2

大鹏新区应急工程认定意见书

认定时间	××××年××月××日		
工程名称			
工程地点			
工程估价	万元		
申请单位			
认定部门（加盖公章）		联系人及联系方式	
认定意见	是否同意认定为应急工程： □ 同意。 □ 不同意。 理由： 专家意见（如有）：		

7.3 大鹏新区抢险救灾工程管理办法

(深鹏住建规〔2019〕1号)

第一章 总 则

第一条 为进一步完善大鹏新区抢险救灾机制，规范抢险救灾工程管理，提高抢险救灾工作效率，根据《深圳市特殊工程认定和发包办法》(深府〔2012〕46号)、《深圳市抢险救灾工程管理办法》(深建规〔2017〕5号)、《深圳市突发事件总体应急预案》(深府〔2013〕6号)等有关规定，结合新区实际，制定本办法。

第二条 大鹏新区抢险救灾工程的申报、认定、发包、实施、结算及监督等活动，适用本办法。

第三条 抢险救灾工程管理遵循统一领导、分类管理、分级管理、注重效率、公开透明、财权与事权相统一的原则。

第二章 抢险救灾工程认定

第四条 本办法所称的抢险救灾工程是指新区突发公共事件造成或者即将造成严重危害，必须立即实施治理、修复、加固等措施的工程。认定范围按照《深圳市抢险救灾工程管理办法》(深建规〔2017〕5号)第五条、第六条的规定执行。

第五条 新区抢险救灾工程认定机构按照以下原则确定：

(一)应急响应为一级至三级的，市抢险救灾工程指挥机构为认定机构；

(二)应急响应为四级的，大鹏新区管委会成立的各专项应急指挥部(以下简称"专项指挥部")为对应抢险救灾工程的认定机构；如突发事件无对应的专项指挥部，由行业主管部门作为认定机构，并提请新区分管领导召开会议进行认定。

四级应急响应由新区各专项指挥部根据相应的应急预案启动。

第六条 新区抢险救灾工程按照以下程序进行认定：

(一)事发单位发现险(灾)情应立即向专项指挥部(无专项指挥部的，向新区行业主管部门，下同)电话报告险(灾)情。收到险(灾)情信息通报后，专项指挥部应当在12小时内尽快对发生或者可能发生的险(灾)情现场进行勘察，及时做好文字和图像记录。

(二)应急响应为一级至三级的，专项指挥部收到险(灾)情信息通报后，应在12小时内向市抢险救灾工程指挥机构报告险(灾)情，并提出认定申请。

情况特别紧急的，专项指挥部收到事发单位的险(灾)情信息报告后，应当立即向市抢险救灾工程指挥机构电话报告险(灾)情，经口头答复后先行组织实施抢险救灾工程，并在24小时内补交认定申请。

(三)应急响应为四级的，事发单位应当在12小时内向专项指挥部书面提出认定申请(详见附件1-1)，内容包括现场情况、险情分析、申请理由、认定依据、工程估价、责任单位、发包单位等。原则上，专项指挥部在收到事发单位书面认定申请后的12小时内出具认定意见(详见附件1-2）。

情况特别紧急的，专项指挥部收到事发单位的险（灾）情信息报告后，直接指定责任单位先行组织实施抢险救灾工作，事发单位应在上报险（灾）情信息后的24小时内补交认定申请。

如责任单位对专项指挥部认定事项有异议，则由新区处置突发事件应急委员会（以下简称"新区应急委"）进行认定。经新区应急委认定的事项，责任单位须立即执行，不得拖延、推诿或拒绝。

第七条 专项指挥部在勘察现场、研判险情时可根据险（灾）情的紧迫性和严重性组织专家论证，专家论证意见可作为认定参考。专家论证意见应分类明确必须即刻实施抢险救灾的临时处置内容和险（灾）情等级降低后再实施修复性或预防性的规范建设内容。其中，必须即刻实施的临时处置内容属于抢险救灾工程的实施范畴；险（灾）情等级降低后再实施的规范建设内容属于一般工程或应急工程的实施范畴，按新区规定的相应建设程序组织实施。

参加抢险救灾工程论证的专家由专项指挥部从抢险救灾工程专家库中随机选择，人数应当为5人以上的单数。专家库中无相关专业的，专项指挥部可以从库外确定专家。

抢险救灾工程专家库由新区建设部门负责组建。受邀参与论证的专家出具论证意见应当遵循依法依规、实事求是和科学审慎的原则，且与抢险救灾工程队伍无利益关联。

第八条 抢险救灾工作的牵头单位按以下原则进行确认：

（一）按照新区专项应急指挥部人员组成相关文件执行；

（二）如突发事件无对应的专项指挥部，则由行业主管部门作为抢险救灾工作的牵头单位；

（三）如突发事件比较复杂、涉及多个专项指挥部的，由事发单位先期处置，并由险（灾）情所在办事处在12小时内书面提请新区应急委指定专项指挥部，从而确定牵头单位，请示流程及要求按新区应急部门相关规定执行。

情况特别紧急的，事发单位可以电话请示新区应急委确定专项指挥部，以确定相应的牵头单位，并在24小时内补交书面请示。

第三章 抢险救灾队伍建库

第九条 专项指挥部应在本办法发布之日起3个月内分别组建各自的抢险救灾工程队伍储备库（以下简称"储备库"），在政府网站公开发布后10个工作日内报新区应急管理部门和新区建设主管部门进行备案。

储备库包括勘察、设计、监理、造价咨询、施工、工程机械租赁队伍等。

第十条 抢险救灾工程符合新区小型建设工程条件的，专项指挥部可在新区小型建设工程承包商预选库中采用随机抽取的方式组建储备库，也可公开招标组建；不符合新区小型建设工程条件的，专项指挥部应依法采用公开招标方式组建储备库。

第十一条 专项指挥部分别对各自组建的储备库进行动态管理，及时将受到建设、水务、交通等主管部门行政处罚或红黄牌警示的队伍清理出库，并按程序按需求补充储备库队伍。

抢险救灾工程队伍无正当理由不参与抢险救灾工作或因自身原因抢险不当造成质量安全事故、生态环保事故、重大财产损失或产生严重不良社会影响的，专项指挥部应及时将其清理出库并书面告知新区应急管理部门和新区建设主管部门。

第十二条 储备库中的施工队伍和工程机械租赁队伍应当按专项指挥部的要求储备一定的抢

险救灾物资和机械设备。

第四章 抢险救灾工程发包

第十三条 责任单位在对应的储备库中按直接发包或随机抽签方式确定抢险救灾工程施工类承包商和服务类承包商（包括勘察、设计、监理、造价咨询、工程机械租赁等）。

因抢险救灾工程要求特殊、储备库中无适合资质和能力的队伍时，责任单位可以从储备库以外确定承包商。

第十四条 在建项目发生险（灾）情的，抢险救灾工程原则上由在建项目原承包商实施。原承包商能力不足的，由专项指挥部或指定的抢险救灾工作责任单位按本办法第十三条规定在储备库中另行指定抢险救灾工程承包商。

第十五条 责任单位应当根据《深圳经济特区建设工程监理条例》等相关规定对抢险救灾工程实行监理。

第十六条 责任单位在完成认定后的15日内，将抢险救灾工程的发包情况、实施方案和合同文件关键页复印件报专项指挥部牵头单位备案。在建项目施工现场突发事件的事发单位应当将上述材料报新区建设主管部门进行备案。

第五章 抢险救灾工程实施

第十七条 抢险救灾队伍接到责任单位发出的抢险救灾指令后，应在24小时内进场开展抢险救灾工作。

第十八条 抢险救灾工程实施前，由责任单位与抢险救灾队伍签订合同。确因情况特别紧急未签订合同的，原则上应当自工程实施之日起15日内补签。合同应当明确各抢险救灾队伍的工作内容、工程计价原则和标准、工程验收标准及质量保证责任等内容。

第十九条 抢险救灾工程实施前或者因情况特别紧急正在实施过程中，施工类承包商应当按照《深圳市抢险救灾工程管理办法》（深建规〔2017〕5号）第十四条的要求制定专门的安全施工方案。

第二十条 按照本办法认定和实施的抢险救灾工程，可以在开工后完善相关手续，各有关部门应当在职权范围内依法对相关审批程序予以简化。

第六章 抢险救灾工程费用

第二十一条 新区抢险救灾工程费用、抢险救灾工程队伍建设、物资设备购置和维护保养、抢险救灾工程队伍购置物资设备的补贴、应急演练以及抢险救灾工程指挥机构运转等费用，由新区发展和财政局在年度预算中安排。抢险救灾工程责任单位凭抢险救灾工程认定文件向新区发展和财政局申请资金。

第二十二条 抢险救灾工程费用以按实计量、合理补偿为原则，主要包括工程费用和工程建设其他费用。

（一）工程费用包括抢险救灾投入的人工费、材料费、施工机具使用费、企业管理费以及规费和税金等；工程建设其他费用包括工程监理费、勘察设计费以及造价咨询费等。

（二）工程费用按照相应的计价标准执行。现行的计价标准中没有相应内容的，按实计算。

人工、材料、机械价格采用工程开始实施时当期《深圳建设工程价格信息》发布的价格信息；没有相应价格信息的，通过市场询价方式确定。不能按照上述方法计价计量的，由指挥部确定计价原则（包括下浮率）。

（三）工程建设其他费用按相关标准执行。

第二十三条 抢险救灾工程直接开展结算及决算。结算、决算及其审核等工作按照有关规定和程序办理（详见附件1–3、1–4）。

第二十四条 原则上使用财政性资金的抢险救灾工程，实行国库集中支付，按照责任单位签订合同数额的60%预付（即将合同数额的60%一次性支付给承包商）。结算审核前，不再支付其他款项；结算审核后，根据审核金额支付余额。建设工程质量保证金支付按实际合同约定执行。

第二十五条 因责任事故引发的抢险救灾工程，工程资金由事故责任单位或者责任人承担。由财政性资金垫付的，相关部门应当依法向责任单位或者责任人追偿。

因非政府投资项目运营管理单位不作为转由专项指挥部接管的抢险救灾工程，在解除险（灾）情后，由专项指挥部的牵头单位对相关责任单位和责任人依法追偿。

第七章 监督管理

第二十六条 规划、交通运输、建设、城管、水务、应急管理等部门应当根据各自职责职能制定和发布专项应急抢险预案，督促抢险救灾工程各参建单位组织制定工程应急抢险预案，负责所属行业内抢险救灾工程的组织实施，做好工程合同管理、工程进度、安全质量、竣工验收等方面的监督检查。

财政部门负责抢险救灾工程的资金监管。新区应急管理部门负责指导相关单位做好抢险救灾工作。

第二十七条 抢险救灾工程应当严格依法依规进行，不得弄虚作假，擅自扩大范围。有关部门及其工作人员存在滥用职权、徇私舞弊、玩忽职守等涉嫌职务违纪违法行为造成严重后果或不良影响的，将依法进行处理。

第八章 附 则

第二十八条 本办法中的"事发单位"是指突发公共事件的经营业主或物业等具体管理单位。若无具体管理单位或不按规定履行职责，则由突发公共事件所在地办事处代为履行。

本办法中的"责任单位"是指抢险救灾工程具体实施单位，亦为发包单位，由专项指挥部指定。

第二十九条 本办法由新区住房和建设部门负责解释。

第三十条 本办法自2019年6月26日起施行，有效期3年。

附件：1–1. 大鹏新区抢险救灾工程认定申请表

1–2. 大鹏新区抢险救灾工程认定意见

1–3. 政府投资项目结算审核业务工作流程图

1–4. 政府投资项目决算审核业务工作流程图

1–5. 大鹏新区抢险救灾工作流程图

附件1-1

大鹏新区抢险救灾工程认定申请表

申请时间	××××年××月××日××时××分		
工程地点			
申请单位（加盖公章）		工程估价	万元
		联系人（科级以上）	
		联系方式	
建议责任单位			
现场情况及险情分析			
申请理由（认定依据）	根据《深圳市抢险救灾工程管理办法》（深建规〔2017〕5号）第五条规定，本工程符合以下认定情形： □道路、桥梁、隧道等交通设施抢险修复工程； □防洪、排涝等水务工程及附属设施的抢险加固工程； □崩塌、滑坡、泥石流、地面塌陷等地质灾害抢险治理工程； □房屋建筑和市政、环卫、燃气等公共设施抢险修复工程； □其他因自然灾害、事故灾难、公共卫生事件、社会安全事件发生后需要采取紧急措施的抢险救灾工程。 其他理由（依据）：		

注：1. 依据本办法第六条，申请单位即为事发单位；
　　2. 申请表的"工程估价"为暂定价，最终以合同签订金额为准。

附件1-2

大鹏新区抢险救灾工程认定意见

认定时间	××××年××月××日××时××分		
工程地点			
认定指挥部 （加盖公章，牵头单位代章）		申请单位	
		工程估价	万元
		指挥部联系人及联系方式	
指挥部认定意见	是否同意认定为抢险救灾工程： □同意。 □不同意。 理由：_____ □专家意见（如有）：		
责任单位			
实施内容			
完成时限			
备注			

附件1-3

政府投资项目结算审核业务工作流程图

摘自《政府投资项目结(决)算工作指引》(深圳市审计局,2018年2月),如有最新规定,按照最新规定执行。

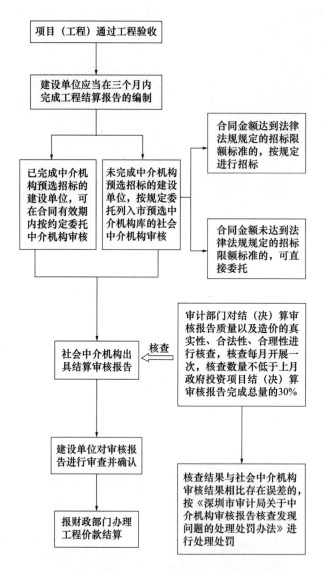

附件1-4

政府投资项目决算审核业务工作流程图

摘自《政府投资项目结（决）算工作指引》（深圳市审计局，2018年2月），如有最新规定，按照最新规定执行。

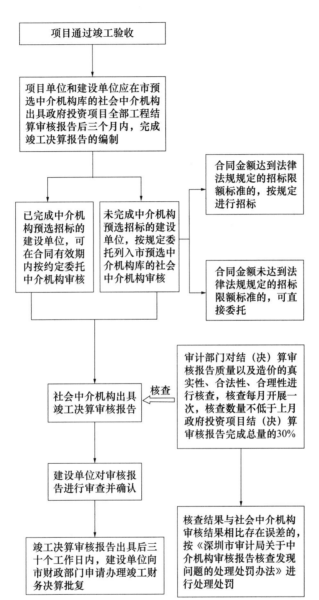

附件1-5

大鹏新区抢险救灾工作流程图

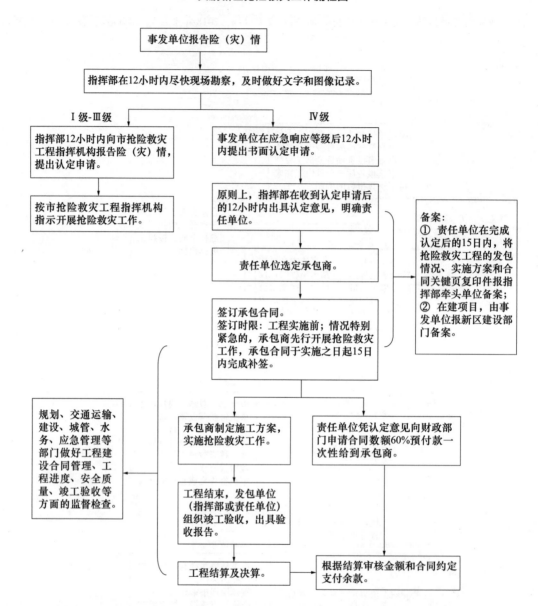

7.4 大鹏新区建设工程主要管理人员履职考勤管理制度

第一条 为进一步加强新区建筑市场和施工现场的监督管理，提高建设工程施工现场管理水平，确保建设工程质量和安全生产，根据《建设工程质量管理条例》《建设工程安全生产管理条例》《房屋建筑和市政基础设施工程施工分包管理办法》《建筑施工企业安全生产管理机构设置及专职安全生产管理人员配备办法》等有关规定，结合新区实际，制定本制度。

第二条 在新区城市建设局报建，合同工期为 2 个月以上的建设工程项目，必须遵照执行本制度。

第三条 本制度所指的建设领域主要管理人员包括：

（一）建设单位：建设单位项目负责人；

（二）监理单位：注册总监理工程师；

（三）施工单位：项目经理、项目技术负责人、质量主任、安全主任；

（四）专业分包单位：项目经理。

第四条 施工总承包企业在工程项目开工前，应配备主要管理人员履职考勤系统所需的软、硬件，并能与新区建设工程主要管理人员履职考勤系统保持数据互联，且具有采集人脸、虹膜等个人信息及 GPS 定位的功能。配备相应考勤设备将作为新区建设工程现场施工的必要条件，未配备相关设备的项目，监理单位不得下达开工令。

第五条 项目现场的主要管理人员每个工作日要在施工现场进行人脸或虹膜识别，每个工作日考勤次数不少于一次，且考勤位置必须在施工现场或办公区，未在施工现场或办公区打卡的将视为无效出勤。

第六条 建设单位项目管理人员因公或因私缺勤的，需向其上级领导请假；项目经理、总监理工程师因公或因私缺勤，需向建设单位项目负责人请假；其他人员因公或因私缺勤的，需向项目项目经理或总监理工程师请假，以上请假相关审批资料必须留档备查。

第七条 建设单位应督促施工现场各责任主体做好主要管理人员履职考勤的落实工作。各责任主体未按规定落实履职考勤的，建设单位应及时予以督促整改，并将项目主要管理人员在岗履职情况作为履约评价的考核指标。

第八条 项目主要管理人员履职考勤系统软硬件发生故障时，项目管理人员需及时上报至新区城市建设局下属事业单位新区建设工程质量安全监督站，并在 3 天内维修或更换设备，确保恢复使用功能。

第九条 各项目要制定主要管理人员履职考勤方案，安排专人负责，同时监督专业分包单位项目经理履职考勤，及时将人员考勤情况录入系统，对未能到岗履职的应立即上报新区建设工程质量安全监督站。

第十条 利用人脸或虹膜等个人信息载体，对项目主要管理人员到岗履职情况进行实名制考勤，新区城市建设局将根据履职考勤系统记录的考勤数据，每月定期公布各在建项目主要管理人员履职考勤情况，并进行全区通报。

第十一条 项目主要管理人员每月应不少于 22 天正常出勤，正常考勤不满 22 天，且无法提供正规请假手续的，第一个月按不在岗履职进行处罚，连续两个月未能达到出勤率的主要管理人员将视为非法挂靠。新区城市建设局将上报市住房和建设局对其挂靠行为进行查处。

第十二条 对未按本制度开展主要管理人员履职考勤工作或弄虚作假、履职考勤形同虚设的工程项目，新区城市建设局将对其进行通报批评，并责令限期整改；未及时整改的，依照相关规定责令停工并处以行政处罚。

第十三条 本制度由新区建设工程质量安全监督站负责解释。

第十四条 本制度自 2018 年 7 月 1 日起执行。

7.5 大鹏新区泥头车安全管理专项整治领导小组联席会议议事规则(试运行)

(大鹏泥安管办〔2018〕26号)

第一章 总　　则

第一条　为保障大鹏新区泥头车安全管理专项整治领导小组(以下简称"领导小组")会议规范高效运作,推进决策科学化、民主化、规范化,根据有关法律法规规章的规定,结合工作实际,制定本规则。

第二条　联席会议是讨论新区泥头车安全管理专项整治重大事项的决策性会议。

第三条　联席会议成员单位包括大鹏新区城市建设局、城市管理局、生态资源环境综合执法局、安全生产监督管理局、市交通运输委员会大鹏交通运输局、市公安局交通警察支队大鹏大队、各办事处等部门。

领导小组组长为联席会议召集人,负责召集、主持会议。组长可委托副组长召集、主持会议。

第四条　领导小组下设办公室,负责会议的筹备、记录、决议或纪要的编写,会议资料的整理归档等工作。

第二章 会 议 议 题

第五条　联席会议的议题范围包括:

(一)研究部署市泥头办、新区管委会领导指示、重要工作和贯彻落实重要会议精神;

(二)审议新区泥头车安全管理专项整治重大措施;

(三)审议新区泥头车安全管理重大工作安排及成员单位的重要请示等重要事项;

(四)听取新区泥头车安全管理专项整治领导小组办公室(以下简称"新区泥头办")关于重点工作和专项工作开展情况的汇报;

(五)须向领导小组报告或提请审议的其他重要事项。

第六条　提请联席会议审议的事项,须由相关成员单位按程序向新区泥头办提交书面请示,经新区泥头办协调、审核后,报领导小组批准后列入会议议题。

第七条　提请联席会议审议的议题,主办单位应按新区泥头车办要求报送相关文本材料。相关材料主要包括:

(一)提请审议的正式文本,如请示、报告以及代拟的文件草案等。

(二)议题情况说明,包括:议题的背景或缘由、政策依据、主要内容、需联席会议解决或审定的问题、征求相关单位意见情况、专家论证、征求公众意见情况等。

(三)议题有关附件,如法律审查意见、社会公示和听证报告、调查论证报告、征求意见及其说明、其他对决策有重要参考价值的资料等。

第八条　已确定上会的重大议题,领导小组相关领导因故不能参加会议的,该议题原则上调整在下一次会议讨论。

第九条 需列入联席会议的议题,相关文本材料一般应在会议召开前2个工作日报至新区泥头办,未送达的原则上不安排上会。

第三章 会议召开

第十条 联席会议根据工作实际需要定期或不定期召开,有三分之二以上成员单位到会方能召开。

第十一条 联席会议通知(含有关资料)应提前以正式公函形式送达成员单位,成员单位收到通知后应尽快反馈参会人员。

第四章 会议决定

第十二条 领导小组领导在充分听取各方面意见的基础上,最终作出通过、原则通过、不通过或其他决定。

第十三条 新区泥头办应当完整、详细地记录议题的讨论情况及最后决定,并根据会议记录在联席会议召开后3个工作日内起草联席会议纪要。会议纪要经新区泥办主任审核后,报领导小组领导签发。根据内容需要,新区泥头办就联席会议纪要征求有关单位意见时,有关单位应在3个工作日内以正式公函形式反馈。

新区泥头办应将联席会议的会议记录妥善保存、备查。

第十四条 各成员单位要认真落实联席会议交办事项,并及时向新区泥头办反馈会议议定事项落实情况。

新区泥头办要加强对会议议定事项落实情况的检查、监督,定期将汇总情况向领导小组领导报告。

第五章 会议纪律

第十五条 联席会议成员单位因故不能参加会议的,应及时向新区泥头车整治办请假。

第十六条 出席或列席联席会议的人员要遵守会议纪律,按时到会,履行签到手续,不得迟到、早退。会议期间,与会人员不得随意交谈或走动,不得办理与会议无关的事项。与会人员发表意见时须经会议主持人同意。

第十七条 出席或列席联席会议的人员,未经批准不得擅自录音、录像、照相或编印会议记录。

第十八条 联席会议讨论的文件材料涉密的,会后须退回。如工作需要带回使用,须按照有关保密规定进行登记,并妥善保管,不得擅自将会议讨论过程和决定的重要事项对外泄露;未定事宜或已经决定尚需保密的,不得对外泄露。会议议定的事项以会议纪要或印发的其他正式文件为准。

第六章 附则

第十九条 本规则所涉及的内容,凡党和国家的政策法规另有规定的,从其规定。

第二十条 本规则由新区泥头办负责解释。

第二十一条 本规则自印发之日起施行。

7.6 深圳市大鹏新区临时用地和临时建筑管理实施细则(试行)

(深鹏综执规〔2018〕1号)

第一章 总 则

第一条 为了规范和加强大鹏新区临时用地和临时建筑管理,根据《中华人民共和国土地管理法》(主席令第28号)、《中华人民共和国土地管理法实施条例》(国务院令第653号)、《广东省实施〈中华人民共和国土地管理法〉办法》、《深圳市城市规划条例》(深圳市人大常委会公告第16号)、《深圳市临时用地和临时建筑管理规定》(深圳市人民政府令第149号)等法律法规及上级文件要求,结合大鹏新区实际,制定本实施细则。

第二条 本实施细则适用于深圳市大鹏新区范围内临时用地和临时建筑的审批管理工作。

第二章 职责与期限

第三条 申请临时用地、临时建筑应遵循依法报批、节约集约、合理使用的原则。新区相关部门应严格按照规划控制、节约土地、功能管制和保护生态的原则管理临时用地、临时建筑。严格控制占用耕地、林地。

第四条 大鹏新区生态资源环境综合执法局(以下简称"新区主管部门")负责临时用地和临时建筑申请的审查及监督管理等具体实施工作,主要承担以下职责:

(一)负责制定新区临时用地和临时建筑审批和管理的实施细则;

(二)受理临时用地和国有土地(除未完善征转手续的国有土地)上临时建筑的申请并进行初审;

(三)组织、协调相关单位对临时用地和临时建筑申请进行核查;

(四)负责将符合条件的临时用地和临时建筑申请提请新区管委会审议,对其中建筑面积为200平方米以下的申请提请新区查违领导小组审议;

(五)组织、协调新区和办事处规划土地监察机构对临时用地和临时建筑涉及的土地违法行为和规划违法行为进行查处;

(六)承办新区管委会交办的涉及临时用地和临时建筑的其他工作。

第五条 市规划国土委大鹏管理局(以下简称"大鹏管理局")主要承担以下职责:

(一)负责核查临时用地和临时建筑涉及的土地用途、规划、权属、土地闲置、地质灾害等信息;

(二)负责核查申请临时用地和临时建筑的建筑边坡隐患等情况;

(三)负责组织专业鉴定机构对地质灾害评估报告提出审查意见;

(四)临时用地批准后,按规定将临时用地相关数据上传广东省国土资源厅土地变更调查临时用地和设施农用地审核系统;

(五)承办新区管委会交办的涉及临时用地和临时建筑的其他工作。

第六条 办事处负责涉及未完善征转手续的国有土地、非农建设用地、征地返还地及其他合法权属用地上临时建筑的管理等相关工作，主要承担以下职责：

（一）负责涉及未完善征转手续的国有土地、非农建设用地、征地返还地及其他合法权属用地上的临时建筑申请的受理和初审；

（二）负责监督原农村集体经济组织继受单位（以下简称"继受单位"）与申请临时使用涉及未完善征转手续的国有土地、非农建设用地、征地返还地及其他合法权属用地的用地单位按新区集体资产管理的相关规定理顺所有经济关系；

（三）与继受单位、用地单位签订未完善征转手续的国有土地、非农建设用地、征地返还地及其他合法权属用地的临时使用土地合同；

（四）协调、督促办事处规划土地监察机构对临时用地和临时建筑进行后续监管并建立监管台账；

（五）承办新区管委会交办的涉及临时用地和临时建筑的其他工作。

第七条 新区其他相关部门根据各自职能，对临时用地和临时建筑的相关用地和建设情况提出意见，具体如下：

（一）经济服务局负责对临时用地所涉农用地复垦方案提出意见，对临时使用国有农用地涉及土地复垦要求的，依法开展土地复垦管理的相关工作；

（二）环境保护和水务局负责对位于城市蓝线范围和日常管理范围的土地临时使用提出审查意见；

（三）城市建设局负责核查申请临时用地内依法报建的建筑边坡隐患等情况；

（四）城市管理局负责出具临时用地所涉林地的使用审查意见，对已接管的绿地、公园和日常管理范围土地的临时使用提出审查意见；

（五）交通运输局负责对临时使用公路两侧控制范围土地提出审查意见；

（六）城市更新局（土地整备局）负责核查申请临时用地涉及列入城市更新计划、土地整备和房屋征收项目的情况；

（七）消防、电信、供水供电供气等其他相关部门在各自职责范围内负责对临时用地和临时建筑申请是否符合行业标准、建设标准等提出审查意见；

（八）临时使用已移交并纳入相关部门日常管理范围土地的，应提交相应管理部门的审查意见；

（九）上述职能部门承办新区管委会交办的涉及临时用地和临时建筑的其他工作。

第八条 临时用地和临时建筑使用期限为两年，期满确需延期的可申请延期一次，但延长期限不得超过一年。申请延期的，用地单位和建设方应当在使用期满前2个月内，到原审批部门重新办理临时用地和临时建筑审批手续。

用地单位和建设方应在临时用地和临时建筑使用期满前，自行拆除一切临时建（构）筑物，恢复原状，交回土地（临时用地）。

第三章 国有未出让土地上的临时用地

第九条 本实施细则所称临时用地是指因建设项目施工、地质勘查、抢险救灾需要，按照临时使用土地合同约定使用的国有未出让土地。

临时用地具体包括：

（一）工程项目建设施工临时用地，包括工程建设施工中设置的临时办公用房、预制场、拌和站、钢筋加工场、材料堆场、施工便道和其他临时工棚用地；工程建设施工过程中临时性的取土、取石、弃土、弃渣用地；架设地上线路、铺设地下管线和其他地下工程所需临时使用的土地。

（二）地质勘查临时用地，包括厂址、坝址选址等需要对工程地质、水文地质情况进行勘测，探矿、采矿需要对矿藏情况进行勘查所需临时使用的土地。

（三）抢险救灾临时用地，包括受灾地区交通、水利、电力、通讯、供水等抢险救灾设施和应急安置、医疗卫生等急需使用的土地。

第十条 申请临时用地必须符合下列条件：

（一）未列入城市近期建设规划；

（二）不影响近期建设规划年度实施计划、各层次城市规划、土地利用年度计划和建设项目计划的实施；

（三）未纳入城市更新单元计划、土地整备和房屋征收项目范围；

（四）不得造成水土流失等生态环境破坏后果；

（五）不属于地质灾害高易发区或地质灾害（隐患）威胁范围；

（六）不得占用基本农田，经国家和省批准立项的交通、能源、水利、军事设施等项目建设施工除外；

（七）不涉及正在申办有关规划用地手续的项目用地；

（八）法律、法规、规章等规定的其他情形。

第十一条 用地单位向新区主管部门申请临时用地的，应提交以下申请材料：

（一）临时用地申请表（原件）；

（二）申请人身份证明材料：

1. 个人：提供身份证复印件；

2. 企业：提供工商营业执照、组织机构代码证复印件，法定代表人或单位负责人身份证明书原件、身份证复印件；

3. 事业单位或其他社团组织：提供批准成立文件或批准登记证明复印件、组织机构代码证复印件、法定代表人或单位负责人身份证明书原件、身份证复印件；

4. 国家机关：提供组织机构代码证复印件、法定代表人或单位负责人身份证明书原件、身份证复印件；

5. 单位或个人授权他人代理的：提供授权委托书原件及委托代理人个人身份证复印件；

6. 境外企业、组织及个人提交的申请材料按国家法律法规规定办理相关的公证或认证手续。

（三）用地位置的测绘报告（原件）；

（四）环保承诺函。用地单位严格按照环保要求，落实各项环保措施，重点做好临时用地涉及的排污、废水、废气、噪声、扬尘等管理工作，并出具落实环保措施承诺函；

（五）水土保持承诺函。用地单位严格按照水土保持要求，落实水土保持措施，重点做好排水、地面硬化和绿化、水土开挖等管理工作，并出具落实水土保持措施承诺函；

（六）临时用地移交保证函。临时用地使用期满，用地单位应自行拆除临时建筑，恢复临时用地原状或按照接收单位移交要求清整场地，按时移交相关部门，并出具临时用地移交保证函；

（七）管线保护承诺函。用地单位应做好管线现状调查，并做好相应保护措施，承担既有管线的安全保护主体责任；

（八）因工程项目建设施工需要临时使用国有未出让土地的，需提供工程项目土地使用权出让合同或其他使用土地的有关证明文件（以划拨方式提供土地使用权的，提交国有土地划拨决定书）、《建设工程规划许可证》以及项目用地总平面图（说明因建设项目需要确需另行申请临时用地）（复印件1份，核原件）；

（九）临时用地涉及农用地的，需提交依法编制的土地复垦方案、农业主管部门的审查意见、土地复垦费缴纳凭证（原件）；

（十）临时用地涉及林地的，需提交林业行政主管部门审查同意的文件（原件）；

（十一）地质灾害评估报告。用地单位应按照《深圳市地质灾害防治管理办法》相关规定及要求，提交该用地的地质灾害评估报告，并根据报告要求采取相应的地质灾害防治措施；

（十二）临时用地涉及需要征求其他部门意见的，需提交相关部门审查合格的文件（原件）；

（十三）法律、法规、规章等规定需要提交的其他材料；

受理单位应当对申请人提交的上述复印件核对原件，申请人对所提供材料的真实性、完整性、有效性负责。

第十二条 新区主管部门应当通过审查申请材料、现场勘查等方式对临时用地申请人的身份、土地权属、分宗定界、地质灾害等基本情况进行初步核查，在作出初审意见前须进行现场勘查。

第十三条 新区主管部门初审重点审查以下内容：

（一）申请用地是否符合条件；

（二）申请的各种文件、图件资料是否齐全和符合规范；

（三）临时用地的界址是否清楚，土地利用现状分类面积是否准确；

（四）临时用地补偿费的标准、支付方式等是否合理；

（五）土地复垦整治的保证措施是否落实。

第十四条 新区主管部门应当在初审通过后将有关申请材料分别送大鹏管理局、经济服务、城市建设、环保水务、城市管理、城市更新（土地整备）等部门进行审查。

相关部门在收到征求意见函后，应当按照本实施细则第二章的有关规定就临时用地涉及本单位职责提出反馈意见，并在5个工作日内书面反馈新区主管部门。

新区主管部门汇总各部门的审查意见后，对符合条件的临时用地申请，提请新区查违领导小组或新区管委会审议。

第十五条 批准临时使用国有未出让地的，用地单位应当按照规定缴纳临时用地补偿费。

第十六条 临时使用农用地的，用地单位应当按照规定委托有资质的单位编制土地复垦方案，依法报农业行政主管部门审查同意，并按照土地复垦方案确定的金额向土地复垦费用专门账户一次性足额预存土地复垦费用。

第十七条 临时用地申请经新区查违领导小组或新区管委会审议通过后，新区主管部门向申请单位核发《深圳市大鹏新区临时建设用地规划许可证》，并与临时用地单位签订临时使用土地合同。

《深圳市大鹏新区临时建设用地规划许可证》应对其使用性质、位置、面积、期限作出明确规定。

临时使用土地合同应当载明地块的坐落、四至范围、面积、土地用途、使用期限、临时用地使用费、当事人的权利义务、临时建设的开工和完成期限、合同终止地上建筑物的处理方式、违约责任、《深圳市大鹏新区临时建设用地规划许可证》相关要求以及其他事项。

第十八条 临时用地申请批准后，新区主管部门应将审批结果纳入规划土地监察数字平台进行监管，并将临时用地批准情况抄送大鹏管理局，由大鹏管理局按规定将临时用地相关数据上传广东省国土资源厅土地变更调查临时用地和设施农用地审核系统。

第十九条 抢险救灾等急需使用土地的，可以先行使用土地。其中，属于临时用地的，灾后应当恢复原状并交还原土地使用者使用，不再办理用地审批手续。

抢险救灾用地单位负责将相关情况报送新区主管部门，新区主管部门将相关材料抄送大鹏管理局，大鹏管理局按规定将相关数据上传广东省国土资源厅土地变更调查临时用地和设施农用地审核系统。

第二十条 临时用地期满，新区主管部门应及时收回土地并督促使用者自行清理，清理完毕后，交由土地储备部门管理。临时用地上的临时建筑的期限与临时用地的期限相同，期满必须自行拆除，费用由使用者承担。

第二十一条 临时用地已经审批且确需延期使用的，申请人应当向新区主管部门提交以下材料：

（一）《临时用地申请表》；

（二）延期申请说明；

（三）现状测绘报告；

（四）法律、法规、规章等规定需要提交的其他材料。

申请延期的用地及临时建筑物现状应与《深圳市大鹏新区临时建设用地规划许可证》批准内容及临时使用土地合同相关约定一致。

新区主管部门负责审查临时用地延期申请资料及测绘资料，进行现场勘查，符合要求的，提请新区查违领导小组或新区管委会审议，审议通过的，重新核发《深圳市大鹏新区临时建设用地规划许可证》。

第二十二条 在临时用地使用期限内发生下列情形之一的，由新区主管部门下达《临时用地提前收回通知书》，将临时用地提前收回：

（一）用地单位违法使用该临时用地的；

（二）因实施城市规划需要的；

（三）因执行土地利用年度计划需要的；

（四）因抢险救灾需要的；

（五）法律、法规、规章等规定的其他情形。

第四章 临时建筑

第二十三条 本实施细则所称临时建筑是指因生产、生活需要，在国有土地、未完善征转手续的国有土地、非农建设用地、征地返还地及其他合法权属用地上搭建的结构简易并在规定期限内必须拆除的建筑物、构筑物或其他设施。

临时建筑的主要类型为：建设项目施工、地质勘查以及急需的公共服务配套设施等。

第二十四条 申请办理临时建设工程规划许可证的，须具备以下条件：

（一）临时建筑所占用的土地，必须是获得合法土地权属证明的土地，禁止以临时建筑的形式变相闲置已出让土地；

（二）应当通过临时建设工程项目消防设计审核；

（三）必须符合国家关于环保等方面的规定；

（四）必须正确处理截水、排水、排污、通行、通风、采光等方面的相邻关系；

（五）申请建设的临时建筑物应符合临时建筑物建设标准，按照《深圳市城市规划条例》（深圳市人大常委会公告第16号）、《深圳市临时用地和临时建筑管理规定》（深圳市人民政府令第149号）的规定，只能建设不超过两层的简易建筑物、构筑物，不得采用现浇钢筋混凝土等永久性结构；

（六）法律、法规、规章等规定的其他条件。

第二十五条 除建设项目施工、地质勘查外，有下列情形之一的，不得建设临时建筑：

（一）已列入城市近期建设用地、绿地、广场、城中村（旧村）整体拆建改造范围及近期需要埋设市政管线路段的；

（二）位于土地整备、公共服务设施和市政公用设施用地范围内的；

（三）影响防洪、泄洪的；

（四）压占城市给水排水、电力、电信、燃气等地下管线的；

（五）地质灾害危险区内的；

（六）不符合土地利用总体规划确定用途的；

（七）位于深圳市基本生态控制线内的；

（八）法律、法规、规章等规定的其他情形。

第二十六条 除建设工程红线范围内施工用房外，临时建筑必须办理临时建设工程规划许可手续，取得临时建设工程规划许可证后，方可建设。建设单位或个人必须严格按照临时建设工程规划许可证规定的内容进行建设和使用，不得超面积建设，并对临时建筑的安全、质量等负责。不得擅自改变临时建筑的使用性质。

建设工程红线范围内施工用房的临时建筑必须在取得主体工程规划相关手续后，按国家、省、市有关建设工程标准及要求进行施工建设。

第二十七条 申请人向新区主管部门申请临时建筑规划许可证，应当提交以下材料：

（一）《大鹏新区临时建筑设计方案审批申请表》；

（二）对于未完善征转手续的国有土地、非农建设用地、征地返还地及其他合法权属用地，需提交经办事处初审同意的《大鹏新区临时建设审批表》；

（三）申请人身份证明资料：

1. 个人：提供身份证复印件；

2. 企业：提供工商营业执照、组织机构代码证复印件，法定代表人或单位负责人身份证明书原件、身份证复印件；

3. 事业单位或其他社团组织：提供批准成立文件或批准登记证明复印件、组织机构代码证复印件、法定代表人或单位负责人身份证明书原件、身份证复印件；

4. 国家机关：提供组织机构代码证复印件、法定代表人或单位负责人身份证明书原件、身份证复印件；

5. 单位或个人授权他人代理的：提供授权委托书原件及委托代理人个人身份证复印件；

6. 境外企业、组织及个人提交的申请材料按国家法律法规规定办理相关的公证或认证手续。

（四）土地权属证明资料：

1. 临时建筑所用土地为已出让土地的，提供《土地使用权出让合同书》、协议书或《房地产证》等土地权属证明文件复印件，宗地图（或用地方案图）复印件；

2. 临时建筑所用土地为未完善征转手续的国有土地、非农建设用地、征地返还地及其他合法权属用地，提供土地权属证明文件复印件、临时使用土地合同、用地范围图复印件。

（五）临时建筑设计方案图原件及电子资料数据各2份：

1. 总平面图：应标明场地区域位置、场地范围（用地和建筑物各角点坐标）、拟建建筑物布置、主要建筑物与用地界线及相邻建筑物之间的距离、拟建建筑物名称、层数及有关技术经济指标等；

2. 各层建筑平面图；

3. 立面图：应标明建筑高度；

4. 剖面图。

（六）主体工程红线外的施工用房和为商品房展销提供的样板房、售楼处需提供主体工程的《建设工程规划许可证》或《建设工程桩基础报建证明书》复印件；

（七）设计单位的设计资质证书及资格证明复印件、设计合同书复印件；

（八）临时建设工程施工图设计文件原件及电子资料数据各2份；

（九）有资质的施工图审查机构出具的审查合格的意见书；

（十）环保承诺函。落实各项环保措施，重点做好临时用地涉及的排污、废水、废气、噪声、扬尘等管理工作，并出具落实环保措施承诺函；

（十一）水土保持承诺函。建设单位或个人严格按照水土保持要求，落实水土保持措施，重点做好排水、地面硬化和绿化、水土开挖等管理工作，并出具落实水土保持措施承诺函；

（十二）临时建筑到期自行拆除承诺书。临时建筑使用期满，建设单位或个人应自行拆除临时建筑，并出具落实临时建筑到期自行拆除承诺书；

（十三）管线保护承诺函。建设单位或个人应做好管线现状调查，并做好相应保护措施，承担既有管线的安全保护主体责任；

（十四）地质灾害评估报告。用地单位应按照《深圳市地质灾害防治管理办法》相关规定及要求，提交该用地的地质灾害评估报告，并根据报告要求采取相应的地质灾害防治措施；

（十五）法律、法规、规章等规定需提交的其他资料。

受理单位应当对申请人提交的上述复印件核对原件，申请人对所提供材料的真实性、完整性、有效性负责。

国有未出让土地已办理临时用地审批的临时建筑项目，在符合本实施细则第二十四条第（二）、（三）、（四）、（五）、（六）项规定，并提交本条第（五）、（六）、（七）、（八）、（九）项材料，新区主管部门按照本实施细则第二十八条的规定审查通过后，一并核发《大鹏新区临时建设工程规划许可证》。

第二十八条 新区主管部门对临时建筑设计方案，应当审查以下内容：

（一）符合《土地使用权出让合同书》、协议书或《房地产证》等土地权属证明文件规定；

（二）临时建筑不得采用现浇钢筋混凝土等永久性结构形式，层数原则上不得超过2层，后退用地边界须满足《深圳市城市规划标准与准则》和用地许可要求；

（三）在城市绿化用地内兴建临时施工用房，必须经城市管理行政主管部门同意并签订临时占用绿地协议，且不得对城市景观造成较大影响；

（四）施工图在设计方案基础上进行，并提供经审图机构审查的施工图纸及审查合格的意见书，意见书应明确以下内容：

1. 临时建筑符合本实施细则第二十四条第（四）、（五）项规定；

2. 临时建筑符合建筑结构安全规定及标准；

3. 临时建筑符合工程建设强制性标准；

4. 勘察设计企业和注册执业人员以及相关人员按规定在施工图上加盖相应的图章和签字；

5. 法律、法规、规章等规定必须符合的其他相关要求。

（五）临时建筑依法应当办理消防设计审核（或设计备案）的，要按照国家规定取得消防设计审核意见书（或设计备案凭证）；

（六）法律、法规、规章等规定的其他条件。

新区主管部门对经审图机构审查的图纸、消防手续文件等有关材料进行审查，并根据审查情况提出意见。对不符合设计方案要求的，提出修改意见，出具《大鹏新区临时建设工程施工图设计修改意见书》。

第二十九条　在临时使用未完善征转手续的国有土地、非农建设用地、征地返还地及其他合法权属用地上进行临时建设，用地单位在提出临时用地申请前应在辖区办事处的指导下与原农村集体经济组织继受单位理顺双方的经济关系，就土地补偿费、青苗和地上附着物的补偿标准、金额、支付方式等达成初步协议，在临时用地核准同意后，用地单位应与辖区办事处、继受单位签订正式的临时使用土地合同。

第三十条　临时使用未完善征转手续的国有土地、非农建设用地、征地返还地及其他合法权属用地依照新区集体资产管理的相关规定需要办理集体资产审批报备手续的，应依法取得集体资产管理部门的审查意见。

建设单位或个人将上述相关申请材料交办事处，办事处负责受理和初审，初审合格后提交新区主管部门。

第三十一条　新区主管部门应在审查通过后将有关申请材料分别送规划国土、消防、建设、城市更新（土地整备）、环保水务、城管、安监、卫生等部门，有关部门应根据法律法规及本实施细则进行审查，于5个工作日内提出明确书面审查意见并反馈新区主管部门。

新区主管部门进行现场勘查，审查申请材料及临时建筑工程方案，并根据各部门审查意见及临时建筑规范标准及内容提出审核意见。

第三十二条　住宅区内需增建临时建筑的，在方案审核前应进行公示或组织听证。应在住宅区醒目位置张贴公示建设方案（含图纸和文字说明），公示收集意见的时间不得少于7天，根据居民意见决定是否予以许可。

第三十三条　新区主管部门对符合规定的临时建筑项目申请，由新区主管部门提请新区查违领导小组或新区管委会审议，审议通过的，核发《大鹏新区临时建设工程规划许可证》。对不符合规定的临时建筑项目，在法定期限内答复临时建筑申请人。

《大鹏新区临时建设工程规划许可证》应对临时建筑的使用性质、位置、建筑面积、结构形式、安全监管责任单位、期限等作出明确规定，并注明要办理消防备案、消防验收手续等有关内容。

第三十四条 用于生产经营的临时建筑需进行规划验收。验收合格的，发给临时建设工程规划验收合格证；未经验收或者验收不合格的，不得投入使用。

临时建设工程规划验收应当向新区主管部门提交以下申请材料：

（一）《大鹏新区临时建设工程规划验收申请表》；

（二）《大鹏新区临时建设工程规划许可证》复印件及其配套文件（经批准的总平面图和建筑施工图）；

（三）《建设工程竣工测量报告》、《房屋面积查丈报告》（原件）；

（四）消防主管部门的验收文（或验收备案凭证）。

第三十五条 新区主管部门对临时建设工程规划验收的申请，审查以下内容：

（一）建筑主体竣工，并按批准的施工图施工；

（二）临时建筑物建筑风格、建筑面积、建筑高度等与批准的施工图一致；

（三）临时建筑物坐标、位置与批准的总平面图一致；

（四）《大鹏新区临时建设工程规划许可证》规定的其他事项。

新区主管部门负责审查送审资料及测绘资料，进行现场勘查，符合要求的，核发《大鹏新区临时建设工程规划验收合格证》，并送达申请人；不符合要求的，出具《大鹏新区临时建设工程规划验收整改意见书》。

第三十六条 建设临时建筑时应在工地显著位置悬挂"大鹏新区临时建筑标志牌"。标志牌由新区主管部门统一监制，在动工建设时悬挂，实行挂牌施工，竣工后应悬挂于临时建筑显著位置，实行挂牌管理。

第三十七条 临时建筑已经审批且确需延期使用的，应当向新区主管部门提交以下申请材料：

（一）《大鹏新区临时建筑申报表》；

（二）延期申请说明；

（三）临时建筑现状测绘报告；

（四）法律、法规、规章等规定需要提交的其他材料。

第三十八条 新区主管部门对临时建筑的延期申请，审查以下内容：

（一）临时建筑物建筑风格、建筑面积、建筑高度等与批准的施工图一致；

（二）临时建筑物坐标、位置与批准的总平面图一致；

（三）《大鹏新区临时建设工程规划许可证》规定的其他事项。

新区主管部门负责审查申请资料及测绘资料，进行现场勘查，符合要求的，提请新区查违领导小组或新区管委会审议，审议通过的，重新核发《大鹏新区临时建设工程规划许可证》。

第五章 监督管理

第三十九条 临时用地及临时建筑的监督管理按照《大鹏新区临时建筑后续监督管理办法》

执行。

申请单位应对临时用地（含临时用地上临时建筑）承担监督管理责任，并承担临时建筑工程的质量、安全等主体责任。

第四十条 建设单位或个人违反本实施细则进行临时建设，或者有下列情形之一的，由新区主管部门根据《中华人民共和国城乡规划法》、《深圳市临时用地和临时建筑管理规定》等规定予以处理，根据具体情况作出责令改正、罚款、拆除等行政处罚：

（一）未经批准进行临时建设的；

（二）未按照批准内容进行临时建设的；

（三）临时建筑物、构筑物或其他设施超过批准期限不自行拆除的；

（四）擅自改变临时建筑物、构筑物或其他设施使用功能的；

（五）法律、法规、规章规定的其他违法行为。

第六章 附 则

第四十一条 新区主管部门、大鹏管理局、各办事处和各相关职能部门应当建立临时用地和临时建筑审批通报机制，大鹏管理局要及时将相关临时用地审批数据录入相关信息系统。

第四十二条 法律、法规、规章及上级规范性文件对临时用地和临时建筑另有规定的，从其规定。

第四十三条 本实施细则由新区主管部门负责解释。

第四十四条 本实施细则自发布之日起十日后实施，有效期三年。

第四十五条 本实施细则实施后，大鹏新区其他有关临时用地和临时建筑的规定和本实施细则规定不一致的，以本实施细则为准。

附　录

相关法律法规、标准名录

第一篇　综合类

1. 中华人民共和国劳动合同法（中华人民共和国主席令〔2012〕第七十三号）
2. 中华人民共和国行政处罚法（中华人民共和国主席令〔2017〕第七十六号）
3. 中华人民共和国突发事件应对法（中华人民共和国主席令〔2007〕第六十九号）
4. 中华人民共和国安全生产法（中华人民共和国主席令〔2014〕第十三号）

第二篇　工程前期类

5. 农田水利条例（中华人民共和国国务院令〔2016〕第669号）
6. 城镇燃气管理条例（中华人民共和国国务院令〔2010〕第583号，2016年修订）
7. 规划环境影响评价条例（中华人民共和国国务院令〔2009〕第559号）
8. 城市蓝线管理办法（中华人民共和国建设部令〔2005〕第145号）
9. 城市黄线管理办法（中华人民共和国建设部令〔2005〕第144号）
10. 建设项目用地预审管理办法（中华人民共和国国土资源部令〔2004〕第27号）
11. 城市紫线管理办法（中华人民共和国建设部令〔2003〕第119号）
12. 城市绿线管理办法（中华人民共和国建设部令〔2002〕第112号）
13. 城市地下空间开发利用管理规定（中华人民共和国建设部令〔1997〕第58号）
14. 广东省海域使用管理条例（广东省第十届人民代表大会常务委员会公告〔2017〕第72号）
15. 国家发展改革委　住房城乡建设部关于推进全过程工程咨询服务发展的指导意见（发改投资规〔2019〕515号）
16. 建设工程勘察设计管理条例（中华人民共和国国务院令〔2000〕第293号，2017年修正）
17. 房屋建筑和市政基础设施工程施工图设计文件审查管理办法（中华人民共和国住房和城乡建设部令〔2018〕第46号）
18. 建设工程消防监督管理规定（中华人民共和国公安部令〔2012〕第119号）
19. 深圳经济特区消防条例（2017年第二次修正）
20. 深圳市地质灾害防治管理办法（深圳市人民政府令〔2012〕第241号）
21. 深圳市城市规划标准与准则（深规土〔2015〕998号，2019年局部修订）
22. 深圳市建筑设计规则（深规土〔2015〕757号，2019年修改）
23. 深圳市民防办关于进一步明确人防工程平战转换有关要求的通知（深民防办〔2018〕99号）
24. 深圳市人民政府应急管理办公室关于进一步明确人防工程报建审批有关事项的通知（深应急办字〔2017〕47号）

25. 深圳市人防工程建设管理风险点危险源排查整治专项行动工作方案（深应急办字〔2016〕152号）
26. 深圳市民防委员会办公室行政许可实施办法（深民防办〔2011〕6号）
27. 住房城乡建设部办公厅关于调整建设工程计价依据增值税税率的通知（建办标〔2018〕20号）
28. 关于进一步放开建设项目专业服务价格的通知（发改价格〔2015〕299号）
29. 住房城乡建设部关于印发《建设工程定额管理办法》的通知（建标〔2015〕230号）
30. 中华人民共和国住房城乡建设部财政部关于印发《建筑安装工程费用项目组成》的通知（建标〔2013〕44号）
31. 国家发展改革委关于降低部分建设项目收费标准规范收费行为等有关问题的通知（发改价格〔2011〕534号）
32. 国家发展改革委、建设部关于印发《建设工程监理与相关服务收费管理规定》的通知（发改价格〔2007〕670号）
33. 国家计委 国家环境保护总局关于规范环境影响咨询收费有关问题的通知（计价格〔2002〕125号）
34. 国家计委、建设部关于发布《工程勘察设计收费管理规定》的通知（计价格〔2002〕10号）
35. 国家计委关于印发《建设项目前期工作咨询收费暂行规定》的通知（计价格〔1999〕1283号）
36. 深圳市建设工程造价管理站关于发布《深圳市建设工程计价费率标准（2018）》的通知（深建价〔2018〕25号）
37. 深圳市住房和建设局关于发布《深圳市建设工程勘察设计工期定额（2018）》的通知（深建市场〔2018〕9号）
38. 深圳市住房和建设局关于发布《深圳市建筑业营改增建设工程计价依据调整实施细则（试行）》的通知（深建市场〔2016〕14号）
39. 关于发布国家标准《建设工程工程量清单计价规范》的公告（中华人民共和国住房和城乡建设部公告〔2012〕第1567号）
40. 中华人民共和国节约能源法（2018年修正）
41. 中华人民共和国可再生能源法（2009年修正）
42. 国务院办公厅关于转发发展改革委、住房城乡建设部绿色建筑行动方案的通知（国办发〔2013〕1号）
43. 国务院关于加强城市供水节水和水污染防治工作的通知（国发〔2000〕36号）
44. 住房城乡建设部关于印发《绿色建筑工程消耗量定额》的通知（建标〔2017〕28号）
45. 住房城乡建设部关于进一步规范绿色建筑评价管理工作的通知（建科〔2017〕238号）
46. 住房城乡建设部办公厅 国家发展改革委办公厅 国家机关事务管理局办公室关于在政府投资公益性建筑及大型公共建筑建设中全面推进绿色建筑行动的通知（建办科〔2014〕39号）
47. 关于加快推动我国绿色建筑发展的实施意见（财建〔2012〕167号）

48. 财政部 住房和城乡建设部关于进一步推进公共建筑节能工作的通知（财建〔2011〕207号）
49. 关于印发《民用建筑工程节能质量监督管理办法》的通知（建质〔2006〕192号）
50. 民用建筑节能管理规定（中华人民共和国建设部令〔2005〕第143号）
51. 关于新建居住建筑严格执行节能设计标准的通知（建科〔2005〕55号）
52. 深圳市住房和建设局 深圳市规划和国土资源委员会关于印发《深圳市绿色建筑设计方案审查要点（试行）》的通知（深建字〔2014〕159号）
53. 深圳市住房和建设局关于优化建筑节能和绿色建筑施工图设计文件抽查、绿色建筑评价及监督检查相关工作的通知（深建节能〔2014〕23号）
54. 深圳市住房和建设局关于加强新建民用建筑施工图设计审查工作执行绿色建筑标准的通知（深建节能〔2014〕13号）
55. 深圳市住房和建设局 深圳市发展和改革委员会 深圳市规划和国土资源委员会关于新开工房屋建筑项目全面推行绿色建筑标准（深建字〔2013〕134号）
56. 深圳市人民政府办公厅关于进一步加强建筑废弃物减排与利用工作的通知（深府办函〔2012〕130号）
57. 关于在政府投资工程中率先使用绿色再生建材产品的通知（深建字〔2010〕126号）
58. 深圳经济特区循环经济促进条例（深圳市第四届人民代表大会常务委员会公告〔2006〕第18号）
59. 深圳市人民政府关于印发《深圳市推动节约能源工作实施方案》的通知（深府〔2003〕120号）
60. 国务院办公厅关于促进建筑业持续健康发展的意见（国办发〔2017〕19号）
61. 国务院办公厅关于大力发展装配式建筑的指导意见（国办发〔2016〕71号）
62. 住房城乡建设部关于印发《"十三五"装配式建筑行动方案》《装配式建筑示范城市管理办法》《装配式建筑产业基地管理办法》的通知（建科〔2017〕77号）
63. 住房城乡建设部关于印发《装配式建筑工程消耗量定额》的通知（建标〔2016〕291号）
64. 广东省人民政府办公厅关于大力发展装配式建筑的实施意见（粤府办〔2017〕28号）
65. 深圳市住房和建设局关于印发《深圳市装配式建筑产业基地管理办法》的通知（深建规〔2018〕10号）
66. 深圳市住房和建设局关于印发《深圳市装配式建筑专家管理办法》的通知（深建规〔2018〕9号）
67. 深圳市住宅产业化项目单体建筑预制率和装配率计算细则（试行）（深圳市住房和建设局、深圳市规划和国土资源委员会、深圳市建筑工务署 深建字〔2015〕106号）
68. 国务院办公厅关于推进城市地下综合管廊建设的指导意见（国办发〔2015〕61号）
69. 住房城乡建设部关于提高城市排水防涝能力推进城市地下综合管廊建设的通知（建城〔2016〕174号）
70. 住房城乡建设部 能源局关于推进电力管线纳入城市地下综合管廊的意见（建城〔2016〕98号）
71. 住房城乡建设部关于印发城市综合管廊和海绵城市建设国家建筑标准设计体系的通知

（建质函〔2016〕18号）

72. 住房城乡建设部关于印发《城市综合管廊工程投资估算指标（试行）》的通知（建标〔2015〕85号）

73. 国家发展改革委 住房和城乡建设部关于城市地下综合管廊实行有偿使用制度的指导意见（发改价格〔2015〕2754号）

74. 广东省人民政府办公厅关于印发《广东省城市地下综合管廊建设实施方案》的通知（粤府办〔2016〕54号）

75. 深圳市住房和建设局关于印发《深圳市地下综合管廊工程技术规程》（SJG32-2017）细化高压电力电缆舱室设置相关规定的函（深建函〔2017〕3288号）

76. 交通运输部办公厅关于推进公路水运工程BIM技术应用的指导意见（交办公路〔2017〕205号）

77. 住房城乡建设部办公厅关于印发城市轨道交通工程BIM应用指南的通知（建办质函〔2018〕274号）

78. 住房城乡建设部关于发布国家标准《建筑信息模型分类和编码标准》的公告（中华人民共和国住房和城乡建设部公告〔2017〕第1715号）

79. 住房城乡建设部关于发布国家标准《建筑信息模型施工应用标准》的公告（中华人民共和国住房和城乡建设部公告〔2017〕第1534号）

80. 住房城乡建设部关于发布国家标准《建筑信息模型应用统一标准》的公告（中华人民共和国住房和城乡建设部公告〔2016〕第1380号）

81. 广东省住房和城乡建设厅关于发布广东省标准《广东省建筑信息模型应用统一标准》的公告（粤建公告〔2018〕33号）

82. 房屋建筑工程招标投标建筑信息模型技术应用标准（SJG58-2019）（深圳市住房和建设局2019年11月5日印发）

第三篇 政府采购和工程招标投标

83. 中华人民共和国合同法（中华人民共和国主席令〔1999〕第15号）

84. 中华人民共和国政府采购法（中华人民共和国主席令〔2002〕第68号，2014年修正）

85. 中华人民共和国政府采购法实施条例（中华人民共和国国务院令〔2015〕第658号）

86. 财政部关于印发《政府采购代理机构管理暂行办法》的通知（财库〔2018〕2号）

87. 政府采购货物和服务招标投标管理办法（中华人民共和国财政部令〔2017〕第87号）

88. 财政部关于印发《政府采购评审专家管理办法》的通知（财库〔2016〕198号）

89. 政府采购信息公告管理办法（中华人民共和国财政部令〔2004〕第19号）

90. 水利工程建设项目重要设备材料采购招标投标管理办法（中华人民共和国水利部 水建管〔2002〕585号）

91. 广东省政府采购公开招标采购方式暂行实施规程（粤财采购〔2004〕17号）

92. 深圳市财政局关于印发《深圳市政府采购评审专家管理实施办法》的通知（深财规〔2019〕3号）

93. 深圳市财政委员会关于印发《深圳市政府采购评审专家酬劳发放标准》的通知（深财购

〔2017〕49号）

94. 深圳市财政委员会关于切实加强城市公共安全政府采购项目管理有关事项的通知（深财购〔2016〕11号）
95. 中华人民共和国招标投标法（中华人民共和国主席令〔1999〕第21号，2017年修正）
96. 中华人民共和国招标投标法实施条例（中华人民共和国国务院令〔2011〕第613号）
97. 必须招标的工程项目规定（中华人民共和国国家发展和改革委员会令〔2018〕第16号）
98. 房屋建筑和市政基础设施工程施工招标投标管理办法（中华人民共和国住房和城乡建设部令〔2001〕第89号，2019年修改）
99. 住房城乡建设部 财政部关于印发《建设工程质量保证金管理办法》的通知（建质〔2017〕138号）
100. 建筑工程设计招标投标管理办法（中华人民共和国住房和城乡建设部令〔2017〕第33号）
101. 交通运输部关于发布《公路工程建设项目评标工作细则》的通知（中华人民共和国 交公路发〔2017〕142号）
102. 公路工程建设项目招标投标管理办法（中华人民共和国交通运输部令〔2015〕第24号）
103. 工程建设项目货物招标投标办法（国家发改委令〔2005〕第27号，2013年修改）
104. 水利工程建设项目勘察（测）设计招标投标管理办法（中华人民共和国水利部 水总〔2004〕511号）
105. 工程建设项目施工招标投标办法（中华人民共和国国家发展计划委员会令〔2003〕第30号令，2013年修改）
106. 建设部关于印发《建筑市场诚信行为信息管理办法》的通知（建市〔2007〕9号）
107. 关于加强房屋建筑和市政基础设施工程项目施工招标投标行政监督工作的若干意见（建市〔2005〕208号）
108. 工程建设项目勘察设计招标投标办法（中华人民共和国国家发展和改革委员会令〔2003〕第2号）
109. 水利工程建设项目招标投标管理规定（中华人民共和国水利部令〔2001〕第14号）
110. 住房城乡建设部办公厅关于取消工程建设项目招标代理机构资格认定加强事中事后监管的通知（建办市〔2017〕77号）
111. 广东省实施《中华人民共和国招标投标法》办法（广东省第十届人民代表大会常务委员会公告〔2003〕第3号，2018年修订）
112. 广东省建设厅关于房屋建筑和市政基础设施工程施工招标投标设立最高报价值办法（粤建价字〔2005〕139号）
113. 广东省加强建设工程招标投标监督管理的若干规定（中共广东省委、省政府粤发〔2004〕4号）
114. 广东省建设工程监理条例（广东省第九届人民代表大会常务委员会公告〔2000〕第95号，2010年修正）
115. 深圳市住房和建设局关于转发《必须招标的工程项目规定》的通知（深建市场〔2018〕19号）

116. 深圳市住房和建设局关于建设工程费率招标项目备案注意事项的通知（深建市场〔2018〕2号）
117. 深圳市住房和建设局关于加强建设工程施工承包行为管理的通知（深建规〔2017〕4号）
118. 深圳市建设工程招标投标情况后评估工作规则（试行）（深建市场〔2017〕16号）
119. 深圳市住房和建设局关于不再受理鲁班奖工程奖励申请的通知（深建市场〔2016〕12号）
120. 深圳市住房和建设局关于规范自行办理建设工程招标投标业务的通知（深建市场〔2016〕9号）
121. 深圳市住房和建设局关于印发《评定分离定标工作指导规则》的通知（深建市场〔2016〕6号）
122. 深圳市住房和建设局关于印发《建设工程招标文件定性评审要素设置规则》的通知（深建市场〔2016〕5号）
123. 深圳市建设工程造价管理站关于不再执行建设工程施工招标投标年度下浮率的通知（深建价〔2016〕33号）
124. 深圳市建设工程评标专家管理办法（深建规〔2010〕15号）
125. 深圳市制止建设工程转包、违法分包及挂靠规定（深圳市人民政府令〔2001〕第104号）
126. 深圳市建筑工程方案设计招标投标管理试行办法（深规土〔1997〕106号）

第四篇　质量管理和安全文明施工

127. 建设工程质量管理条例（中华人民共和国国务院令〔2000〕第279号，2017年修订）
128. 建设工程质量检测管理办法（中华人民共和国建设部令〔2005〕第141号，2015年修改）
129. 住房城乡建设部关于印发《房屋建筑和市政基础设施工程竣工验收规定》的通知（建质〔2013〕171号）
130. 房屋建筑和市政基础设施工程质量监督管理规定（中华人民共和国住房和城乡建设部令〔2010〕第5号）
131. 建设工程勘察质量管理办法（中华人民共和国建设部令〔2002〕第115号，2007年修订）
132. 建设部关于印发《建设工程质量投诉处理暂行规定》的通知（建监〔1997〕60号）
133. 中华人民共和国环境影响评价法（中华人民共和国主席令〔2002〕第77号，2016年修订）
134. 中华人民共和国环境保护法（中华人民共和国主席令〔1989〕第22号，2014年修订）
135. 建设项目环境保护管理条例（中华人民共和国国务院令〔1998〕第253号，2017年修订）
136. 建设工程安全生产管理条例（中华人民共和国国务院令〔2003〕第393号）
137. 危险性较大的分部分项工程安全管理规定（中华人民共和国住房和城乡建设部令〔2018〕第37号）
138. 住房城乡建设部关于印发《房屋建筑和市政基础设施工程施工安全监督工作规程》的通知（建质〔2014〕154号）
139. 住房城乡建设部关于印发《房屋建筑和市政基础设施工程施工安全监督规定》的通知

（建质〔2014〕153号）

140. 关于印发《建筑施工企业负责人及项目负责人施工现场带班暂行办法》的通知（建质〔2011〕111号）
141. 关于我市建设项目实行质量主任、安全主任措施的通知（深建管〔2010〕25号）
142. 关于发布《建设项目竣工环境保护验收暂行办法》的公告（国环规环评〔2017〕4号）
143. 建设部关于落实建设工程安全生产监理责任的若干意见（建市〔2006〕248号）
144. 建设部关于印发《建筑工程安全防护、文明施工措施费用及使用管理规定》的通知（建办〔2005〕89号）
145. 深圳市建设局关于印发《深圳市建设工程担保实施办法》的通知（深建市场〔2002〕36号）
146. 深圳市建设局关于规范建设工程担保活动有关问题通知（深建字〔2004〕87号）

第五篇　工程报建和档案管理

147. 建筑工程施工许可管理办法（中华人民共和国住房和城乡建设部令〔2014〕第18号，2018年修改）
148. 房屋建筑和市政基础设施工程竣工验收备案管理办法（中华人民共和国住房和城乡建设部令〔2000〕第78号，2009年修正）
149. 关于在全市政府投资工程中推行建筑劳务分包制度的通知（深建字〔2006〕124号）
150. 深圳市建设局关于印发《深圳市房屋建筑工程竣工验收及备案办法》的通知（深建字〔2003〕63号）
151. 深圳市建设局关于印发《深圳市建筑材料备案登记办法》的通知（深建科〔2002〕13号）
152. 深圳市建设工程竣工验收及备案管理办法（深建施〔2000〕25号）
153. 深圳市住房和建设局《深圳市建设工程项目人员实名制管理办法》的通知（深建规〔2018〕7号）
154. 中国人民银行深圳市中心支行关于进一步明确深圳市开立农民工工资专用存款账户有关事项的通知（深人银发〔2018〕26号）
155. 深圳市住房和建设局关于开设我市工程建设领域劳务工工资专用账户的指南（深建设〔2017〕8号）
156. 城市建设档案管理规定（中华人民共和国建设部令〔1997〕第61号，2019年修改）
157. 城市地下管线工程档案管理办法（中华人民共和国建设部令〔2005〕第136号，2019年修改）

第六篇　财政管理和土地管理

158. 中华人民共和国票据法（中华人民共和国主席令〔2004〕第22号）
159. 中华人民共和国会计法（中华人民共和国主席令〔1999〕第24号）
160. 中华人民共和国现金管理暂行条例（中华人民共和国国务院令〔1988〕第12号）
161. 关于印发《中央财政城镇保障性安居工程专项资金管理办法》的通知（财综〔2019〕31号）
162. 关于印发《中央基本建设项目竣工财务决算审核批复操作规程》的通知（财办建

〔2018〕2号）

163. 住房城乡建设部 财政部关于印发《建设工程质量保证金管理暂行办法》的通知（建质〔2017〕138号）

164. 关于印发《政府会计制度——行政事业单位会计科目和报表》的通知（财会〔2017〕25号）

165. 关于建筑服务等营改增试点政策的通知（财税〔2017〕58号）

166. 关于坚决制止地方以政府购买服务名义违法违规融资的通知（财预〔2017〕87号）

167. 基本建设财务规则（中华人民共和国财政部令〔2016〕第81号）

168. 财政部关于印发《基本建设项目建设成本管理规定》的通知（财建〔2016〕504号）

169. 关于印发《基本建设项目竣工财务决算管理暂行办法》的通知（财建〔2016〕503号）

170. 财政部 安全监管总局关于修订印发《安全生产预防及应急专项资金管理办法》的通知（财建〔2016〕842号）

171. 关于进一步做好棚户区改造相关工作的通知（财综〔2016〕11号）

172. 关于印发《江河湖库水系综合整治资金使用管理暂行办法》的通知（财农〔2016〕11号）

173. 关于印发《城市管网专项资金绩效评价暂行办法》的通知（财建〔2016〕52号）

174. 关于印发《城市管网专项资金管理暂行办法》的通知（财建〔2015〕201号）

175. 关于印发《农田水利设施建设和水土保持补助资金使用管理办法》的通知（财农〔2015〕226号）

176. 住房城乡建设部关于印发《建设工程定额管理办法》的通知（建标〔2015〕230号）

177. 建筑工程施工发包与承包计价管理办法（中华人民共和国住房和城乡建设部令〔2013〕第16号）

178. 政府投资项目审计规定（审投发〔2010〕173号）

179. 关于推进建设工程质量保险工作的意见（建质〔2005〕133号）

180. 建设工程价款结算暂行办法（财建〔2004〕369号）

181. 财政部关于解释《基本建设财务管理规定》执行中有关问题的通知（财建〔2003〕724号）

182. 关于印发《基本建设财务管理规定》的通知（财建〔2002〕394号）

183. 深圳市工程建设领域工资保证金管理办法（试行）（深人社规〔2018〕17号）

184. 深圳市政府采购资金财政直接支付管理暂行办法（深财购〔2005〕8号）

185. 中华人民共和国土地管理法（2019年修正）

186. 国有土地上房屋征收与补偿条例（中华人民共和国国务院令〔2011〕第590号）

187. 广东省林地保护管理条例（广东省第九届人民代表大会常务委员会公告〔1998〕第25号，2019年修改）

188. 广东省基本农田保护区管理条例（广东省第九届人民代表大会常务委员会公告〔2002〕第125号）

189. 深圳市拆除重建类城市更新项目用地审批规定（深规划资源规〔2019〕2号）

190. 深圳经济特区土地使用权出让条例（深圳市人民代表大会常务委员会公告〔1994〕第24号，2008年修改）

191. 深圳市建设用地审批工作规则（深府〔2004〕176号）